日本書紀の誕生
—編纂と受容の歴史—

遠藤慶太・河内春人・関根淳・細井浩志 編

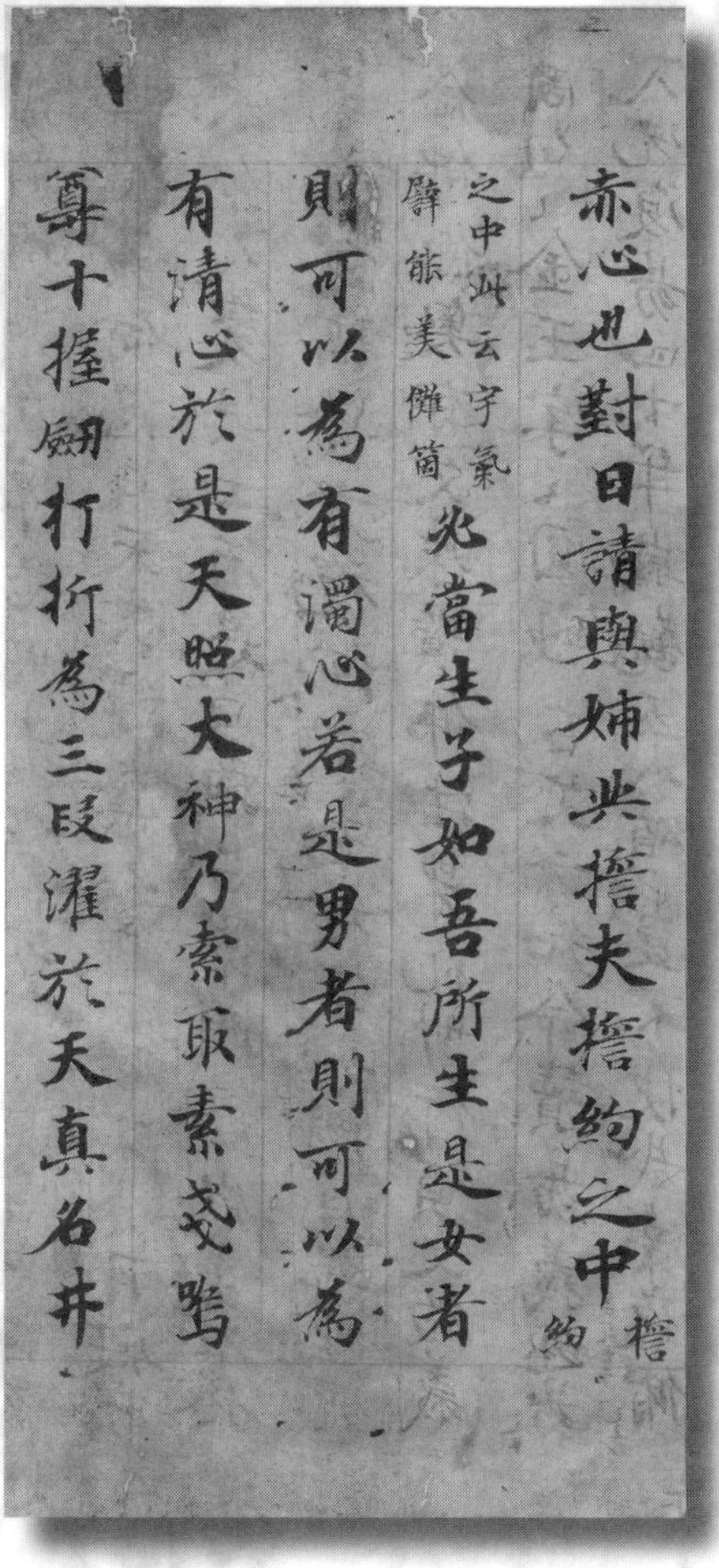
赤心也對曰請與姉共誓夫誓約之中誓約
之中此云宇氣譬能美儺箇必當生子如吾所生是女者
則可以爲有濁心若是男者則可以爲
有清心於是天照大神乃索取素戔嗚
尊十握劒打折爲三段濯於天眞名井

八木書店

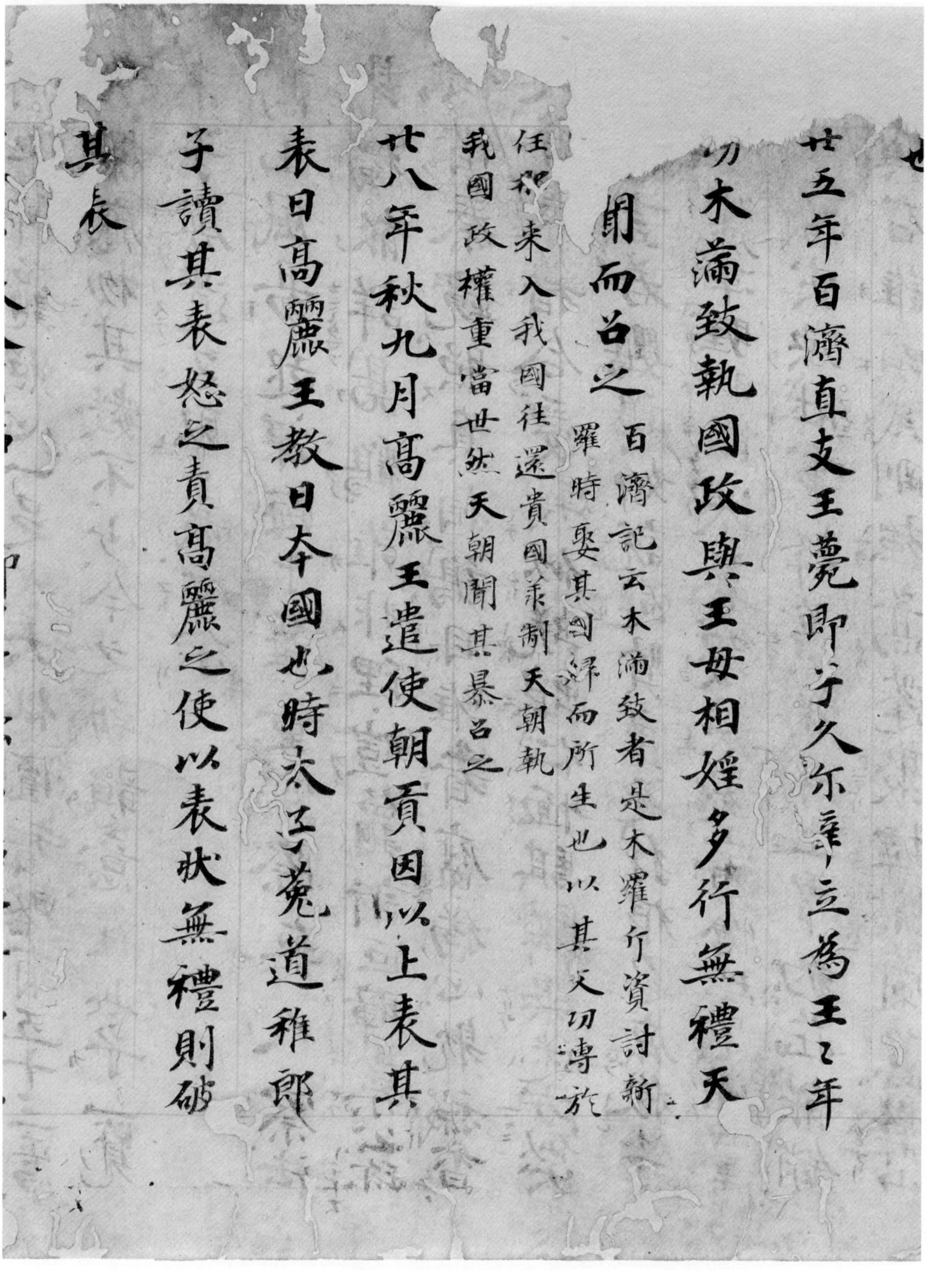
廿五年百濟直支王薨即子久尓辛立為王〻年幼木滿致執國政與王母相婬多行無禮天皇聞而召之百濟記云木滿致者是木羅斤資討新羅時娶其國婦而所生也以其父功專於任那来入我國往還貴國承制天朝執我國政權重當世然天朝聞其暴召之
廿八年秋九月高麗王遣使朝貢因以上表其表日高麗王教日本國也時太子菟道稚郎子讀其表怒之責高麗之使以表狀無禮則破其表

口絵１　田中本（平安前期）　巻第十：応神紀

現存最古の『日本書紀』写本、異体字や書式から『日本書紀』の原姿を推測する手がかりとなる。紙背に空海の『性霊集《しょうりょうしゅう》』を写す。写真は百済王の交代と権臣・木満致《もくまんち》の執政を伝えた記事、分註で「百済記《くだらき》」を引用する。流布本では「大倭木満致」とあるところ、田中本には「大倭」の文字がない。　奈良国立博物館蔵（国宝）撮影 佐々木香輔

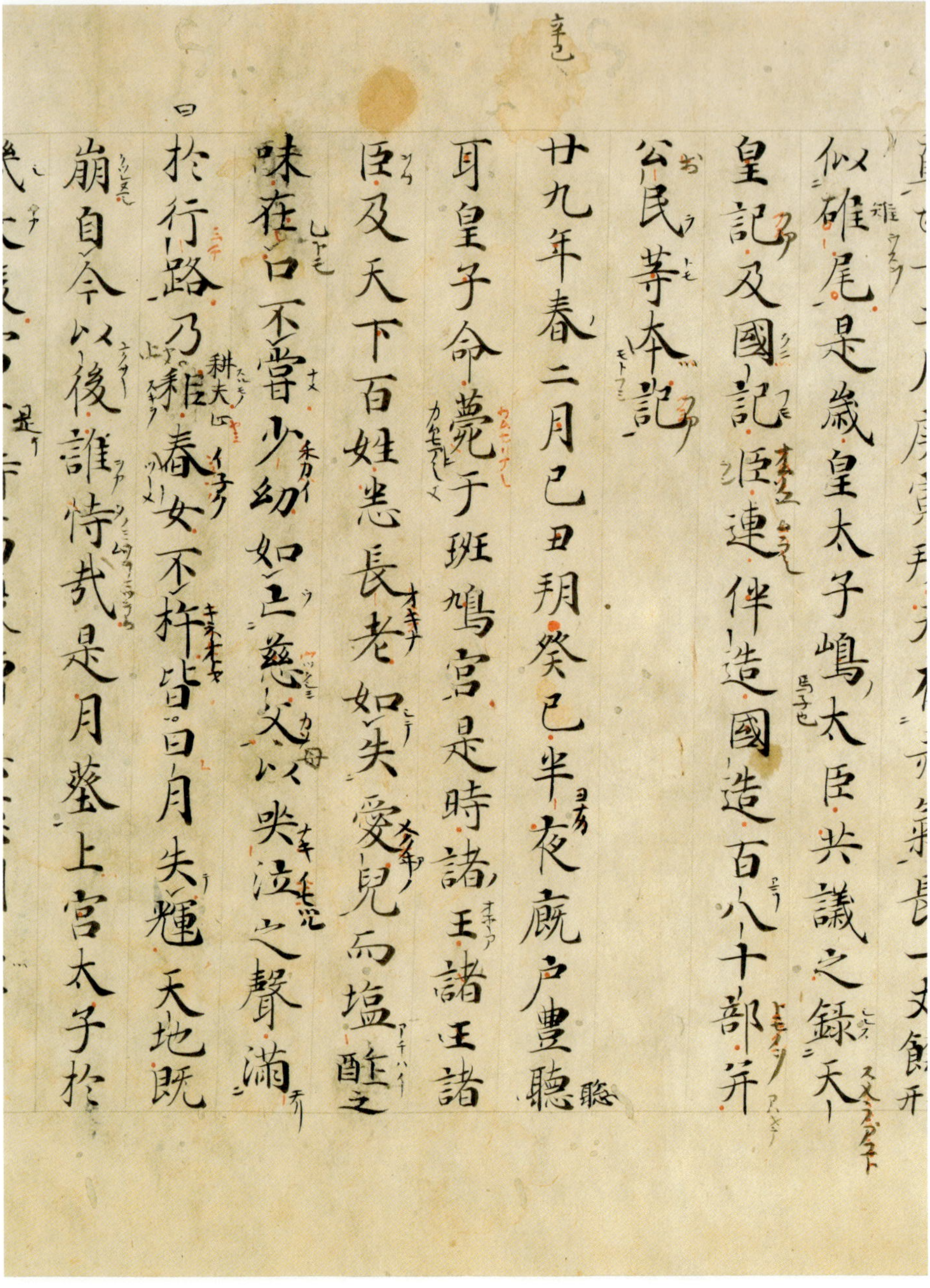

口絵２　岩崎本（平安中期）　巻第二十二：推古紀

岩崎財閥旧蔵の写本、明経道《めいけいどう》系統の三時期四種の訓点が施され、国語資料としても注目されてきた。写真は天皇記･国記の編纂および厩戸《うまやと》皇子（聖徳太子）薨去の記事。『日本書紀』は太子の忌日を推古天皇二十九年二月五日とし、法隆寺系統の一次資料と所伝の違いがある。

京都国立博物館蔵（国宝）

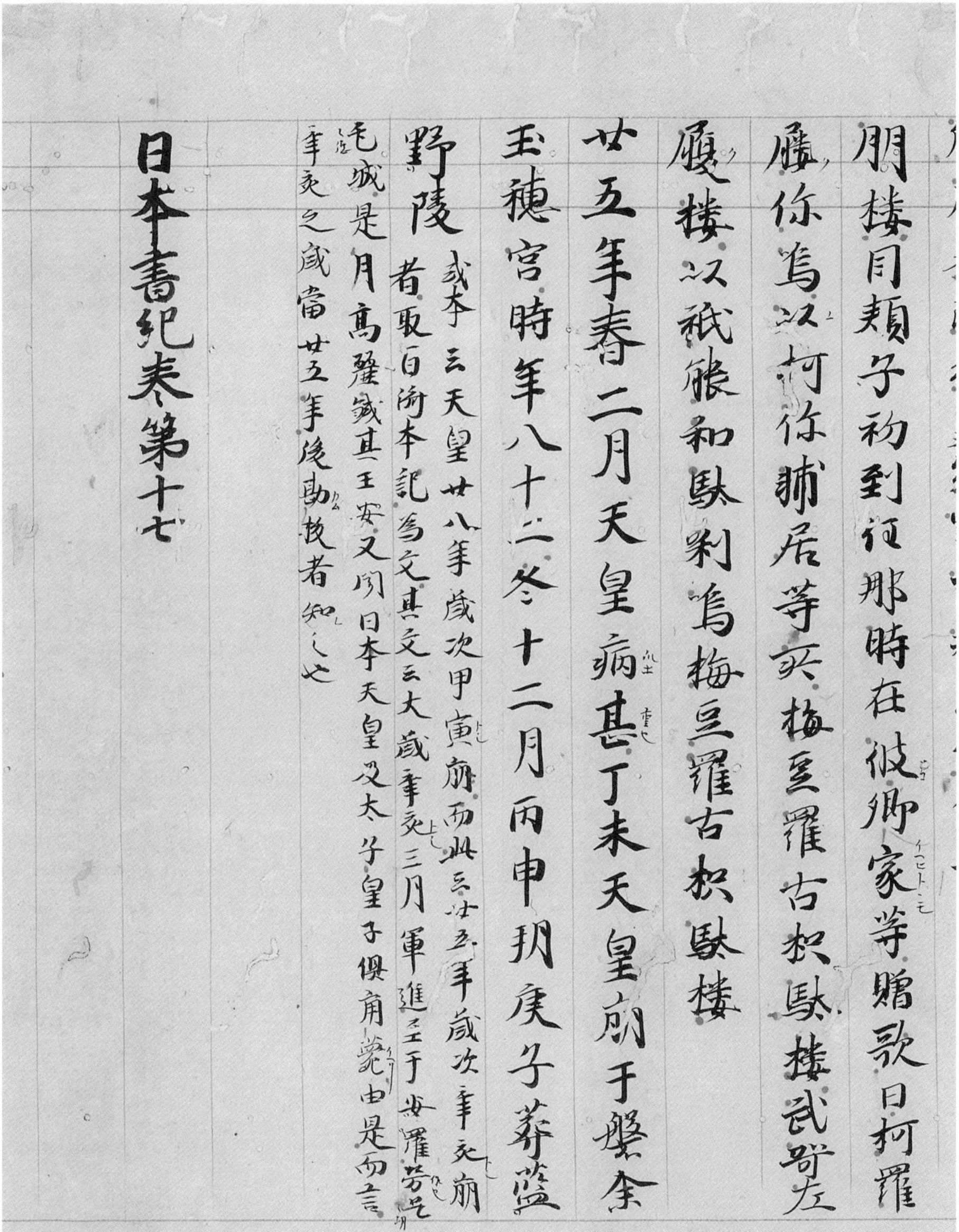
朋樓目頬子初到任那時在彼鄉家等贈歌曰柯羅屢你烏以柯你輔居等梅豆羅古枳駄樓武哿左履樓以祇能和駄利烏梅豆羅古枳駄樓
廿五年春二月天皇病甚丁未天皇崩于磐余玉穗宮時年八十二冬十二月丙申朔庚子葬藍野陵或本云天皇廿八年歳次甲寅崩而此云廿五年歳次辛亥崩者取百濟本記爲文其文云大歳辛亥三月軍進至于安羅營乞毛城是月高麗弑其王安又聞日本天皇及太子皇子倶崩薨由是而言辛亥之歳當廿五年矣後勘校者知之也
日本書紀巻第十七

口絵３　前田家本（平安後期）　巻第十七：継体紀

江戸期に加賀前田家が入手した写本、紀伝道《きでんどう》系統の訓点が施されている。写真は継体天皇崩御の記事で、藍野《あいの》陵への埋葬に続けて、分註では異なる伝承を掲載する。この異伝をめぐって「継体・欽明朝の内乱」説が提起され、古墳研究にあっても議論が続いている。

前田育徳会尊経閣文庫蔵（国宝）

『尊経閣善本影印集成』26（八木書店、2002年）に所収

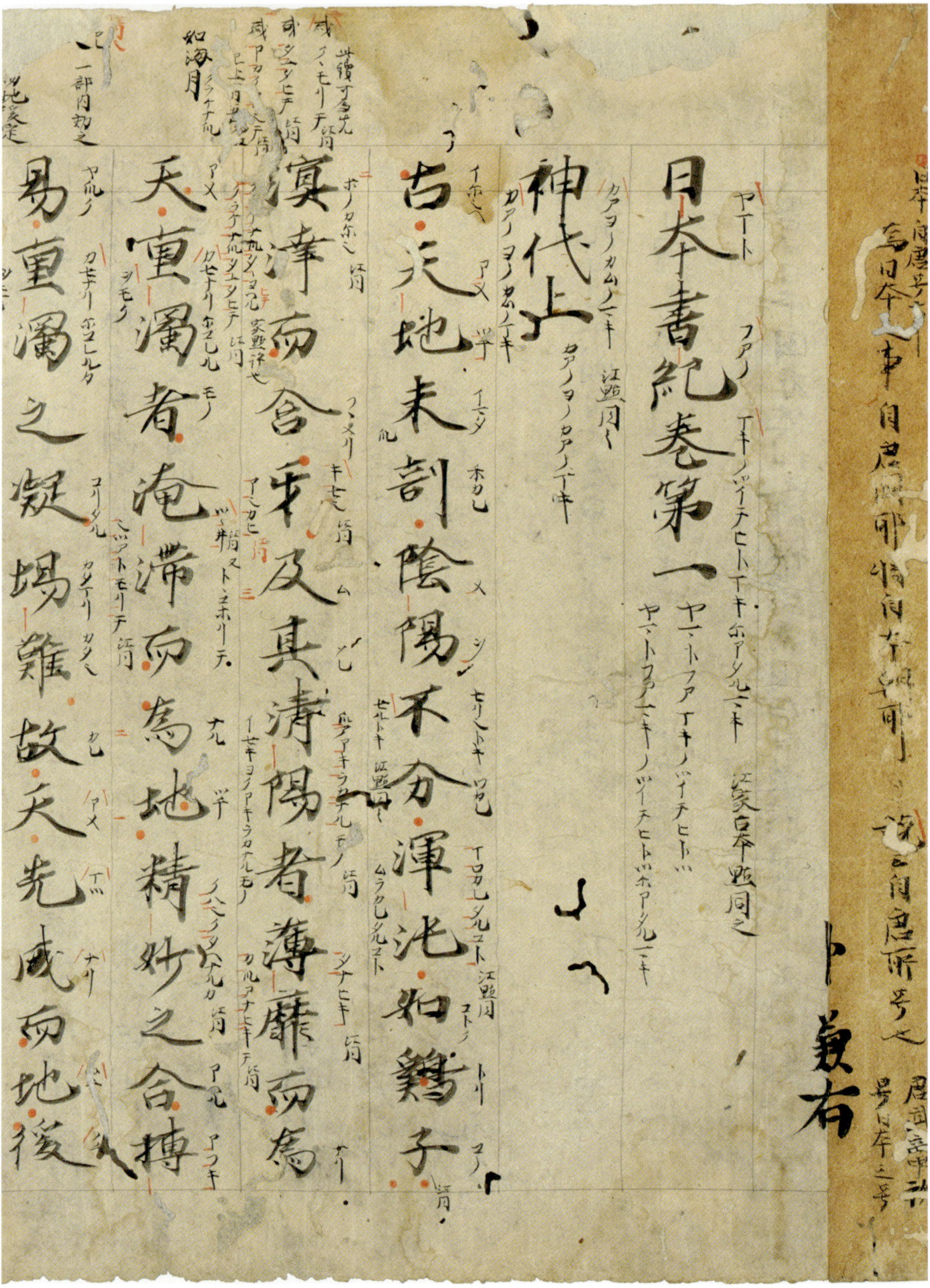

口絵４　弘安本（13 世紀）　巻第一：神代上

卜部《うらべ》氏平野流に伝わった神代巻。神代巻は神道の教典として重視されたが、弘安本は卜部兼方《かねかた》が書写し、『釈日本紀《しゃくにほんぎ》』の内容とも密接な関連がある。写真は巻頭の天地開《てんちかい》闢《びゃく》のくだりで、傍訓や声点など、おびただしい書き入れが残る。

京都国立博物館蔵（国宝）

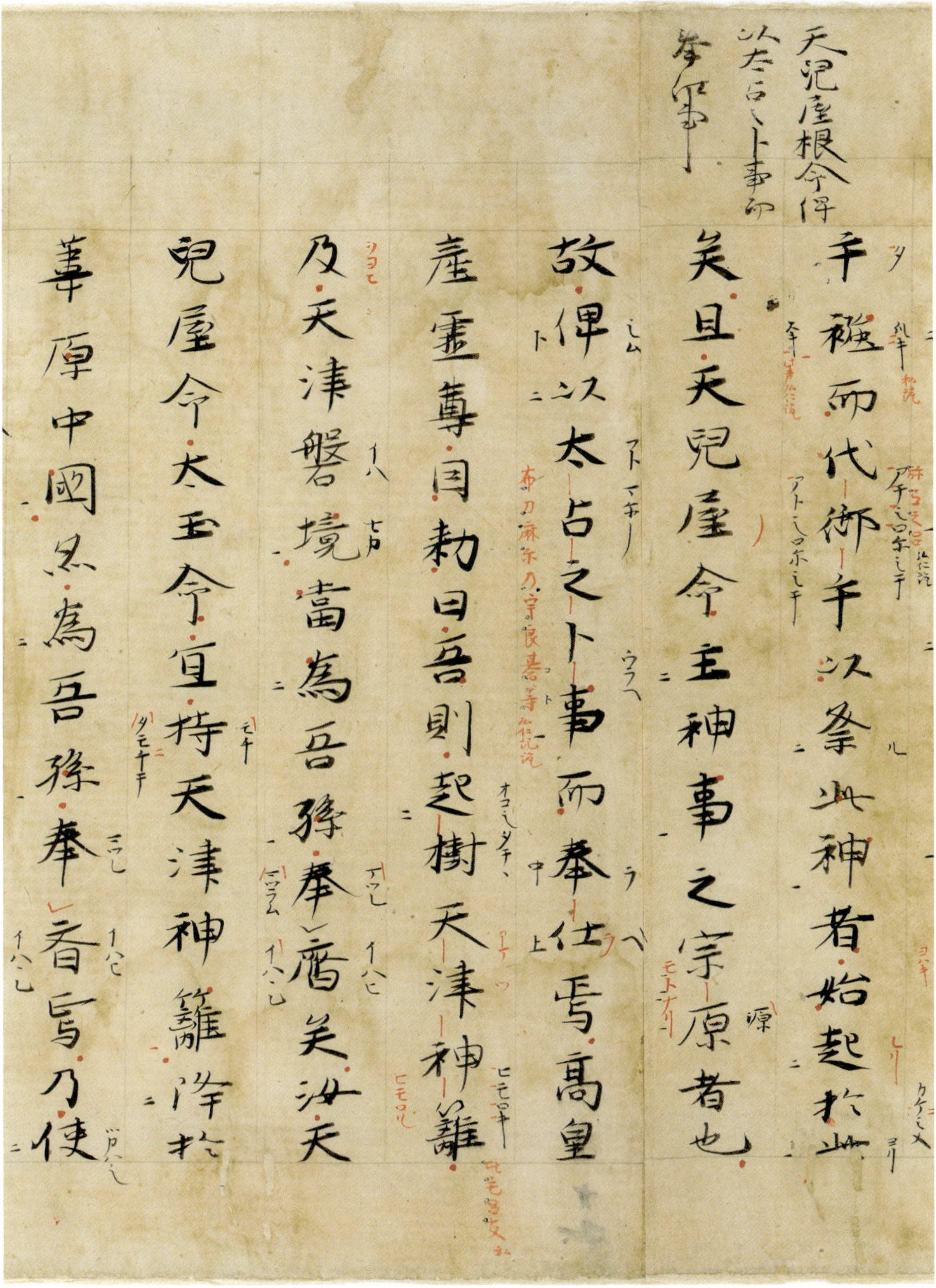
手襁而代御手以祭此神者始起於此
矣且天兒屋命主神事之宗源者也
故俾以太占之卜事而奉仕焉高皇
産霊尊因勅曰吾則起樹天津神籬
及天津磐境當為吾孫奉齋矣汝天
兒屋命太玉命宜持天津神籬降於
葦原中國亦為吾孫奉齋焉乃使

口絵5　乾元本（14世紀）　巻第二：神代下

卜部氏吉田流に伝わった神代巻。乾元本は卜部兼夏《かねなつ》が書写し、吉田流で伝承された「家の証本」である。写真は天孫降臨の一書第二、アメノコヤネが卜占《ぼくせん》で神事に奉仕したくだり。万葉仮名による和訓「布刀麻尓乃宇良碁等《ふとまにのうらごと》弘仁記説」は平安期の講書に由来する。

天理大学附属天理図書館蔵（国宝）

『新天理図書館善本叢書』2・3（八木書店、2015年）に所収

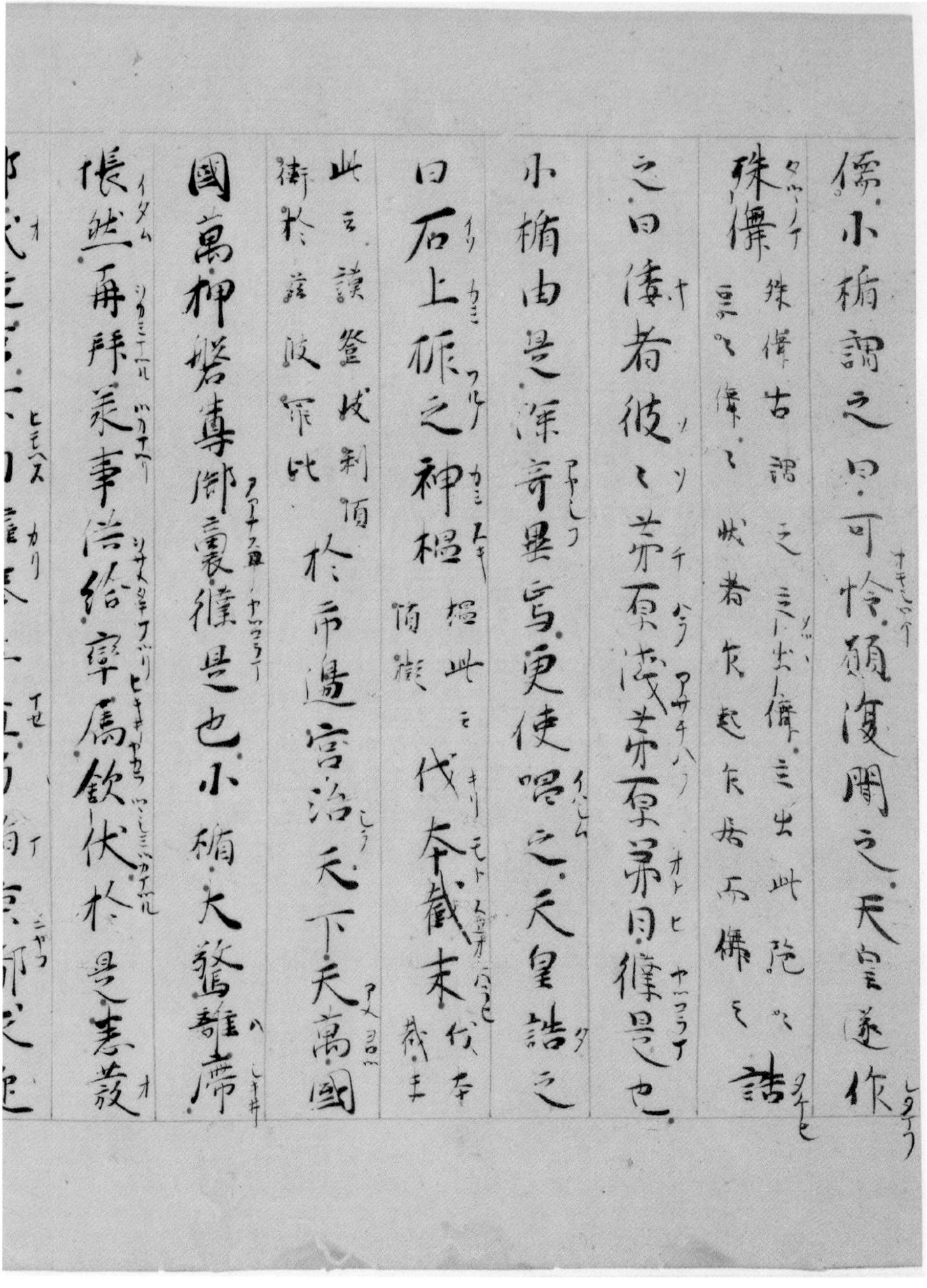

口絵６　図書寮本（12 世紀）　巻第十五：顕宗紀

灘の酒造家・吉田家旧蔵の写本、明治期に皇室に入った。紀伝道《きでんどう》大江《おおえ》氏の訓点が施されている。写真は身分を隠していた弘計《おけ》皇子が新室寿《にいむろほぎ》で舞を強いられ、市辺押磐《いちのべのおしは》皇子の子であることを歌で明かすくだり。『古事記』『播磨国風土記』にも並行記事がある劇的な場面。

宮内庁書陵部蔵

『宮内庁書陵部本影印集成』1-4（八木書店、2005-06 年）に所収

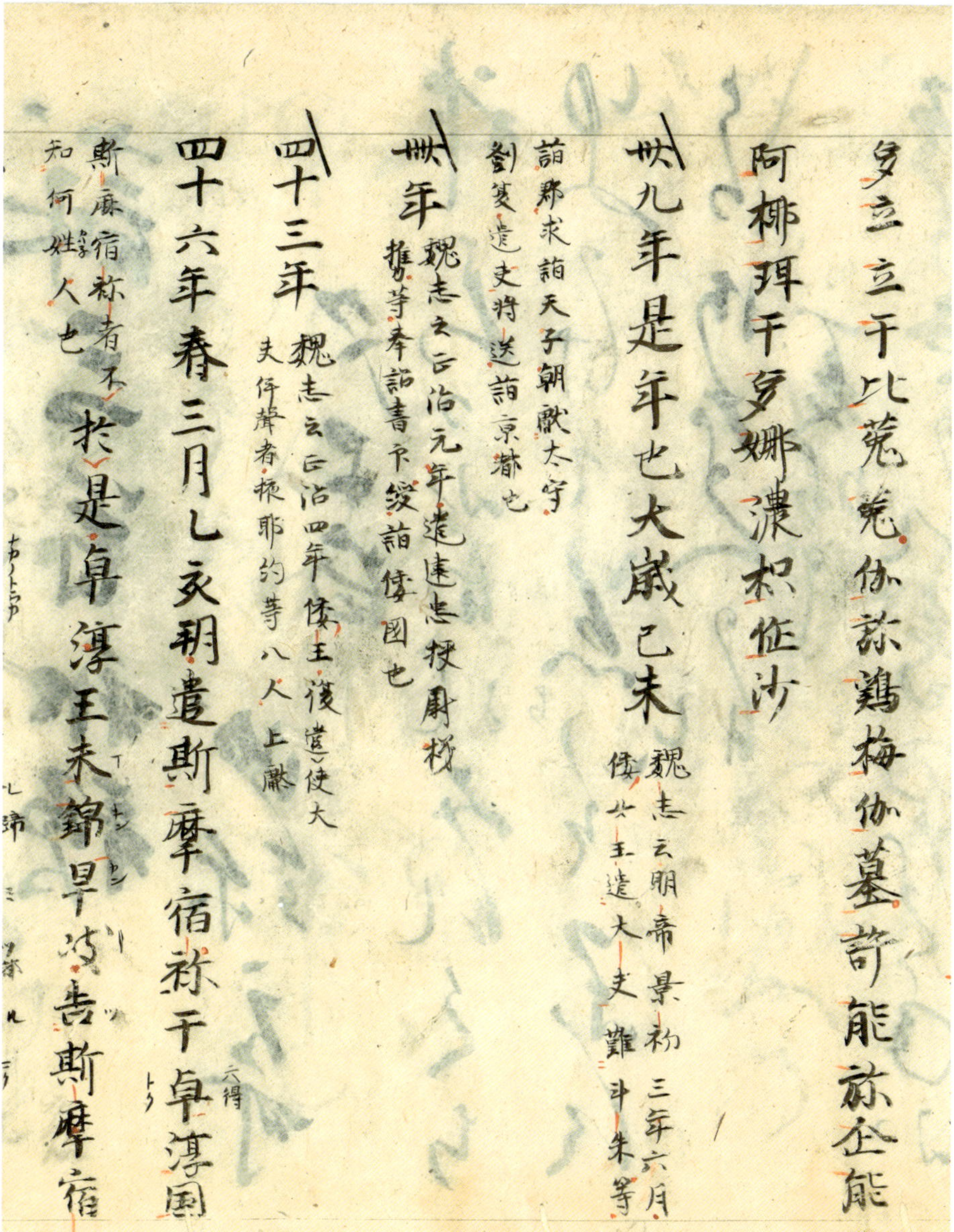
多立立干比蒐斃伽跡鷄梅伽墓許能許企能
阿椰珥于多多娜濃枳佐沙
卌九年是年也太歳己未　魏志云明帝景初三年六月倭女王遣大夫難斗米等詣郡求詣天子朝献太守劉夏遣吏将送詣京都也
卌年　魏志云正始元年遣建忠校尉梯携等奉詔書印綬詣倭国也
卌三年　魏志云正始四年倭王復遣使大夫伊声者掖耶約等八人上献
卌六年春三月乙亥朔遣斯摩宿禰于卓淳国　斯麻宿禰者不知何姓人也　於是卓淳王末錦旱岐告斯摩宿

口絵７　熱田本（14世紀）　巻第九：神功紀

京都・四条道場《しじょうどうじょう》が熱田社《あつたしゃ》に奉納した写本、神功紀には卜部兼熙《うらべかねひろ》の本奥書がある。写真は神功紀で魏志《ぎし》（三国志《さんごくし》）を引用する箇所、『日本書紀』撰者は神功皇后の年代を三世紀に宛てた。帯方《たいほう》郡の太守は流布本で「鄧夏」とあるが、熱田本により「劉夏」と訂正される。

熱田神宮蔵（重要文化財）

『熱田本 日本書紀』1-3（八木書店、2017年）に所収

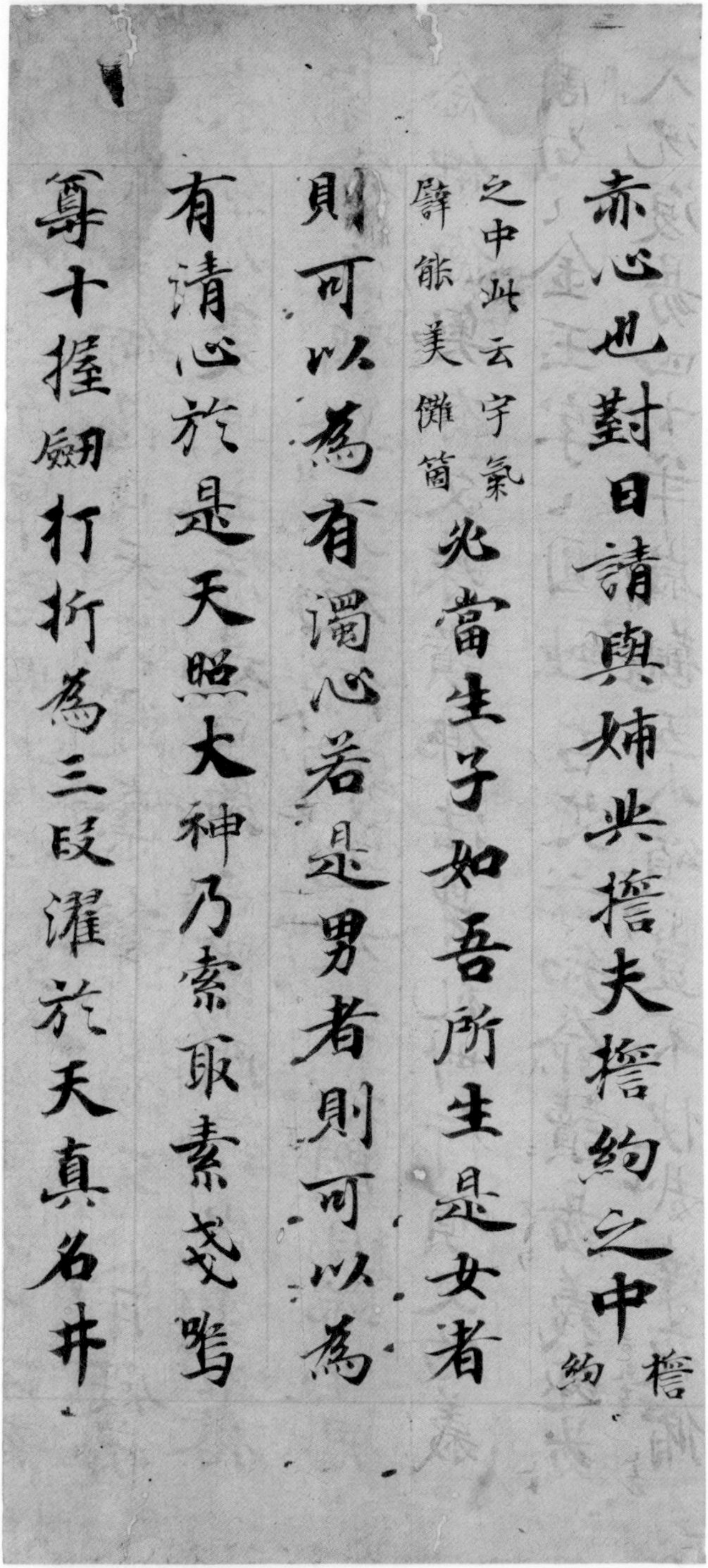
赤心也對曰請與姉共誓夫誓約之中
之中此云宇氣譬能美儺箇必當生子如吾所生是女者
則可以爲有濁心若是男者則可以爲
有清心於是天照大神乃索取素戔嗚
尊十握劒打折爲三段濯於天真名井

口絵8　大垣本　神代巻断簡（平安前期）　巻第一：神代上

近年紹介された神代上の断簡、神代上第六段（アマテラスとスサノヲの誓約）の一部。田中本と一連の断簡で、紙背はやはり『性霊集』である。現存最古の『日本書紀』写本の一部としてその価値は高く、流布本と異なる用字（難と儺）は本文校訂の材料となる。

大垣博氏蔵

序

『日本書紀』ほど毀誉褒貶を受けた史料はあまりないであろう。

養老四年（七二〇）に律令国家の正史として編纂され、その地位は当初から確固たるものであった。それゆえ古代には講筵《こうえん》（講書・竟宴《きょうえん》和歌）がくり返し開催され、参加した貴族たちに読まれることになった。それは注釈（私記）の作成につながり、あるいは仮名日本紀《かなにほんぎ》や鎌倉時代の『釈日本紀』へと至る。ただし、六国史の後は古代国家による正史作成の取り組みは衰え、いわゆる新国史の編纂中断をもって終焉を迎える。それとともに十世紀半ばには講筵も途絶える。『日本書紀』に対する公的な眼差しはここでひとまずの区切りを見せることになる。

とはいえその後も、例えば学問に長じていた紫式部が「日本紀の御局《みつぼね》」と呼ばれたように、当時『日本書紀』を読むことは学問と同義であった。公的営為の有無とは別に『日本書紀』は生き続けていた。

中世はそれが大きく変容した時代であった。中世神道が形成されるようになると神代紀を中心にくり返し読まれ、特に吉田社の社家を務めた吉田家がその継承と考究を担った。吉田家によって書写された卜部《うらべ》本は現在でも本文を揃えた写本として写本研究の土台となっている。一方で、中世に受容された『日本書紀』は当時の思潮を反映させながら多様な解釈と理解を展開させ、中世日本紀と呼ばれる独特の世界を作り出した。

近世は学問再興の時代であった。近世初期に徳川家康によって中世後半期に散逸した典籍の再蒐集が取り組まれた。内閣文庫（現・国立公文書館収蔵）につながる紅葉山《もみじやま》文庫がもっともよく知られるところである。後陽成《ごようぜい》天皇の慶長勅版もそうした時代背景のもとに刊行されたものであるが、そこに『日本書紀神代巻』として神代紀部分のみが収録されたことは、中世的な思考と近世的な営為の結合として興味深い。また、中世日本紀を受け継いだ到達点であり、かつ近世的な合理主義を取り込みながら垂加神道《すいかしんとう》が『日本書紀』研究を担った。それは反面では、近世後期に国学が隆盛を迎えるなかで本居宣長《もとおりのりなが》が『日本書紀』を「漢意《からごころ》のふみ」と糾弾するように、否定的な態度をも生み出した。

近代は『古事記』とともに国家の聖典としての位置づけが形成される。そうした評価は貴重な写本の精巧な複製の作製を促した。それら複製を見ると、その文化的重要性から現物を手に取ることが困難な写本の余韻を感じることができる。しかし、『日本書紀』を不磨の大典と見なす意識は、研究の対象とすることを拒否する傾向を生み出すことになる。一九四〇年に津田左右吉《そうきち》の『古事記及び日本書紀の研究』『神代史の研究』が発禁処分となった、いわゆる津田筆禍事件はそれを鮮明に映し出したものである。

戦後は一転して『日本書紀』に対して厳しい目が向けられるようになる。戦後歴史学による史料批判の方法論が『日本書紀』にも向かうことは必然であり、その内容の史実性に対して容赦のない吟味が加えられた。その代表的なものが大化改新否定論であろう。大きな衝撃をもって受け止められたその研究は、そのままのかたちではないにしても現在につながる欠かせない成果である。一方で、出土文字資料研究の盛行は違うかたちで『日本書紀』研究にも結びついた。本文研究は写本を手がかりにせざるを得ないという限界がある。これに対して『日本書紀』を検証する素材として、あるいはそれを批判するための生の一次資料として、古くは金石文が注目を集めてきた。それに加えて七世紀木簡が出現するようになり、一概に『日本書紀』を否定するべきではないという新たな成果が導き出されている。

そしてグローバル化の時代を迎えた現代において、日本古代史は日本だけで取り組む時代ではなくなりつつある。中国（大陸・台湾）・韓国の日本史研究は長足の進展を遂げており、その成果にも目を向けるべき時代が到来している。

『日本書紀』は様々な読まれ方をされてきた。それはこれからも同様であろう。それ自体が一つの歴史であるといってもよい。それゆえ『日本書紀』を研究の対象にするということは、単に記事の当否を論じるだけでは不十分である。本書はそうした観点に立って『日本書紀』について多角的に検討を加えることを目的としている。

『日本書紀』に対するアプローチの方法論は三つある。

第一は、『日本書紀』の記事本体の追究である。神話や説話の内容の齟齬・矛盾から原資料のありようと記事の形成過程を追うものである。これまでにも取り組まれてきたもっともスタンダードな手法である。原資料という点では『日本書紀』自身が引用を明記している百済三書や日本世記などについても現在の研究水準で分析される必要がある。問われるのは内容ばかりではない。『書紀集解《しっかい》』以来、その文章が典籍・類書の影響を大きく受けていることは常識となっている。何が参照されたのかということとともに、どのように反映されたのか、ということも問われるようになっている。また、漢籍の潤色ではなく編纂者が執筆した地の文は当時の漢文作成能力を如実に表している。日本言語学者の森博達が文章の和習のありかたから編纂過程を推定するという手法で研究に大きな衝撃を与えたことは記憶に新しい。

第二は、『日本書紀』成立に至る史書編纂の歴史のなかからその位置を浮き彫りにすることである。『日本書紀』以前の歴史書としては帝紀・旧辞、天皇記、『古事記』などが想起される。中国における正史編纂の影響という観点も忘れてはならない。王権・国家が歴史を編集するということ自体が一つのテーマであり、日本古代史ではいかにして『日本書紀』に結実するのかという論点を設定できる。ただし、史書だけが「歴史」なのではない。始原・由来を語ることが歴史の一面であるならば、神話や系譜も事実ではないにしても「歴史」である。『日本書紀』の場合、そうした年代が設定されない出来事に対して暦日によって年代が付与されることにも留意されるべきであろう。

第三に、今ある「日本書紀」を分析することである。いうまでもなく『日本書紀』の原本は残されていない。現存する写本がどのような経緯を経て現在に伝来したのか、その過程で誤写も発生する。そのため校訂が必要なことは勿論である。それのみならず返り点や古訓などの情報が資料体としての

『日本書紀』にどのように組み込まれていったのか、明らかにしなければならない。それは写本が作成された時代の歴史を究明することであり、さらには原本へアプローチするために必須の作業である。

こうした学問的要請を承けて、『日本書紀』とは何か、ということを改めて問い直す段階に来ている。そこで本書は四部構成においてこれらの課題に取り組むものである。

Ⅰ部 **総論**では、研究の大局を見渡すものとして、あるいは歴史資料としての『日本書紀』について扱う。研究の現状と課題について確認するとともに、現在残されている写本とどのように向き合うべきか、総体的に理解する。

Ⅱ部 **日本書紀の前史**では、第二の方法論について重点的に取り組む。『日本書紀』以前からいかにして『日本書紀』へと至るのか、という点に留意した。

Ⅲ部 **日本書紀の成立**では、『日本書紀』に記された様々な情報から『日本書紀』のもつ歴史情報をえぐり出すものである。第一の方法論に対応するが、単に他の史料と比較して史実か否かを問うのではなく、なぜ、どのように資料体としての『日本書紀』にそれが刻み込まれたのかということを意識したい。

Ⅳ部 **日本書紀の受容と展開**は、今我々が目にする『日本書紀』は古代に成立したそのものではなく、中世から現代に至るまでの様々な経緯をふまえて伝わったものであるということを明確にするために置いた。第三の方法論と相応する。

また、影印（写真複製）を見ることの必要性の一事例として、口絵で『日本書紀』の古写本を紹介した。さらに理解の一助として、付録に訓点本諸本一覧、関係記事史料集、文献目録（抄）、写本の複製一覧を加えた。

坂本太郎は「六国史で、歴史を研究する前に、六国史を、研究する段階が必要だと思うのである」という至言を残した。それは『日本書紀』にもっとも当てはまるだろう。その言葉を重く受け止めて『日本書紀』を古代のみならず通時代的に見渡してその課題に取り組もうというのが編者四人の共通認識であり、そこに本書刊行の意義がある。

本書によって二〇二〇年に編纂一三〇〇年を迎える『日本書紀』の研究がさらに進むことになれば幸いである。

二〇一八年三月

河内春人

『日本書紀の誕生 —編纂と受容の歴史—』目次

付　録……463

Ⅰ部　総　論

―日本書紀研究とは何か―

1　日本書紀研究の現在

荊木美行

はじめに

戦後、日本古代史の研究は飛躍的に進んだといわれる。たしかに、それまであった数々の制約から解き放たれた古代史研究者は自由にその研究を展開させたが、その反動として、極端な『古事記』『日本書紀』否定の立場にもとづく研究が発表されたことも事実である。

しかし、「戦前の国史を裏返しただけで、真実の新しい歴史になるものでもない」（瀧川、一九六九）。やはり、記紀の解明には地道な実証を積み上げていくほか方法はない。大切なのは、記紀批判を標榜し、勇ましくその記述を切り捨てていくのではなく、その理解に心を砕くことであろう。記紀には不備や矛盾が多々あるが、それはあくまで現代人の目からみての話であり、一見不可解にみえる記述も、じつは読み手の知識や

理解が浅薄なためにそう映るだけなのかも知れないのである。(1)

ところで、記紀の研究でいま一つ大切なのが、記紀にもとづいて古代史像を描くまえに、記紀そのものを研究すべきことである。かつて坂本太郎は、記紀で研究する前に記紀を研究すべきことの重要性を説いたが（坂本、一九六三）、記紀の成り立ちや書物としての性格を把握することは、記紀を扱うためのアルファであり、オメガでもある。

幸い、ここ二十数年の学界動向を眺めていると、思想的立場に左右されない、真摯な記紀研究、それも史料としての記紀を正面から取り扱った研究が蓄積されている。(2)そして、それを支えるかのように、良質のテキストや注釈書、さらには影印本の刊行といった、研究の基礎となる材料や情報もかなりの数提供されるようになった。国立国会図書館のデジタルコレクションや国立公文書館デジタルアーカイブによるウェブ情報公開などは、昭和の時代には想像もつかなかったもので、まさに隔世の感がある。

本書が取り上げる『日本書紀』についても、その研究レベルの向上には瞠目すべきものがある。もとより、小論は、その動向を詳細に網羅することはできないが、近年の研究を回顧しつつ、所感の一端を開陳し、書紀研究の現状をうかがう縁《よすが》としたい。

一　残された課題

『日本書紀』については、長年にわたる研究の蓄積によって、従来、不明確だったことも、次第にあきらかになりつつある。しかし、いっぽうで、まだじゅうぶん解明されていない問題も少なくない。たとえば、紀年法などはその代表である。『日本書紀』では、雄略天皇以前の紀年に唐代に出来た儀鳳暦《ぎほうれき》が用いられている（それ以後の部分は、南朝宋の時代に造られた元嘉暦を採用）。このことから、本来、古い時代の原史料には年紀がなく、『日本書紀』編纂時に新たに附されたものだということがわかる。個々の記事に年次を与えていくことは相当骨の折れる作業だったにちがいなく（三品、一九四八）、編者はかなり無理を押して年代を決定していったとみられる。

では、辛酉革命との関連が指摘される「神武紀元」は、いったい何時《いつ》を起点に逆算されたものなのか、そして、歴代天皇の在位期間はどのように割り出されたのか。じつは、これらのメカニズムについては、今もってよくわからないところがある。

神功皇后紀や応神天皇紀の年紀が、両紀に引用される『百済記』の干支との比較から、干支二巡分、すなわち百二十年繰り上げられていることは、はやくから指摘されている（那珂、一八九七）。しかし、だからといって、百済関係以外の記事についても、百二十年繰り上げればほんとうの年紀がわかるというものでもない（安本、一九八二）。ましてや、それ以前の天皇紀の実年代となると、その推定は困難をきわめるのである。

ちなみにいうと、神功皇后紀については、年紀だけでなく、ほかにも考えるべき点がある。

周知のように、『日本書紀』の各巻は、天皇の代替わりごとに区切りを設けている。そして、冒頭にその天皇の名・世系《せいけい》・閲歴《えつれき》・資性《しせい》などを掲げ、終わりに崩御の時と山陵を記すかたちを採用している。巻第四・十二・十三・十五・十八・二十一のように、天皇の治世の長短や業績の多少によって、何代かの天皇をもって一巻としたようなところもあるが、全体として巻の分けかたは一貫している。

ところが、なかには例外もある。神功皇后のために巻第九という独立の巻をもうけている点、巻第二十八天武天皇上をまるごと壬申の乱の記述に充てている点が、それである。

このうち、巻第二十八については、乱についての記録が数多く残されていたことや、天武天皇の即位の経緯が重視されたことが、特立のおもな理由であろう。天武天皇は、『日本書紀』が編纂された時代の歴代天皇の直接の祖先として重んじられていたのである。

これに対し、巻第九については不明な点が多い。神功皇后は、こんにちの学界では、実在性に乏しい人物とされている。しかし、『日本書紀』において、神功皇后が破格の扱いをうけていることは、記紀編纂当時、皇后が、皇室の歴史のなかで、ひじょうに重要な役割をはたした人物――当然、実在の人物――として認識されており、同時に、皇后にまつわる豊富な伝承が残されていたことを示唆している。

ただ、それだけの理由なら、あえて一巻を立てる必要はなかったであろう。仲哀天皇紀に併合することも可能だったはずである。風土記に「息長帯比売《おきながたらしひめ》天皇」とあることなどを根拠に、かつては神功皇后を天皇とする考えがあり、それが神功皇后紀の特立に結びついたのだとする説もある。それなら、なぜ、『日本書紀』は「気長足姫天皇」と書かないのか。『常陸国風土記』には日本武尊《やまとたけるのみこと》（倭建命）も「倭武天皇」と記されるが、なぜ景行天皇紀に包括されてしまっているのか。いろいろと疑問は尽きないのである。

皇后のためにあえて独立の一巻が設けられた理由については、以前は活発な議論があったが（平田、一九五一。田中、一九七二）、近年はあまり振わない。しかし、この意味を考えることは、『日本書紀』の研究上重要である。なぜなら、それが、神功皇后に対する編者の認識をとらえることに繋がるからである。中国史書に冷淡な『日本書紀』だが、神功皇后紀に限って『魏志』や『晋起居注《しんのききょちゅう》』を引いて「倭の女王」に言及している。いわゆる神功皇后＝卑弥呼説だが、このことともかかわって、神功皇后紀についてはなお議論すべき点があるように思う。

二　書名の謎

このほかにも、『日本書紀』について解明すべき点は多いが、いま一つ正式名称についてふれておきたい。よく知られたことだが、『日本書紀』には別に「日本紀」という称謂がある。そのことは、この書物のことを記した史料に二様の表記があることからも、あきらかである。ただ、どちらが本来の書名であったのかは、はっきりしないところがある。

かつては、伴信友《ばんのぶとも》のように、「日本紀」を本来の書名とする説が主流であった（伴、一八四七）。信友は、『続日本紀』養老四年（七二〇）五月二十一日条がこの書物の完成をのべた記事に「日本紀を修む」と記されることや、その後の国史が『続日本紀』とか『日本後紀』とか「日本紀」の名を採っていることなどを理由に、正式名称は「日本紀」だったが、弘仁年間（八一〇〜八二三）に「日本書紀」と称されるようになり、やがてそれが定着したと考えた(3)。

しかし、その後、斯界の権威坂本太郎がこれを批判し、「日本書紀」原名説を支持したこともあって（坂本、一九七〇）、現在では「日本書紀」原名説を支持する研究者が多い[4]。

ただ、書名の問題については、近年、塚口義信が前人未発の新説を唱え、注目を集めている（塚口、二〇一一）。塚口の説は、「日本紀」とは「日本書紀三十巻」と「系図一巻」の総称であり、「日本紀」と「日本書紀」は区別すべきだというもので、その根拠は、つぎのとおりである。

『続日本紀』養老四年（七二〇）五月二十一日条によれば、

①是《これ》より先、一品舎人《とねり》親王、勅を奉《う》けたまはりて日本紀を修《あ》む。是に至りて功成りて奏上す。紀卅巻・系図一巻なり。

とあるが、これは一般に、「〔「日本紀」とも称される〕『日本書紀』には成立当初、〔本文の〕「紀卅巻」のほかに「系図一巻」が附いていた」と解釈されてきた。ところが、そう考えると、「撰修された「日本紀」（『日本書紀』）の内容は、「日本紀（『日本書紀』）卅巻」と「系図一巻」である」という意味になり、「日本紀（『日本書紀』）」のなかにさらに「日本紀（『日本書紀』）」が存在することとなってしまう。

しかも、右の記事では「紀卅巻」と「系図一巻」が並記されており、あたかも両者が同格であるかのような書きぶりである。そこで、塚口は、この書き方では「紀卅巻」の附たりとして「系図一巻」が存したとはいえないとして、①は「これより以前に、一品の舎人親王は、勅命を受けて「日本紀」を撰修した。このたび、〔それが〕完成したので、天皇に奏上した。〔奏上した〕「日本紀」〔の中身〕は、「紀卅巻」と「系図一巻」である」と解釈すべきだと主張される。要するに、「日本紀」は「紀卅巻」と「系図一巻」から構成され、そのうちの「紀卅巻」が現行の『日本書紀』三十巻だというのである。

こうした塚口の推論を裏づけるのが、『日本書紀私記』甲本(5)（いわゆる『弘仁私記』）序の記述である。この序には、

②清足姫《きよたらしひめの》天皇負扆《ふい》の時、親王及び安麻呂等、更に此《こ》の日本書紀三十巻幷《なら》びに帝王系図一巻を撰ぶ〈今、見《げん》に図書寮及び民間に在り〉。

とあって、①に対応する一文が掲げられているが、いま両者を見比べると、①の「紀卅巻」「系図一巻」が②では「日本書紀三十巻」「帝王系図一巻」と称されていることがわかる。これは、「紀卅巻」が現行の『日本書紀』のことだとする塚口の説明とよく合致している。事実、『日本書紀私記』甲本は「日本書紀」だけを注釈の対象としているので、この点も、『日本書紀』は「帝王系図」をふくまないとする塚口の解釈と符合する。

なお、のちの史料だが、『本朝書籍目録《ほんちょうしょじゃくもくろく》』が「日本書紀三十巻」と「帝王系図一巻」を別々に掲げていることも、両者を別個のものとみる塚口説を補強するものであろう。

「日本書紀」という呼称が「日本紀」と同一の実体の史書を指すものではないとすれば、両者をおなじものとみてきたこれまでの説は再考を迫られる。失われた「系図一巻」の研究に及ぼす影響も、甚大であろう。

塚口説は残存史料に即したものだけに説得力があるが、ただ、課題も残る。塚口のいうとおり、「日本書紀」と「日本紀」という二つの書名が存したとすると、編者は、どうしてこのような紛わしい書名をあえて採用したのか。そして、これらの名称は、いったいなにに由来するものなのか。新説では、これらの点については、まだじゅうぶんな説明がなされているとはいいがたい。今後の動向を見守りたい。

三　完成までの経緯

ところで、『日本書紀』については、前掲①によって、完成年次や当時の編修総裁は明白である。ただ、いつ誰が編修に着手し、いかなる手順を経て完成したのかは、不明な点が多く、諸説ある。これは、撰上時の上表文や序が現存しないことが大きな原因である。編纂の開始一つとっても、帝紀・上古の諸事を記し定めたという天武十年（六八二）の記定事業にまで遡るとする説があるいっぽうで、『続日本紀』和銅七年（七一四）二月戊戌条に、

従六位上紀朝臣清人《きのあそみきよひと》・正八位下三宅臣藤麻呂《みやけのおみふじまろ》に詔して、国史を撰ばしめたまふ。

とある記事をもって『日本書紀』編修の始まりとする説が、古くから存在している（平田、一九五〇）。

たしかに、そう考えると、『日本書紀』成立の事情をうまく説明できるところがある。たとえば、天武十年三月を起点とした場合、『日本書紀』は完成までに四十年近い歳月を要したことになるが、これは、いささか長きに失した感がある。その点、和銅七年二月を編修開始とすれば、完成までが約六年となり、それほど不自然ではない。また、直前の和銅五年には、すでに『古事記』が完成しているので、『日本書紀』は『古事記』のどこかに不満があって、それを克服するために編修されたのだと考えれば、両者の関係も巧みに説明できる。

しかし、山田英雄が指摘したように、『日本書紀』が、各氏の由来を示すために「何某氏の祖」と記す氏

の姓《かばね》は、いずれも天武十三年（六八四）に制定された八色《やくさ》の姓《かばね》以前のものである（山田、一九七九）。これは、『日本書紀』が天武朝以前の材料にもとづく有力な証拠であって、和銅七年説ではこの点がうまく説明できない。

また、『日本書紀』安康元年二月戊辰条にみえる、大草香皇子《おほくさかのみこ》事件も注目される。同条には、安康天皇によって殺害された大草香皇子に仕えていた難波吉師日香蚊《なにわのきしひかか》の父子は、主君が罪なくして死んだことを悼み、皇子の遺骸の傍らで殉死したと記される。しかし、粕谷興紀の研究によれば、これには異伝も存在したが、そのなかで日香蚊父子を忠臣とする伝承が採用されたのは、日香蚊の子孫の難波大形《なにわのおおかた》が自家の家記を持ち出して、その説を強く推したからだという（粕谷、一九七八）。これなども、大形の名がみえる天武十年三月の記定事業を『日本書紀』編纂の開始とみて、はじめて合点がいく話である。

こうした研究の積み重ねによって、『日本書紀』の編纂が天武朝まで遡ることが次第に明確になってきたのだが、それでもまだわからない点もある。おなじ天武朝に編纂が始まったという『古事記』との関係が、それである。

『古事記』は、その序文によれば、天武天皇が稗田阿礼《ひえだのあれ》という舎人《とねり》を使って編纂を始めたものだという。諸家で承《う》け伝えもっている帝紀と旧辞が偽りを多く加えていることを耳にした天皇は、「故《かれ》、惟《こ》れ帝紀を撰録し、旧辞を討覈《とうかく》して、偽を削り実を定めて、後葉《のちのよ》に流《つた》へむと欲《ねが》」って『古事記』編纂に着手したのである。

もっとも、その作業は、天武朝には完成せず、元明天皇の時代になって（持統・文武天皇の時代のことは、序文にとくに記載がないので不明とするほかない）、あらためて天皇が太安万侶《おおのやすまろ》に命じて、阿礼の読んだ旧辞を「撰録」させたのが、現存する『古事記』である。(6) 序文によれば、和銅五年（七一二）正月二十八日に至って天皇に献上されたとある。

こうした経緯を一瞥しただけでも、『古事記』が『日本書紀』とかかわりの深いものであることが想像されるのだが、さて、どちらの事業がさきに思い立たれたのか、両者に関連性はあるのかという点になると依然としてはっきりしない。記紀の成立のむつかしさは、この点に収斂されるといっても過言ではあるまい。

四　編者は誰か　―α群とβ群―

ところで、『日本書紀』は、いったい誰が編纂したのであろうか。この点ついては、まず、天武紀十年三月条にみえる詔によって、皇族では川嶋皇子・忍壁《おさかべ》（刑部）皇子と広瀬王・竹田王・桑田王・三野王という四人の諸王、それに上毛野三千《かみつけぬのみち》・忌部首《いんべのおびと》・阿曇稲敷《あづみのいなしき》・難波大形・中臣大嶋《なかとみのおおしま》・平群子首《へぐりのこおびと》らがかかわっていたことがわかる。さらに、前掲の『続日本紀』の二つの史料から、完成時の編修総裁が舎人親王だったこと、完成の六年ほど前の和銅七年に編修局に紀清人・三宅藤麻呂の二人が新たに加わったという二点も確実である。

ただ、当初の関係者のなかには、老齢や死亡を理由に途中でこの事業から離れたひとも少なくなかったであろうから、途中のメンバー交替もあったと思われる。史料にはあらわれない、なお多くの人々が編纂にかかわった可能性が考えられる。坂本は、大宝律令の編纂にかかわった藤原不比等・下毛野古麻呂《しもつけぬのこまろ》・伊吉博《いきのはか》徳《とこ》・伊余部馬養《いよべのうまかい》のなかにも、「書紀の撰修にあずかってもおかしくない人がある」としている（坂本、一九七〇）。また、加藤謙吉は、養老五年に紀清人とともに表彰された文章博士の山田三方《やまだのみかた》・下毛野古麻呂・楽浪河内《さざなみのかわち》（高丘河内）を『日本書紀』編纂のメンバーと推定し、これらの人物が藤原不比等と接点をもつことを指摘している（加藤、二〇〇二）。

編者の顔ぶれを知ることは、『日本書紀』の性格を考える上でも重要なことだが、編者の特定に関して重要な提説をしたのが、森博達である。氏が、『日本書紀』三十巻に用いられている漢文の用法から、α群（巻第十四〜二十一、二十四〜二十七）とβ群（巻第一〜十三、二十二・二十三、二十八・二十九）に分類できる（巻第三十はべつ）という独自の区分論を提唱されていることは、よく知られている（森、一九九九）。森によれば、α群はおおむね正格な漢文で書かれているのに対し、β群には倭習（漢文の誤用、奇用）が多くみられるところから、前者を渡来人の執筆、後者を日本人の執筆と推測、具体的には前者として薩弘格《さつこうかく》・続守言《しょくしゅげん》、後者として山田三方の名をあげている。

森の研究は、各巻の性格や成立順序から編者を類推しようとした労作である。その点を認めるに吝かではないが、素朴な疑問として、はたして、この程度の僅かな手勢で厖大な『日本書紀』をまとめることができたのであろうか。筆者は、まずこの点を不安に思う。

しかも、α群・β群という区分についても疑問が残る。森の区分では、巻第一から十三までは、本文・歌謡・訓注を通じてβ群であるという。しかし、亀山泰司の研究によれば、巻第二の訓注はα群であり、また、巻第十一も、歌謡をふくむ本文はβ群だが、訓注はα群だという（亀山、二〇一一）。これが正しければ、森のような単純な見方は成り立たなくなる。α群の、仮名で施される後次加注の存在は、『日本書紀』が複雑な経路を辿って完成したことを示唆しているかのようである。森の研究は、『日本書紀』の音韻論・文章論としては貴重だが、今後もさらなる検証が需《もと》められよう。

五　注釈に思う

『日本書紀』についてはずいぶん長い研究の蓄積があり、テキストや注釈書も相当数ある。明治以降では、一八八〇年（明治十三）五月に『日本書紀』神代巻の校訂本である田中頼庸《よりつね》校訂『校訂日本紀』一・二が出て以来[7]、大小六十以上のテキストや注釈書が刊行されており、歌謡のみを扱ったものを合わせると、その数は優に百を超える（荊木、二〇一八）。

ただ、それらを眺めていると、注釈書にも書物としての運不運があることがわかる。たとえば、飯田武郷《たけさと》の『日本書紀通釈』全六巻などは、一八八九年（明治二十二）八月から一八九五年十月にかけて大八洲学会から刊行が開始されたのを皮切りに（ただし、これは未完）、昭和の末年まで、版元を変えつつ十数回に及ぶ出版・復刊があった（図1）。まさにロングセラーである。これにくらべると、その十年ほど前に出た敷田年治《しきたとしはる》『日本紀標註』全二十六巻（小林林之助発行、一八九一年十二月）などは、嵩高い和装本で扱いにくく、加えて発行部数も多くなかったとみえて、昨今では引用する研究者も少ない。

また、鈴木重胤《しげたね》の『日本書紀伝』なども、あまり普及したとはいいがたい。

幕末の国学者鈴木重胤は、四十九年の生涯に厖大な古典研究を残した。なかでも、『日本書紀伝』三十巻は、『延喜式祝詞講義』全十二巻とともに彼の代表的著作で、分量的にも他の著作を凌駕している。同書については、弘化元年（一八四四）に重胤自身が著した『著撰書目』[8]に、予定書目としてすでにその名がみえるが、実際には、嘉永六年（一八五三）九月十八日に開宴、同十一月十四日に起稿されたものである。文久二年（一八六二）四月二十六日に三十二之巻を脱稿しているが、重胤は翌年八月十五日に暗殺されたので（遭難時執筆中の三十三之巻は所在不明）、以後は未完のままである。

なお、重胤は、一・二之巻は総論にあてる予定で後回しにし、三之巻から執筆に着手したため、実際に脱稿したのは、三十巻分である。後述の刊本はいずれも、三之巻を一之巻とし、以下、巻数を繰り上げているため、本来の巻数と全集本等の巻数にはずれが生じている（以下、小論でも、全集本にしたがって、繰り上げた巻数でしるす）。

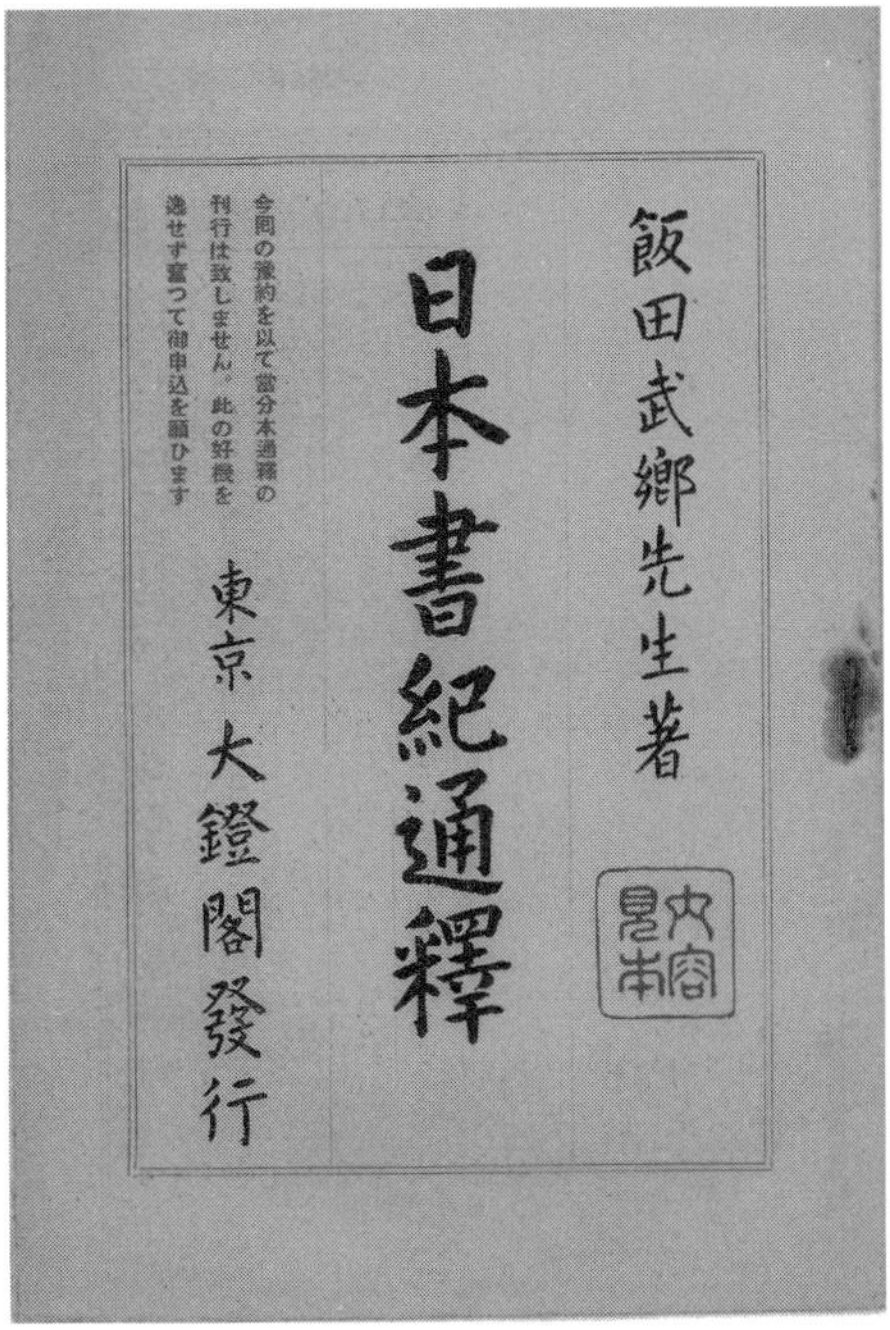

図1　大鐙閣版『日本書紀通釈』の内容見本
組見本などとともに、芳賀矢一・松本愛重・徳富蘇峰らの推薦文が掲げられる。（筆者所蔵）

重胤は、『著撰書目』のなかで、つぎのように記している（（　）のルビは荊木による）。

日本書紀伝　五十巻

此は鈴屋翁の古事記伝、伊吹屋大人《いぶきやたいじん》の古史伝に傚ひ、此紀の伝を記すとて、釈日本紀、神代巻口訣《くけつ》、日本紀纂疏《さんそ》、通証、集解、其余にも有ゆる諸註どもを普《あまね》く読通りて用ふべき限り叉《あざ》ひ掇《と》り、伊吹屋大人の天朝無窮暦《てんちょうむきゅうれき》に因《よ》り、此御紀の暦策の我が神代に在りて万国に比類なき事どもを述むとす。此書と古始太元考とを合せ見て、古道の藩奥《はんおう》を闚《うかが》ふべし。

これによれば、『日本書紀伝』はかならずしも神代紀の注釈に限定したものを企図していたわけではなかったようである。五十巻という総数が、いかなる計算に基づくものかは不明だが、実際には三十二之巻が神代下天孫降臨第一の一書を扱っているから、かりに『日本書紀』全三十巻の注釈ということであれば、おそらく、予定の五十巻を大幅に超過することになったであろう。

ちなみに、各巻執筆のスピードはまさに驚異的で、三十巻のなかには脱稿までに半年以上を要したものもあるが、多くは一、二ヶ月、十五之巻のように、わずか九日で脱稿したものもあり、平均すれば、四ヶ月に一巻のペースで仕上げている。谷省吾作成の「鈴木重胤略年譜」によれば、この期間には他の著作も手がけており、長期の旅行もあったりしたので、『日本書紀伝』にかかりきりというわけではなかった。そのことを思うと、彼の集中力と筆の速さはまさに驚異的である。

しかも、短期間で稿を組んだにもかかわらず（重胤は、これをそのまま発表するのではなく、さらに推敲を重ね、完成版を作る計画であった）、その内容は精緻で充実している。同書は、まず『日本書紀』の原文をあげ、つぎにその注釈を掲げるスタイルをとるが、その注釈は、『日本書紀』に登場する地名・氏族・人名の考証から、訓読・語義・語源など多方面にわたり、関連資料を豊富に紹介しつつ独自の解釈を示す。その縦横無尽の博引旁証ぶりは驚嘆に値するが、索引もデータベースもない時代にこれだけの文献を駆使し、必要な典拠をあたかも掌を指すかのごとく挙示してみせる重胤は、陳腐な表現ながら、超人的頭脳の持ち主であったといえよう。

重胤の智識を総動員した『日本書紀伝』の記述は、こんにちでもじゅうぶん通用するのであって、たんに注釈書というレベルを超えて、読み物としての面白さがある。

『日本書紀伝』は、一九一〇年（明治四十三）から翌年にかけて秋野庸彦の校訂にかかる全七巻の活字洋装本が皇典講究所から刊行されたのをはじめとして、『鈴木重胤全集』第一～九巻（鈴木重胤先生学徳顕揚会、一九三七年十一月～一九四〇年十一月）にも、樹下快淳《じゅげかいじゅん》の校訂にかかる全文が収録されたが、いずれも現在では入手・閲覧がむずかしい[9]。戦後一度も復刊されることなかったのは、分量が多いことと、未完であることなどが災いしたのだろうが、『日本書紀』研究にとって惜しむべきことである。

もし重胤が遭難して命を落とすことなく、『日本書紀伝』を完結させていたならば、その名のとおり、『古事記伝』と双璧の『日本書紀』の注釈書として研究史にながくその名を留めたと思われる[10]。ただ、たとえ未完であっても、神代紀の注釈書としては出色のものである。復刊によって再び多くの研究者に利用されることを望みたい。

六　古写本の刊行

『日本書紀』に関しては、昨今、『日本書紀』古写本の影印・複製が相次いで出版されていることも見逃せない。これらの現象は、研究者のあいだで、活字本に頼る研究はもはや限界に達した、という認識が昂揚してきた結果である。古典本文へのアクセスが原本そのものの影印と、読み易さを追求した活字本とに二極化していくであろうことは、すでに三十年以上前に田中卓が予見したことであるが（田中、一九八五）、近年の影印本の盛況を目の当たりにすると、まさに田中の慧眼どおりの方向に進んでいるかの印象を受ける。

『日本書紀』にもまさにそうした傾向がみてとれるが、とくに『日本書紀』の写本には訓点・古訓など国語学の研究材料も豊富にふくまれており、精巧な写真版の刊行は必須の課題であった。

ありがたいことに、近年、前田育徳会尊経閣文庫編『尊経閣善本影印集成26　日本書紀』（八木書店、二〇〇二年四月）・『宮内庁書陵部本影印集成　日本書紀』全四冊（八木書店、二〇〇五年十二月～二〇〇六年九月）・京都国立博物館編『京都国立博物館所蔵　国宝　吉田本　日本書紀』（勉誠出版、二〇一四年二月）・天理大学附属天理図書館編『新天理図書館善本叢書　日本書紀　乾元本』全二冊（八木書店、二〇一五年四月・六月）・岡田莊司責任編集『國學院大學貴重書影印叢書　第四巻　日本書紀・古語拾遺・神祇典籍集』（朝倉書店、二〇一六年二月）、さらには学界待望の熱田神宮編『熱田本　日本書紀』全三冊（八木書店、二〇一七年十二月）など、『日本書紀』の写本のカラー版・二色刷版複製が相次いで刊行され、学界に被益している。

また、こうした古写本の研究・翻刻は、国内所在のものに留まらず、かつての在外資産にも及んでいる。たとえば、是澤範三・山口真輝主編・洪淑芬訳『國立臺灣大學圖書館典藏日本書紀 影印・校勘本 1 圓威本』（国立台湾大学出版中心、二〇一二年一月）は、台北帝国大学旧蔵（もとは桃木武平《ももきぶへい》の所蔵だったものを台北帝国大学が購入）で嘉吉二年（一四四二）の書写にかかる円威本『日本書紀』（巻第二のみ）の写真とその翻刻・解説である。この写本は、豊富なヲコト点や声点をふくみ、国語学・音韻学の資料としても重要であるが、閲覧の機会もあまりない貴重な写本のカラー写真版が公開されたことは、大きな福音である。

ちなみに、『日本書紀』関連の出版事業としては、明治以前の古い注釈書の影印や翻刻にも目が向けられている。たとえば、神道大系が古典註釈編として『仮名日本紀《かなにほんぎ》』をはじめとして複数の『日本書紀』注釈書を翻刻したのをはじめとして、[11] 国学院大学所蔵の『信西日本紀鈔』や両足院《りょうそくいん》所蔵『日本書紀抄』の翻刻や研究もずいぶん進んでいる。[12] さらに、新編荷田春満全集編集委員会編『新編荷田春満全集』第二・三巻（おうふう、二〇〇四年十二月・二〇〇五年五月）が刊行され、『日本書紀』に関する春満の注釈書が容易に披瀝できるようになったことも朗報である。中近世の注釈書は、いわゆる「中世日本紀」の研究ともかかわって、『日本書紀』がいかに読まれてきたのかをうかがう上で重要な資料である。今後の研究の展開が愉しみな分野の一つである。

ところで、こうした写本の影印・複製は、たんに研究者の便宜をはかるというだけでなく、文化財の保存という点からも重要である。

最近、三条西家本《さんじょうにしけぼん》『播磨国風土記』のカラー版影印が新天理図書館善本叢書の一冊として刊行されたが

（八木書店、二〇一六年二月）、「解説」を担当した小倉慈司によれば、一九二六年（大正十五）に古典保存会が三条西家本の複製を出版した際には判読できた文字で、現在では読めないものが少なからずあるという。九十数年のあいだに写本の痛みが進んだためであろうが、こうした劣化は他の古写本についても当て嵌まるのであって、現在の高精細画像による写真版の作製は火急の事業である。

しかも、憂うべきは、写本の劣化だけではない。日本は、戦禍こそ久しく熄《や》んだものの、地震による火災や津波、台風や大雨による水害など、自然災害の多い国である。いつ何時《なんどき》、貴重な古典籍が烏有《うゆう》に帰さないとも限らない。大正末年に大阪毎日新聞社が『秘籍大観　日本書紀』の印行を決断したのも、一九二三年（大正十二）九月に起きた関東大震災によって、首都圏所在の貴重な古典籍が灰燼に帰したことが直接の動機であった。そう考えると、古写本の複製には、原本の散逸という、万一の場合への備えとしての意味もあるといえる。こうした事業は一朝一夕になしうるものではないから、今からその準備を進めていくことが必要であろう。

おわりに

以上、駆け足で回顧したように、『日本書紀』の研究はここ二十数年のあいだに長足の進歩を遂げた。古代史の研究に携わる一人として、慶賀に堪えない。『日本書紀』そのものの研究と、そこに書かれた歴史の解明とは、あたかも車輌の両輪に比喩えられるべきものである。編纂物としての性格が把握できていなけ

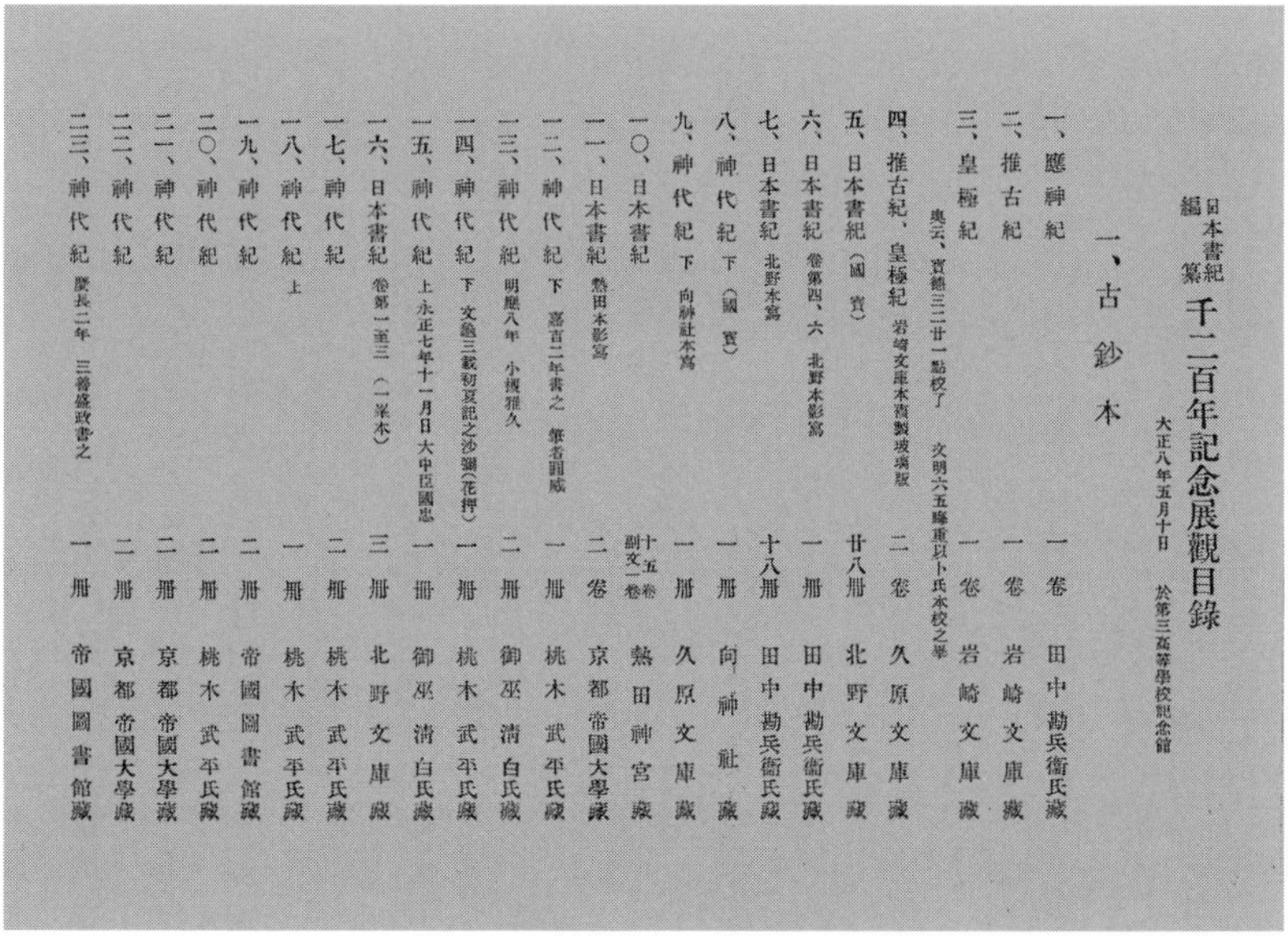

日本書紀編纂千二百年記念展観目録

大正八年五月十日　於第三高等學校記念館

一、古鈔本

一、應神紀	一巻	田中勘兵衛氏藏
二、推古紀	一巻	岩崎文庫藏
三、皇極紀	一巻	岩崎文庫藏
四、推古紀、皇極紀　岩崎文庫本寫製玻璃版　奥云、寳徳三二廿一點校了　文明六五晦重以卜氏本校之畢	二巻	久原文庫藏
五、日本書紀（國寶）	廿八冊	北野文庫藏
六、日本書紀　巻第四、六　北野本影寫	一冊	田中勘兵衛氏藏
七、日本書紀　北野本寫	十八冊	田中勘兵衛氏藏
八、神代紀下（國寶）	一冊	向神社藏
九、神代紀下　向神社本寫	一冊	久原文庫藏
一〇、日本書紀	十五巻 副文一巻	熱田神宮藏
一一、日本書紀　熱田本影寫	二巻	京都帝國大學藏
一二、神代紀下　嘉吉二年書之　筆者開威	一冊	桃木武平氏藏
一三、神代紀　明應八年　小槻雅久	二冊	御巫清白氏藏
一四、神代紀下　文亀三載初夏記之沙彌（花押）	一冊	桃木武平氏藏
一五、神代紀上　永正七年十一月日　大中臣國忠	一冊	御巫清白氏藏
一六、日本書紀　巻第一至三（一峯本）	三冊	北野文庫藏
一七、神代紀	二冊	桃木武平氏藏
一八、神代紀上	一冊	桃木武平氏藏
一九、神代紀	二冊	帝國圖書館藏
二〇、神代紀	二冊	桃木武平氏藏
二一、神代紀	二冊	京都帝國大學藏
二二、神代紀	二冊	京都帝國大學藏
二三、神代紀　慶長二年　三善盛政書之	一冊	帝國圖書館藏

図2　『日本書紀編纂千二百年記念展観目録』
一枚ものの出品一覧。当日参観者に配布されたものであろう。（筆者所蔵）

れば、その記述の真偽を問うことはむずかしいし、逆に、記事の解釈から得られる成果によって、『日本書紀』の特性をうかがうことが可能である。二つの作業が噛み合うことによって、解明されることも少なくないはずである。

『日本書紀』は、まもなく撰上から千三百年という節目の年を迎える。

かつて撰上千二百年の記念の年（大正九年＝西暦一九二〇）には、『日本書紀』に関する展観会や古写本の複製事業が盛大におこなわれた。記念の年の前年、すなわち一九一九年五月には京都の第三高等学校記念館において日本書紀編纂千二百年記念展観会が開催され（及川、二〇〇〇）、古写本や関連資料が一堂に会したが、その様子は京都帝国大学編『日本書紀編纂千二百年記念展観目録』（京都帝国大学、一九二〇年五月）によってうかがうことができる（図2）。さきにふれた台湾国立大学所蔵の円威本も、当時は桃木武平の所蔵本としてこの展観会に出陳されており、顧みて感慨深いものがある。

また、東京方面でも、日本書紀撰進千二百年紀念会が組織され、周到な準備のもとに、一九二〇年五月二十二日に紀念祭と講演会が東京帝国大学法学部八角講堂で開催され、来会者は五百余名にのぼった。翌二十三日には、國學院大學講堂で『日本書紀』の古本展覧会が開催され、こちらも六百余名の来観者があった。紀念会講演では、芳賀矢一「日本書紀に就きて」・白鳥庫吉「東洋史上より観たる日本書紀」・黒板勝美「日本書紀撰修の由来」という三本の貴重な講話があったが、これらはいずれも記念出版された『撰進千二百年紀念日本書紀古本集影』（日本書紀撰進千二百年紀念会、一九二〇年十二月）に収められており[13]、この有意義な事業の一端をうかがうことが可能である。

二〇二〇年の撰上千三百年の記念の年にも、こうした『日本書紀』にかかわるイベントや出版がいろいろと企画されることであろう。と同時に、それに触発され、一般の人々の『日本書紀』に対する関心も昂揚すると思われる。ただ、冀《ねが》わくば、それが一過性のブームに終わるのでなく、その後の研究に繋がるものであってほしい。

注

（1）たとえば、瀧川政次郎は、『日本人の歴史』（新潮社、一九五五年六月、のち『東洋史上における日本人の歴史』と改題して一九八三年一月に赤坂書院より再刊）のなかで「『日本書紀には神話伝説が語られているから、この書を史学に益なしとして捨て去るのは、その人自身がそれらの補助学科〔比較神話学、民俗学、考古学等＝荊木註〕の知識に乏しく、この書を史料として活用する能力のないことを自白している」（赤坂書院版、六六頁）とのべているが、こうした発言は、神話伝説以外の記述についても当て嵌まる。

（2）近年の注目すべき論著としては、新川登亀男・早川万年編『史料としての『日本書紀』―津田左右吉を読みなおす―』（勉誠出版、二〇一一年十月）・遠藤慶太『日本書紀の形成と諸資料』（塙書房、二〇一五年二月）・笹川尚紀『日本書紀成立史攷』（塙書房、二〇一六年三月）などがある。このうち、『史料としての『日本書紀』―津田左右吉を読みなおす―』については、筆者が『日本歴史』七七三（二〇一二年十月）の「書評と紹介」欄で概要を紹介したので、参照されたい。

（3）なお、信友のほかにも、複数の「日本紀」原名説が存する。たとえば、折口信夫《おりくちしのぶ》は、当初「日本書」という史書が構想されたが、これは実現せず、その一部である帝王本紀が完成したのでこれに「日本紀」という名称を与えたが、のちの人がそれを「日本書紀」と誤ったとみて、「日本紀」原名説を採用している（折口、一九二六）。また、小島憲之は、奈良時代にすでに二つの名が存していたとみて、「日本書紀」は述作物としての書名であり、「日本紀」は一般の称呼であるとしている（小島、一九六二、二八七～二九六頁）。

（4）粕谷興紀によれば、范曄《はんよう》が『後漢書』を撰んだとき、その「帝紀」「列伝」をそれぞれ「後漢書紀」「後漢書列伝」と題していたので、「日本書紀」もこれに倣って、「日本書」の「帝紀」という意味で名づけられたものだという（粕谷、一九八三）。

（5）この『弘仁私記』が弘仁末年をあまり下らない時期に書かれたことについては、粕谷興紀「日本書紀私記甲本の研究」（『藝林』一九―二、一九六八年四月）に詳しい。

（6）元明天皇は、詔のなかで安万侶に対し、「稗田阿礼が所誦《よ》める勅語の旧辞を撰ひ録して献上れ」と命じたもので、これを読むかぎりでは、「旧辞」の削偽定実は完了していたが、いっぽうの「帝紀」は未完成のままであったことが知られる（塚口、一九九一、一二〇頁）。

（7）これ以前にも中山繁樹訓点『神代巻』全二冊（同盟書房、一八七三年八月発兌）が刊行されているが、これは、江戸期のものの再刻本のようである。

（8）同書は、弘化元年（一八四四）、重胤が出羽滞在中、おそらく鶴岡にいた五月ごろに書かれたもので、著述目録という形をかりて、自身の学問の構想を示したものである（谷、一九六八、三六九頁）。

（9）ちみなに、山形県鶴岡市の大滝家には重胤の自筆稿本が保管されており、この自筆稿本は、大滝家のご厚意によって、最近、他の鈴木重胤関係の資料とともに皇學館大学に寄贈された。

(10) たとえば、『書紀集解』『日本書紀通証』『日本書紀通釈』の三書は、いずれも『国史大辞典』に立項されているが、『日本書紀伝』の項目はない。これなどは、『日本書紀伝』が不当に低い評価をうけている例としてあげることができる。

(11) 中村啓信校注『神道大系 古典註釈編二 日本書紀註釈（上）』（神道大系編纂会、一九八八年十月）には『仮名日本紀』が、真壁俊信校注『神道大系 古典註釈編三 日本書紀註釈（中）』（同上、一九八五年三月）には『神代巻口訣』『日本書紀纂疏』が、秋山一実校注『神道大系 古典註釈編四 日本書紀註釈（下）』（同上、一九八八年十二月）には『神書聞塵』『日本書紀神代巻抄』『日本書紀聞書』が収録される。

(12) 中村啓信『信西日本紀鈔とその研究』（高科書店、一九九〇年六月）や伊藤東愼・大塚光信・安田章共編『両足院蔵日本書紀抄』（臨川書店、一九八六年一月）・小林千草『清原宣賢講「日本書紀抄」本文と研究』（勉誠出版、二〇〇三年三月）などがある。

(13) このうち黒板の講演の速記は、同『虚心文集』第六（吉川弘文館、一九四〇年七月所収）に、白鳥のそれは『白鳥庫吉全集』第九巻（岩波書店、一九七一年一月）に採録されている。

参考文献

荊木美行、二〇一八「『日本書紀』のテキストと注釈書―明治以降を中心に―」（『皇学館大学紀要』五六）
及川智早、二〇〇〇「近代における『日本書紀』展覧会について―京都で開催された撰録千二百年記念祭―」（戸谷高明編『古代文学の思想と表現』新典社）
折口信夫、一九二六「日本書と日本紀と」（『史学』五―二、のち同『古代研究』国文学篇、大岡山書店、一九二九年、さらに『折口信夫全集』第一巻、中央公論社、一九六五年に所収）
粕谷興紀、一九七八「大草香皇子事件の虚と実―「帝王紀」の逸文をめぐって―」（『皇学館論叢』一一―四）
一九八三「『日本書紀』という書名の由来（上）（下）」（『皇学館論叢』一六―二・三）
加藤謙吉、二〇〇三「『日本書紀』と渡来人」（大山誠一編『聖徳太子の真実』平凡社、二〇〇三年に所収）
亀山泰司、二〇一二『日本書紀の研究―区分論の観点から―』（二〇一一年度皇學館大学学位請求論文）

小島憲之、一九六二『上代日本文学と中国文学』上（塙書房）
坂本太郎、一九六三「記紀研究の現段階」（『坂本太郎著作集』二、吉川弘文館、一九八八年に所収）
一九七〇『六国史』（『坂本太郎著作集』三、吉川弘文館、一九八九年に所収）
瀧川政次郎、一九六九「新序」（『律令時代の農民生活』刀江書院）
田中　卓、一九七二「神功皇后をめぐる紀・記の所伝」（『田中卓著作集』一〇、国書刊行会、一九九三年に所収）
一九八五「日本紀の天武天皇元年紀〝改訂本〟」（『田中卓著作集』五、国書刊行会）
谷　省吾、一九六八「鈴木重胤著述目録」（『鈴木重胤の研究』神道史学会）
塚口義信、一九九一「〝原帝紀〟成立の思想的背景」（『ヒストリア』一三三）
二〇一一「『日本書紀』と『日本紀』の関係について―同一史書説の再検討―」（『続日本紀研究』三九二）
那珂通世、一八九七「上世年紀考」（『史学雑誌』八―八～一〇・一二）
伴　信友、一八四七「日本書紀考」（『伴信友全集』四、国書刊行会、一九〇七年に所収）
平田俊春、一九五〇「古事記の成立と日本書紀」（『日本古典の成立の研究』日本書院、一九五九年に所収）
一九五一「神功皇后紀の成立と日本書紀の紀年」（『日本古典の成立の研究』日本書院、一九五九年に所収）
三品彰英、一九四八「紀年新考」（那珂通世著・三品彰英増補『増補上世年紀考』養徳社、一九四八年に所収）
森　博達、一九九九『日本書紀の謎を解く―述作者は誰か―』（中央公論新社）
安本美典、一九八一『倭の五王の謎―五世紀を解明する―』（講談社）
山田英雄、一九七九『日本書紀』（教育社）

2　日本書紀の写本

石上英一

はじめに

『日本書紀』写本研究の成果は、既に影印本・複製や校訂本・注解本等において詳述されている。筆者は、『日本書紀』(1)の写本に関わる研究については、尊経閣《そんけいかく》文庫本（前田家本）・宮内庁書陵部本（図書寮《ずしょりょう》本）の影印本刊行における原本調査と解題執筆、『続日本紀』校訂注解本（『新日本古典文学大系』12〜16続日本紀、岩波書店、一九八九〜一九九八年）の底本校訂と『続日本紀』蓬左《ほうさ》文庫本影印本（『続日本紀　蓬左文庫本』八木書店、一九九一〜一九九三年）刊行に際しての卜部《うらべ》家本系写本の検討、尊経閣文庫本『釈日本紀』『古事記』の影印本刊行に際しての原本調査と解題執筆の経験しかない。しかし本稿では、古代史を学ぶ者として、既に公にされている書誌研究と複製・影印本とウェブ公開画像等を基にして、『日本書紀』写本について若干の考察を記してみたい。原本調査によらない自らの考察の過程を示すため、既刊の影印本・複製の解題や校訂本・注解本の写本群解説に諸氏により記されていることと敢えて重複して叙述する次第を了解願いたい。

一　日本書紀古写本の学術利用環境の展開

利用環境の展開

『日本書紀』は、一般には、全三十巻の揃う寛文九年（一六六九）版本を底本とし古写本・版本や史書で校訂した『新訂増補 国史大系』一上・下（吉川弘文館、一九五一・一九五二年。完成記念版、一九六六・一九六七年。普及版、一九七一年）と丸山林平編『定本日本書紀』一～四（講談社、一九六六～一九九五年）、校訂注解書の『日本古典文学大系』六七・六八（日本書紀上・下、岩波書店、一九六七・一九六五年。新装版、一九九三年）と『新編日本古典文学全集』2・3・4（日本書紀①・②・③、小学館、一九九四～一九九八年）が使われている。また、巻一神代上・巻二神代下の校訂本（底本、寛文九年版本）の國學院大學日本文化研究所編『校本日本書紀』巻第一～巻第四神代上・下（角川書店、一九七三～一九九五年）も刊行されている。近年、国立国会図書館デジタルコレクションから、『秘籍大観』第一輯（日本書紀、巻之部・帖之部、大阪毎日新聞社、一九二六・一九二七年。「古写本日本書紀解題」・帖之部の画像公開）・『日本書紀編纂千二百年記念展観会目録』（京都帝国大学附属図書館、一九一九年）・『撰進千二百年紀念日本書紀古本集影』（日本書紀撰進千二百年紀念会、一九二〇年）や、水戸本・北野本・鴨脚《いちょう》本等の古写本の複製・影印本や版本の画像と書誌研究文献が公開されている。さらに古写本の高精細画像による影印本が、神宮古典籍影印叢刊編集委員会編『神宮古典籍影印叢刊』一・二 古事記日本書紀上・下（小槻《おづき》雅久《まさひさ》本・大《おお》中臣国忠《なかとみくにただ》本・為縄《ためなわ》本・春瑜《しゅんゆ》本所収、八木書店、一九八二年、モノクロ版）、天理図書館善本叢書和書之部編集委員会編『天理図書館善本叢書』和書之部 五四・五五・五六 日本書紀 兼右本一・二・三（八木書店、一九八三年、モノクロ版）、天理大学附属天理図書館編『新天理図書館善本叢書』二・三 日本書紀 乾元本一・二（八木書店、二〇一五年、カラー版）、前田育徳会尊経閣文庫編『尊経閣善本影印集成』二六 日本書紀（八木書店、二〇〇二年、二色刷、前田家本）、『宮内庁書陵部本影印集成』一〜四（八木書店、二〇〇五・二〇〇六年、二色刷、図書寮本）、熱田神宮編『熱田本 日本書紀』（全三冊、八木書店、二〇一七年、カラー版）として、また吉田本（国立文化財機構蔵。卜部兼方本、大橋寛治氏旧蔵本。巻一・巻二）の影印版が京都国立博物館編『京都国立博物館所蔵 国宝 吉田本 日本書紀』神代巻上・神代巻下（勉誠出版、二〇一四年、カラー版）、岩崎本（国立文化財機構蔵。巻二十二・巻二十四。一条兼良所蔵本の残巻）の影印版が京都国立博物館編『京都国立博物館所蔵 国宝 岩崎本 日本書紀』（勉誠出版、二〇一三年、カラー版）として刊行されている。これらの複製・影印本やデータベース等による古写本の公開の進展により、『日本書紀』研究の新たな環境が生み出されている。

校訂注解本

『日本書紀』写本の書誌研究は、寛文九年版本を底本とした『国史大系』一 日本書紀（経済雑誌社、一八九七年）の成果の上に、『国史大系 六国史』一 日本書紀（経済雑誌社、一九一五年）において、寛文九年版本を底本とし古写本（北野本・前田家本・田中本・熱田本等）や慶長古活字本を対校本とした校訂本の精緻化が進められた。『国史大系 六国史』一 日本書紀の刊行直後の一九一九年、第三高等学校尚賢館で日本書紀編纂千二百年記念の展覧会が開催され多数の写本・版本が展示され、『日本書紀編纂千二百年記念展観会目録』が作成され、『日本書紀』の古鈔本・刊本・注解書と関係書、さらに陳列外品を含めて一一八点の史料の書誌情報（奥書等）が提示された。また國學院大學講堂で一九二〇年五月に展覧会が開かれ、日本書紀撰進千二百年紀念会編『撰進千二百年紀念日本書紀古本集影』が刊行された。また、一九二六～二七年に『秘籍大観』第一輯が刊行され、帖之部では佐佐木本（巻一神代上断簡）、図書寮本七帖（巻二・巻十・巻十二～十七・巻二十一～二十四。現、宮内庁書陵部蔵）の影印版、巻之部では田中本（巻十。現、国立文化財機構蔵、奈良国立博物館保管）、前田家本（巻十一・巻十四・巻十七・巻二十。現、前田育徳会蔵）、岩崎本（巻二十二・巻二十四。現、国立文化財機構蔵、京都国立博物館保管）の複製巻子本が公開された。さらに、北野神社所蔵本（巻二・巻十四を欠く二十八巻）の複製巻子本が『國寶 北野本 日本書紀』（貴重図書複製会、一九四一年）として刊行された。

一九世紀末から二〇世紀前期における、古写本や近世刊本を基礎とした『日本書紀』校訂本の公刊と古写本の影印・複製を基盤に、寛文九年版本を底本として古写本・刊本や『日本書紀』関係史書と対校した精緻な校本として『新訂増補 国史大系』一上 日本書紀 前篇・一下 日本書紀 後篇（吉川弘文館、一九五一・一九五二年）が刊行され、古代史の研究基盤の一つとなった。『新訂増補 国史大系』日本書紀は、前篇・後篇の「凡例」（丸山、一九五一・一九五二）に校訂に使用した諸本の書誌を記し、また各巻毎に諸本の奥書、巻三十巻末に寛文九年版本跋を掲載し、写本・版本の基礎情報を提示した。この研究基盤の上に、戦後古代史学界における神話・邪馬台国・倭の五王・聖徳太子・大化改新・「近江令《おうみりょう》」・壬申の乱・浄御原令《きよみはらりょう》や中国・朝鮮諸国との交流などの研究が進展する中で、『日本書紀』の注解の作成が企画され、『日本古典文学大系』として日本書紀下が一九六五年に、「解説」を収めた日本書紀上が一九六七年に刊行された。「解説」には、大野晋「諸本」により、「第一類　卜部家本及びその系統の諸本」、「第二類　古本」の二類が明示され、さらに大野晋「訓読」により『日本書紀』古写本の訓点・訓仮名や『釈日本紀』等注釈書による訓読の概要が示された。国語学における和書の訓点語研究では、築島裕・石塚晴通『日本書紀 東洋文庫蔵岩崎本 本文と索引』（貴重本刊行会、一九七八年）、石塚晴通『圖書寮本 日本書紀』本文篇・索引篇・研究篇（美季出版社、汲古書院、一九八〇・一九八一・一九八四年）、石塚晴通『尊経閣文庫本 日本書紀 本文・訓点総索引』（八木書店、二〇〇七年）が刊行され、京都国立博物館編『京都国立博物館所蔵 国宝 吉田本 日本書紀』・『京都国立博物館所蔵 国宝 岩崎本 日本書紀』・『宮内庁書陵部本影印集成』日本書紀四にそれぞれ石塚の訓点解説が、『尊経閣善本影印集成』二六 日本書紀に月本雅幸の訓点解説が掲載され、古代・中世前期の訓点語による『日本書紀』訓読についての研究成果が古代史研究者にも分かり易く提示されることとなった。

日本書紀古写本の二分類案

現在、「ジャパンナレッジ JapanKnowledge」からインターネットで版面画像が公開されていることもあり、注解本『日本書紀』としてよく利用される『新編日本古典文学全集』日本書紀は、『新訂増補 国史大系』日本書紀と同様に底本を寛文九年版本とし、「この版本を底本としたのは、流布本ではあるが『日本書紀』全三十巻の完本であり、総体的にみて穏当な文面を保っていると認められ、近世以来最も定着した書であるためである」（『新編日本古典文学全集』2・日本書紀①、「凡例」一一頁）と底本選定理由を記している。一方、同様に注解本として広く利用される『日本古典文学大系』日本書紀は、底本として、巻一神代上・巻二神代下には「大橋寛治氏蔵卜部《うらべ》兼方《かねかた》本」（国宝「日本書紀神代巻（上下　吉田本）」）、巻三〜巻三十には「天理図書館所蔵卜部兼右《かねみぎ》本」（重要文化財「日本書紀（自巻第三至第三十　吉田家本）」）を用いている。このような底本選定の前提として、校訂を担当した大野晋は、「現今、存在の知られている古写本は数十種にのぼるが、卑見によればそれは二類に分けられる。その一は、卜部家本及びその系統の諸本。その二は、卜部家本系に所属しない諸本で、今これに古本の名を与えることとする」（大野、一九六七、二四頁）とし、「第一類　卜部家本及びその系統の諸本」及び「第二類　古本」において、古写本の書誌を記した。この古写本の二分類論は、丸山二郎による『新訂増補　国史大系』日本書紀前篇「凡例」（一九五一年三月）・後篇「凡例」（一九五二年八月）が、ほぼ書写年代順に古写本の書誌を掲げているのに較べると、古写本の系統の大要をわかりやすく提示した論となっている。さらに、毛利正守は、「『日本書紀』の伝本を大別すると、おおむね古本系と卜部家本系の二類に分けられる」（毛利、一九九四、五四五頁）、「なお、古本系とはいっても系統として確立しているわけではなく、卜部家本系ではないものをまとめてかりに古本系（または系統）と称するものである」（毛利、一九九四、五四六頁）とし、「その他」の古写本群も設定している。中村啓信は、『日本書紀』写本について、「古本というようなあまり学問的でない表現を用いいつつ略述してきた諸本は、別な言い方をすれば卜部系統でない別系統本であったということになる」と記している（中村、一九九五、二〇六頁）。以下、毛利正守及び中村啓信の指摘を踏まえつつ、初めに、卜部家本系写本、次いで卜部家本系ではない古写本（所謂「古本」系古写本）の若干の写本の紹介を、丸山二郎・大野晋・毛利正守・中村啓信等の古写本書誌研究と、影印本解題とに従い行う。なお、書誌の論述は古写本の一部に限るので、古写本の全体は、本書付録の「1　日本書紀訓点本諸本一覧」及び「4　日本書紀写本の複製一覧」を参照されたい。

二　卜部家本系古写本

伊豆国の卜部を出身とし、九・一〇世紀頃から神祇官人を務めた卜部宿祢《すくね》氏は、一一世紀に卜部兼親《かねちか》（父、兼忠《かねただ》）の一流（吉田神社預。吉田流）と叔父の卜部兼国《かねくに》の一流（平野神社預。平野流）の二流に分かれた。卜部氏の二流は、神祇祭祀、神道の学の家として、平安期から近世に及び、『日本書紀』神代巻などを学び教学に努めた。その故に、卜部氏二流の諸代の者が『日本書紀』の写本を作成し、また古写本を入手し、さらに訓読・注記を写本に書入れ、さらに『釈日本紀』の如き注釈書を撰述し、それらの一部が現在に伝えられている。吉田流は、兼熙《かねひろ》（一三四八〜一四〇二）のとき、卜部宿祢から卜部朝臣《あそん》に改められ、永和四年（一三七八）、家名を吉田とした。次に、卜部家本系古写本の若干を紹介する。

①吉田本　国宝「日本書紀神代巻（上下　吉田本）」（二巻、国立文化財機構蔵、京都国立博物館保管）

吉田本は、『日本書紀』巻一神代上・巻二神代下の巻子本二巻からなる。吉田本は、弘安本・卜部兼方本・兼方本とも称され、国所蔵となる前には大橋寛治氏蔵卜部兼方本とも称された（以下、兼方本または弘安本と表記する）。兼方本は、卜部氏の吉田家（一八五四年、子爵）に伝えられ、一九四六年に大橋理祐氏の所蔵となり（赤松、一九七一、五・七頁）、次いで国所蔵を経て、現在は独立行政法人国立文化財機構の所蔵となっている。影印版には、赤松俊秀編『国宝卜部兼方自筆日本書紀神代巻』（法蔵館、一九七一年。四冊。上・下〔影印〕、本文編〔翻刻〕、赤松俊秀「研究篇」）、京都国立博物館編『京都国立博物館所蔵 国宝 吉田本 日本書紀』神代巻上・神代巻下がある。また『撰進千二百年紀念日本書紀古本集影』に巻二巻尾・奥書料紙の写真が掲載され（図版二三。子爵吉田兼良氏所蔵として掲出）、ウェブサイトのe国宝と京都国立博物館館蔵品データベースにも巻一・巻二の巻首と巻尾（部分）の画像が公開されている（『国宝・重要文化財大全』7、毎日新聞社、一九九八年、図13参照）。

巻一巻尾は奥題が無く、本文末行から二行空けて奥書補紙にわたり、吉田兼雄《かねお》の享保十九年（一七三四）の一見、同二十年の表紙修補の奥書がある。巻二巻尾も奥題が無く、本文末行から二行空けて本文料紙が切断されその左に貼り継がれた本文料紙の空白断簡二葉（二葉は本文料紙原継目のまま継がれている。第一葉は二行、第二葉は一一行）と追補奥書料紙四紙に奥書が書かれている（奥書は、『日本古典文学大系』日本書紀上「底本奥書」、羽田、二〇一四等参照）。

○巻一奥書

*享保十九年四月十九日、加二一見一了、

従三位侍従卜部朝臣兼雄

享保廿年十月廿日、加二修補表紙一了、（兼雄）

神道長卜部朝臣（花押）

＊「享保十九年四月十九日加一見了」の一行は本文料紙左端から奥書料紙右端にわたり書かれる。

○巻二奥書(2)

弘安九年春比、重加二裏書一了、
従四位上行神祇権大副兼山城守卜部宿祢（兼方）（花押）
暦応三年四月廿六日、於二　太上法皇御前萩原殿一、令レ読二進之一畢、
正四位下行神祇権大副卜部宿祢兼員
貞和三年十一月一日、以二秘説一授二両息兼前・兼繁一了、
正議大夫（正四位上）卜（兼員）(3)（花押）
永徳元年十二月廿一日、以二累家之秘説一、授二嫡男兼敦一畢、
正議大夫祠部員外郎（兼熙）（花押）
同三年正月十一日、重校了、
内仙郎（蔵人）神祇大副卜兼熙
至徳第三之暦青陽初十三夕、校合新写了、
銀青光禄大夫（従三位）（兼熙）（花押）
家乃風　代ゝに吹こミ　雲井より　月位乃　かけをふむかな
天文二年八月十六日、加二修補一已矣、
神道管領勾当長上侍従卜部（兼右）（花押）

天文三年十月十九日、加㆓一見㆒了、卜（兼右）（花押）

享保十九年四月十九日、加㆓一見㆒畢、

銀青光録大夫拾遺（侍従）卜部（兼雄）（花押）

右、加㆓修補㆒了、莫㆓外見㆒矣、

神祇道管領勾当長上従二位行侍従卜部兼雄

巻二の奥書は、次のように区分される（羽田、二〇一四、一七四・一七五頁参照）。

1　巻二巻尾本文文末の書された料紙の左に貼り継がれた断簡二葉（本文料紙と同じ仕様の界が引かれている）に書された奥書

奥書一　弘安九年（一二八六）春、平野流卜部氏の卜部兼方（生没年不詳）が重ねて裏書を加えた。

奥書二　暦応三年（一三四〇）四月二十六日、卜部兼員（?～一三七九）が太上法皇（花園上皇、一二九七～一三四八）に神代巻を読進した。

奥書三　貞和三年（一三四七）十一月一日、卜部兼員が男兼前・兼繁へ伝授した。

2　追補奥書料紙一（本文料紙断簡二葉の左方に貼り継がれた二葉で、第一葉と第二葉の継目裏に兼熙の花押あり。第二葉空）に書された奥書

奥書四　永徳元年（一三八一）十二月二十一日、吉田兼熙が男兼敦へ伝授した。

奥書五　永徳三年（一三八三）正月十一日、吉田兼熙が重ねて校合した。

奥書六　至徳三年（一三八六）正月十三日、吉田兼熙が校合、「新写」した（「新写」は、別本作成を意味

するか）。和歌一首を書す。

3　追補奥書料紙二（追補奥書料紙一の左方に貼り継ぎ）に書された奥書

奥書七　天文二年（一五三三）八月十六日、吉田兼右が修補した。

奥書八　天文三年（一五三四）十月十九日、吉田兼右が一見した。

4　追補奥書料紙二左端から追補奥書料紙三（追補奥書料紙二の左に貼り継ぎ）に書された奥書

奥書九（一行目は追補奥書料紙二左端と追補奥書料紙三右端の継目上に書される）享保十九年四月十九日、吉田兼雄が一見した。

奥書十　吉田兼雄が修補した。

兼方本『日本書紀』巻二の奥に貼り継がれた奥書四・五・六（永徳元年吉田兼熙伝授奥書、永徳三年吉田兼熙校合奥書、至徳三年吉田兼熙校合新写奥書）を書す紙（追補奥書料紙一）は、吉田家における兼夏本《かねなつ》（乾元本）の享保十八年（一七三三）の修補、兼方本の享保十九年の修補の際に、兼夏本の奥書料紙が、兼方本の奥（本文料紙末と奥書料紙二の間）に誤って貼継がれた可能性を論じる説がある（小野田、一九九六、五七二・五七三頁。羽田、二〇一四、一七八頁）。この説に対し、兼夏本から欠落した奥書は、吉田家「累代之秘本」を天正十・十一年（一五八二・一五八三）に転写した三条西実隆《さんじょうにしさねたか》本巻二にある卜部兼熙の兼敦への伝授と一条兼嗣への伝授の奥書であるとの遠藤の説もある（遠藤、二〇一五、七頁）。国立公文書館所蔵紅葉山《もみじやま》文庫本『日本書紀』（特〇五五—〇〇一〇。十冊。三十巻本。国立公文書館デジタルアーカイブより画像公開）は、巻三〜巻三十が吉田家「累代之秘本」を天正十・十一年に転写した三条西実隆本の慶長期の伝写本であり、巻一・巻二は乾元本の伝写本である（丸山、一九五一、九・一〇頁。同、一九五二、八・九頁）。紅葉山文庫本『日本書紀』巻一の本奥書は乾元本巻一の奥書と同じであるが、巻二は元応二年（一三二〇）卜部兼夏伝授奥書の次に「此書一部三十巻、受二侍従三位（卜部兼熙）説一訖／関白（一条兼嗣）判」、「日本書紀卅巻の代々の例、旧にし事を今そき丶つる、／応永七年（一四〇〇）七月廿二日／桑門源寂判」、「至徳三年三月十一日、此書一部卅巻、史釈一部、私記以下之秘説、授二兼敦一訖、／従三位卜（兼熙）判」の奥書があり、この兼熙の伝授に関わる奥書の部分が、兼夏本巻二から欠落した可能性を遠藤は指摘している。

兼方本には、巻一の表紙見返の次の巻首補紙（日本紀撰進・日本紀講例を記す）第一紙右端下部、同第二紙と本文料紙第一紙との継目下部及び本文料紙第一紙と同第二紙の継目裏下部、そして巻二の表紙見返と本文料紙との継紙の左端と本文料紙第一紙右端の継目下部及び本文料紙第一紙と同第二紙の継目裏下部に、「卜兼右」の署名があり、これらは、吉田兼右が天文二年の修補終了後に附した署判と推定されている。

兼方本巻一には本文最後尾料紙の左端から追補奥書料紙右端にわたり吉田兼雄の一見奥書が書かれている（「享保十九年四月十九日加一見畢」の一行が両紙の継目上に書かれている）。この兼雄の奥書の書き方は、兼右の一見・修補の奥書が書かれた巻二の追補奥書料紙二の左端と追補奥書料紙三の右端にわたり「享保十九年四月十九日加一見畢」と書した、兼雄の奥書の書き様と同じである。巻一において兼雄が奥書料紙を巻末に貼り継ぎ、兼雄が一見奥書を本文料紙左端にわたって書いたのは、自らの一見奥書が兼方本巻一本体に関わるものであると証するための所為であったと考えられる。同様に巻二において、兼雄が、天文二・三年の兼右の修補・一見奥書の書かれた紙の左端にわたり享保十九年一見奥書の一行目を書いたのも、巻二巻末に継がれていた兼右一見・修補奥書をわたり兼方本巻二本体に続くものであることを証するための所為と考えられる。

吉田兼右が、天文二年に兼方本を一見・修補した経緯は次に記す如くである。吉田兼右（一五一六〜一五七三。『大日本史料』天正元年（一五七三）正月十三日、神祇大副兼右兵衛督従二位吉田兼右薨ズ条参照）は、清原宣賢《きよはらのぶかた》（一四七五〜一五五〇。吉田兼倶の子。清原宗賢の養子）の子で、宣賢の甥の吉田兼満《かねみつ》（一四八五〜一五二八。吉田兼倶《かねとも》の孫）の養子となっていた。兼満は、吉田兼倶（一四三五〜一五一一）の長男吉田兼致《かねむね》の子で、兼倶の次男で平野社預卜部兼緒《かねお》の養子となり平野流を継いだ叔父の吉田兼永《かねなが》（一四六七〜一五三六。天文法華の乱で戦死。『史料綜覧』天文五年（一五三六）七月二十七日条参照）と対立し、大永五年（一五二五）二月十八日、自第を焼き出奔した（『史料綜覧』大永五年二月十八日、神祇権大副吉田兼満、其第ヲ火キ、出奔ス条参照）。『公卿補任』大永五年条に「卜兼満四十一　侍従、神祇権大副、吉田社預、三月十八日夜、吉田館放火出奔云々」とあり、『二水記』大永五年二月十九日条に「去夜、吉田侍従三位兼満宅令㆓自焼㆒、其外在家、不㆑残㆓一屋㆒焼払、各退散、侍従逐電云々、言語道断儀也、従㆓去年㆒、有㆓訴陳事㆒、敵方親類云々、於㆓奉行所㆒対決、雖㆑及㆓度々㆒、遂以不㆑得㆓其理㆒、敵方恣掠申、奉行・権閑〔門〕相語云々、仍如㆑此歟、不便之次第也、一社滅亡、歎而有㆑餘者乎、（下略）」と記される。『日本書紀』兼右本（重要文化財「日本書紀（自巻第三至第三十　吉田家本）」天理大学蔵）の巻三十奥書に「当家之本、大永五暦沽洗十有八日、先君御没落之刻、令㆓紛失㆒訖」と記される如く、この時、吉田家襲蔵の『日本書紀』等の神書や典籍等が焼失した。出奔した兼満は、その後、大永六年（一五二六）十二月に帰任し（『史料綜覧』大永六年十二月九日条、『公卿補任』大永六年）、享禄元年（一五二八）十一月三日薨去し、兼右が吉田家を嗣いだ（『史料綜覧』享禄元年十一月三日、神祇権大副従三位吉田兼満薨ズ、養子兼右嗣グ条参照）。兼右は吉田家を嗣いで直ぐに神書など吉田神道必需の神典・典籍の保存・蒐集を始めた。

兼右の『日本書紀』等書写のことは、『日本書紀』兼右本の書誌研究と併せて、林勉「解題」に詳述されている（林、一九八三）。また、兼右の『日本書紀』書写に関わる事績は、『大日本史料』第十編之十三・天正元年正月十日条の薨伝の「国史」の段に、兼右本の転写本である享保十年（一七二五）中臣（鈴鹿《すずか》）連重《つらしげ》本（鈴鹿義鯨所蔵として掲げる。現、天理大学所蔵。中臣連重本は、本奥書として、兼右本巻三以下の奥書をすべて採録する）等により掲げられた。兼右は、継嗣の翌年の享禄二年（一五二九）、三条西実隆（一四五五～一五三七）が卜部家の「累代之秘本」を転写した『日本書紀』を書写した。さらに一条兼良（一四〇二～一四八一）所蔵の吉田兼熙による「証明」のある本とを「見合わせ」て、天文八年（一五三九）夏から書写を始めて天文九年（一五四〇）十一月に三十巻の書写・「正改」を終えた。兼右本は現在、巻三から巻三十までの二十八巻が残るが、兼右本に巻一・巻二が備わっていた可能性は、林勉が詳述している（林、一九八三、三五～三九頁）。したがって、兼右による兼方本の天文二年の修理は、享禄二年の三条西実隆所持本の転写本書写の後、兼右本三十巻（巻一・巻二は現在伝わらず）の書写の前のこととなり、大永五年の吉田兼満居館の焼失による吉田家伝襲の『日本書紀』写本の逸失の状況の下での『日本書紀』写本蒐集の営為の成果の一端を示すこととなる。

兼方本二巻は、平野流の卜部兼方が弘安九年春に裏書を加えているので、弘安九年春またはその前に書写された写本である。兼方本の巻一と巻二の本文は兼方筆と判定されるが（赤松、一九七一、七頁）、「上巻と下巻とでは紙幅・行数・字数・本文筆致の点で無視できない明確な相異があり、書写年時がかなり異なる」、また書き込みの年時の違いがあり、巻二奥書「弘安九年春比、重加裏書了」から「裏書が少なくとも二度にわたって書かれたことが明確」であるとされている（同、一〇・一一頁）。そして、吉田流の卜部兼員から兼前・兼繁への伝授が兼方本を用いて貞和三年に行われているので、兼方本は一四世紀には吉田流卜部氏の所蔵となっていたことがわかる。但し、兼方本と後述の兼夏本は、兼満が居館を焼いた際に焼失を免れたものなのか、兼右が卜部氏一門から入手したものなのかは不詳である。

兼方本が書写作成されたことは、兼方の父卜部兼文の『日本書紀』研究と関わりがある（赤松、一九七一、一一頁。小野田、一九九六、「釈日本紀の成立について（覚書）」）。兼文は、文永三年（一二六六）七月二十八日に夢告により『日本書紀』巻一の「夫狭田」に加点し（兼方本巻一裏書。羽田、二〇一四、一七九頁）、文永五年（一二六八）十月に『古事記』中巻に校点を加えさらに文永十年（一二七二）に前関白太政大臣鷹司《たかつかさ》兼平《かねひら》よりの下賜本『古事記』（後、返上）により所持本を校合し（真福寺本『古事記』中、本奥書）、文永七年（一二七〇）に『先代旧事本紀』を抄出し（卜部兼永本『先代旧事本紀』（大永元・二年、一五二一・一五二二、書写）。影印本、『天理図書館善本叢書』和書之部四一、八木書店、一九七八年）、文永十一年（一二七四）六月から建治元年（一二七五）十月の間の時期に入道前関白一条実経《さねつね》（一二二三～一二八四）、その男摂政一条家経《いえつね》（一二四八～一二九四）、大宰権帥源《みなもとの》雅言《まさとき》（一二二七～一三〇〇）に『日本書紀』巻一神代上・巻二神代下の講書を行っている（石上、二〇〇四、四九頁）。このような卜部氏平野流の家学としての『日本書紀』研究を基に、卜部兼方は、『日本書紀』の注釈書の『釈日本紀』を一三世紀末頃に撰述している。『釈日本紀』には、兼方の『釈日本紀』撰述直後の正安三年（一三〇一）十一月～同四年（一三〇二）四月に神祇伯資通王《じんぎはくすけみちおう》（一二七三～一三三七）及びその命を受けた者が書写し、後に卜部兼永（一四六七～一五三六。兼右の伯父）の所蔵となった前田育徳会所蔵本（重要文化財

「紙本墨書釈日本紀」）があり、『新訂増補　国史大系』八　釈日本紀の底本となっている。前田育徳会所蔵本『釈日本紀』は、資通王の男資継王《すけつぐおう》の所蔵を経て、資継王所持加点本『日本書紀』（北野本。重要文化財「日本書紀」、北野天満宮蔵。二十八冊）の第一類（院政期書写。巻二十二〜巻二十七）・第二類（鎌倉時代書写。巻二十八〜巻三十）・第三類（南北朝時代書写。巻一・巻四・巻五・巻七〜巻十・巻十二・巻十三・巻十五・巻十七〜巻二十一）と共に、卜部兼永の所蔵となった（石上、二〇〇四、五一・五二頁）。

兼方本『日本書紀』巻一神代上・巻二神代下は、平野流卜部氏における、家学としての『日本書紀』研究の一部、また神祇祭典における神書として残されたものであり、さらに『日本書紀』講書に関わる、『日本書紀』注解書である『釈日本紀』の兼方による撰述とも関わる（赤松、一九七一、一五〜二二頁）。このことは、中世における『日本書紀』卜部家本系写本と、宮廷や貴族における『日本書紀』講読・講書の展開との関わりを示している。また、『日本書紀』に関わる『釈日本紀』などの様々な注釈書撰述と、それらの典拠とされた『日本書紀』写本との関係も、『日本書紀』写本研究の重要な課題である。同様のことは、『日本書紀』と、『日本書紀』を引用する後代の史書との関係についても考えねばならない。六国史を菅原道真（八四五〜九〇三）が事項別に類聚した『類聚国史』の巻第一神祇部一神代上・巻第二神祇部二神代下について、中村啓信は、「類聚国史（石清水八幡宮蔵、一巻）巻第一」に関して「神祇の部は日本書紀の神代巻そのままであるが、鎌倉時代の嘉禄三年（一二二七）写本の巻第一は佐佐木本などの旧鈔本の形態に同じである」（中村、一九九五、二〇三頁）と、重要な指摘をしている。

天理大学蔵（天理図書館架蔵）の『日本書紀』兼右本について、林勉は、「卜部本の成立は鎌倉を遡ることがないのは、卜部家自身の歴史からもいえ」、「平安中期に神祇官の下級職員に、後期から漸く神祇大副に任ぜられる者も出るようになったのであり、日本書紀についても現在卜部本にみられる古い記載は」、兼右本の祖本については巻二十八の本奥書「安貞二年八月三日、点了、　神祇権少副卜部兼頼」、同巻三十の本奥書「安貞二年九月十三日、移点畢、已終二一部功一者也、　兼頼」から安貞二年（一二二八）であり、「鎌倉に入ってからのものである」、さらに伊勢本等巻四奥書に「「本云元久三年（一二〇六）五月書之以直講中師員之本書写了　卜部兼直」とある兼直本が最古のようである。従って卜部家の書紀の成立も鎌倉まで時代が降らざるを得ないのである」（林、一九八三、四頁）と指摘する。元久三年兼直書写奥書（伊勢本等巻四奥書）は、『新訂増補　国史大系』では、無窮会本による。中原師員《なかはらもろかず》は、明経道出身の官人で、建仁二年（一二〇二）四月二十五日直講に補せられ、嘉禄元年（一二二五）関東評定衆となり、建長三年（一二五一）六月二十二日に卒したことが「関東評定衆伝」（『群書類従』巻四十九）に記されている（『大日本史料』第五編之三十五建長三年六月十五年条、幕府評定衆四番引付頭前摂津守正四位下中原師員出家ス、尋デ、卒ス条参照）。このように、卜部氏は、一三世紀初頭には『日本書紀』写本を所持していたことが明らかにされている。

兼方本は、天文二年の時点で、巻一・巻二の二巻が残るだけであったが、『日本書紀』兼右本の奥書に引かれる、卜部家の「累代之秘本」を永正十年（一五一三）から同十一年の頃に書写した三条西実隆本の本奥書を見ると、一三世紀末から一四世紀初の時期に兼方が『日本書紀』の諸巻を所持していたことがわかる。『日本書紀』兼右本に記される三条西実隆本から転写した卜部家「累代之秘本」の本奥書によれば、建武五年（一三三八）・暦応二年（一三三九）・暦応四年（一三四一）兼豊交点・校合本（巻四・巻五・巻六・巻七・巻十一・

巻十二・巻十三・巻十五・巻二十・巻二十七・巻二十八）の中の巻二十八（暦応四年兼豊校合奥書あり）に、兼豊本にあった次の本奥書がある。

○兼右本巻二十八本奥書（林、一九八三、一五頁参照）

安貞二年八月三日、点了、　神祇権少副卜部兼頼
即覆勘了、
永仁五年（一二九七）四月一日、見合了、　雍州刺史（山城守）卜兼方
校合了、（卜部某校合奥書）　建武二　十二　廿六

（下略）

また、巻三十には次の兼方に関する本奥書が採録されている。

○兼右本巻三十奥書（林、一九八三、一六頁参照）

（上略）
正応（一二九三）第六之暦仲春第九之日、於二雨中文席一、抄二日本書紀一而已、
神祇権大副卜兼方
同年三月一日、重抄了、
同年同月廿二日、一部加二首書一訖、
永仁（一二九四）二年八月廿三日、重終二一部抄出之功一訖、
正四位下行神祇権大副兼山城守卜部仲季(4)判

同五年四月三日、見二合清助教（清原某）之本一畢、自二第十九一迄二当巻一雖レ見二合之一、彼本猶荒蕪之間、未レ散二不審一、重可レ合二証本一、城北半隠兼方

正安四年（一三〇二）二月十三日、一部取二目録一了、　兼方

嘉元二年（一三〇四）正月十九日、一部重略抄畢、雖レ為二出家之身一、未レ棄二此道之業一、誠是宿趣之至也、

沙弥蓮恵（兼方）

（下略）

巻三十の永仁五年の「清助教之本」との「見合」奥書には、巻十九から巻三十まで「見合」したとあるので、兼方は『日本書紀』全三十巻の写本を所持していたことは明らかである。但し、三条西実隆が書写した卜部家「累代之秘本」は建武五年・暦応二年・暦応四年卜部兼豊交点・校合本、貞和四年（一三六五）卜部兼員読進奥書本（巻八～巻十）等の取り合わせ本とみられるが、巻二十八本奥書に見える兼豊による暦応四年校合が兼方所持本に対してなされたとすると、兼豊校点本は、兼方から兼夏を経て兼豊に伝授された本であった可能性が考えられる。このような場合、現存の兼方本巻一・巻二の僚巻として巻三から巻三十までの二十八巻があった可能性も考えられることとなる。また、兼右本巻二十八の本奥書に見える安貞二年兼頼加点覆勘本は、兼方本の親本、または兼方所持本であった可能性も生じる。この場合、吉田家「累代之秘本」の祖本の一つは一三世紀初頭の写本である安貞二年兼頼加点本となる。吉田家「累代之秘本」とは別に、元久三年卜部兼直《かねなお》書写奥書本（伊勢本等巻四奥書による）があった。卜部氏における神書としての『日本書紀』は卜部兼直本・卜部兼頼本により、一三世紀初頭までその存在を遡ることができることになる。また、兼右

本巻三十の本奥書に見える、兼方の正応六年の「抄日本書紀」「重抄」「一部加首書」、永仁二年の「重終一部抄出」の作業は、『釈日本紀』撰述と関わる可能性も考えられる。

『日本古典文学大系』日本書紀において兼方本が巻一・巻二の底本に選定されたのは、巻三～巻三十の底本として選んだ天文八・九年書写・校合の吉田兼右本（巻一・巻二は現在に伝存せず）と一体のもの、すなわち吉田兼右が所蔵し吉田家に蔵されていたことにあったと推測される。兼方本は、卜部家本系古写本のうち現存最古の写本で、神代巻の引用する「一書」を正文から改行して一字または半字下げで正文と同大の文字で書している。古本系古写本では、神代巻上・下の「一書」を小字双行で正文と同じ行内に記しているが、卜部家本系神代巻上・下では、「一書」を改行し大字で書す。この卜部家本系写本の「一書」の掲載様式は、神代巻を読み易くし、訓点や仮名注記を附し易くし、且つ神書としての荘厳を示すための書式と考えられ、神祇官の官人としての卜部氏における神代巻の講書・読進や神代巻の神献儀礼と関わりがあると推定されている。また兼方本には、時間的に幾層かの訓点、訓仮名、標出注記等があり、講読・講書・伝授と関わると考えられている。

なお、兼方本が、三条西実隆が書写した吉田家「累代之秘本」の巻一・巻二として伝えられていた可能性を検討する際には、三条西実隆書写本の慶長年間伝写本と考えられている紅葉山文庫本『日本書紀』の巻一・巻二が乾元本（兼夏本）の伝写本である場合、「累代之秘本」の巻一・巻二が乾元本であった可能性も検討する必要がある。

水戸徳川家に伝えられた『日本書紀』巻一・巻二（重要文化財「日本書紀神代巻（上下）」。徳川ミュージアム蔵。

水戸本、彰考館本、嘉暦本、剣阿本。影印本、『日本書紀』日本文献学会叢刊之一、有朋堂、一九四四年）は、一書の掲載方法が改行・大字・一字下げで卜部家本系写本であり、内容は「兼方本に極めて近い」（大野、一九六七、二六頁）と評価されている。水戸本は巻一奥書に「于レ時、嘉暦第三（一三二八）執徐（辰）之年季秋（九月）中旬閣茂（十五日）之日、就二長和親王（性信法親王）勅請一、以二遍照（寛朝）寺法務之秘決一、授二春公和尚一畢／「（梵字）金剛仏子剣阿」廻季六十八法歳四十一」、「嘉暦（戊）三年戊辰夏（五月）五十七日、手親終二書点之功一者也、一字一音、不三敢借二它之筆一矣、心宗沙門劫外曇春、於二巨福山建長蘭若書窓一記レ之」とあり（巻二奥書、略。田山、一九四四参照）、嘉暦三年、武蔵国久良郡六浦庄金沢の称名寺《しょうみょうじ》の僧釼阿《けんな》が曇《どん》春《しゅん》に書写させ伝授した写本で、巻二の水戸藩士による奥書によれば、延宝八年（一六八〇）、鎌倉の鶴岡八幡宮供僧荘厳院より水戸徳川家が得たものである。釼阿の伝授奥書によれば、性信法親王《しょうしんほっしんのう》（一〇〇五～一〇八五。『史料綜覧』二・応徳二年〔一〇八五〕九月二十七日第一条、入道二品性信親王薨ズ条参照）の「勅請」に応じて、寛《かん》朝《ちょう》（九一六～九九八。寂伝、『大日本史料』第二編之三長徳四年〔九九八〕六月十日第一条、東寺長者法務大僧正寛朝寂ス条）の「秘決」を以てされた講書の内容を、釼阿が曇春に伝授したことが知られ、水戸本の祖本は一〇～一一世紀の古写本神代巻にも関わるかとも考えられる。

②乾元本　国宝「日本書紀神代巻（上下　吉田本）」（二巻、天理大学蔵、天理大学附属天理図書館保管）

吉田本は、『日本書紀』巻一神代上・巻二神代下の巻子本二巻からなり、乾元二年（一三〇三）の卜部兼夏の書写奥書から乾元本、兼夏本とも称される。乾元本は、現存する卜部家本系写本としては、弘安九年（一二八六）春以前に書写されていた兼方本に次ぐ古い写本である。影印版には、『天理図書館善本叢書』和書之

部一　古代史籍集（八木書店、一九七二年）「日本書紀　乾元二年写本」、『新天理図書館善本叢書』二・三　日本書紀　乾元本一・二（カラー版）がある。最新の書誌・訓点研究については、遠藤慶太「『日本書紀　乾元本』解題」、是澤範三「『日本書紀　乾元本』訓点解説」が『新天理図書館善本叢書』三に掲載されている。

巻一の巻末には、本文料紙とは異なる界線のある料紙残片二葉と無界の奥書料紙二紙に書写・伝授・修補の十次に及ぶ奥書がある。卜部兼夏による書写・伝授の奥書は次の如くである（『大日本史料』天正元年正月十日条、吉田兼右薨伝、国書ノ段には、元応二年伝授奥書までを収める）。なお、巻一・巻二共に、本文料紙第一紙と第二紙の継目に「卜　兼夏」の裏書がある。

○界線のある料紙残片二葉の第二葉

乾元二年大蔟（正月）廿七日、以二累家之秘本一書写了、神代上下注多之間、輙為二披見《閲》一、如レ此書訖、

神祇権少副卜部兼夏

嘉元二年（一三〇四）沽洗（三月）一日、於二閑窓之雨中一、加二抄出一訖、

兼夏

見二合私記等一合点了、

元応二年二月十一日、授二兼豊（下部）一訖、

太常大卿（式部卿）（兼夏）（花押）

「兼見（貼紙）　十代之祖」

元徳初暦（一三二九）大呂（十二月）十九日授兼貫了

正議大夫（兼夏）（花押）

元徳元年兼夏伝授奥書の上に延文元年（一三五六）の兼豊（一三〇五年生）の修補奥書が重ね書され（石崎、一九五八、五・六頁）、無界の第一紙（界線のある奥書料紙第二葉との継目裏下部に「兼熙」の継目裏書あり）に永徳元年の卜部兼熙（父、兼豊）から男兼敦への伝授奥書、応永三十年（一四二三）の一条兼良から卜部兼富への伝授奥書、文明十三年（一四八一）の吉田兼倶による御土御門天皇への神代巻献上のための書写加点本作成奥書、無界の第二紙に吉田兼雄による享保十八年の一見の奥書と同二十年の表紙修補の奥書がある。

巻二は、本文料紙奥に、本文料紙とは異なる界線のある紙に兼夏の書写・伝授について、次の奥書がある。

○界線のある料紙残片への奥書

乾元二年閏四月廿一日（五月四日点了、七日交了、）、以㆓累家之秘本㆒書写訖、

大常少卿兼夏

（押紙）「兼見　十一代之祖」

嘉元二年林鐘（三月）十日、合㆓私記㆒了、

卜（兼夏）（花押）

同月廿五日、拭㆓珠汗㆒、抄㆓出神名㆒訖、

兼夏

元応第二暦仲呂廿九日、授㆓兼豊㆒訖、
正四位上行神祇権大副卜部＊（兼夏）（花押）
＊「卜部」は、「兼夏」の上に書される。

この次に、界線のない料紙への享保十九年兼雄奥書、享保二十年兼雄修補奥書がある。

現在、兼方本の奥書に貼り継がれている永徳元年吉田兼熙伝授奥書、永徳三年吉田兼熙校合奥書、至徳三年吉田兼熙新写・校合奥書が書された一紙は、もと兼夏本の奥の界線のある奥書料紙と享保の兼雄奥書の料紙の間に継がれていた一紙である可能性を論じる説があることは前述の如くであり（小野田、一九九六。羽田、二〇一四）、一方、遠藤の説く如く、界線のある奥書料紙と享保の兼雄奥書の料紙の間には、吉田家「累代之秘本」を転写した三条西実隆本の慶長期の伝写本で巻一・巻二に兼夏本の本奥書のある紅葉山文庫本『日本書紀』の巻二に残る卜部兼熙の一条兼嗣及び兼敦への伝授奥書等があった可能性もある（遠藤、二〇一五、七頁）。

兼夏本（乾元本）と兼方本（弘安本）については、高精細画像によるカラー影印本が刊行されたことにより、改めて、両本の関係とそれぞれの伝来過程、吉田家「累代之秘本」と両本の関係を、本文・訓点・訓仮名等まで含めて検討する研究基盤が整えられた。

③熱田本　重要文化財「日本書紀（紙背和歌懐紙）」（巻一～巻十・巻十二～巻十五、十五巻、熱田神宮蔵）

熱田神宮所蔵本（熱田本）は、巻一上・下～巻十（応神紀）・巻十二（履仲紀・反正紀）～巻十五（清寧紀・顕宗紀・仁賢紀）の巻子本十五巻と永和三年霜月四日寄進状からなり、カラー影印版の『熱田本　日本書紀』三冊が二〇一七年に刊行された。巻三以下の諸巻の紙背の和歌懐紙も掲載され、第三冊に荊木美行「『日本書紀』概説」、野村辰美・福井款彦「熱田神宮の由緒―その歴史と文化」、遠藤慶太「熱田本『日本書紀』の書誌」、木田章義・大槻信「熱田本『日本書紀』の訓点」、渡辺滋「熱田本『日本書紀』の料紙」が掲載されている。

熱田本は、寄進状に記されるように、京都四条の時宗の金蓮寺浄阿《こんれんじじょうあ》の奉志により永和三年（一三七七）十一月に熱田神宮に「熱田太神宮内院用巻」として寄進された『日本書紀』巻一（上・下二巻からなる）から巻十五の写本で、現在、巻十一（仁徳紀）を除く十五巻が残る。書写は、永和元年（一三七五）六月から永和三年七月の前後の時期と推定されている（遠藤、二〇一七、二七三頁）。内院とは正殿・土用殿の前の渡殿の内院に相当するとされ（同前）、神殿に備える神書であった。『日本書紀』三十巻の前半部に限られた写本であるが、一四世紀に書写された卜部家本系写本として重要である。巻九に、「応安五年十月廿一日、為レ備二子孫之証本一、書二写累家之秘点一而已、／従四位上行中務権大輔卜部宿祢（兼煕）在判」、「同六年正月、於二雨中灯下一校合之、／左京権大夫卜部兼煕」の本奥書があり、卜部兼煕により、応安五年（一三七二）に書写、同六年に校合がなされた写本が、熱田本巻九の底本であったことがわかる。但し、熱田本には、卜部家本系とは異なる本文・訓点などが見られ（遠藤、二〇一七、二七五頁）、『日本書紀』諸写本の中での熱田本の位置付けが必要で、カラー影印本の刊行は研究上重要な成果であると遠藤は強調している（遠藤、二〇一七、二七六頁）。また、遠藤は、和歌懐紙を料紙に使用したのは巻三～巻六・巻九～巻十五であり、紙背白紙の巻一上下・巻二・巻七（景行紀・成務紀）・巻八（仲哀紀）については、「神剣の由緒が語られる神代紀とヤマトタケルに言及のある景行紀・仲哀紀は、草薙剣を祀る熱田社と直接関わる一連の伝承と理解され、『日本書紀』の他巻とは別の意識でながめられたことが考えられる」（遠藤、二〇一七、二七六頁）と指摘する。和歌懐紙に記された人名は、『日本書紀』を奉納に加わる奉加者のものであった。卜部兼熙は、時衆に関わりがあり、それが卜部家本系写本が熱田本の書写に利用される契機であったと遠藤は論じている（遠藤、二〇一七、二八一頁）。『熱田本 日本書紀』においては、渡辺滋「熱田本『日本書紀』の料紙」により、白紙と和歌懐紙の科学的分析が提示されていることも興味深い。このように、熱田本のカラー影印本は、一四世紀の『日本書紀』写本と、『日本書紀』の神祇信仰における役割とを考える重要な資料となるであろう。

三　「古本」系古写本

(1)「古本」系古写本の概要

古本系写本には、後述する巻一断簡・巻十に続いて、岩崎本、前田本、図書寮本などがある。

①岩崎本　国宝「日本書紀（巻第二十二、第二十四）」（二巻、国立文化財機構蔵、京都国立博物館保管）

東洋文庫所蔵岩崎文庫本であった『日本書紀』巻二十二・巻二十四は、岩崎本と称され、『秘籍大観』第一輯巻之部により複製が刊行され、また最近、カラー影印本の京都国立博物館編『京都国立博物館所蔵 国宝 岩崎本 日本書紀』が刊行された。巻二十二巻末に「以二卜部家本一校之、（覚恵）（花押）」、巻二十四巻末に「宝徳三　二　廿一　点校畢、／文明六　五　晦、重以二卜氏本一校レ之畢、（覚恵）（花押）」と一条兼良（法号、覚恵）の奥書がある。『日本書紀』兼右本は、巻三十の天文九年奥書に「爰一条家門有二此御本《書紀》一、令二一覧一之処、後成恩寺大閤（一条兼良）御奥書炳焉也、至二卅巻一、神光院兼熙、以二真筆一、令レ加二証明一賜」と、吉田兼右が一条兼良所持本を校合に使用したことが記されている。兼右本巻十一～巻二十一・巻二十三～巻三十には、文明六年（一四七四）に一条兼良が卜部家本（卜部氏累家本、卜部相伝之本、卜部相伝本、卜部氏家本、卜部兼倶卿本、卜部氏秘本等とも記される）を借りて「或人」に書写させ自ら校合した奥書が転写されている。そして、兼右本巻二十二に「以二卜部家本一校之、　御判」、巻二十四に「宝徳三　二　廿一　点校畢、／文明六　五　晦、重以二卜氏本一校レ之畢、　御判」の一条兼良本の奥書が転写されており、これらは岩崎本の巻二十二・巻二十四の奥書が一条兼良（覚恵）の校合奥書であることを証している。このことにより、岩崎本は一条兼良所持本であることが明らかであるとされている。岩崎本の書写年代は一〇世紀（赤尾、二〇一三、九一頁）と推定され、訓点も「日本書紀に施された最古の訓点」としての一〇世紀の訓点があり（石塚、二〇一三、九四頁）、佐佐木本・四天王寺本・猪熊本・大垣本・田中本の次に古い写本である。岩崎本には、伝来過程でさらに訓注等が加えられ、一条兼良所持の下で、宝徳三年（一四五一）、文明六年（一四七四）にも加点校合がなされた。京都国立博物館編の影印本の刊行により、『日本書紀』推古紀・皇極紀の本文校訂と訓点研究の環境が整備された。

②前田家本　国宝「日本書紀（巻第十一、第十四、第十七、第二十）」（四巻、前田育徳会蔵）

岩崎本に次いで古い『日本書紀』の写本は、一一世紀の書写で、藤原教通（九九六～一〇七五。極官、関白）等が所持していたと推定される前田育徳会所蔵本（通称、前田家本、尊経閣文庫本）で、『尊経閣善本影印集成』

二六　日本書紀として二〇〇二年に二色刷影印本が刊行された。前田家本の書誌・訓点については、同書に収載された石上「尊経閣文庫所蔵『日本書紀』の書誌」、月本雅幸「尊経閣文庫所蔵『日本書紀』の訓点」に詳述されているので参照されたい。

③図書寮本　「日本書紀」（七帖、巻二・巻十・巻十二～巻十七・巻二十一～二十四、宮内庁書陵部蔵）

前田家本に次いで古いのは、宮内庁書陵部所蔵の『日本書紀』（五〇六函四五号）七帖中の巻十二～巻十七・巻二十一～巻二十四の六帖で、通称は書陵部本または図書寮本である。この『日本書紀』には第一帖に巻二が収められているが、これは興国七年（一三四六）に北畠親房（一二九三～一三五四）が三男顕能に伝授した神代巻二巻の内の巻二と推定され（石上、二〇〇六、四五二～四五七・四七五頁）、卜部家本系写本である。巻十・巻十二～巻十七・巻二十一～巻二十四の十一巻は、もと巻子本であったものが帖に改装されている。これら十一巻の書写年代は、第七帖所収巻二十三巻末に「永治二年三月廿七日以弾正弼大江朝臣」（次行闕）と書された奥書があり、永治二年（康治元年、一一四二）頃に書写・加点された大江家本系の写本であることがわかる。図書寮本は、『秘籍大観』第一輯帖之部に影印版が収録されていたが、『宮内庁書陵部本影印集成』一～四として二〇〇五・二〇〇六年に二色刷の影印本が刊行された。同書には、石上「書誌解説」、石塚晴通「訓点解説」が附されているので参照されたい。また「書陵部所蔵資料目録・画像公開システム」からカラー画像が公開されている。

(2) 佐佐木本・四天王寺本・猪熊本・大垣本（巻一神代上断簡）と田中本（巻十残簡）

『日本書紀』巻一神代上の断簡である佐佐木本・四天王寺本・猪熊本・大垣本と、巻十残簡の田中本は、九世紀の写本とされ、紙背に空海（七七四～八三五）の詩文集である、真済（八〇〇～八六〇）の編した『遍照《へんじょう》発揮性霊集《ほっきしょうりょうしゅう》』が平安後期に書されており、僚巻である。

①佐佐木本　重要文化財「日本書紀神代上巻断簡」（一巻、佐佐木氏蔵）

佐佐木本の表の『日本書紀』巻一神代上断簡の写真版は、『撰進千二百年紀念日本書紀古本集影』、『秘籍大観』第一輯帖之部「日本書紀神代巻上残巻」、黒板勝美「秘籍大観日本書紀解説」（黒板、一九四〇）、『定本日本書紀』上巻、『国宝・重要文化財大全』7に掲載されている。裏面の『遍照発揮性霊集』は巻三の「贈伴按察平章事赴陸府詩并序」の序の末から詩の首部五句目に至る部分で『撰進千二百年紀念日本書紀古本集影』に「紙背　左記性霊集ノ残缺文アリ送リ仮名ヲ附ス」（「古本解説」、二頁）と本文が翻刻されている。黒板は、「性霊集の巻三送伴按察使平章事赴陸府使并序の本文の一部、人以言古人道といふ処からはじまつて以下五行が存して居り」と紹介する（黒板、一九二七、二六頁）。佐佐木本は、因幡国鳥取藩主池田家（侯爵池田氏）所蔵の手鑑に収められていた断簡で、末松謙澄（一八五五～一九二〇）の所蔵を経て佐佐木信綱（一八七二～一九六三）の所蔵となり、一九四〇年国宝に指定された（現、重要文化財）。黒板は、佐佐木本では、「一書曰」の文が「一界の中に二行づゝ細く書いてある」、「この佐々木本によつて乃ち日本書紀の体裁が類聚国史の神代巻と同様であつたことが知られるのは頗る愉快であつて、流布本を古き体裁に復原することも出来るわけである」（黒板、一九二七、二六頁）と、神代巻の書式の本来の様態について論じている。

②四天王寺本　重要文化財「日本書紀神代上巻断簡（紙背性霊集）」（一巻、四天王寺蔵）

四天王寺本は、一九四九年に国宝に指定され、一九五〇年に重要文化財となった。四天王寺本は、『日本書紀』巻一神代上断簡二葉であり、その表の写真は、『新訂増補 国史大系』日本書紀前篇（一九五一年）巻頭図版、『国宝・重要文化財大全』7に掲載されているが、紙背の『遍照発揮性霊集』の画像は、筆者は未見である。但し、第一葉左端下には、裏面の「趣」と読み取れる文字が左文字で見える。

③猪熊本「日本書紀神代上巻断簡」（一巻、香川県東かがわ市松原、猪熊家蔵）

猪熊本は、宮内省図書寮御用掛（一九二五～一九四一年）を務め典籍研究家であった猪熊信男（一八八二～一九六三）が収集した『日本書紀』巻一の断簡で、猪熊家恩頼堂《おんらいどう》文庫に架蔵されている。『日本書紀第二』（古典保存会、一九四一年）に、「日本書紀巻一断簡　猪熊信男氏蔵」「同紙背」として表裏の写真版が掲載され（『定本日本書紀』上巻にも表裏の写真掲載）、山田孝雄「猪熊信男氏蔵　日本書紀巻一断簡　解説」が附されている。山田は、「按ずるに、猪熊氏本と佐々木氏本とは日本書紀として同一の巻たると共に、紙背も亦同じく性霊集の巻三の文たり。而して表背ともに、その筆蹟共通すれば、これは元来同一の本の断簡となりしものならむ。今、この二本を相照すことによりて古鈔の日本書紀の神代巻が、本文は一行に記し「一書曰」は双行に注する」と論じた（山田、一九四一）。

④大垣本「日本書紀神代上巻断簡」（一巻、大垣博氏蔵）

大垣本は国文学研究資料館編『古筆への誘い』（三弥井書店、二〇〇五年）において、「日本書紀／性霊集【紙背】」として、初めて学界に紹介された『日本書紀』巻一断簡である。本断簡は大垣博氏の所蔵であり、「大垣本」と称することとする。『古筆への誘い』の口絵及び本文に表裏写真、本文に表裏の翻刻文が掲出されている。『古筆への誘い』の久保木秀夫の解説に、「国宝の奈良国立博物館蔵『日本書紀』残簡（巻一〇・応神天皇紀）の新出のツレで、巻一・神代上の一部分である。『日本書紀』現存諸本中の最古写本たる位置を占め、資料的価値は計り知れない。また奈良博本同様、当該断簡も紙背に『性霊集』を持つ。その内容は巻三「中寿感興詩」の序に該当。日本古典文学大系本との間には異同も存し、今後の精緻な検討がまたれる」（久保木、二〇〇五、一二六頁）と記された。所蔵者の御許諾により、八木書店により二〇一七年一二月に撮影がなされ、本書『日本書紀の誕生』口絵にカラー図版で掲載されることとなった。本断簡は手鑑から剝がし取られた古筆切であり、「慈恵大師　赤心也　（朝倉茂入印）」の極札が付されている。

次に、『日本書紀』巻一の佐佐木本・四天王寺本・猪熊本・大垣本の五断簡の内容を紹介する。諸断簡は同仕様の料紙で天地界線・縦界線が施されている。諸断簡は、手鑑に収録するために『日本書紀』巻一の同一巻子本から切断されたものである。なお、佐佐木本・四天王寺本・猪熊本は、写真版による観察である。断簡の位置指定のために『日本書紀』巻一本文の段を『日本古典文学大系』により、頁・行を『新訂増補国史大系』により示す。なお、『日本古典文学大系』は卜部家本系の兼方本、『新訂増補 国史大系』は、卜

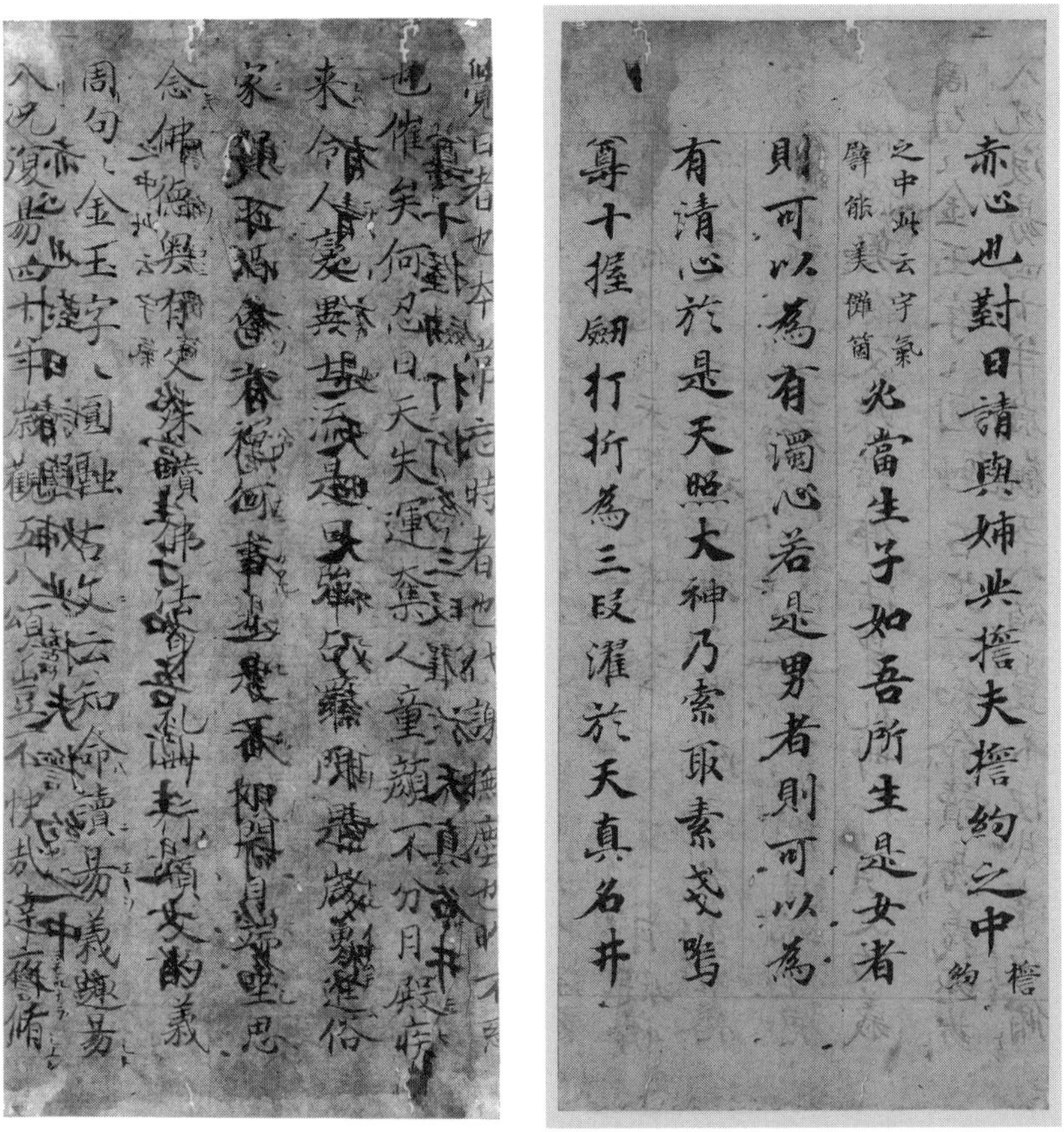

図１　大垣本『日本書紀』断簡（右）と紙背『遍照発揮性霊集』（左）（大垣博氏蔵）
本書の口絵・カバーに右図のカラー図版を、カバー袖に左図のカラー図版を掲載。紙背は、透過光撮影による。

部家本系の寛文九年版本を底本とするので、「一書」も大字一行書となっている。

佐佐木本は、第五段一書第九の「樹故」（二〇頁第五行行末・第六行行頭）から「平」（二一頁第六行）までを細字双行一〇行で収める。現状の細字双行第一行は大字一行分の左半行で、また細字双行第一〇行は大字一行分の右半行で、中間の細字八行が大字四行分に書されている。四天王寺本第二葉は二行で、第五段一書第十一の「此始」（二四頁第一行）から第六段本文「欲暫」（二四頁第三行）までを、一書は細字双行、本文は大字で収める。四天王寺本第一葉は、四行で、第六段本文「弟之」（二四頁第九行）から同「御統」（二五頁第二行行末）までを収める。猪熊本は、四天王寺本第一葉に欠字なく連続し、第六段本文割書注「御統此云美須磨屢」（二五頁第三行行頭）から本文「庭而」（二五頁第四行）までの本文三行を収める。「御統此云美須磨屢」など本文中の三つの注文は、一書の書式と同様に細字双行で書されている。四天王寺本第一葉と猪熊本とが、突合せで接合するのか、手鑑に古筆切として収載される際に端に微細な調整切除がなされているのかは筆者にはわからないが、四天王寺本第一葉と猪熊本が欠字・欠行なく連続することは重要である。大垣本は、第六段本文の続きで「赤心」（二五頁第八行末・第九行行頭）から「真名井」（二六頁第二行）までの四行を収める。なお、大垣本の三行目に見える訓点様の朱墨交りの点についても訓点語研究者の所見をうかがいたい。

⑤田中本　国宝「日本書紀　巻第十残巻」（一巻、国立文化財機構蔵、奈良国立博物館保管）

『日本書紀』巻十応神紀は、田中教忠（一八三八～一九三四）が所蔵していたので田中本と称され、一九五一年に国宝に指定された。『秘籍大観』第一輯巻之部に複製巻子本が収められ、ウェブサイトの奈良国立博物館収蔵品データベース・画像データベースとe国宝から表裏のカラー画像が公開され、それぞれに解説が附されている。田中本は、第一紙が闕失し、第二紙（現、第一紙）から第一〇紙（現、第九紙）の九紙が残されている。料紙には天地界線と縦界線が引かれ、第二紙（現、第一紙。『新訂増補 国史大系』一上、二七〇頁第六行中段「祖」より）から第九紙（現、第八紙）は二三行、第一〇紙は巻十巻末の行までの本文一八行が書されている。但し、第八紙（現、第七紙）から天辺の欠損が始まり、第一〇紙左端の本文最終行は行の上段と下段が欠失し、「等之後今呉衣縫蚊屋衣縫是也」のうち行中段の「□〔衣〕縫蚊屋」のみ残されている。また、第一〇紙は本文最終行が第一八行にあたるので左奥五行分が欠失しており（第一九行中央は空白で残る）、その部分に尾題や奥書が書せられていたと推定される。第二紙（現、第一紙）の右端は、画像からのことであるが、継目で剝がし取られているように見える。そして田中本の紙背には、周知のように『遍照発揮性霊集』が書されている。

『日本書紀』巻十の料紙の法量は、奈良国立博物館のデータベースの書誌情報によれば、縦二八・〇cmとあり、公開画像により推計すれば天地界高約二二cm、界幅約二・五cmとなる。これは『日本書紀』巻一断簡の大垣本で計測した、料紙の縦二八・〇cm、界高二二・一cm、界幅二・五cmと一致している。したがって、佐佐木本・四天王寺本・猪熊本・大垣本の巻一と巻十とは、同一規格の料紙を使用して書写されていると推定される（但し、料紙長の異同は不詳）。また、田中本と大垣本の文字を比較すると、「之」の特徴的な払いや、文字の左肩への筆の細い入れ方など、筆致、字形が一致する。巻一も巻十も紙背に『遍照発揮性霊集』を書すということから、紙質、界線など更なる実物調査が必要ではあるが、従来説かれてきた如く巻一と巻十は僚巻であったことに加えて、さらに装潢や書写者の同一性を指摘することが可能であろう。

第八紙（現、第七紙）天辺の闕損に始まり、第一〇紙の左端の闕失に至る破損は、紙背に書かれた『遍照発揮性霊集』が表とされ、『日本書紀』巻十の奥の第一〇紙が巻子の右端となったことにより生じたと推定される。

遍照発揮性霊集の写本復原

次に、『日本書紀』紙背に書された『遍照発揮性霊集』写本の復原を試みよう。(5)これまでの書誌研究で、田中本紙背の『遍照発揮性霊集』は、「紙背に遍照発揮性霊集を書せるが、その序文のはじめ十行許缺けそれより巻一を終へ巻二の首章の半にて終れり」（山田、一九四二）、「田中本は紙背に同集の巻一、二があるが首尾共に闕文がある」（黒板、一九二七、二六頁）と明らかにされている。巻一・巻十紙背の『遍照発揮性霊集』は、一行一六字から一九字程で書かれており、界線はないが文字列の芯芯は約二cm程と見える。田中本の料紙裏には一紙二七行前後で『遍照発揮性霊集』が書され、完形料紙一〇紙とすれば二七〇行前後を書すことが可能であったと推測できる。第一〇紙（裏面第一紙）は右端行中央に「其願」が残り、この行が裏面第一紙左端から二三行目に当たるので、一紙に二七行が書されたとすれば右端欠損部には四行が収められていたことになり、『遍照発揮性霊集』の巻首の「遍照発揮性霊集序／西山禅念沙門真済撰集」の二行及び序文首部七～八行の計九～一〇行を収めるためには、さらに右に料紙が必要であったことになる。その料紙は、『日本書紀』巻十の巻末の遊紙か奥書料紙であった可能性が考えられる。田中本裏の奥の紙（原第二紙、裏第九紙）の左端は、『遍照発揮性霊集』巻二巻首の「沙門勝道歴山水蛍玄珠碑并序」の半ばの「諸洲之」までを収めるので、裏第一〇紙（原第一紙）には碑の序の末尾までしか収まらず、碑文の詩は続く紙に書されたことになる。田中本表の奥の闕損部の間隔は第九紙左端と第一〇紙右部の闕損の間隔が約一二・五㎝なので、巻子本『遍照発揮性霊集』の一巻目の巻子の直径は約四㎝となり、料紙数は一〇紙以上であった可能性がある。

『日本書紀』巻一裏を使用した『遍照発揮性霊集』は、現存する断簡に次の部分が残る。大垣本紙背には、巻三の二番目の「中寿感興詩并序」の序本文冒頭が七行（一行目は半存）に書されている。次いで、八行を隔てて猪熊本紙背の四行（一行目は半存。「中寿感興詩并序」の序の後部と詩の四句目の一字目「長」まで）が位置し、それに四天王寺本第一葉が接続する。但し、筆者は四天王寺本の裏面の写真を見ていないので、表面左端下部に左文字で見える「趣」（「中寿感興詩并序」の詩の七句目の五字目。「趣」の右に「一首并序」、その右に「宣望」が左文字で見える。『国宝・重要文化財大全』7、四二頁）からの推測である。四天王寺本第一葉には、「中寿感興詩并序」の詩の第四句「夜」から、次の三番目の「奉謝恩賜百屯綿兼七言詩詩一首并序」の序の首部が収められている。四天王寺本第一葉裏と、巻三の四番目の「贈伴按察平章事赴陸府詩并序」の序の尾部の「人以言」から詩の五句目の「良将折衝何出」までを収める佐佐木本のとの間に、四天王寺本第二葉の裏面が位置することになる。但し、田中本紙背に書かれた『遍照発揮性霊集』は序・巻一に続いて巻二首部を収めるが、田中本巻十の本文料紙は一〇紙であり、巻二の後続部分をどのように収めたのか、『遍照発揮性霊集』巻三を収める『日本書紀』巻一裏にどのように続けて書かれていたのかが解決すべきこととなる。いずれにしても、『日本書紀』巻十と巻一の裏に『遍照発揮性霊集』の序・巻一・巻二・巻三が、あるいはさらに続けて巻四が、書かれていたということから、反古として『遍照発揮性霊集』の序・本文十巻の前半部分（序から巻三または巻四）に紙背を利用された『日本書紀』は、巻一と巻十の二巻が一体となり伝存していたと考えられる。なお、紙背の『遍照発揮性霊集』は平安後期の書写とされており、真言宗開祖空海の詩文集が『日本書紀』を反故としてその紙背に書かれたことは、卜部家本系の古写本である水戸本の奥書により、寛朝や性信法親王など真言僧による『日本書紀』講読と伝授が一〇世紀から一一世紀に行われていたことを知る時、佐佐木本・四天王寺本・猪熊本・大垣本を含む『日本書紀』巻一と田中本の『日本書紀』巻十が真言僧または真言宗に関わる人々により反故として二次利用された可能性も考えられることになる。精美な写本である『日本書紀』巻一・巻十が反故とされたのは、平安後期において必要とされた訓点や訓仮名・注記がそれらに十分には無かったことによるのかもしれない。

佐佐木本・四天王寺本・猪熊本・大垣本・田中本のうち、実物を観察し得たのは、所蔵者の理解を得て写真撮影の際に現物を見る機会を得た大垣本のみである。佐佐木本・四天王寺本・猪熊本・田中本の原本調査を行うことなく写真・画像資料による推定を述べたのは、近年の古典籍やその影印本、またそれらの研究資料の画像公開の進展の環境の中で、書誌研究を進めることの可能性を自ら経験してみたかったからである。今後、これら諸本の調査研究がさらに展開することに期待している。

結　語

筆者は、大化改新非実在説が一九六〇年代後期に提起されてから五〇余年となったことで開催された日本史研究会の二〇一七年三月例会「大化改新論の現在」での報告を基に、学生の頃に学んだ大化改新非実在説について「「大化改新」非実在説の提示と古代社会構造論の展開」に記す機会を得たが（石上、二〇一七）、『日本書紀』古写本を基に校訂本・注解本を見直し史実の理解を深めることは試みたことがなかったと、本稿を書きながら反省している。近年の『日本書紀』の影印本刊行と写本・研究文献の画像公開の展開により、『日本書紀』の研究利用の環境が、新段階に進んでいる。また、日本書紀写本研究は『類聚国史』『釈日本紀』『日本紀私記』（『日本書紀私記』）や『古事記』等の研究との相互関係を基盤に展開される必要があること（小野田光雄『古事記 釈日本紀 風土記ノ文献学的研究』参照）、さらに、古代史研究者も、古代から近世に至る『日本書紀』伝来利用過程や神道史・学芸史を踏まえること、また『日本書紀』読解に諸写本の訓点・訓仮名研究の成果を学ぶことの必要性を、改めて思う次第である。

注

（1）『続日本紀』養老四年（七二〇）五月癸酉（二十一日）条に「是より先、一品舎人親王、勅を奉じて、日本紀を修す、是に至りて、功成りて奏上す、紀卅巻、系図一巻」と記される『日本紀』の原撰本は残されていない。しかし、『日本紀』のうちの「紀」のみ、九世紀の写本である巻一神代上の断簡群である四天王寺本・佐佐木本・猪熊本・大垣本とそれらの僚巻である巻十応神紀の残簡の田中本（巻首・巻尾闕失。応神二年三月庚戌条途中から同四十一年二月是月条途中までの九紙）をはじめとして多数の写本が残されている。巻一神代上の佐佐木本・四天王寺本・猪熊本・大垣本と、巻十の田中本が僚巻とされるのは、共に紙背が『遍照発揮性霊集』に二次利用されているからである。佐佐木本・四天王寺本・猪熊本・大垣本は巻一中央の位置の断簡であり、また田中本も巻十の巻首・巻尾を欠失しているので、書名が「日本紀」であったのか「日本書紀」であったのかはわからない。しかし、一〇世紀の古写本とされる岩崎本には、巻二十二（巻首闕）の尾題、巻二十四の内題・尾題に「日本書紀」とある。一方、「読日本紀」（『日本後紀』弘仁三年（八一二）六月戊子条、『続日本後紀』承和十年（八四三）六月戊午朔条、『日本三代実録』元慶二年（八七八）二月二十五日辛卯条）、「講日本紀」（『釈日本紀』（『新訂増補 国史大系』八）巻第一開題・日本紀講例所引「新国史」延喜四年（九〇四）八月二十一日壬子条。『類聚符宣抄』第九・講書、康保二年（九六五）八月五日左大臣藤原実頼宣）、「日本紀講」（『釈日本紀』巻一・開題所引「日本紀講例康保二年外記勘申」。『大日本史料』康保二年八月十三日第二条、摂津守橘仲遠ヲシテ、宜陽殿ニ於テ、日本紀ヲ講ゼシム条参照）と表記される所謂「日本紀講筵」や、講筵後に催される「日本紀竟宴」、康保二年「日本紀講例」においても、「日本紀」の書名が使用されている。『日本紀』と『日本書紀』の書名については、一三世紀末撰述の卜部兼方『釈日本紀』巻一・開題にも「又問、不レ謂二日本書一、又不レ謂二日本紀一、只謂二日本書紀一、如何」とある如く疑問が呈されてきた。しかし本稿では、通説に従い、『日本書紀』の書名を有する史書の写本が、養老四年撰進の「日本紀」の「紀」であるとして論を進める。

（2）『大日本史料』天正元年正月十日条の吉田兼右薨伝は、「〔日本書紀〕○大橋理祐所蔵本」の史料名で、兼方本の至徳三年兼熙奥書・天文二年兼右修補奥書・天文三年一見奥書を採録する（『大日本史料』第十編之十三、二九一頁）。

（3）貞和三年奥書について、『撰進千二百年紀念日本書紀古本集影』は「両息」を「兼應／兼豊」とし（二六頁）、『大日本史料』南朝正平二年北朝貞和三年雑載雑ノ条（第六編之十一、二七二頁）所収吉田子爵本『日本書紀神代巻』下奥書は「両息」を「兼邊／兼繁」とし、『日本古典文学大系』日本書紀上「底本奥書」は「両息」を「兼応／兼豊」、花押を「兼夏」とし、赤松俊秀は「両息」を兼応・兼繁、花押を兼員とし（赤松、一九七一、八四・八五頁）、小野田光雄・羽田聡は奥書を兼員のものとした上で「両息」を「兼前／兼繁」とする（小野田、一九九六、五六四～五七〇頁。羽田、二〇一四、一七五・一七六頁）。本稿では、奥書を兼員によるとし、「両息」は「兼前／兼繁」とする小野田・羽田説によった。

（4）『日本書紀』兼右本巻三十の本奥書中に見える永仁二年に「一部抄出」を行った「正四位下行神祇権大副兼山城守卜部仲季」について、赤松は、「正四位下行神祇権大副兼山城守卜部」は兼方に相応するので、この一行には錯簡があるか、「仲季」は「宿祢」の誤記かとし、永仁二年一部抄出は兼方の行為とする（赤松、一九七一、八四頁）。

（5）『遍照発揮性霊集』写本研究における『日本書紀』紙背写本の位置付けの検討は別の機会に行いたい。

参考文献

赤尾栄慶、二〇一三「岩崎本日本書紀　書誌解題」（京都国立博物館編『京都国立博物館所蔵 国宝 岩崎本 日本書紀』勉誠出版）

赤松俊秀、一九七一「研究篇」（『国宝 卜部兼方自筆 日本書紀神代巻』法藏館）

石上英一、二〇〇四「尊経閣文庫所蔵『釈日本紀』解説」（『尊経閣善本影印集成』二九 釈日本紀三、八木書店）

　二〇〇六「書誌解説」（『宮内庁書陵部本影印集成』四、日本書紀四、八木書店）

　二〇一七「「大化改新」非実在説の提示と古代社会構造論の展開」（『日本史研究』六六二）

石崎正雄、一九五八「日本書紀弘安本と乾元本との関係について―卜部家学研究の一節―」（『日本文化』三七）

石塚晴通、二〇一三「岩崎本日本書紀の訓点」（『京都国立博物館所蔵 国宝 岩崎本 日本書紀』前掲書）

遠藤慶太、二〇一五「『日本書紀 乾元本』解題」（天理大学附属天理図書館編『新天理図書館善本叢書』3 日本書紀乾元本二、八木書店）

　二〇一七「熱田本『日本書紀』の書誌」（熱田神宮編『熱田本 日本書紀』八木書店）

大野　晋、一九六七「解説 二 諸本」（『日本古典文学大系』日本書紀上、岩波書店）

小野田光雄、一九九六「釈日本紀の成立について（覚書）」「釈日本紀の成立と流転」（『古事記 釈日本紀 風土記ノ文献学的研究』続群書類従完成会）

久保木秀夫、二〇〇五「日本書紀／性霊集【紙背】」（国文学研究資料館編『古筆への誘い』三弥井書店）

黒板勝美　一九二七「秘籍大観 第一集 日本書紀解説」（『秘籍大観』第一輯。『虚心文集』六〔吉川弘文館、一九四〇年〕に「秘籍大観日本書紀解説」として再録）

田山信郎、一九四四「国宝 日本書紀神代巻（水戸本）解説」（日本文献学会編『日本文献学会叢刊一 日本書紀巻一―二』有朋堂）

中村啓信、一九九五「古事記日本書紀諸本・注釈書解説」（神野志隆光編『古事記日本書紀必携』別冊國文學、改装版〔學燈社、一九九六年〕）

林　勉、一九八三「解題」（天理図書館善本叢書和書之部編集委員会編『天理図書館善本叢書』和書之部五六 日本書

紀　兼右本三、八木書店）
羽田　聡、二〇一四「吉田本日本書紀　書誌解題」（京都国立博物館編『京都国立博物館所蔵　国宝　吉田本　日本書紀』
　勉誠出版）
丸山二郎、一九五一・一九五二「凡例」（『新訂増補　国史大系』日本書紀前篇・後篇、吉川弘文館）
毛利正守、一九九四「解説　六　古写本と版本」（『新編日本古典文学全集』2　日本書紀①、小学館）
山田孝雄、一九四一「猪熊信男氏蔵日本書紀巻一断簡解説」（『日本書紀第二』古典保存会）

〔コラム〕海外の日本書紀研究1　―台湾―

日本で公開された書紀研究

『日本書紀』（以下、書紀と略記）は漢文（中国古典文、中国語では文言文）で書かれているので、中国語話者による書紀研究に期待したいところであるが、日本人が古文を学習しなければならないのと同様、古漢語に関する専門的な学習が必要である。台湾は香港と同じく漢字が繁体字（日本の旧字体に相当）であり、我々が中国の古典テキストを利用するには都合がよいが、中国では簡体字を採用して「日本書紀」も「日本书纪」となり、簡体字を覚えなければ論文も読めない。

まず、日本で公開された台湾と中国の元留学生による注目すべき書紀研究を紹介する。森博達が一部の巻に中国人述作説を提出したことで、述作者がネイティブか否かでの検証も必要となった。ウェブ上での井上亘との論争も記憶に新しい（ブログ「聖徳太子研究の最前線」二〇一一年七月一七日初出。以下、アドレスは省略）。万葉仮名の漢字音だけでなく、出典論、中国口語（俗語）、和習研究がその鍵を握る。

①張娅娜、二〇〇〇『日本書紀における漢文の特徴』（中央大学生協出版局）

②唐煒、二〇〇九『日本書紀における中国口語起源二字漢語の訓読』（北海道大学出版会）

③劉琳、二〇一六『日本書紀古訓の形容詞語彙に関する研究』（北海道大学博士論文、ウェブ公開）

④朱天愚、二〇〇八「『日本書紀』における漢文助字『被』、『見』、『為』、『所』の用法について」（ウェブ公開）

⑤李瑩瑩、二〇一一「上代漢字文献における『矣』の用法」（ウェブ公開）

⑥賴衍宏、二〇一五「一九六〇年代『和習研究』追考―コーパスに基づく再検討―」（ウェブ公開）

①は漢籍の用例との比較から構文（使役文、受動文、否定文）分析を中心として唐代言語の影響を指摘す

る総合的な研究であるが、入手困難になっている。②は書紀の中国口語（俗語）語彙のうち、二字漢語の古訓を写本ごとに精査し、漢語の解釈と訓読の適否を検証したもの。③は書紀古訓の形容詞を写本ごとに精査したものであり、諸本の解説や古訓の研究史などの概説もうまくまとめている。本研究をもって主要写本の形容詞語彙は整理されたといってよく、これをモデルとして、その他の品詞に応用することも可能である。④・⑤は助字の用法に照らして書紀の全用例を検討し、区分説の観点も導入して検証する。⑥は日本上代文献を主として小島憲之、神田喜一郎などの和習研究での誤りを十八語について指摘する。④～⑥は漢検漢字文化研究奨励賞受賞論文でもあり、③～⑥はウェブ上での閲読が可能である。多分に日本的要素を含む書紀の漢文の読解は容易でなく、そのための知識は訓読にも及ぶ。昨今、日本の古典文学・語学の学会でも外国人留学生の発表がめざましく、その努力には敬服する。留学生には学位取得後、教育者としての役割とともに、研究の継続と後進の育成に期待したい。

和習研究は現在、活発化しているテーマであり、中国語で書かれ、中国で出版された次の著書もある。

馬駿、二〇一二『日本上代文学〝和習〟問題研究』（北京大学出版社）

台湾大学での書紀研究

次に、本コラムが台湾を主題とする理由でもあるが、国立台湾大学（旧台北帝国大学）に書紀の写本・刊本が多く所蔵されているのである。

台北帝国大学は一九二八年に日本統治下のもと開校し、現在も国立台湾大学として存続する。文政学部の学部長は藤田豊八（東洋史学）、村上直次郎（南洋史学）、安藤正次（国語学国文学）へと引き継がれてゆく。安藤には書紀の専論があるが、他にも神田喜一郎の、後に『日本書紀古訓考証』として集成される古訓研究や、福田良輔「『日本書紀』の『之』字の研究」は、台北帝国大学在任中に発表されたものである。

台湾光復（一九四五年）後、蔣介石率いる国民党政権により日本語の使用は禁止され、言語は現地語であった閩南《びんなん》語（ホーロー語とも）、客家語、原住民諸語などではなく、大陸からの中国語が「国語」として推進された。結果として現地語を母語とする世代と中国語を母語とする世代との間でコミュニケーションがとれないという事態が発生する。一九九六年、台湾大学に日本語学科が設置された。国立大学としては一九八九年の政治大学に次ぐが、私立の中国文化大学、淡江大学、東呉大学、輔仁大学のほうが古い。ひとえに政治的事情である。

台湾大学図書館には、旧台北帝国時代から引き継がれる日本の古典籍を収蔵する三つの主要文庫がある。「上田文庫」は明治の国語学者上田万年旧蔵の黄表紙と洒落本からなる。「長澤文庫」は幕末の紀州の国学者長澤伴雄の蔵書。「桃木文庫」は、神戸の蔵書家で船史研究家でもあった桃木武平の蔵書が一九二九年に海を渡ったもの。そのもととなる蔵書目録が大阪府立中之島図書館にある（是澤、二〇一四）。古典籍を主とする桃木文庫の書紀写本・刊本は、一九一九年（京都）とその翌年（東京）に開催された「日本書紀編纂千二百年紀年展観会」に出品され、七点が『日本書紀古本集影』に解説付きで紹介されている。中には中村啓信編『校本日本書紀』に使用された早川本（巻一）と圓威本（巻二）を含む。圓威本は同図書館から影印がカラーで刊行されている（是澤・山口、二〇一二）。

右記の日本古典籍については、精選された図録と解説が同図書館よりカラーで刊行されている。

松原孝俊主編・中野三敏監修、二〇〇九『国立台湾大学図書館典蔵日文善本解題図録』

本書は日本語ベースで中国語訳を併記し、日中古典文学史年表や用語解説など、台湾での日本古典研究の啓蒙的役割をもたせる。無論、台湾在住の日本古典研究者の育成を期待してのことである。

図録は書紀が版本（四本）、写本（六本）の順で紹介されている。版本にはいずれも多数の書き入れがあり、一本の奥書には加藤宇万伎、上田秋成による校合に、中山埴安万侶が私注を加えたと記すものもある。長澤文庫の長澤伴雄自筆日記（龜井森、二〇一三）にも書紀の校合の記録があり、近世国学の書紀研究の一端をうかがう貴重な資料である。写本のうち最古は嘉吉二年（一四四二）書写の圓威本（巻二のみ）で、上代には見られぬ中世的万葉仮名による多数の傍訓をもつ。これは御巫《みかなぎ》本『日本書紀私記』に通じる要素を持つ興味深い資料で、文亀三年（一五〇三）本など室町時代の神代巻写本に注目すべきものがある。現在の総合図書館は一九九八年に新築され、五階の室温管理された環境下で特蔵組（貴重書管理部）により管理されている。

台湾大学文学院日本語文学系は、積極的に日本との学術活動を展開し、二〇〇九年には森博達を講師として招聘し、「『日本書紀』区分論と中国人編集者」と題する講演会を行っている。またコラボレーションも活発で、和漢比較文学会が隔年で中国と台湾での特別例会を開催し、二〇一七年には中国西安市の西北大学で、古事記を専門とする台湾の鄭家瑜（国立政治大学）が「『日本書紀』における漢籍の影響と表現—天武天皇の記事と『楚辞』の「惜誓」との関わりをめぐって」という題目で発表している。

論文検索サイト

最後に台湾の論文の検索サイトを紹介する。

台湾国家図書館台湾期刊論文索引系統

airiti books 華藝線上図書館

いずれも日本語の漢字入力による検索が可能で、後者は中国の論文も含めて結果が表示される。そこには中国語だけでなく、日本語による論文もあり、現地の大学に在籍する日本人教員の論文も知ることができる。

（是澤範三）

参考文献

龜井森主編、二〇一三『国立台湾大学図書館典蔵長澤伴雄自筆日記』第一巻（国立台湾大学図書館）

是澤範三・山口真輝主編、二〇一二『国立台湾大学図書館典蔵　日本書紀　影印・校勘本一　圓威本』（国立台湾大学図書館）

是澤範三、二〇一四「大阪府立中之島図書館蔵桃木武平自筆『桃木書院蔵書目録古典之部』解題と翻刻」（『京都精華大学紀要』四四、ウェブ公開）

〔コラム〕海外の日本書紀研究2 ―韓国―

日本書紀研究の黎明

韓国での『日本書紀』（以下『書紀』）の利用・研究に関する研究史と問題点については、李永植（二〇〇七）が詳細かつ的確な整理を行っている。ここでは主にこれによって研究動向を紹介しよう。

解放（一九四五年八月）以前の朝鮮においては、丁若鏞述・張志淵増補『大韓疆域考』（一九〇三）、金澤榮『歴史輯略』（一九〇五）やこれを増補した同『韓国歴代小史』（一九二二）で『書紀』に基づく史書の記事が採用され、そのことへの民族主義的歴史観からの批判もあった（申・矢部、一九八三）。しかし『書紀』の記事を直接検討した歴史学の研究成果としては、欽明紀に登場する任那・百済関係の人物に考証を加えた、李弘稙（一九三六）がまずは挙げられる。解放後には一九七〇年代までに、李弘稙（一九七一）、李丙燾（一九八〇）といった『書紀』所載記事の分析や、『書紀』の史料的性格に迫った丁（一九七四）などの重要な研究が発表されたが、散発的であり個別研究に止まった。そして千（一九九一）の『書紀』が韓国古代史の復元に利用しうるという提言以後、肯定的にせよ批判的にせよ『書紀』が基本史料として積極的に利用されるようになり、現在まで多くの個別研究が発表され、少なからざる成果を収めているという（李永植、二〇〇七）。

本コラムではこうした『書紀』を利用した、韓国における歴史学・考古学の膨大な研究成果を評価・紹介することは不可能なので、研究動向を論じた論考（李永植、二〇〇七）を別途参照いただくとして、以下では韓国で刊行された『書紀』の訳注本を簡単に紹介することで責を果たしたいと思う。

韓国における『書紀』の訳注本としては、著作の一部分に『書紀』の抄訳を収録する文（一九七〇）が嚆矢をなす。その後、単行本として成（一九八七）が刊行されたが、これは『書紀』の現代日本語による訳注本（井上光貞編・川副武胤他訳『日本書紀』中公バックス、日本の名著1、中央公論社、一九八三。初出一九七一）を現代韓国語に翻訳したものであり、翻訳の原本がそうであるように全三十巻中、二十巻分の部分訳である。

完訳の刊行は、田（一九八九）まで待つ。その凡例によると、日本の諸『書紀』訳注本（飯田武郷『日本書紀通釈』〈日本書紀通釈刊行会、一九四〇〉、黒板勝美編『訓読日本書紀』上・中・下〈岩波文庫、一九二八～三二〉、坂本太郎他校注『日本書紀』上・下〈岩波書店、一九六七・五〉、井上光貞監訳『日本書紀』上・下〈中央公論社、一九八七〉、宇治谷孟『全訳―現代文日本書紀』上・下〈創芸出版、一九八六〉）を参照し、注釈はこれら訳注本の注の他、訳者自身や他の韓国人によるものを加えたという。訳者は心理学者であり、その解釈・注釈には歴史学、韓国古代史の研究成果に照らして必ずしも問題がなくもないと言われる（李永植、二〇〇七）が、二〇一七年三月時点で十一刷を重ねており、韓国の読書子の間で一定の評価を得ているものと思われる。

本格的な日本書紀研究の出現

その後、二一世紀に入り金・朴・禹・李（二〇〇二～四）が刊行されたことは、本格的な『書紀』研究の進展として注目される。著者はそれぞれ韓国古代史、古代日韓関係史、考古学の専門家であり、また多くが日本での在外研究の経験をもつ。凡例によると、原文は坂本他校注本を底本とし、現代韓国語への翻訳にあたっては、成（一九八七）と田（一九八九）、崔他（一九九四）を参照したというが、語句の解説では坂本他校注本、『国史大辞典』、『日本史大辞典』を参照したほか、二〇〇一年度までの日韓学界における研究成果の摂取に努めたという。それは、各巻末に附された日韓の歴史学・考古学にわたる参考文献一覧からうかがえる。細心の史料操作を要求される『書紀』を扱うにはまさに適任の研究者による共同研究の果実といえよう。

本書は書名のとおり、『書紀』のうち韓国古代史に関連する記事を抜粋して考証を加えたものである。

各年・月条毎に区切り、原文・現代韓国語訳・語句説明を提示した後、「争点」として訳注者による関連問題に対する考察が続く。従来の訳注本が概ね日本語原書の注釈をそのまま採用し、その内容も簡略であったのに対し、本書の「争点」では従来の研究成果を踏まえた、訳注者による独自の研究が盛り込まれ、取り上げられた問題の研究動向と訳注者の見解を知ることができ有益である。

前掲李永植（二〇〇七）及び同（二〇〇二）は、『書紀』の利用に先立ち、韓国学界独自の『書紀』に対する史料論的検討や、日本でこれまで進展してきた『書紀』史料論を整理・摂取することの必要性を強調し、既に後者では『書紀』史料論の網羅的な研究史整理が行われている。その延長線上で、これら要求に応える『書紀』の訳注本が最近刊行された。

延・金・李・鄭・羅・徐・朴（二〇一三）は、『書紀』全巻を現代韓国語訳し注釈を施したものであり、加えて日本における研究史を踏まえた「Ⅰ『日本書紀』の編纂過程　Ⅱ『日本書紀』引用資料　Ⅲ日本の『日本書紀』研究史」の三節からなる、書誌「解題」を訳注の前に配する。従来も田（一九八九）のように解題をもつ訳注本がないではなかったが、ごく簡単なものであった。本書附載の解題は、内容はおおむね日本の『書紀』研究の成果に依拠しているが、特に『三国史記』を補完しうる史料として『書紀』を評価する立場からの両史書の比較論（Ⅰ―10）や、『書紀』が基づいた朝鮮系記録に関する考察（Ⅱ―2）は、独自の議論を含み興味深い。総じて詳細な解題の存在は、本訳注が『書紀』全巻を対象とすることと共に、個々の記事の恣意的理解を回避し、客観的・体系的な理解への道を開くところに、裨益するところ大である。その訳注の内容については、凡例によれば、原文は坂本他校注本を底本とし、字句の校勘は小島憲之他校注・訳『日本書紀』1～3（小学館、一九九四～八）によったという。訳文は可能な限り自然な現代韓国語となるよう努めたといい、注釈は簡明を旨としている。編者はいずれも韓国古代史・古代日韓関係史を専攻し、先にみた金・朴・禹・李（二〇〇二〜四）と同様、日本での在外研究の経験をもつ。日韓双方の学界・研究動向に精通した専門家による研究成果であり、現時点での韓国における『書紀』研究の到達点を示しているといえよう。

史料の訳注本は、幾つあっても各々相応に便宜を供しよう。個々の研究者の間はもちろん、日韓という国家間でも、そこに評価・見解の相違が表れるのは当然である。しかし多様な見解の琢磨を通じて、相互で共有できる基礎的理解を拡げてゆくことが重要ではないかと思う。以上見たように、その歩みは着実に前進している。韓国における『書紀』研究の今後一層の進展が期待される。

（赤羽目匡由）

参考文献

延敏洙・金恩淑・李根雨・鄭孝雲・羅幸柱・徐甫京・朴宰用編、二〇一三『訳註 日本書紀』1〜3（東北亜歴史財団）
金鉉球・朴賢淑・禹在柄・李在碩、二〇〇二〜四『日本書紀 韓国関係記事研究』Ⅰ〜Ⅲ（一志社）
崔根泳他編、一九九四『日本六国史 韓国関係記事訳註』（駕洛国史蹟開発研究院）
申采浩著・矢部敦子訳、一九八三『朝鮮上古史』（緑陰書房。原著一九四八。執筆は一九二六頃）
成殷九訳註、一九八七『日本書紀』（正音社）
千寛宇、一九九一「復元加耶史」（『加耶史研究』一潮閣。初出一九七七〜八）
丁仲煥、一九七四「日本書紀に引用された百済三書について」（『古代日本と朝鮮の基本問題』学生社。原著一九七三）
田溶新訳、一九八九『完訳 日本書紀』（一志社）
文定昌、一九七〇『日本上古史』（柏文堂）
李永植、二〇〇二「日本書紀の研究史と研究方法論」（『韓国古代史研究』二七）
李永植、二〇〇七「『日本書紀』活用の成果と問題点」（韓国古代史学会『韓国古代史研究の新たな動向』書景文化社）
李弘稙、一九三六「任那問題を中心とする欽明紀の整理」（『青丘学叢』二五）
李弘稙、一九七一「日本書紀所載 高句麗関係記事考」（『韓国古代史の研究』新丘文化社。初出一九五四・七）
李丙燾、一九八〇『韓国古代史研究』（学生社。原著一九七六）

Ⅱ部　日本書紀の前史

1　天皇記とその前後

関根　淳

はじめに　―書紀以前の史書研究―

近年においても『日本書紀』に関する研究は大きく進展している。史料学の発展を背景としたそれ以前の研究史の流れをうけ、出典研究の一層の進捗にくわえて読書史・受容史などの論点が強化されているのである。また、それ以前の史書である天皇記・国記に関する研究も新たな展開をみせているが（笹川、二〇一〇。関根、二〇一三a〈以下、「前稿」と略称〉）、書紀と比較すると圧倒的にそれは少ない。国記に関してはいくつかの論考が発表されているものの（榎、一九七五・二〇一四。関根、二〇一三b）、もう一方の天皇記に関しては専論がいまだみられない。この研究史上の欠落は帝紀・旧辞から「記紀」へと続く「史書」史の理解を分断することにつながり、ひいては『日本書紀』の理解にも影響を及ぼす。

本稿では天皇記に対する研究の意義を右のようにとらえ、同書に対する基礎的な考察をおこなう。そして、これをもとに天皇記と『日本書紀』の関係性を考えることによって後者の理解をより深化することを目的としたい。

一　先行研究と論点の整理

専論こそないものの、系譜論・紀年論・学術史・国家史（政治史）などの観点から、端的にではあるが天皇記に言及する論考は意外に多い。以下、それら先行研究を論点ごとに整理してみよう。

最初に、書名と巻数について。「天皇記」という書名については、これを是認する説と、「天記」（榎、一九七五）・「帝記」（山尾、一九七七ａ）・「天王記」（武光、一九八八）・「大王記」（新編日本古典文学全集『日本書紀』②〔小学館、一九九六〕推古二十八年〔六二〇〕是歳条頭注）などの書名が潤色されたという説がある。しかし本稿では、前稿にもとづき本来は普通名詞としての「帝紀」であったものが書紀編纂段階で「天皇記」と追称されたという理解に立つ。巻数については二・三巻程度という平泉洸（一九五五）の説があるが、根拠が示されていない推論であり検証が必要である。

第二に、年紀の有無について。天皇記に年紀を認めるのは坂本太郎（一九五六）・田村圓澄（一九六四）・林屋辰三郎（一九七一）・和田萃《あつむ》（一九九四）である。逆に年紀を認めないのは鎌田純一（一九六二）・直木孝次郎（一九六五）・原島礼二（一九七五）・山尾幸久（一九七七ｂ）・鎌田元一（二〇〇六）。本文が残存しないためこれらの説に史料的な根拠はなく、各研究者がそれぞれの「史書」史の理解のなかでその是非を推測したものである。本稿ではその判断を課題の一つとしたい。

第三に、編纂資料について。これについては、既存の文献を整理して新資料を追加したとする藤井信男（一九五八）、系譜などの口承伝承を文字化したとする神野志隆光（一九七九）のほか、推古朝の日嗣の次第で読み上げられた「氏姓之本」（書紀・推古二十年〔六一二〕二月庚午条）を資料としたとする笹川尚紀（二〇〇〇）などの説がある。基本的に文献資料か口承資料かという問題設定であるが、これについては択一論にする理由がない。「一云」「或説」など後代の編纂事業においても口承資料が用いられたことを考慮すれば（坂本、一九七〇。下鶴、二〇一〇）、天皇記の段階で編纂資料のすべてが文字化されていたとは言えず、その逆もまた同様である。天皇記の編纂資料は文献・口承の併用であったと考えてよいだろう。

第四に、文体・用字について。これについては、中国史書の本紀的なものと考える鎌田純一（一九六二）・小林敏男（一九九四）、『古事記』仁賢段以降や『釈日本紀』所引の『上宮記』一云に類似するという田中卓（一九七八）、『上宮記』一云や『聖徳太子平氏伝雑勘文』所引の『上宮記』下巻注云などのような百済系史部風の古い表記法とする薗田香融（一九九五）、純粋な漢文であったと考える北康宏（二〇〇四）などの見解がある。これも先の年紀の議論と同様にそれぞれの系譜論、「史書」史にもとづく推測である。

第五に、系譜の加上と説話について。天皇記編纂の過程で加上された系譜については神武が初代天皇として設定されたとする見解が通説的であり（坂本、一九五六）、そこから発展して神武以来のすべての天皇系譜が確定したと考える説（角林、一九八九。黒田、一九九〇）、初代神武～十五代応神までの直系系譜が形成されたとする説（神崎、二〇一四）などがある。その他では、二代綏靖～八代孝元・九代開化までの系譜が作成されたとする説（小林、一九七七。和田、一九八八。篠原、一九九三）、十代崇神～十四代仲哀までの系譜が作成されたとする説（大平、二〇〇二）、二十七代安閑・二十八代宣化の存在しない系譜が作成されたとする説（萩原、一九八七）などがある。このほか、建内宿禰伝承やそれにもとづく蘇我氏の系譜が作成された（直木、一九六四）、神功皇后の新羅征討記事が定着した（石母田、一九七二）、天孫降臨や出雲神話が設けられた（原島、一九七五）、隼人の服属神話が設けられた（三宅、一九八四）という見解もある。

最後に、政治史・対外関係史的な考察について。天皇記・国記の編纂作業を通じて神話や系譜の体系化がなされたとみなすのは通説であり（佐々田、二〇一四）、両書の編纂自体を疑問視しない限りこれをあえて否定する理由はない。また、蘇我氏の編纂への関与を想定し、初期の天皇の宮室・山陵を同氏の勢力範囲に措定したという門脇禎二（一九八四）、蘇我蝦夷が天皇記をもとに改氏姓をおこなったという日野昭（一九八二）の説がある。対外関係史の観点からは、高句麗の史書『新集』五巻の完成（六〇〇年）から影響を受けたとする原島礼二（一九七五）、天皇記編纂記事の二年前（六一八年）に唐が大陸を統一したことを重視する新川登亀男（一九八七）、遣隋使が倭国の歴史・神話を尋問されて回答を示せなかったために編纂を開始したとする倉本一宏（二〇一四）などの見解がある。このような政治史・対外関係史からの理解については、史料の少ない天皇記を考察する際の有効な補助線になると位置づけたい。

以上が天皇記に関する先行研究である。天皇記を考察する際の最大の問題は本文が残存しないことである。しかし、関連する周辺の諸史料を用いた考察の方法は皆無ではない。「天皇記」という書名や編纂資料などについてはひとまず上述のように考えられるが、巻数や年紀の是非、文体や用字などについてはどうであろうか。以下、具体的な考察に入りたい。

二　天皇記関連史料の考察

天皇記の直接的な史料

「天皇記」という書名が直接出てくるのは、書紀・推古二十八年是歳条「皇太子〈厩戸皇子〉・嶋大臣《しまのおほおみ》〈蘇我馬子〉、共に議《はか》りて、天皇記及び国記、臣連伴造国造百八十部幷《あわせ》て公民等の本記を録す。」、同・皇極四年（六四五）六月己酉条「蘇我臣蝦夷《えみし》等、誅《ころ》されんとして、悉《ふつく》に天皇記・国記・珍宝を焼く。船史恵尺《ふねのえびとゑさか》、即ち疾く焼かるる国記を取りて、中大兄《なかのおほえ》に奉献《たてまつ》る。」である。天皇記の編纂と焼失に関するこの二つの史料については関連する『新撰姓氏録』序とあわせて前稿において検討した。そこで得られた結論は、天皇記は『日本書紀』に直結するような論理・体裁の史書ではなく、蘇我氏主導で編纂が進められたためその利害が主張されている、というものである。本稿でもこの理解を踏襲してこの後の考察をすすめたい。

「帝紀」関連の本文史料

「天皇記」と直接明記する史料こそ少ないが、これを「帝紀」としてとらえると分析の対象を広げることができる。本文、あるいは本文と推定される字句が残る「帝紀」関係の史料を検討してみよう。

○『上宮聖徳法王帝説』所引「帝記」

帝記を案ずるに云はく、「少治田《おはりだ》〔推古〕天皇の世、東宮厩戸豊聡耳命《うまやとのとよとみみのみこ》〔厩戸皇子〕・大臣宗我馬子宿禰、共に平章して三宝を建立し、始めて大寺を興す」と。

『上宮聖徳法王帝説』の成書過程はいくつかの段階に分けられるが、右の箇所は「聖徳太子」関連史料を追加した際の後人の注記であり、傍線部「帝記」以下はそれ以前に存在した原『上宮聖徳法王帝説』からの引用〔重複〕といわれている。しかし、両者の文章は近似するが細かい字句までは一致せず、厩戸皇子・蘇我馬子による飛鳥寺創建という同じ内容を短文で表現するならば、別書でも同様の文章構造になることは十分あり得る。『上宮聖徳法王帝説』自体が元来「帝記」であったと言われるが〔太田、一九六〇〕、先にあげた史料の傍線部の「帝記」はこれとは別の「帝紀」であると考えられる。

○『日本書紀』顕宗即位前紀分注「譜第」

弘計《をけ》〔顕宗〕天皇〈更《また》の名は来目稚子《くめのわくご》。〉は、大兄去来穂別《おほえいざほわけ》〔履中〕天皇の孫なり。市辺押磐《いちへのおしは》皇子の子なり。母をば荑媛《はえひめ》と曰す。〈荑、此をば波曳《はえ》と曰ふ。①譜第に曰はく、市辺押磐皇子、蟻臣《ありのおみ》の女荑媛を娶《め》す。遂に三の男・二の女を生めり。②-1其の一を居夏姫《ゐなつひめ》と曰す。②-2其の二を億計《をけ》王〔仁賢天皇〕と曰す。更の名は嶋稚子《しまのわくご》。更の名は大石尊《おほしのみこと》。②-3其の三を弘計王と曰す。更の名は来目稚子。②-4其の四を飯豊《いひどよ》女王と曰す。亦の名は忍海部《をしぬみの》女王。②-5其の五を橘《たちばな》王と曰すといふ。一本に、飯豊女王を以て億計王の上《かみ》に列叙《つい》でたり。蟻臣は③葦田宿禰の子なり。〉

右の史料における〈　〉部分が本文に対する分注で、傍線部①「譜第」はそこで引用されている。この

「譜第」については、河村秀根《ひでね》『書紀集解』や谷川士清《ことすが》『日本書紀通証』が『晋書』杜預伝にみえることを指摘しているが、飯田武郷《たけさと》『日本書紀通釈』では「系図」という意味の普通名詞と解されており、「帝紀」の一種ととらえるのが一般的である。しかし、「一書」「或本」などの不特定な表現をとらず、兄妹間の序列を示す記述法に「譜第」という字義が合致することからそのような名称をもつ原資料があったと考えられ（水谷、一九八七ａ）、またそれは傍線部②－1「其一」～同－5「其五」という数詞を用いた文体を有することから比較的新しい系譜であったと推定される。別に、傍線部③「葦田宿禰」に関して『古事記』履中段では「葛城之曾都毘古之子」と記されているが、右の書紀「譜第」ではこれが見られない。これは書紀編纂者が原「譜第」から葛城氏を排除したためとも言われ、「譜第」は葛城系の「帝紀」である可能性が指摘されている（大橋、一九九六）。

○『日本書紀』欽明二年三月条「帝王本紀」

（α）五の妃を納《めしい》る。元《はじめ》の妃、皇后の弟を稚綾姫《わかあやひめ》皇女と曰す。是、石上《いそのかみ》皇子を生ませり。次に皇后の弟有り。日影《ひかげ》皇女と曰す。〈此に皇后の弟と曰すこと、明《あきら》けくは檜隈高田《ひのくまのたかた》〔宣化〕天皇の女なり。而るを后妃の名を列ねて、母の妃の姓と皇女の名字とを見ずして、何の書に出づということ知らず。後に勘《かむが》へむ者知らむ。〉是、倉《くら》皇子を生ませり。

（β）次に蘇我大臣稲目宿禰の女を堅塩《きたし》媛と曰ふ。〈堅塩、此をば岐《き》拕《た》志《し》と云ふ。〉七の男・六の女を生めり。其の一を大兄《おほえ》皇子と曰す。是を橘豊日《たちばなのとよひ》尊とす。（中略）次に堅塩媛の同母弟を小姉君《をあねぎみ》と曰す。四の男・一の女を生めり。其の一を茨城《うまらき》皇子と曰す。其の二を葛城《かづらき》皇子と曰す。其の三を泥部《はしひとの》穴穂部《あなほべ》皇女と曰す。其の四を泥部穴穂部皇子と曰す。〈更の名は天香子《あまつかこ》皇子。①‐1一書に云はく、更の名は住《すみ》迹《と》皇子といふ。〉其の五は泊瀬部《はつせべ》皇子〔崇峻天皇〕と曰す。〈①‐2一書に云はく、其一を茨城皇子と曰す。其の二を泥部穴穂部皇女と曰す。其の三を泥部穴穂部皇子と曰す。更の名は住迹皇子。其の四を葛城皇子と曰す。其の五を泊瀬部皇子と曰す。①‐3一書に云はく、其の一を茨城皇子と曰す。其の二を住迹皇子と曰す。其の三を泥部穴穂部皇女と曰す。其の四を泥部穴穂部皇子と曰す。更の名は天香子。其の五を泊瀬部皇子と曰す。〉②帝王本紀に③多く古字あり。撰集《えらびさだ》むる人、屢《しばしば》遷り易はることを経たり。後人習ひ読むとき、意を以て刊《けづ》り改む。伝へ写すこと既に多くして、遂に舛雑《たがひまよふこと》を致す。前後の次を失ひて、兄弟参差《かたたがひ》なり。今則ち古今を考へ覈《あなぐ》りて、其の真正に帰す。一往《ひとたび》識り難きをば、且《しばら》く一つに依りて撰びて、其の異なることを註《しる》す。他も皆此に効《なずら》へ。〉

(γ)次に春日《かすがの》日《ひ》抓臣《つめのおみ》の女を糠子《あらこ》と曰ふ。春日山田皇女と橘麻呂皇子とを生めり。

傍線部②の「帝王本紀」については天皇記と同系統の「帝紀」という見解があり〔西田、一九五六。薗田、一九九五〕、谷川『日本書紀通証』では天皇記そのものであるとする。また、河村『書紀集解』では「紀」という表記を重視して同書が年紀を有していた可能性を指摘している。これらの諸説に関してはなお検討を要するが、当該史料については下鶴隆の論考〔二〇一三〕をもとに次のように理解される。すなわち、先の史料はα・β・γの三つに分けることができ、α・γから独立して蘇我系の后妃・皇子女のみを収録するβ部分が「帝王本紀」の本文と推定され、そのなかで傍線部①‐1～3の「一書に云はく」以下の二行割書きの部分、および同②「帝王本紀」以下は書紀編者による注記であると考えられる。周知のように右の史料には

『漢書叙例』に基づく潤色があるが、このことが右の史料解釈を阻害するものではなく、「帝王本紀」は蘇我系の「帝紀」であると考えられる。

以上、三つの史料からは『日本書紀』とは異なる系統の「帝紀」の存在が認められ、それらは葛城氏・蘇我氏など母系の有力豪族の影響が見出せるものである、ということが言える。

「帝紀」関係の書名史料

本文や内容こそ伝わらないが、「帝紀（記）」という書名のみが見える正倉院文書が三点ある。これらから得られる情報は非常に断片的ながらも、史料の少ない天皇記を考える際には貴重である。以下、検討を加えたい。

○「写章疏目録」（『大日本古文書』三巻八四～九一頁）

更に請ふべき章疏等

雑集論一秩十六巻　　世親摂論二部二秩卅巻

（中略）

帝暦幷史記目録一巻　　帝紀二巻日本書

（中略）

九官二巻一推九官法　一遁甲要

天平廿年六月十日　平摂師より手にして転撰し写し取る

右の「写章疏目録」は元興寺僧・平摂《へいせつ》の管理する経典群から写経所が借り受けた天平二十年（七四八）の書写目録である。傍線部「帝紀二巻日本書」については東大寺僧・審詳《しんしょう》の疏（注釈）が施されている可能性が指摘され、国家における知財の回収・集約という点で注目されている（中林、二〇一五）。該書については「帝紀」というジャンルにおける「日本書」という見方もあるが（折口、一九二六）、「日本書」は固有名詞ではなく日本の書物という意味の普通名詞にとらえるべきである（小島、一九六二）。本稿の立場からは、外来の書籍が多い右の目録のなかで特に「日本書」と付記されていること、「二巻」という巻数が明記されていることに注目しておきたい。

○「穂積三立写疏手実」（『大日本古文書』二四巻三七八頁）

穂積三立、解し申す。疏を写す所の用紙の事

合せて用紙弐陌拾「肆《弐》」牧之中注十九牧

解深密経疏巻第二用六十三　花厳経疏巻十用卅七

喩伽抄巻廿四用六十牧　喩伽抄巻十九用七十三

日本帝記一巻十九枚注

天平十八年潤九月廿五日穂積三立手実

右の「日本帝記」については、用紙十九枚を張り継いだ一巻に二行割書きの注が施された「帝紀」と解され（武田、一九四四）、その記述はかなり詳しいものであったという推測もある（直木、一九九五）。また、こ

の「日本帝記一巻」を先の「写章疏目録」における「帝紀二巻」の一巻とし、残りの一巻を「十九枚注」の分注にあてる説もある（新川、二〇一五）。なお、当該部分の筆跡が稚拙にみえることから疑文書説もあるが（太田、一九七二）、他と一貫した筆致であるのに加え、用紙の必要枚数（計算に誤りもあるが）や「十九枚」「注」という前後の内容に共通性があることなどから、そのように考える必要はないと思われる。この「帝紀（記）」も書名に「日本」を冠し、また巻数は「一巻」と最小である。この点は先の「帝紀二巻日本書」と共通する要素である。

○「種々充紙注文」（同前）

唯識論読七巻章本草等外充紙合三百十五張五十五
大進帝記写卅五張　又陰陽書者廿五張受丹比史生
又丈部国足写書廿五張　考文五十張　沙弥等所卌張
卌張　陰陽書写卌五張受土師史生
石上部石万呂二人　又所政十張受土師史生　次官大夫奉廿五張
又政所二十五張受未史生　大般若品写廿五
唯摩経裏敷紙十張

三つの文書のなかでもっとも難解なのが右の傍線部「大進帝記」である。古くは、春宮職・中宮職・大膳職・修理職の三等官である大進が所有する帝紀、その大進のために書写した帝紀、あるいはその他かは不明、とされた（武田、一九四四）。しかし、内裏の中の仏堂（内堂）に書写した経典を進納することを「内進」

といい（栄原、一九九九）、これと「大進」が連続して使用されている文書があることから（天平三年八月十日「写経目録」『大日本古文書』七巻八～三二頁）、この「大進」は官職ではなく書写物の進納に関わる略語と考えられる。また、その書写のために必要な用紙が「卅五張」であり（二重傍線部）、先の「日本帝記」が用紙十九枚で一巻を成したこと、他の経典の書写では一巻あたり十数枚から二〇枚の用紙が使用されたことなどを考えると（杉本、一九九二）、右の「大進帝記」は二巻であったと推定される。「大進」の意味は未詳だが、巻数など前掲の「帝紀」「日本帝記」と共通する要素が確認できる。

これら正倉院文書に見える天平期の「帝紀（記）」に関しては、これまで天皇記と共通の内容を有するもので書紀と関連するという説（山田、一九七九）、平安期の「帝王系図」につながる書紀の要覧・便覧という説（神野志、二〇〇九）などがある。しかし、先にみたような非「書紀」的な「帝紀」の存在が推定される以上、これらの「帝紀」を『日本書紀』に安易に結びつけることはできない。さらに、これら種々の「帝紀」と『日本書紀』の同一性を主張した場合、書紀自体が存在するなかでこれをあえて書写する理由が見出せなくなる。したがって先の三つの「帝紀」は書紀とは別系統の史書であったと考えるのが適切である。

以上、諸史料にみえる「帝紀」がすべて一・二巻であること、さらに後代の帝紀である『古事記』が全三巻であることを考慮すると、天皇記は後の六国史のような一〇・二〇・三〇・五〇というような巻数ではなく一～三巻程度とみるのが妥当である。参考になるのが、神代から推古朝が収録範囲と推定される『上宮記』が全三巻であることである（『聖徳太子平氏伝雑勘文』下三・『太子伝玉林抄』巻十九〔後掲〕）。このことからすれば、推古朝における権力集中のもとで編纂された天皇記が同書以下の内容・分量だったとは思えず、天皇記は古事記や『上宮記』と同様に三巻であったと推考される。

三　天皇記の内容

神話・系譜と年紀

ここでは天皇記の記述内容や年紀の有無、文体・用字について考察する。まず、対外関係史では有名な次の史料を「史書」史の観点からみてみたい。

○『隋書』倭国伝／開皇二十年（六〇〇）条

倭王あり。姓は阿毎、字は多利思比孤、阿輩雞弥と号す。使を遣はして闕に詣る。上、所司をしてその風俗を訪はしむ。使者、言ふ、「倭王は天を以て兄となし、日を以て弟となす。天、未だ明けざる時、出でて政を聴き、跏趺して坐し、日、出ずれば便ち理務を停め、云ふ我が弟に委ねん」と。高祖曰はく、「此れ太だ義理なし」と。是において訓えて之を改めしむ。

遣隋使の回答（傍線部）については、夜明け前の神事にもとづいて日中に実際の政務をおこなうことの比喩的な表現であるとするのが一般的である。しかし、倭王は「天」を「兄」として「日」を「弟」とするという論理は、「天神之御子」という「記紀」神話の論理とは一致しない。高祖・文帝が道理に合わないと指摘したのは先のような政務形態ではなく、このような「天」に係わる倭国の世界観だったと考えられる。先の記事には通訳または翻訳の上での錯誤もあり得るが、これとは別に、当時において現在の「記紀」神話とは異なる「神話」が存した可能性もある（松前、一九七四。寺川、二〇一一）。遣隋使の派遣はそれまでの倭国の世界観・歴史観を再編する大きな契機であり、このような対隋外交の展開をうけて天皇記・国記の編纂は進展していったと考えられる。そして、その編纂作業を通じての神話の再編はおそくとも七世紀前半には終了していたことが次の史料からうかがえる。

○『日本書紀』白雉五年（六五四）二月条

大唐に遣す押使・大錦上高向史玄理《たかむくのえびとくゑんり》、（中略）田辺史鳥等《たなべのふひととりら》、二船に分れ乗らしむ。留連《つたよ》ふこと数月。新羅道を取りて、萊州《らいしゅう》に泊れり。遂に京に到りて、天子〔高宗〕に観《み》え奉る。是に、①東宮監門・郭丈《くわくぢゅう》挙《きょ》、悉に日本国の地里及び国の初めの神の名を問ふ。②皆、問に随ひて答えつ。

傍線部①によれば、高向玄理を中心とする遣唐使の一行は、唐の都・長安で「日本国の地里（理）」と「国の初めの神の名」を問われた。前者は倭国の支配領域、後者は神話にもとづく世界観や秩序、さらにはそれらの論理軸となる神統譜・王統譜をふくむと考えられる。これらの質問に対し、傍線部②によれば遣唐使一行は「皆、問に随ひて答」えることができたのである。したがって、この時点ですでに遣唐使一行には倭国の領土と神話・歴史に関して支障なく回答できる共通の認識があったのであり、そのような国土観・歴史観がそれまでに形成されていたことになる。そしてその作業基盤になったのは、時期的にみて天皇記・国記の編纂以外には考えにくい。

推古朝の修史事業では国土支配と王権の正当性を示す神話・系譜の確定がなされ、そこでは最終的に欽明王系（推古天皇・厩戸皇子）と蘇我氏（馬子）による「王族」の創出がおこなわれた。継体朝まで未成立であった「王族」の確定は世襲王権を志向する大王家にとって最重要課題であり、これに蘇我氏の利害が一致して天皇記編纂の直接的な要因となったと推定される。以上からすれば、天皇記の記述内容の下限は〈欽明王系＋蘇我氏〉という「王族」の範囲を確定させる必要性のある推古朝までと考えてよく、同書の収録範囲は神代から推古朝までとすることができる。

では、その天皇記に年紀は存在したのであろうか。倭国における暦日の記録は推古朝に始まるとされるが（『政事要略』巻二十五）、問題はその暦日がどの段階で史書に反映されたかということである。これについては、年紀の設定基準になると考えられる天皇の治世年数が推古朝以後に確定したとする推論があり（三品、一九四八）、そうであれば天皇記に年紀が設定された蓋然性はひくい。また、『風土記』などにみられるように、原初的な時代の認識は大王代（天皇代）によって形成されていたのであって数的な年代ではない。律令文書行政の成立以前においては記録物を作成する上での正確な年月日は必要なかったのである。神話・系譜の確定作業が優先されたという先のような事情と、時代認識に関するこれらの状況をあわせて勘案すると、天皇記には年紀がなかったと推断できる。

文体と用字

最後に文体と用字ついて。本文が残存しない状況でこれを推測する材料となるのは次の史料である。

○『日本書紀』天武十一年（六八二）三月丙午条

境部連石積《さかひべのむらじいはつみ》等に命して、更に肇《はじ》めて新字一部四十四巻を造らしむ。

右の傍線部「新字」については諸説あるが、天武朝において律令の制定や史書編纂のためにこれまで使用されていた古い字体を更新したという理解が一般的である。当該期が国家事業としての文書行政の確立期であり、また前年に『日本書紀』の編纂が始まっていることを考えると（書紀・天武十年三月丙戌条）、この通説を否定する理由は見あたらない。これとは別に、書紀以前の史書である「帝王本紀」には「多く古字有り」とあり（書紀・欽明二年三月条の傍線部③〔前掲〕）、承平度の講書（九三六～四三年）の記録である『日本書紀私記』丁本にも「古語仮名之書」「古語之書」が数多くあったことが記されている。これらの史料からすれば七世紀以前の史書は「古字」「古語」で記述されていたと考えられ、天皇記だけがその例外とする論拠は見出せない。

その具体的な文体としては、第一節でみたように『古事記』仁賢段以降や『上宮記』一云（『釈日本紀』巻十三）、『上宮記』下巻注云（『聖徳太子平氏伝雑勘文』下三）などが注目されている。このうち、『古事記』仁賢段以降が天皇記と近似するという見解は両書が帝紀であるという点から類推したに過ぎないが、『古事記』と天皇記の関連性が認められれば首肯しうる。『上宮記』自体の成立については、推古朝から平安前期まで諸説あるが、推古朝、またはそこからあまり下らない時期という考え方が有力である（横田、一九五九。黛、一九六八。水谷、一九八七b）。下巻「注云」系譜では、蘇我馬子を「巷宜汙麻古」と表記しており、「巷」（ソ）字の使用は推古朝以後に例がなく、「宜」（ガ）字も比較的古い用例である（黛、一九七二）。「注云」系譜はもともと文章系譜であった『上宮記』下巻の該当部分に系線を付加して縦系図の形に改変したものと考えられ、その用字を含む『上宮記』自体は通説どおり推古朝、または七世紀前半の成立と考えるのがやはり妥当であろう。

以上によれば『上宮記』には天皇記との同時代性が認められ、天皇記は先の二つの『上宮記』逸文に共通する文体を有すると推定される。他に比較検討できる同時代史料が存在しないので断定はしにくいが、すくなくとも現存する史料の範囲内での文体・用字における両書の親近性は認めてよい。また、時代はかなり下るが、法隆寺僧・訓海が文安五年（一四四八）に著した『聖徳太子伝暦』の注釈書『太子伝玉林抄』巻十九には「一伝云、天皇国《ママ》記文、口伝云、上宮紀上中下三巻御筆也、注ハ他ノ作也、云々」とあり、『上宮記』三巻を天皇記にあてる認識があることにも留意したい。

以上、先の「新字」に関する史料や二種の『上宮記』逸文の検討から、天皇記は「古字」「古語」を使用した『上宮記』に共通する文体・用字であったと推断できる。

おわりに ―天皇記から日本書紀へ―

天皇記は推古朝の政治論理と権力で編纂された蘇我系の「帝紀」であり、〈欽明王系＋蘇我氏〉の「王族」の確立を目的として神代から推古朝までを記述している。「古字」「古語」を用いて編纂されており、年紀はなく全三巻であった。

以上が本稿の結論である。最後にこの天皇記と『日本書紀』との関係に言及して本書の主題にこたえたい。『日本書紀』は天皇記における蘇我氏色を払拭して新たに導入した天皇制を絶対化し、年紀を設定して最新の漢字・漢語でこれを表記することを目的とした。天皇記と『日本書紀』との政治的・思想的・技術的な差異はここに見出すことができる。蘇我氏色の払拭と天皇制の絶対化は倭国内の政治過程により要請されたものであり、年紀の設定と漢語表現は新たな国家段階に達しようとしている「日本」を東アジアに位置づけようとする作業である（細井、二〇一五）。すなわち、『日本書紀』は前代の政治論理と権力を体現する天皇記を否定し、あらたに構築した天皇制と「日本」という国家を東アジアの歴史世界に位置づけるために編纂された史書ということができる。

参考文献

石母田正、一九七一『日本の古代国家』（岩波文庫、二〇一七年に所収）

榎　英一、一九七五「推古朝の「国記」について」（『日本史論叢』五）

二〇一四「古事記の素材―「国記」再論―」（犬飼隆・和田明美編『語り継ぐ古代の文字文化』青簡舎）

太田晶二郎、一九六〇「『上宮聖徳法王帝説』夢ものがたり」（『太田晶二郎著作集』二、吉川弘文館、一九九一年に所収）

一九七一「日本帝記を記載した写経生解について」（右前掲書に所収）

大橋信弥、一九九六「顕宗・仁賢朝の成立をめぐる諸問題」（『日本古代の王権と氏族』吉川弘文館）

大平　聡、二〇〇二「世襲王権の成立」（鈴木靖民編『日本の時代史二　倭国と東アジア』吉川弘文館）

荻原千鶴、一九八七「女鳥王物語と春日氏后妃伝承の定着」（青木和夫先生還暦記念会編『日本古代の政治と文化』吉川弘文館）

折口信夫、一九二六「日本書と日本紀と」（『折口信夫全集』一、中央公論社、一九九五年に所収）

角林文雄、一九八九「『帝紀』の成立と性格」（『日本古代の政治と経済』吉川弘文館）

門脇禎二、一九八四『葛城と古代国家』（講談社学術文庫、二〇〇〇年に所収）

鎌田純一、一九六二『先代舊事本紀の研究』研究の部（吉川弘文館）

鎌田元一、二〇〇六「暦と時間」（『律令国家史の研究』塙書房、二〇〇八年に所収）

神崎　勝、二〇一四「記紀の成立過程について」（『日本書紀研究』三〇）

北　康宏、二〇〇四「天皇号の成立とその重層構造」（『日本古代君主制成立史の研究』塙書房、二〇一七年に所収）

倉本一宏、二〇一四「大王の朝廷と推古朝」（『岩波講座　日本歴史』古代二、岩波書店）

黒田達也、一九九〇『古代の天皇と系譜』（校倉書房）

神野志隆光、一九七九「文学史における『古事記』」（『漢字テキストとしての古事記』東京大学出版会、二〇〇七年に所収）

　　二〇〇九「『扶桑略記』の位置」（『変奏される日本書紀』東京大学出版会）

小島憲之、一九六二「書名考」（『上代日本文学と中国文学』上、塙書房）

小林敏男、一九七七「欠史八代の成立事情」（『古代王権と県・県主制の研究』吉川弘文館、一九九四年に所収）

　　一九九四「大化前代の研究法と記・紀の信憑性—王統譜と帝紀・旧辞論—」（右前掲書に所収）

栄原永遠男、一九九九「正倉院文書と続日本紀」（石上英一・加藤友康・山口英男編『古代文書論』東京大学出版会）

坂本太郎、一九五六「古事記の成立」（著作集二『古事記と日本書紀』吉川弘文館、一九八八年に所収）

　　一九七〇『六国史』（吉川弘文館）

笹川尚紀、二〇〇〇「「帝紀」・「旧辞」成立論序説」（『日本書紀成立史攷』塙書房、二〇一六年に所収）

　　二〇一〇「推古朝の修史に関する基礎的考察」（右前掲書に所収）

佐々田悠、二〇一四「記紀神話と王権の祭祀」（『岩波講座　日本歴史』古代二、岩波書店）

篠原幸久、一九九三「欠史八代王統譜について」（『ヒストリア』一三九）

下鶴　隆、二〇一〇「聖徳太子伝の史料的性格」（武田佐知子編『太子信仰と天神信仰』思文閣出版）

　　二〇一三「帝紀とフルコト」（『市大日本史』一六）

新川登亀男、一九八七「文書と無文字社会」（『日本古代の儀礼と表現』吉川弘文館、一九九九年に所収）

　　二〇一五「「文」と非「文」の世界」（『日本「文」学史』第一冊、勉誠出版）

杉本一樹、一九九一「端継・式敷・裏紙」（『日本古代文書の研究』吉川弘文館、二〇〇一年に所収）
関根　淳、二〇一三ａ「天皇記・国記考」（『日本史研究』六〇五）
　二〇一三ｂ「推古朝の「国記」とその周辺」（『国史学』二一一）
薗田香融、一九九五「古代の知識人」（『岩波講座　日本通史』古代四、岩波書店）
武田祐吉、一九四四『古事記研究　帝紀攷』（青磁社）
武光　誠、一九八八「聖徳太子作製の歴史書」（『東アジアの古代文化』五四）
田中　卓、一九七八「姓氏と系図」（著作集二『日本国家の成立と諸氏族』国書刊行会、一九八六年に所収）
田村圓澄、一九六四『聖徳太子』（中公新書）
寺川真知夫、二〇一一「古事記の成立論について」（『国学院雑誌』一一二―一一）
直木孝次郎、一九六四「武内宿禰伝説に関する一考察」（『飛鳥奈良時代の研究』塙書房、一九七五年に所収）
　一九六五『古代国家の成立』（中公文庫、二〇〇四年に所収）
　一九九五「古事記・日本書紀の成立過程」（直木孝次郎古代を語る３『神話と古事記・日本書記』吉川弘文館、二〇〇八年に所収）
中林隆之、二〇一五「日本古代の「知」の編成と仏典・漢籍」（『国立歴史民俗博物館研究報告』一九四）
西田長男、一九五六『日本古典の史的研究』（理想社）
林屋辰三郎、一九七一『日本の古代文化』（岩波現代文庫、二〇〇六年に所収）
原島礼二、一九七五『神武天皇の誕生』（新人物往来社）
日野　昭、一九八一「『天皇記』・『国記』とは何か」（論文集Ⅱ『日本古代の氏族と宗教』和泉書院、二〇一七年に所収）
平泉　洸、一九五五「聖徳太子の国史編纂について」（『神道史研究』三―三）
藤井信男、一九五八「記紀人名の用字法の比較」（『大倉山論集』七）
細井浩志、二〇一五「国史の編纂」（『岩波講座　日本歴史』二一、岩波書店）
松前　健、一九七四『日本の神々』（講談社学術文庫、二〇一六年に所収）
黛　弘道、一九六八「継体天皇の系譜について」（『律令国家成立史の研究』吉川弘文館、一九八二年に所収）

三品彰英、一九七二「継体天皇の系譜についての再考」（右前掲書に所収）
三品彰英、一九四八「紀年新考」（那珂通世著・三品彰英増補『増補　上世年紀考』養徳社）
水谷千秋、一九八七ａ「「上宮記一云」と記・紀」（『継体天皇と古代の王権』和泉書院、一九九九年に所収）
一九八七ｂ「「上宮記一云」系譜の成立について」（右前掲書に所収）
三宅和朗、一九八四『記紀神話の成立』（吉川弘文館）
山尾幸久、一九七七ａ『日本国家の形成』（岩波新書）
一九七七ｂ「記紀の性質について」（『立命館文学』三八六〜三八九）
山田英雄、一九七九『日本書紀の世界』（講談社学術文庫、二〇一四年に所収）
横田健一、一九五九「『記』『紀』の史料性」（『日本書紀成立論序説』塙書房、一九八四年に所収）
和田　萃、一九八八『大系　日本の歴史』二（小学館）
一九九四「渡来人と日本文化」（『岩波講座　日本通史』古代二、岩波書店）

2　古事記と帝紀

遠藤慶太

はじめに

古事記を歴史書とみない立場

日本古代史の立場から、『古事記』をいかにとらえればよいのだろうか。本稿では、この点を課題として、『日本書紀』の前史を意識しながら、近年議論が深まっている帝紀と歴史叙述との関係を探ってみたい。

八世紀にまとめられた『古事記』と『日本書紀』とは、まとめて「記紀」と呼ばれ、ともに神話や歴史を記述した書物として、長く読み継がれてきた。いずれを主とするか、時代や論者によって扱いの軽重があるとはいえ、「記紀」は皇室の万世一系を証す「神典」として尊重され、その裏返しとして「記紀」の信頼性に対する問い直しが進められたのである。戦後の古代史学界では「記紀」とは異なる古代像が追及されてきたといえるだろう。

その影響もあって、『古事記』は文学研究、『日本書紀』は歴史研究といった、研究分野での棲み分けが進んだように感じられる。その結果、『古事記』の性格を把握するうえで、ふたつの点が強調されるようになった。ひとつは『古事記』が歴史書ではないとする立場、もうひとつは口承のテキストであることを強調する立場である。

たとえば、古事記撰録一三〇〇年を記念した特別陳列の図録のなかで、嵐義人は古事記学会理事の立場から次のように述べている（嵐、二〇一二）。

また戦前の行き過ぎた国家主義の裏返しから、『古事記』は『日本書紀』と共に批判を受ける古典として真面目に研究する人達に肩身の狭い思いをさせて来た。しかし、『古事記』は文学・神話学の対象であるとの認識、つまり歴史書ではないとの認識に立って、純粋な文献学的研究を目ざし、サンフランシスコ講和のころから研究会を建ちあげ、古事記学会として今日に至っている。

とくに目を引くのは、『古事記』は「歴史書ではない」との断定である。戦後、古典に対する評価が厳しかった段階で発足し、文学研究者を中心として篤実に学術研究を重ねてきた古事記学会の姿勢があらわれた文章である。ただし、『古事記』を歴史書として捉えない視点は戦後新たに提示されたのではなく、戦前の研究から受け継がれた視点でもあった。

文部省が主導した正史編纂事業で国史編修院院長を務めた山田孝雄は、『古事記序文講義』のなかで次のように断言している（山田、一九三八）。

古事記は世の所謂歴史ではない。歴史としてはこんな粗い歴史はない。これは、どこまでも旧辞を撰録せられたのである。斯ういふ事は、古来誰も言はないかも知れぬ。若し誰も言はぬとすれば、私に全責任があるわけであるが、身の一身を賭してもこの考は断乎として主張する。古事記《フルコトブミ》とは文字をかへてかけば旧辞記《フルコトブミ》ともなる。古事と旧辞とは畢竟同じ意で、又同じ語である。古事記は旧事の備忘録の意であることは断じて疑がない。

山田孝雄の議論は、『古事記』序文にみえる帝紀と旧辞のうち、旧辞こそが『古事記』につながるものとみており、『古事記』を歴史書の範疇から除いて考えるものであった。

この『古事記』は歴史書ではないとの論点は、古典の研究が批判にさらされたとき、ちがった文脈に置き換えられ、『古事記』の価値を保証するものとなったのだろう。

古事記の口承性の強調

『古事記』をめぐるもうひとつの論点、口承のテキストである面は、なにより本居宣長の研究が転換点となっている。なかでも『古事記』中巻、崇神天皇の崩年干支に対する注釈がよく知られている。

天皇。御歳壱佰陸拾捌歳。御陵在山辺道勾之岡上也。

……旧印本・真福寺本・又一本などに、此次に、「戊申《（ママ）》年十二月崩」と云ふ七字の細注あり。……本文に書連《つづ》けずして、細注にせるは、阿礼が誦《よ》める詞に非ず、別に私に加へられたる物故なり。たとひ彼朝臣（太安万侶、筆者註）には非ずとも、必古き世の人のしわざにてあるべし。然れども今これを取

らざる故は、稗田老翁が誦伝へたる、勅語の旧辞には非じと見ゆればなり。（『古事記伝』二十三之巻）

崇神天皇の享年に付けられた分註「戊寅年十二月に崩ず」をめぐって、宣長は古い記録として信憑すべきことを説き、しかしそれは稗田阿礼の口承に由来しないものであるから、『古事記』の本文とは異質であるとした。

実際に本居宣長が「校訂」した『古事記』本文では、崩年干支が除かれた。これは諸写本の系統を弁別し、原撰本を復原する意味での「校訂」とはいえない。むしろ口承のテキストであることをもって『古事記』を最上の古典とみなす、すぐれて戦略的な註釈判断である。これにより『古事記』は、中国正史のような年代表示を持たないけれども、かえって文字以前に射程の届くテキストとして特別な地位を与えられた（子安、一九九二）。

代々語り伝えられてきたものを文字化したのが『古事記』であるとの認識は、「今でも本気で信じている人たち」がいる（中村、一九八七）。本居宣長の提起は、それだけ訴求力のあるものであった。

現在でも『古事記』に対する一般の関心は高いものの、研究者の間でさえ評価には大きなゆれがある。「縄文・弥生期にまで遡る一万一千年以上の長期間にわたる無文字時代のことばの表現が『古事記』の背後に隠れていることは、現在の研究者なら誰もが認めている」（工藤、二〇〇六）との発言がある一方、「要するに『古事記』は、序文にいうのとは違って、天武天皇のときにではなく、和銅五年の段階で、安万侶によってその実質がはじめてつくりあげられた――そこで作品として成立した――と見るべきだということである」（神野志、一九九五）との明言がある。このふたつの見解は極端ではあろうが、ともかく『古事記』が歴史書ではないとする立場・口承のテキストであることの強調は、歴史学からのアプローチを遠ざけてきた要因であるだろう。

しかしそれらは後代の関心によって、『古事記』の一要素を拡大して取り上げたものであって、歴史学からは別の見方ができるのではなかろうか。『古事記』がまとめられた八世紀の状況に照らして、編纂された書物としての面を注視してみたい。

近年の古代史研究では、ヒツギ（日継・日嗣）にあたる系譜情報（帝紀・王統譜）の史料批判が深められ、これまでの帝紀・旧辞論に再検討を迫っている（仁藤、二〇一一。下鶴、二〇一三）。『古事記』序文で言及される帝紀と旧辞について、帝紀を皇室系譜、旧辞を説話・歌と二分する考えには再考が求められ、帝紀には物語的な記事を含むとの見解が強まっている。本稿では、さまざまな内容をもった帝紀なる書物の一類型として、『古事記』の位置づけを試みたい。

一　古事記の「古さ」

古事記序文の語り

『古事記』について、一般には日本最古の歴史書と説明されることが多い。『日本書紀』に先立って和銅五年（七一二）に成立したとする序文が存在し、口承の素材を通してさらに時代遡及が可能であるというのなら、『古事記』はその「古さ」に価値が認められてきたと言い換えられるだろう。

『古事記』の「古さ」を端的に示すのは、なにより成立の経緯をまとめた序文である。必要な箇所のみを引用する。

a 『古事記』序　和銅五年正月二十八日

臣、安萬侶《やすまろ》が言さく、……飛鳥の清原の大宮に大八州御しめしし天皇の御世に曁《いた》りて、潜龍《せんりょう》、元を体し、洊雷《せんらい》期に応じき。夢の歌を開きて、業を纂《つ》がむことを相ひ、夜の水に投りて、基《もとい》を承けむことを知りたまひき。……すなはち、牛を放ち馬を息《いこ》へ、愷悌《がいてい》して華夏に帰り、旌《はた》を巻き戈を戢《おさ》め、儛詠《ぶえい》して都邑《とゆう》に停りたまひき。歳は大梁《たいりょう》（酉、六七三年、天武二年）に次り、月は侠鐘《きょうしょう》（二月）に踵《あた》り、清原の大宮にして、昇りて天位に即きたまひき。

……ここに、天皇の詔りたまいしく、「朕が聞けらく、『諸家の賷《も》てる帝紀および本辞、すでに正実に違ひ、多く虚偽を加ふ』ときけり。今の時に当りて、その失を改めずは、いまだ幾年をも経ずして、その旨滅びなむとす。これすなわち、邦家の経緯、王化の鴻基《こうき》ぞ。かれこれ、帝紀を撰録し、旧辞を討覈《とうかく》して、偽を削り実を定めて、後の葉《よ》に流へむと欲ふ」とのりたまいき。時に、舎人あり。姓は稗田、名は阿礼、年はこれ廿八。人となり聡明にして、目に度《わた》れば口に誦《よ》み、耳に払《ふる》れば心に勒《しる》す。すなはち、阿礼に勅語して、帝皇の日継および先代の旧辞を誦み習はしめたまひき。しかれども、運移り世異りて、いまだその事を行ひたまはざりき。

……和銅四年九月十八日をもちて、臣安萬侶に詔して、「稗田阿礼が誦める勅語の旧辞を撰録して献上らしめむ」とのらししかば、謹みて詔旨のまにまに子細に採り摭《ひり》いつ。……

和銅五年正月廿八日　正五位上勲五等太朝臣安萬侶

引用したのは、天武天皇が『古事記』となる歴史書の編纂を命じたくだりである。壬申の乱に勝利した天武天皇は、「諸家の賷てる帝紀および本辞」に変種《ヴァリエイション》が多いことを耳にした。帝紀・本辞は国家存立の基盤であり、教化の基本とみなす天武は、後世に伝えるべき正伝の確定を命じた。それが欽定の帝紀とでもいうべき『古事記』へとつながる。

他の編纂史書と違って『古事記』序文が特異なのは、編纂材料として文字記録を前面に出すのではなく、稗田阿礼なる一舎人の「誦習」を通して、編纂作業を進めたとする点である。『続日本紀』以下の六国史であれば、その上表文で官庁の記録をいかに利用したか（素材史料の信頼度）、中国の史家をいかに意識したか（歴史編纂法の継受）を述べつつ、具体的な編纂作業を解説してゆく。この定型は勅撰という重みをもって始動した編纂事業の性格をものがたる。対して『古事記』では、稗田阿礼の「誦習」に委ねたとするのだから、朝廷の公的な編纂文献の系列とは異なる点に存在意義を求めたことになるだろう。

この作業は天武朝では完成せず、元明天皇が和銅四年九月に詔を下し、稗田阿礼によって「誦習」されていた「勅語の旧辞」を書物としてまとめさせ、翌年正月に完成したとする。これにしたがう限り、太安万侶は『古事記』編纂の最終段階のみに関わり、口承記録を文字に転換する際に功績があったことになる。『古事記』の編纂下命・撰進は『日本書紀』『続日本紀』に記事が無く、その成り立ちはａ序文の証言が唯一である。だからこそ山田孝雄は序文についての精しい講義を行い、『古事記』の本質を追究したのであった。

古事記序文の仮託説

近年の研究では、三浦佑之による『古事記』序文への発言が注目される。三浦説では、『古事記』の序文（九世紀）と本文（七世紀以前）を分けて考え、『古事記』は「天皇記」に擬する意図をもつ史書だと主張する（三浦、二〇〇七）。

古事記の「序」はあとになって付けられた。その時期は九世紀初頭と考えられる。具体的にいうと、多朝臣人長という人物が、日本書紀の講書を行った弘仁四年（八一三）か、その直前の頃に、古事記「序」は付けられた。……太朝臣安万侶に仮託した「序」を偽造したのは、多朝臣人長か、その周辺の人物と考えられる。多（太）氏に伝えられていた史書、それが古事記という書名であったかどうかは不明だが、所蔵されていたフルコトブミ（古事記）の権威化のために、「序」が必要になったのである。

三浦佑之の提起は『古事記』の「語り」に古層を探るアプローチであり、さきに挙げた山田孝雄・嵐義人とは異なり、歴史学・考古学の成果を積極的に採りあげる。古代史研究者との対話があり、支持が表明されるのは当然であろう（関根、二〇〇七）。

序文が『古事記』の権威化に多大な役割を果たしているとの指摘は、重要な論点であり継承したい。ただし、序文が九世紀初頭に付加されたとする点は、なお検証が必要ではなかろうか。なにより三浦の序文の偽作説は、『古事記』に「古層」を探るために、国家・天皇の問題（律令国家の史書の論理）を序文に負わせて切り除いたとみることができる。序文を疑ったことと同様、『古事記』の「古さ」を疑う視点が必要ではないか。

序文が説く『古事記』の編纂は、天武天皇の勅語・稗田阿礼の誦習・太安万侶の筆録から構成される。これを『日本書紀』天武十年（六八一）三月に記された帝紀・上古諸事の記定と比べると、あまりにも貧弱な編纂体制である。

天武朝の帝紀・上古諸事の記定では、天皇が飛鳥浄御原宮の大極殿に出御し、親王・諸王・諸臣十二名に詔して事業を開始させた。あるいは厩戸皇子と蘇我馬子によって行なわれたとされる推古二十八年（六二〇）是歳の天皇記以下の筆録と比べてもよい。これらは朝廷を挙げた編纂事業であって、直接ではないにせよ、養老四年（七二〇）の『日本書紀』へとつながるものだろう。

『古事記』の序文は、天皇と舎人という編纂体制について、「稗田阿礼が誦める勅語の旧辞」に力点を置き、限られた人員での編纂事業を天皇との濃密さに読み替えているのである。それは編纂文献が口承に素材をもつことの強調であって、文字情報の正当性を保証する意図がある（神田、一九九九。渡辺、二〇一〇）。『古事記』の「古さ」を保証する口承性は、もういちど検証されるべきである。

国名表記から

題材とするのは『古事記』での国名表記である。あわせて七世紀木簡の表記と対照するため原文を掲げる。

b－1『古事記』中巻　垂仁天皇

故、是人追二尋其鵠一、自二木国一到二針間国一、亦追越二稲羽国一、即到二旦波国・多遅麻国一、追二廻東方一、到二近淡海国一、乃越二三野国一、自二尾張国一伝以追二科野国一、遂追二到高志国一而、於二和那美之水門一張レ網、取二其鳥一而、持上献。故、号二其水門一、謂二和那美之水門一也。

（かれ、この人、その鵠《くくい》を追ひ尋ね、木国より針間国に到り、また追ひて稲羽国に越え、すなはち旦波国・多遅麻国に到り、東の方に追ひ廻りて、近淡海国に到り、すなはち三野国に越え、尾張国より伝ひて科野国に追ひ、つひに高志国に追ひ到りて、和那美の水門に網を張り、その鳥を取りて、持ち上りて献りき。かれ、その水門を号けて、和那美の水門といふ。）

b－2『飛鳥藤原京木簡』一―721　飛鳥池遺跡出土　丁丑年（六七七・天武六年）

・丁丑年十二月三野国刀支評次米
・恵奈五十戸造　阿利麻
　春人服部枚布五斗俵

（一五一×二八×四㎜　〇三二型式）

『古事記』の国名表記は古い。舘野和己が系統立てて検証したように、『古事記』の国名表示は一次資料である七世紀木簡のそれと合致することが多い（舘野、二〇〇一）。b－1でいえば、ククイ（白鳥）を求めて諸国を巡歴した説話で、ここにみえる国名はいずれも八世紀で一般的な表記ではない。同趣の説話は『日本書紀』垂仁二十三年十月に鳥取造の祖先伝承としてみえるものの、ククイを捕らえたのは「出雲」、異伝として「但馬国」とした。こちらは八世紀で一般的な国名表記である。

『古事記』に対照してあげたb－2は飛鳥池遺跡出土の米の荷札である。六七七年の干支に続けて美濃国土岐郡にあたる「三《み》野《の》国刀《と》支《き》評」から出されたことがわかる。『古事記』と七世紀木簡では、「三野」（ミノ）の表記が共通する。ちなみに『日本書紀』では、ミノ国を「三野」で表記した例がない。

列島各地の国名表記が二字となるのは、『続日本紀』慶雲元年（七〇四）四月甲子条にあるように、諸国の印が鋳造されたことを契機とした（鎌田、一九九五）。『日本書紀』は地名の二字表記化が終わった段階の国名表記を採用するのが基本である。反対に『古事記』では、古い国名表記をそのまま残しており、表記の面でいえば手を加えなかった点で史料的な信頼性を高める。

だがこのことは、『古事記』が口承の資料によったとする序文の語りに対し、有力な反証となる。もしほんとうに和銅四年の詔によって「稗田阿礼が誦める勅語の旧辞」を筆録し、太安万侶によってはじめての文字化がなされたのであれば、七〇四年の諸国印鋳造を経て二字に改められた国名表記が『古事記』に採用されたはずである。『古事記』の編纂材料は、文字記録としてまとめられたものがあったとみなすべきだろう。

人名表記から

同じ問題として、人名の表記を例示したい。これも表記を議論するので、まずは原文を掲げる。

c 『古事記』下巻　用明天皇

弟、橘豊日王、坐二池辺宮一治二天下一参歳。此天皇、娶二稲目宿禰大臣之女、意富藝多志比売一、生御子、多米王〈一柱〉。又娶二庶妹間人穴太部王一、生御子、上宮之廐戸豊聡耳命。次久米王。次植栗王。次茨田王〈四柱〉。又娶二当麻之倉首比呂之女、飯女之子一、生御子、当麻王。次妹須加志呂古郎女。

（弟、橘豊日王、池辺宮に坐して天下を治めたまふこと参歳ぞ。この天皇、稲目宿禰大臣が女、意富藝多志比売《おほぎたしひめ》を娶りて生みたまえる御子、多米王〈一柱〉。また庶妹間人穴太部王《あなほべのみこ》を娶りて、生みたまえる御子、上宮の厩戸豊聡耳命。次に久米王。次に植栗王。次に茨田王〈四柱〉。また当麻倉首比呂が女、飯女之子を娶りて生みたまえる御子、当麻王。次に妹須加志呂古郎女。）

『古事記』の末尾近く、用明天皇の系譜的記事である。ここに皇女・須加志呂古《すかしろこ》郎女の名がみえる。他の文献では「酢香手《すかて》姫皇女」（『日本書紀』用明即位前紀）・「須加弖古《すかてこ》女王」（『上宮聖徳法王帝説』）とあらわれる女性である。

この皇女名の表記をめぐり、江戸期の考証学者・狩谷棭斎が重要な指摘を残している。「按ずるに、古事記、蓋し本は〈須賀代古〉に作る。後人誤りて〈代〉を読みて〈志呂〉と為し、遂には〈須賀志呂古〉と作るなり」（狩谷棭斎『上宮聖徳法王帝説証注』）というものである。

つまり、皇女の名は『上宮聖徳法王帝説』の訓のごとくスカテコで、「須賀代古」の表記があったと想定した。そのうえで万葉仮名「代《て》」を「シロ」と訓み誤った結果、『古事記』はスカシロコ（須加志呂古）としていると解した。すぐれた考証であり、ありうるべき想定であろう。棭斎の注釈では「後人誤りて」とあり、『古事記』の伝来過程で誤記が生じたようにも読めるが、そうではなく、『古事記』の編纂段階で素材史料の表記を読み誤ったと解するのが自然である。

スカテコ／スカシロコの問題は、太安万侶が『古事記』を筆録した段階で、先行して文字記録があり、それを編纂材料に用いたことの証明になる。c『古事記』は天皇の后妃・皇子女を記した系譜的記事、すなわち「帝紀」（帝皇日継・日嗣）に相当する部分に他ならない。これが『古事記』筆録段階以前に存在した「諸家の賣てる帝紀および本辞」のひとつ、文字テキストである「帝紀」が存在した痕跡と考える。

以上、国名や人名の表記から導き出されるのは、『古事記』は口承のテキストのみを材料としたのではないということである。われわれのイメージする『古事記』撰録とはいささか異なるのであるが、『古事記』は序文のなかで、編纂文献が口承に素材をもつ面をあえて強調したと解するべきであろう。

二　口承と記録のあいだで

歴史が朗誦される場

天皇の后妃・皇子女を記した系譜的記事（帝皇日継・日嗣）は、書かれたものが存在し、それが読みあげられる場があった。天皇（大王）を葬送する殯《もがり》の儀礼での誄《しのびごと》の奏上である。天武天皇の葬送などが詳細で、『日本書紀』持統二年（六八八）十一月では当麻《たぎまの》智徳《ちとこ》が、誄のなかで「皇祖等の騰極次第」をたてまつり、それはかつて「日嗣」と呼ばれた、と記されている。誄のなかで「日嗣」を読みあげ、和風諡号《しごう》を献呈することによって葬送儀礼が締めくくられた（和田、一九六九）。

「日嗣」のようなまとまった歴史記録は、それを参列者に聞かせる口誦の場があったのである。これも著名な堅塩媛《きたしひめ》の改葬記事から確認したい。

d『日本書紀』推古二十年（六一二）二月庚午
二月辛亥朔庚午、皇太夫人堅塩媛を檜隈《ひのくまの》大陵に改葬す。是の日、軽《かる》の街《ちまた》に誄たてまつる。第一に阿倍《あべの》内臣鳥《うちのおみとり》、天皇の命を誄たてまつり、則ち霊に奠《ものたてまつ》る。明器・明衣の類、万五千種なり。第二に諸皇子ら、次第を以て各誄まおす。第三に中臣宮地連《なかとみのみやどころのむらじ》烏摩侶《おまろ》、大臣の辞を誄たてまつる。第四に大臣、八腹の臣を引率て、便《すなは》ち境部臣《さかいべのおみ》摩理勢《まりせ》を以て、氏姓の本を誄まをさしむ。時の人の云く、「摩理勢・烏摩侶、二人能《よ》く誄まをす。唯し鳥臣のみは、誄まをすこと能《あた》はず」といふ。

「檜隈大陵」は欽明天皇陵であり、推古天皇の母に当たる堅塩媛の改葬が具合的に記されている。堅塩媛は蘇我稲目の娘であるので、天皇・皇子のほか、「大臣」蘇我馬子とその同族が改葬に奉仕する。誄の奏上は推古天皇（阿倍鳥による）・諸皇子・蘇我馬子（中臣宮地烏摩侶による）・境部臣摩理勢の順で申し述べられた。

ここで注目したいのは、最後に付け加えられた時人評である。「摩理勢・烏摩侶の二人はうまく誄を申し述べたが、鳥だけはうまくなかった」というのであるから、誄の奏上は公開され、その巧拙は批評された。この状況を整理するなら、誄の奏上は参列した観客・奏上する演者から構成され、そこで作品にあたる「天皇の命」「大臣の辞」「氏姓の本」が暗誦されたといえる。

ここでもういちどa『古事記』序文を参照すると「帝皇の日継および先代の旧辞を誦み習はしめたまひき」に対し、山田孝雄は「【誦】は帝紀及先代旧辞をよむのに声で節をつけてよんだもの」と講義している（山田、一九三八）。書かれたものを前提として、それを朗誦したと解するのである。この理解は、d堅塩媛の改葬記事についてよくあてはまる。

諡号（たたえ名）の献呈

誄の奏上では謚号の献呈が行なわれた。このことは持統太上天皇（大宝三年〔七〇三〕十二月）・文武天皇（慶雲四年〔七〇七〕十一月）・藤原宮子（天平勝宝六年〔七五四〕八月）など、八世紀の葬送記事からもうかがえる。持統の場合でいえば、「大倭《おほやまと》根《ね》子《こ》天之《あまの》広野《ひろの》日女尊《ひめのみこと》」との謚号が献呈され、同じ日に飛鳥の岡で火葬されている（『続日本紀』大宝三年十二月癸酉〔十七日〕条）。

反対に、殯の儀礼が行なわれないと謚号の献呈がない。

e『続日本紀』天平勝宝八歳五月壬申（十九日）条

壬申、太上天皇（聖武太上天皇）を佐保山陵に葬り奉る。御葬の儀、仏に奉るが如し。供具には師子座・香天子座・金輪幢・大小宝幢・香幢・花縵・蓋繖の類有り。路に在りては、笛人をして行道の曲を奏らしむ。是日、勅して曰はく、「太上天皇、出家して仏に帰したまふ。更に謚を奉らず。所司知るべし」とのたまふ。

聖武太上天皇は出家をした最初の天皇であり、その葬送儀礼は従来と様相を異にした。葬られた山陵には僧侶が仕えた記事もあり、葬送の供具とあわせて仏教の色彩が濃い（稲田、二〇〇七）。ゆえに旧来のように誄を奏上し、謚号を献呈することは行なわれなかった。そのため勅により、謚を奉らなかったことが諸官司に通知されたのである。

「謚」は、生前の業績を勘案して案出された〈たたえ名〉である。このような名の献呈は天皇（大王）にとどまらず、后妃や臣下の葬送儀礼でもありえた。『日本書紀』には、大三輪真上田子人《こびと》が卒去したのに対し、壬申年の功を以って内小紫位が贈られ、「謚して大三輪真上田迎君と曰ふ」との記事がある（『日本書紀』天武五年（六七六）八月）。子人は壬申の乱で大海人皇子を鈴鹿郡で迎えた「介三輪君子首《こびと》」である（同天武元年（六七二）六月）。この功績により「迎君」の諡がおくられた。『日本書紀』吉田兼右本（室町期、天理大学附属天理図書館蔵）には、「諡」に「タトヘナツケ」の訓がある。諡とは〈たたえ名〉なのである。〈たたえ名〉の献呈はいつから始まるのか。それは葬送儀礼の整備時期と連動する。現在の古代史研究では継体・欽明朝、さらにしぼって安閑朝を上限とみるのが通説である（津田、一九四八）。安閑は諱「勾大兄」と諡「広国排武金日尊」、宣化は諱「檜隈高田」と諡「武小広国排盾尊」の双方が伝わるからである。それ以前の皇統譜では、雀王部・蝮王部・孔王部・建王部など、王の名と名を負う部姓とが対応をみせ、倭王の名のありかたが異なる（鈴木、二〇〇三）。

百済王の諡号

つまり倭王の諱とは別に諡号があらわれるのは、およそ六世紀と考えられるのだが、この時期には、倭と関係の深い朝鮮半島の百済において、東城・武寧・聖・威徳のように、百済王の名が漢風諡号化している（和田、一九七五）。武寧王（在位五〇二〜五二三）を例に、いくつかの資料を並べて対照する。

f－1『日本書紀』武烈四年是歳

百済新撰に云はく、「末多《まつた》王、無道にして百姓に暴虐す。国人共に除きて武寧王を立つ。諱は斯麻《しま》王といふ。是、琨支《こんき》王子が子なり。則ち末多王の異母兄なり。琨支倭に向でし時、筑紫嶋に至り、斯麻王を生む。嶋より還送りて、京に至らずして、嶋に産る。故、因りて名く。今し各羅《かから》の海中に主嶋《にりむせま》有り。王の産まれし嶋なり。故、百済人、号けて主嶋とす」といふ。

f－2『武寧王墓誌』公州・宋山里古墳出土

寧東大将軍百済の斯麻王、年は六十二歳、癸卯年五月丙戌朔七日壬辰崩到す。

f－3『梁書』武帝紀下　普通二年（五二一）十二月

十二月戊辰、鎮東大将軍百済王餘隆を以て、寧東大将軍と為す。

百済・武寧王は諱（実名）を斯麻という（f－1、f－2）。これは『日本書紀』に引用された「百済新撰」でよく知られた命名伝承であったが、公州《コンジュ》・宋山里古墳の発掘で出土した墓誌によって諱「斯麻」が裏付けられた。

墓誌には諱とともに、梁から授けられた官号「寧東大将軍」が銘記されている。この官号は『梁書』に記事があるが、武寧王は中国風に「餘隆」の氏名を称した（f－3）。

墓誌で「武寧」の名がないのは気にかかるところで、埋葬より後のある時点で、生前の功績を勘案して献呈された〈たたえ名〉とみられる。『梁書』諸夷伝・百済の条には普通二年の王餘隆の記事を掲載し、「累《かさ》ねて句驪《くり》を破り、今始めてともに通好せり。而して百済、更に強国となる」とあるので、たしかに諡号「武寧」はふさわしい。

同じことは威徳王（在位五五四～五九八）でも認められる。『三国史記』百済本記・威徳王四十五年には「王薨ず。群臣議して諡を〈威徳〉と曰ふ」とあって、群臣による諡号の献呈を伝えている。他方、生前は諱「昌」を称したことは、陵山里寺の石製舎利盒銘文の「百済昌王」・王興寺址の青銅製舎利盒の銘文「百済王昌」など、扶余《プヨ》で出土した六世紀の文字史料によって確かめられる（扶余国立文化財研究所・扶余国立博物館、二〇一七）。

いずれも系統の異なる史料でクロス・チェックが可能となる例である。

系譜がつくる原初史

原初史は系図によってまとめられる、という（左近、一九八八）。亡き王に〈たたえ名〉を献呈し、歴代系譜に組み込むことは、歴史意識の発現であり、最初の歴史書――「帝紀」につながってゆくはずである。「帝紀」となる系譜情報で無視できないのが、いわゆる「闕史八代」（綏靖～開化天皇）を採りあげた若井敏明の分析である。若井は八代の婚姻関係から磯城県主側の系譜を図示し、現実には直系継承がありえないことを指摘する（若井、二〇一〇）。つまり「闕史八代」は王名や后妃の出自だけが伝えられた段階があり、後に八代の続柄を直系で結ぶ系譜が形成されたことになろう。この提言は、「帝紀」を構成する系譜情報に時期差があることを実証する点で重要である。なお、西アフリカをフィールドとした口頭伝承の研究では、口承された首長位継承のなかで、傍系を直系に組みなおす例が報告されている。「名と継承順位だけが知られている首長の継承は、ひとまとめに、直系継承とされている例が多いのである」（川田、一九七六）。ともに系譜で表現される原初史がいかに形成されたのか、具体的に理解できる。

さて系譜と史書の関係を東アジアの範囲に広げてみた場合、北魏が高句麗に「帝系名諱」を下賜した記事が参考になるのではないだろうか。すなわち『魏書』高句麗伝によると、北魏・太武帝（在位四二三～四五二）

の時、高句麗の長寿王（在位四一三～四九一）がはじめて使者を派遣した。高句麗は「国諱」（北魏歴代皇帝の諱）を請い、そのまごころある通交を嘉した太武帝は詔して、「帝系名諱」を賜ったというのである。いわば北魏の「帝紀」が高句麗に与えられたのであり、このことはどのような意味を持つのか。

長寿王による遣使は太延元年（四三五）六月であり、北魏が華北を統一する直前にあたっている。この直前、鮮卑系拓抜部によって建国された北魏は国史を編纂していた。「国記」と呼ばれた歴史書である（『魏書』崔浩伝）。高句麗としては、遼東半島の遼河をはさんで華北と地続きであるために、北魏の動向に敏感にならざるをえない。そこで通交を開くにあたって歴史書の編纂を行なう北魏の状況を熟知し、「帝系名諱」の下賜を願うことで良好な関係を結ぶことを意図したと思われる。「帝紀」にあたる王の系図が原初史となること、また東アジアの通交の中で利用されたことを裏書きする好例といえる。

ひるがえって『古事記』は、崩年干支を除くと年紀がない。したがって中国史書でいう編年体のような「歴史」ではない。しかしながら、物語を枠取っているのは天皇歴代である。『古事記』は「旧辞」をもとにしたとの意見が根強いけれども（山田、一九三八。藤井、一九九七など）、「帝紀」（帝皇日継・日嗣）を利用したことは動かないのではないか。

帝紀を素材として

ここでもういちど確かめたいのが、帝紀・旧辞の理解である。長らく通説の地位を占めてきた武田祐吉の見解では、『古事記』から長い物語を除去した大部分が「帝紀」とされてきた（武田、一九四四）。だが、はじめに触れたように、帝紀を系譜、旧辞を物語とする二元論は見直しが続いている。

『上宮聖徳法王帝説』から挙げるなら、推古朝に厩戸皇子と蘇我馬子がともに輔政を行い、元興寺や四天王寺などを建立したことが記録される。これを受けた二次的な注釈では、同じ内容を「帝紀を案ずるに云く」と引用するのである。

g『上宮聖徳法王帝説』

少治田宮御宇天皇の世、上宮厩戸豊聡耳命、嶋大臣と共に天下の政を輔けて、三宝を興隆し、元興・四天皇等の寺を起つ。……釈に曰く、「法興元世一年」、此れ能く知らざるなり。但し帝記を案ずるに云く、「少治田天皇の世、東宮厩戸豊聡耳命、大臣宗我馬子宿祢、共に平章して三宝を建立し、始めて大寺を興す」といふ。故に法興元世と曰ふなり。

これをみると、帝紀（日継）は単に系譜情報にとどまるものではない。系譜をもとに事績など具体的な叙述を含みこんでいたことが明らかである。同じことは、大草香皇子の物語を題材に粕谷興紀が指摘するところであった（粕谷、一九七八）。「日継」が具体的な叙述を含むからこそ、誄の奉上で「日継」が誦まれ、事績にもとづく〈たたえ名〉の献呈へと儀礼が進行したのであろう。

ふりかえると、「帝紀」は葬送儀礼で口承されるとともに、文字情報としても残されていた。だからこそ「諸家の賷てる帝紀および本辞」には変種が多く、それも書かれたものとして存在していたのである。

むすびにかえて

以上、『古事記』をめぐって、「古事」への志向・「誦習」の強調を再検討してきた。結論は、『古事記』とは、さまざまにあった「帝紀」の一類型として誕生したのではないか、と考えるものである。

ところで『日本書紀』の即位前紀などをみると、最も重要であるはずの大王の系譜でさえ、さまざまな異伝を採録していることに驚かされる。それは『日本書紀』が、多くの読者に開かれた公的な歴史書であるがゆえの配慮と解釈できる。さまざまな所伝には、それを伝承した集団があり、彼らに配慮した結果、「帝紀」の内容さえ統一がとれていない。

それに対して『古事記』が異説を斥けることができたのはなぜか。『日本書紀』とは異なり対象となる読者が限られていたから、との回答が用意できる。講書の行われた『日本書紀』とは違う『古事記』の読者像はなかなかイメージしにくいけれども、「帝王教育のために祖母の元明がさしあたって撰進させた史書」（青木、一九九七）、「天皇とその周辺に引き継がれるべき「天皇家の秘伝書」」（榎村、二〇〇三）などの発言は、限られた読者に向けてまとめられた書物、とのイメージと一致する。

『古事記』を成り立たせている基盤には、書かれた資料をもとに編修された帝紀があった。正倉院文書にあらわれた「帝紀」は二巻である（更可請章疏等目録、続修後集十七／大日本古文書〔編年文書〕三巻八九頁）。それほど大部な編纂物ではなかったろう。

いうなれば『古事記』もその一種である。ただしコンパクトな三巻の分量のなかに、神代から奈良時代の起点となる近き世までを凝集し、配慮の行き届いた文字通りの「作品」となった。編集の一貫性・均質さは、『日本書紀』と比べられない完成度である。

「『古事記』は、口承の文学と文字の文学の接点に立っている」（益田、一九八〇）のである。

参考文献

青木和夫、一九九七「古事記撰進の事情」（『白鳳・天平の時代』吉川弘文館、二〇〇三年に所収）
嵐　義人、二〇一二「古事記の伝来とひろがり」（奈良国立博物館編『古事記の歩んできた道―古事記撰録一三〇〇年―』）〔図録〕
稲田奈津子、二〇〇七「奈良時代の天皇喪葬儀礼―大唐元陵儀注の検討を通して―」（『日本古代の葬送儀礼と律令制』吉川弘文館、二〇一五年に所収）
荊木美行、二〇一一『記紀皇統譜の基礎的研究』（汲古書院）
榎村寛之、二〇〇三「八世紀の王権と神話」（宮城学院女子大学『キリスト教文化研究所研究年報』三七）
太田晶二郎、一九六〇「『上宮聖徳法王帝説』夢ものがたり」（『太田晶二郎著作集』二、吉川弘文館、一九九一年に所収）
粕谷興紀、一九七八「大草香皇子事件の虚と実―『帝王紀』の一逸文をめぐって―」（『皇学館論叢』一一―四）
鎌田元一、一九九五、「律令制国名表記の成立」（『律令公民制の研究』塙書房、二〇〇一年に所収）
川田順造、一九七六『無文字社会の歴史　西アフリカ・モシ族の事例を中心に』（岩波現代文庫、二〇〇一年に所収）
一九九〇「叙事詩と年代記―語られるものと書かれるもの―」（『口頭伝承論』下、平凡社ライブラリー、二〇〇一年に所収）
神田龍身、一九九九『偽装の言説　平安朝のエクリチュール』（森話社）
工藤　浩、二〇〇六『古事記の起源　新しい古代像をもとめて』（中公新書）

神野志隆光、一九九五『古事記 天皇の世界の物語』（日本放送出版協会）
子安宣邦、一九九二『本居宣長』（岩波現代文庫、二〇〇一年に所収）
左近 淑、一九八八『旧約聖書緒論講義』（教文館、二〇〇四年に所収）
下鶴 隆、二〇一三「帝紀とフルコト―『古事記』序文読解の試み―」（『市大日本史』一六）
鈴木靖民、二〇〇三「継体の王位継承とその性格」（『倭国史の展開と東アジア』岩波書店、二〇一二年に所収）
関根 淳、二〇〇七「日本古代「史書」史をめぐって」（『上智史学』五二、二〇〇七年）
武田祐吉、一九四四『古事記研究帝紀攷』（『武田祐吉著作集2 古事記篇Ⅰ』角川書店、一九七三年に所収）
舘野和己、二〇〇一「木簡の表記と記紀」（『国語と国文学』七八―一一）
　　二〇一四「荷札木簡に見える地名表記の多様性」（角谷常子編『東アジア木簡学のために』汲古書院）
告井幸男、二〇〇七「王名と伝領」（大和を歩く会編『古代中世史の探究』法藏館、二〇〇七年）
津田左右吉、一九四八『日本古典の研究』上（岩波書店）
東野治之校注、二〇一三『上宮聖徳法王帝説』（岩波文庫）
直木孝次郎、一九七二「古事記の国名表記について」（『飛鳥奈良時代の研究』塙書房、一九七五年に所収）
中村啓信、一九八七『新・古事記物語』（講談社学術文庫）
仁藤敦史、二〇一一「帝紀・旧辞と王統譜の成立」（新川登亀男・早川万年編『史料としての『日本書紀』―津田左右吉を読みなおす―』勉誠出版）
藤井貞和、一九九七『物語の起源―フルコト論』（ちくま新書）
扶余国立文化財研究所・扶余国立博物館、二〇一七『百済王興寺 丁酉年に昌王に再会する』〔図録〕
古市 晃、二〇一一「五・六世紀における王宮の存在形態―王名と叛逆伝承―」（『日本史研究』五八七）
益田勝実、一九八〇「文学史上の『古事記』」（『益田勝実の仕事4』ちくま学芸文庫、二〇〇六年に所収）
三浦佑之、二〇〇七『古事記のひみつ 歴史書の成立』（吉川弘文館）
　　二〇一〇『古事記を読みなおす』（ちくま新書）
柳田国男、一九二七「稗田阿禮」（『妹の力』角川文庫、一九七一年に所収）

山田孝雄、一九三八『古事記序文講義』訂正再版（志波彦神社鹽竈神社）
若井敏明、二〇一〇『邪馬台国の滅亡　大和王権の征服戦争』（吉川弘文館）
和田　萃、一九六九「殯の基礎的考察」（『日本古代の儀礼と祭祀・信仰』上、塙書房、一九九五年に所収）
　　　　一九七五「口頭伝承記録化の諸条件」（上田正昭編『日本古代文化の探究・文字』社会思想社）
渡辺　滋、二〇一〇『古代・中世の情報伝達―文字と音声・記憶の機能論―』（八木書店）

3　日本書紀系図一巻と歴史意識

河内春人

はじめに

養老四年（七二〇）に撰上された『日本書紀』を理解するためには、その全貌を知らなければならない。そのように考える場合、『日本書紀』の本文（紀三十巻）のみに注目することは適切ではない。なぜなら『日本書紀』は本文の三十巻のみではないからである。

①『続日本紀』養老四年五月癸酉条

是より先、一品舎人親王勅を奉り、日本紀を修す。是に至りて功成り奏上す。紀卅巻・系図一巻なり。

『日本書紀』の完成を伝える①によると、現存する紀三十巻のほかに系図一巻があったことが記されている。この系図一巻についてはその後の史料にも言及されている。

② 『弘仁私記』序

（前略）清足姫天皇負扆の時、親王及び安麻呂等、更に此の日本書紀三十巻幷せて帝王系図一巻を撰す。今、図書寮及び民間に見在する也。（後略）

弘仁年間（八一〇〜八二四）の日本書紀講書の記録である『弘仁私記』には、「系図一巻」が「帝王系図」という名称で、図書寮に保管されたほか、民間にも流布していたことが記されている。十二世紀に成立した『本朝書籍目録《ほんちょうしょじゃくもくろく》』にも「帝王系図一巻　舎人親王撰」として掲載されており、事実であるとすれば鎌倉時代までは残っていたことになる。ただ、いずれにしても紀三十巻が現在まで伝存したのに対して、系図一巻が散逸したということは事実である。

系図一巻は早くに亡失してしまったために、これまでその研究は限定的にならざるを得ない限界があった[1]。その先行研究を振り返ると、論点として、A系図がいかなる内容であったか、Bいつ頃散佚したか、ということが争点となっている。

A系図内容については、皇族系図という点で見解は一致しているが、その範囲については解釈に幅がある。古くは天皇とその近親である皇室の系図と単純に捉える見解（坂本、一九七〇。岩橋、一九七三）が一般的であった。これに対して紀三十巻との有機的関係に着目して研究を前進させたのが薗田香融である。薗田は系図一巻を天皇を軸とした皇室系図としながらも、特に書紀本文に出自が記されていない武渟川別《たけぬなかわわけ》・狭穂姫《さほひめ》・蘆髪蒲見別王《あしかみのかまみわけのみこ》・葛城高顙媛《かつらぎのたかぬかひめ》という四人の人物や、本文に言及されていないが自明とされている系譜群に着目して、それらが系図一巻に記されていた可能性を指摘した（薗田、一九六七）。薗田の研究によって、それまで漠然と本文を系図化したにすぎないと捉えられていた系図一巻は、本文を補完する重要な構成要素であったと理解されるようになる。この点をさらに推し進めたのが荊木美行である。荊木は『日本書紀』の本文における「某～世孫」という省略記載から、系図一巻と本文が相互補完の関係にあったことを論じた（荊木、一九九四b）。荊木はまた、その後も一連の研究を公にしており、系図一巻は系譜記載だけではなく『帝紀』の記載要件を含むことを指摘するなど研究を深化させている（荊木、二〇〇二）。また、内田正《おお》親司《きみのつかさ》が管理する皇親名籍との関連を推定しており、新しい視角を提起している（内田、一九九六）[2]。

このように系図一巻が皇室系図であるという点では一致を見ている。そして、近年ではそのなかでその記載範囲をどのように考えるかということが問題とされてきている。

一方、B散逸については、論点がさらに二つに分かれる。

一つは、散逸時期をいつ頃とするかという問題である。岩橋小弥太は、『弘仁私記』の細注が矛盾していることから弘仁の頃には流布していなかったとしており（岩橋、一九五六）、薗田も岩橋説を支持する（薗田、一九六七）。これに対して荊木は、『本朝書籍目録』に記載されており、鎌倉後期にはまだ伝存していた可能性を見る（荊木、一九九四a）。この問題については理解が大きく分かれているのである。

もう一つの課題は、なぜ散逸したのかという原因を探ることである。この問題について薗田は、『新撰姓氏録』の成立に端的に表れるように、氏族意識の変化が系図一巻の存在意義を失わせたものと捉える（薗田、一九六七）。一方、荊木は基本的に内容が書紀本文と重複するため必要性が認識されなくなっていったものとする（荊木、一九九四a）。いずれも系図一巻の内容及び社会的背景を結びつけるものである。

このような散逸の問題を考えることは、史料が忘却されることの原因を追究するものである。散逸時期を明らかにすることによってその背景を推定することが可能となるのであり、その点で二つの問題は結びついている。

ただし、研究の方向性は、系図一巻の内容について本文との関係に即した議論に収斂される傾向を示している。それは、系図一巻そのものが現存していない状況下において書紀本文からの推測がもっともスタンダードな方法として採用されたことによる。しかし、本文の内容と重複するならば、なぜ本文とは別に系図一巻が編集されなければならなかったのか、そのことの意味が問われなければならない。

『日本書紀』は本文のみで十分に正史の叙述、あるいは律令国家の正統化などの目的を達成し得るものであり、ことさらに系図一巻を別に作成する必要性は認められない。また、そうであるからこそ本文は現在まで残ったのに対して、系図一巻は散逸することになった。それにもかかわらず系図一巻が作られなければならなかったことの意義は何か。その追究が本稿の課題である。

一　日本書紀以前の系譜の様式

竪系図と文章系譜

系図一巻の内実を考えるためには、系図の記載様式がいかなるものであったのか、ということを手がかりにして考える必要がある。系図一巻の様式について言及したこれまでの研究では、坂本太郎が竪系図説を述べている。ただし、それは古系図における時代様式の傾向からの類推であり、明確な根拠は示していない。一方、薗田・荊木は文章系譜説を主張している。

古代の系図様式は文章系譜・竪系図・横系図に分類することができる。特に文章系譜と竪系図をめぐる史料的状況としては、七世紀以前の系譜は文章系譜であるのに対して、竪系図は九世紀以降であるとされる。また、竪系図は文章系譜から派生した様式であると理解されている。これらの研究状況に関する概説は義江明子による整理がもっとも適切である（義江、二〇〇〇）。

これをふまえた上で系図一巻について考えてみると、先述の系図様式のうち、『日本書紀』編纂の七二〇年の段階で横系図の様式はいまだ成立していないのでこれを除外すると、その様式的可能性は文章系譜もしくは竪系図に限定される。

これまで説明されてきた系図様式の時期的な傾向からすると、七二〇年に作成された系図一巻は、文章系譜であるという理解が整合的であり、実際に先述のように近年の趨勢としては系図一巻を文章系譜であるとする理解の方が有力であるといえる。

ただし、これは現存する史料から導き出された推論であり、断案とするにはいささかの留保が必要である。すなわち、竪系図は九世紀以降であるという理解は、現存最古の竪系図が海部《あま》氏系図であるということから推定されているものであるが、そのこと自体はそれ以前に竪系図が存在しなかったことを意味しない（海部氏系図については、金久、一九九九。鈴木、二〇一七）。そこで、「系図」について異なるアプローチをしてみる。

そもそも「系図」とはいかなる語であるのか。すでに荊木が述べているように（荊木、二〇一〇）、用例が日本・中国ともに少なく、特殊かつ限定的な語彙であるという観は否めない。そこでまず、語句の定義について確認しておきたい。

辞典類では「系図」はどのように解説されているのか。『日本姓氏大辞典』（一九七八、田中卓執筆）では、「系」は血筋のつづき、「図」はえがくの意」とする。「系図」を「系」と「図」に分けて解説している。『国史大辞典』（一九八五、佐伯有清執筆）では「氏族・家族の血縁関係を始祖から歴代にわたって書きあらわしたもの。（略）「図」はえがくの意」としており、「系図」について一般用語としての説明は加えられていない。『角川日本史辞典』（第二版、一九七四）では、「血統・家系、法脈・学芸などの相承次第を書きしるした表。縦系図と横系図とがある」としており、血縁に限らず相承次第をつないだ「表」という理解を示している。これらの説明を読む限り、系図とは図示あるいは表化されたものであり、通常の文章とは異なる形態をとるものと理解されている。

ただし、右はあくまでも字義に沿った現代における解釈であり、系図一巻編纂当時の語句理解を示すものではない。そこで『日本書紀』『続日本紀』における「図」の用法から「系図」の意味するところを探ってみる。「図」には、1和訓表示の仮借、2動詞としての「図る」、3領域（版図）、4地図や図讖《とい》などの意味での使用に分類できるが、1～3の意味はここで問題にしている用法とは明らかに異なるので取り上げない。4の用法に該当する記事を取り上げると、次のようになる。

③神功摂政前紀仲哀九年十月辛丑条

（前略）図籍を封じて、王船の前に降る。（中略）是に於いて高麗・百済二国の王、新羅の、図籍を収めて

日本国に降るを聞きて密に其の軍勢を伺はしむ。（後略）

④大化二年（六四六）八月癸酉条

（前略）国々の壃堺を観て、或いは書し或いは図し、持ち来りて示し奉るべし。（後略）

⑤天武十年（六八一）八月丙戌条

多禰嶋に遣はせる使人等、多禰国の図を貢す。（後略）

⑥天武十三年閏四月壬辰条

三野王等、信濃国の図を進む。

⑦和銅七年（七一四）四月辛巳条

多褹嶋に印一図を賜ふ。

③は『漢書』高帝紀の「蕭何尽く秦丞相府の図籍・文書を収む」という一文をふまえて改変して潤色した文章である。『漢書』における「図籍」は「文書」と対比されるものであり、③の「図」もそれをふまえて理解すべきである。なお、日本古典文学大系の注では、「図籍」を土地の図面と人民の籍と説明しているが、文書とは異なる記載様式のものとして捉えれば矛盾しない。④～⑦は国図であり、地図である。⑦は印面として理解できる。[3] 以上の用例では、「図」はいずれもいわゆる一般的な文章とは異なる表現を含むものということになる。

これらの用例をふまえると、系「図」とは通常の文章とは異なる様式で描かれたものである可能性が高いといわざるを得ない。

娶生系譜と地位継承次第

そもそも系譜の様式は、文章系譜から竪系図へ、という単線的な変化と捉えてよいようなものではない。義江明子は系譜には、娶生《しゅせい》系譜と地位継承次第という二つのパターンがあることを明らかにした（義江、二〇〇〇）。

娶生系譜とは、「生みの児」、すなわち血縁的な双系性を強調する系譜であり、最終的に結節点となる一人に収斂される形式である。『上宮聖徳法王帝説』などの文章系譜に見られる。

これに対して、地位の継承関係をオヤ―コに擬制して、連続的な血統に依らない「祖の子」として、継続していく地位継承次第としての竪系譜がある。例えば稲荷山鉄剣銘は、乎獲居《ヲワケ》の一族の奉仕次第を書き継ぐものであり、義江は竪系図として扱っている（義江、二〇一一）。鉄剣銘は、祖たる意富比垝《オホヒコ》から乎獲居までの歴名を、鉄剣の腹に、途中で面を変えてはいるが縦書きで一直線に記しており、文章的な竪系図あるいは竪系譜というに相応しい形状である。

このような形式である竪系図が、五世紀後半とされる稲荷山鉄剣以降、九世紀の海部氏系図まで断絶していたとは考え難い。むしろその間も地位継承次第は社会的に存在しており、その具象化された史料としての竪系図も、その成立はかなり古くまで遡り得ると推測するのはそれほど無理なことではなかろう。

そして、稲荷山鉄剣や海部氏系図は豪族の地位継承次第であるが、そのような地位継承の表象は天皇（大王）位においても自覚されていたと考えられる。特に八世紀の天皇位について、歴代の天皇の関係はオヤ―

コで律せられるという仁藤敦史の指摘が注目される（仁藤、二〇〇六）。具体的に見てみると、譲位宣命や即位宣命においてその認識は現出する。

⑧『続日本紀』神亀元年（七二四）二月甲午条

「（前略）此に依りて是の平城大宮《ならのおほみや》に現御神《あきつみかみ》と坐して大八嶋国知らしめして、霊亀元年に此の天日嗣高御座の業、食国天下の政を朕に授け賜ひ譲り賜ひて教へ賜ひ詔り賜ひつらく、『挂けまくも畏き淡海大津宮に御宇《あめのしたしらしめ》しし倭根子天皇の万世に改むまじき常の典と立て賜ひ敷き賜へる法の随に、後遂には我が子にさだかにむくさかに過つ事無く授け賜へ』と負《おほ》せ賜ひ詔り賜ひしに坐す間に去年九月、天地貺《たま》へる大瑞物《おほしるしもの》顕れ来り。（中略）今、神亀の二字を御世の年名と定めて養老八年を改めて神亀元年と為して、天日嗣高御座食国天下の業を吾が子みまし王に授け賜ひ譲り賜ふ」と詔りたまふ天皇が大命を（後略）

ここでは前半部で元明が生前に孫である首皇子のことを「我が子」と呼んでおり、後半部では叔母である元正がやはり首皇子に「吾が子みまし王」と呼びかけている。いずれも後を継ぐべき首皇子を〝わが子〟として位置づけている。これは血縁関係を述べる娶生系譜とは異なる意識であり、天皇位をめぐってその地位継承をオヤ―コ関係で擬制する地位継承次第の意識の表出と捉えるべきであろう。すなわち、八世紀においても地位継承をオヤ―コ関係で表象する意識は継続しているのであり、それは他ならない王権において確認できるのである。

要するに、古代の系譜は、文章系譜から竪系図へ、という傾向のみでは単純に語りきれない面を有する。むしろ特定の個人の出自を双系的血縁関係によって語り起こす娶生系譜と、地位の由来を継承関係によって正統化する地位継承次第が社会的に並行して存在していたというべきであろう。

　このような状況を念頭に置くと、『日本書紀』編纂時の系譜意識はまさに両者が併存しており、かつ文章系譜は衰退傾向を示すようになる時期であるといえる。そうした系譜観念の変容のただ中で図化されたものが系図一巻であり、それが文章系譜と竪系図いずれに相当するかということは、こうした状況をふまえて考えなければならない。

二　系図一巻の内実

系図一巻研究の問題点

　本節では、前節での検討に基づいて系図一巻の内容について推定する。

　系図一巻の内容への具体的言及としては、坂本太郎が「(本来なら) 諸氏の系図も含まれてよいはず (だが一巻なので皇室系図だけ)」と述べており、これをベースとすべきである。

　これまでの研究においてもっとも具体的に内容について言及されたのは薗田香融である (薗田、一九六七)。薗田説は書紀本文と系図一巻を相互に補完的なものと捉えて、本文で不足する内容を系図一巻が補っていると考えた。具体的にいえば、第一に、本文では基本的に初出の人物は出自を明記しているにもかかわらず、武渟川別・狭穂姫・薗髪蒲見別王・葛城高額姫については出自に関する記述がないという点に着目して、系図一巻で言及していたのではないかと想定された。第二に、『古事記』にありながら『日本書紀』にない、系建内宿禰《たけしうちのすくね》・天之日矛《あめのひぼこ》・日子坐王《ひこいますのみこ》・若沼毛二俣王《わかぬけふたまたのみこ》・倭建命《やまとたけるのみこと》の系譜群についても系図一巻にあったものと推定している。第三に、皇別氏族の始祖分注の記入もあった可能性を指摘している。

これに加えて、荊木美行は、宮号やその他の情報、すなわち崩年・宝算・山陵・治世の出来事が記入されていた可能性を論じている（荊木、二〇〇二・二〇一〇）。

『日本書紀』が諸氏族の伝承・記録を収集して編纂されたものである以上、そこには王権のみならず諸氏族の歴史意識も取り込まれている。『日本書紀』が諸氏族にも共有されるべきものとして作られたという視点からすれば、各氏族の歴史意識の基礎である始原・始祖に関する記録が系図一巻にも記されたとみるのは必然であろう。つまり、皇別氏族の始祖分注が存在した蓋然性は高い。それは、読者としての皇別氏族と王権が歴史認識を共有するための装置でもあった。

一方、王権の立場からすれば、地位継承次第である系図一巻に歴代君主の在位に関する基礎的情報が記されていたのは当然のことである。特に宮号は君主号の構成要素であり（井上、一九八三）、系図一巻で言及されていたことは確実であろう。荊木の指摘した情報は『帝紀』において記されていたと推測されるものであるが（武田、一九四四）、そうした情報を一括して載せる場として系図一巻の役割が認められる。

一方、薗田説は『日本書紀』が記す系譜を全体的に精査して分析されたものであり、その緻密さはそれまでの研究と一線を画するものであった。しかし、その緻密さがかえって疑問を生じさせる。それは大きく二点を挙げることができる。

第一に、出自記載の欠落の問題である。薗田の論点は、本文の欠落を系図一巻に記載があったと認めることで両者は相互補完していた、と推定するものである。それは、『日本書紀』が緻密に構成されていたということを前提にしている。しかし、『日本書紀』に粗漏はあり得ないのだろうか。例えば、坂本太郎は天智紀の編纂の杜撰を指摘している（坂本、一九六四）。『日本書紀』は決して完全無欠の史書ではない。なぜこの四人に限って系譜を略したのかという点について、系図一巻に記載があったとするのは仮説の域を出るものではない。例えば蘆髪蒲見別王は誅殺されて子孫はおらず、それゆえ系譜が記されなかったという説明も可能である。

薗田が指摘した出自の欠落は重要な論点であり、『日本書紀』の編纂という問題を考えるうえで手がかりになり得る。しかし、それをダイレクトに系図一巻に結び付けて理解しようとすることには留保が必要である。

第二に、『日本書紀』と『古事記』の記載を同じものとして捉えることにも問題がある。神野志隆光が『古事記』と『日本書紀』を比較しながら読むという行為を批判したように（神野志、一九八六）、現在の研究レベルからすれば注意が必要である。『古事記』と『日本書紀』はそれぞれ異なる目的で編纂された別個の歴史叙述であり、内容が対称しているわけではない。『古事記』に書かれていることと『日本書紀』に同じ記事がないことは別問題である。

さらにいうなれば、例えば若沼毛二俣王系譜は『古事記』にもない。『古事記』は『日本書紀』の系図一巻のような他に補完し得る史料がないのになぜ系譜を記さないのか、という疑問が生じる。

かりに薗田が論じたように『日本書紀』本文と系図一巻の相互補完性を認めるならば、それを敷衍すると、系図一巻に記されたことは本文に記す必要がなく、その逆も然りということになる。しかし、荊木が指摘したように本文にも適宜記されている皇別始祖分注や『帝紀』的情報が系図一巻に記入されていた蓋然性は高く、これらは重複して記載されていたと考えられる。要するに、本文と系図一巻の相互補完性は必ずしも自明のことではなく、本文にないから系図一巻にあるということにはならない。加えて、記述の有無に関して全く別の史料である『古事記』を持ち出してくることは、記・紀を一体的に捉えてしまっているという点においてて適切とはいいがたいといわざるを得ない。

前提としての帝紀

系図一巻の内容については、史料②において「帝王系図」と称されていることをまずは手がかりにするべきである。それは弘仁年間の段階で系図一巻が散逸していたか否かという問題とも関わるものである。先述のように、細注の矛盾からすでに散逸していたと捉える見解もあるが、そうだとするとなぜ失われた系図一巻のことを持ち出してくる必要があるのか、という疑問が生じる（荊木、二〇〇二）。

そこで注目すべき点は、図書寮のみならず「民間」にも流通していると説明していることである。薗田は「民間」について知識階級・貴族と推定しており、穏当な見解であろう（薗田、一九九二）。『日本書紀』が当時の王権のみならず貴族たちにとっても共有されるべきものであったことは、日本紀講筵《こうえん》がくり返し実施されていることから明らかである。養老年間の講書の有無については疑問視する見解もあるが（宇佐神、一九三六。水口、二〇一一）、それとて『日本書紀』が成立当初から王権と貴族の双方に共有されるべきものであったことを否定するものではない。「民間」とは王権の外部、すなわち貴族たちの間にも『日本書紀』が所蔵されていたことを示している。

そして、それが受け継がれていく過程でそれぞれの氏族の立場からの加筆を受ける可能性がある。もちろん『日本書紀』自体を書き換えるということはないだろうが、そこに注記が加えられるなどの行為によって原形からの改変が生じた可能性は否定できない。それは『古語拾遺』に表れる斎部《いんべ》氏の伝承のような、氏族の歴史認識に結実することになる。九世紀の氏族の歴史叙述は単なる古い伝承ではなく、『日本書紀』とリンクしながら変容した九世紀の歴史認識として捉える必要がある。

このように考えると、九世紀には系図一巻はまだ散逸していないと見なして大過ないであろう。系図一巻について、従来は天皇を中心とした皇族の血縁関係を記した文章系譜として理解しており、論者によってはその範囲を四世・五世孫まで広げて言及していた。しかし、先述のように「系図」という語は記載形式が文章系譜ではなかったことを暗示しているのであり、竪系図と見なすべきである。竪系図は地位継承次第としての性質を強く持つものであるが、九世紀の時点で海部氏系図が作成されているように、その機能はまだ有効性を保っていた。すなわち、社会状況的に見ても系図一巻が散逸する必然性は認められない。

系図一巻が天皇の地位継承次第であるとすれば、その内容は血統ではなく、即位順に歴代天皇の名を列記していったものということになる。そして、そこに宮号など各天皇のデータや子女、氏族ごとの皇別始祖に関する記述が傍記されたのではないだろうか。荊木は系図一巻について「系譜的記載だけではなく、帝紀の内容を適宜ダイジェストした記述をふくんでいる」と述べているが、系図一巻の本質を言い当てた指摘であろう。本文が中国の本紀的な形式を意識したのに対して、系図一巻は歴代天皇の要件を記載した『帝紀』的な内容を引き継ぐものとして成立したのであった。

それは決して「天皇を中心とした皇族の系譜」ではない。本文にない皇族の系譜という観点にこだわり過ぎると系図一巻の本質を見誤るのではないだろうか。

三　皇位継承次第の成立

王統譜としての日嗣

系図一巻が天皇位の継承次第であるとすれば、その歴史的前提となるものは何か。換言すれば、いかなる過程を経て系図一巻という皇位継承次第へと結実するのか、ということが問題となる。本節ではこの問題について扱う。

律令国家成立以前における王位継承次第、すなわち王統譜として想起されるのはいわゆる日嗣（ヒツギ）である（横田、一九七六）。

『日本書紀』では皇極元年（六四二）十二月乙未条に舒明の喪葬において「息長山田公、日嗣を誄び奉る」とあるのが初見であり、持統紀で天武の喪葬についてやや具体的に記されている。
⑨『日本書紀』持統二年（六八八）十一月乙丑条
布勢朝臣御主人《みうし》・大伴宿禰御行、遞に進みて誄す。直広肆当麻真人智徳、皇祖等の騰極《ひつぎ》次第を誄び奉る。

礼也。古に云く、日嗣也。畢りて大内陵に葬る。

これらによれば、ヒツギとは「皇祖等騰極次第」すなわち歴代の天皇の即位の「次第」であり、天皇崩時の喪葬における誄《しのびこと》で読み上げられている。ヒツギが読み上げられた後に亡くなった大王（天皇）は陵に葬られるという手順を経ている。

喪葬における誄については和田萃の研究に詳しい（和田、一九六九）。それによれば、ヒツギの読み上げとは、それまでの王統譜を読み上げ、そこに新たに被葬者の名を加え、和風諡号を献呈することを一連の過程として位置づけることができる。誄の場においてヒツギが確認できるのは皇極・天武のみであるが、和田は安閑・宣化朝が荘厳化された和風諡号をもっていることから当該期における献呈を認めている。そうであるとすれば、ヒツギの読み上げも和風諡号献呈と不可分の構成要素として遡らせて考えるべきということになる。

ヒツギの内容をどこまで積極的に評価するかということも問題である。単純に歴代大王の順序を並べた王統譜として見なす見解から、各大王の続柄に始まって王妃・子女、治世の事績など『帝紀』的な事項を含むものとするものまで理解が一定しない。特に後者は『古事記』序文に「帝皇日継」とあることから敷衍する解釈として注目に値する。

⑩『古事記』序文

（前略）是に天皇、詔すらく、「朕聞く、諸家の賷《も》てる帝紀と本辞と、既に正実に違ひ、多く虚偽を加へたり。今の時に当たりて、其の失を改めずは、幾ばくの年も経ずして其の旨滅びなむとす。斯れ乃ち、邦家の経緯にして、王化の鴻基なり。故に惟んみれば、帝紀を撰録し、旧辞を討覈し、偽を削り実を定め、後葉に流《つた》へむと欲す」と。時に舎人有り。姓は稗田、名は阿礼、年は是れ廿八。為人《ひととなり》聡明にして、目を度《わた》れば口に誦み、耳に払《ふ》るれば心に勒す。即ち、阿礼に勅語して、帝皇日継と先代旧辞とを誦習せしむ。然れども、運移り世異なり、其の事を行なはず。

序文における「帝紀」と「帝皇日継」を全く同一視してよいかという点には慎重さが求められるが、重なるところが大きかったことは間違いない。ヒツギとは単に王位を指すのみならず王位に即いた大王の歴名であり、あるいはそこに付加情報が加わっていたとするのが穏健な説明であろう。誄におけるヒツギの読み上げとは、過去の大王の歴名が順番に読み上げられ、その末尾に崩じた大王の名を加えるという手続きであった。誄の場は新たに亡くなった大王をヒツギに加えることでヒツギを更新する作業であり、その読み上げによって新王は前王から王位を引き継ぐことを内外に知らしめ、即位の正統性を確保したと考えられる。

帝紀の編集

誄におけるヒツギの読み上げの実施が確認できるのは七世紀中葉以降であるが、先述のように安閑・宣化朝を画期とするならば、それは初期『帝紀』の編纂と関連するものであるという推測も可能であろう(4)。六世紀前半は世襲王権の確立期であり、王位継承の正当化の一大変革期でもある。王統譜の整備もこれと関係するものであり、初期『帝紀』の出現も連動すると見なし得る。すなわち、六世紀にヒツギの更新というかたちで大王が地位を継承していくという手続きが成立したことを意味する。それは換言すれば、五世紀にまでの王位の継承をめぐる手続きは異なるものであったということでもある。

この問題について大平聡は、五世紀段階では新王にとって前王との関係が全てであり、それ以前の王との関係は問われない、という興味深い指摘をしている（大平、二〇〇二b）。大平の考えでは、五世紀段階では新王は即位の正当性について前王との関係を問われるものの前々王以前との直接的関係は問題にはならないということになる。前々王以前の存在が全く忘却の彼方へと追いやられてしまうと、王位継承次第としてのヒツギの形成は困難であり、五世紀には王統譜は存在せず個別の〈新王―前王〉の関係がくり返されるだけということになる。

ただし、それだけで理解するのも躊躇される。例えば、通説的には四七一年と理解されている埼玉稲荷山古墳出土の辛亥年鉄剣銘は「意富比垝《オホヒコ》」以下の系譜が記されており、オホヒコを上祖として歴代の首長の名を連ねた首長位継承系譜でもある。オホヒコが実際の人物か否かというような議論は措くとして、ヲワケは前首長との関係のみではなく祖であるオホヒコからの歴代の首長位継承の決着点として自らの立場を主張している。こうした系譜が当時存在していたということは、王位継承においても王統譜は全く存在しなかったとするよりは何らかの系譜があったと見なす方が穏当であろう。

五世紀の倭の五王の王位継承を見ても、前王との関係だけでは説明が難しいケースがある。例えば、珍から済への王の交代において済が珍との続柄に言及しないことはよく知られている（藤間、一九六八）。王統の交代を窺わせるものとして注目されているが、これは済が即位の正当性を前王である珍に求めていないことを示唆する。また、興の即位は政変などイレギュラーな状況が発生していたことが推測され（河内、二〇一八）、その場合興は済を否定して王となったことになる。済や興が前王を否定して、少なくともそれに依拠しないで王となったとするならば、彼らの王としての正当性はどこに求められるのか、ということである。

　この点については、近親関係が確認される讃・珍と済・興・武の双方における倭姓の共有から同族意識が成立していると推測されること、系統の異なる両者を同族として結び付けるファクターとして始祖を同じくするという歴史意識があったという仮説を考えたことがある（河内、二〇一八）。すなわち、済や興における王としての正当性は前王のみならず始祖王から連なるという関係に基づいて確保されたと推測できる。

　五世紀には始祖を共有するとされた複数の王族集団が実力によって王位を争ったことになるが、この段階で王族集団はそれぞれ集団ごとの王族長系譜を形成していたであろう。それゆえに珍から済への移行のように王となる集団が入れ替わると、王統譜は王族長系譜ごと入れ替わった可能性もある。珍と済の断絶の背景はそのような状況を想定できる(5)。

　ところが、六世紀に継体が登場して世襲王権を確立すると、系譜に反映する歴史意識が次のステージに進む。王統を限定して王位継承を安定化しようとする試みが図られるのである。それをシステム的に取り組んだのが大兄制であった。そして、即位の正当性の確保という点から実行されたのが王統譜としての初期『帝紀』の編纂だったのではないだろうか。

　この時点で必要な作業は、王族集団ごとにバラバラであった王族長系譜を整理・再編集して、継体の始祖として自覚されていたホムツワケ以後、継体以前の先王を定めておくことであった。これによって先王の集合体としてのヒツギが形成される。そして、王が亡くなると諡が献呈されてヒツギに組み込まれ更新されていくようになるのである。継体の和風諡号が簡素なものであることからすると、継体の喪葬の時には和風諡号献呈が行なわれていなかったことになり、ヒツギの形成は継体よりは後の代のことであると考えられる。

このように形成されたヒツギの内実は、実際のところきわめて流動的である。誰を王として認定するか、という作業は、ヒツギを作成した王権にとって都合のいい人物を王として認める、不都合な人物を王統譜から排除するという両面において恣意的になりやすいからである。さらに、王の属性として記された物語についても、違う人物の物語をつなげるなどの作為が発生する。その意味では『帝紀』は単に亡くなった大王の情報の付加をくり返したものではない。

また、このような流動性は初期『帝紀』以後も内容の改変に大きく影響した。笹川尚紀は舒明朝における『帝紀』の再編集を指摘している（笹川、二〇〇〇）。王統の大きな変化の時期には大きな組み換えが行われた可能性がある。そして、その最終的な編成が天武の史書編纂の詔による整理であり、記・紀的皇統譜の成立へとつながっていく。天武朝に編纂され始めた史書と『古事記』『日本書紀』の関連については今後も追究されるべき課題であるが、王位継承次第としてのヒツギを竪系図として図化して整備したものが系図一巻といえるのではないだろうか。

王統と血統

なお、王位継承次第と関連して、系譜論で扱われる生みの子、すなわち血統の論理についても言及する必要があるだろう。王位継承とは地位の継承であり、血統と一致するとは限らない。記・紀に記すところの神武以来の系譜を一瞥しても、王統と血統が一致するとは限らないことは明らかである。五世紀には血統的認識は各王族集団において結合論理として機能していたであろう。しかし、分立していた王族集団は継体王統に吸収されていった。その後は継体王統の枠内で同母の血族の結集拠点として皇子宮が血統的結合の基盤となって意識される。そのもっとも代表的なものが上宮王家である。

そして七世紀後半以降、本来異なる論理であった血統と王統を同一化する作業が試みられるようになる。それがスメラ（皇）という概念である。ここでは史料用語としての「皇祖」に注目したい（河内、二〇一五）。『日本書紀』には「皇祖」の用例として、ａ皇祖神、ｂ歴代の王の総称、ｃ個人、の三つの用法が確認できる。ａは伊勢神宮の重視と天照大神の皇祖神化であり、天智～天武朝にかけて形成された。ｂは先王集団の包括的呼称であり、ヒツギの別称と捉えてもよい。必ずしも血統にとらわれるものではなく、広くいえば血縁関係はあるが、近親であることが必須の条件ではない。ｃについては、個人として「皇祖」と呼ばれる人

図　「皇」の系譜

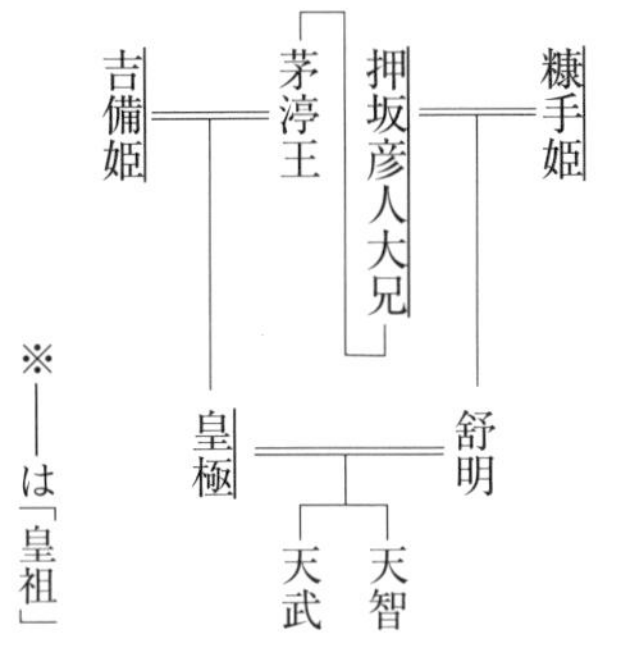

物がいるが、彼らはみな天智・天武の祖父母に該当する（図参照）。それは翻っていえば、天智・天武朝の頃に即位していないその直系尊属に対して、他の王族と異なる呼び方を付与することで天智・天武との血統的なつながりを喚起させようとしたのである。

このように「皇祖」には王統（継承次第）を意味する場合と血統（娶生系譜）の用法が混在している。これらの用法を見ると、ａ・ｃが天智・天武朝に成立した概念であるのに対して、ｂがヒツギとの関連でそれに先行するものであることが見て取れる。それは王統が先にあり、血統をそれに合

わせるかたちでスメラという新たな王権概念が成立したものであることを窺わせる。

スメラという概念の成立、王統と血統の同一化が果たされたところに皇位を継承すべき血脈としての皇統が成立する。それによって父子相承で皇位が受け継がれるという論理が機能するようになる。いったん成立した皇統の論理は時間を遡及するかたちで説明されることになり、初代神武以来応神に至るまで(6)多少の例外を含みながらも皇統の論理による継承の歴史として記されることになる。

しかし、皇統の成立もそれ以前の論理を一掃するものではない。旧来のヒツギ（王位継承次第）の概念も強く残存しており、ヒツギも王権・貴族たちに共有された論理として『日本書紀』に求められた。そこでヒツギに皇統の論理を加えて再編した皇位継承次第を作成したのであり、それが系図一巻であったのではないかと憶測するものである。

なお、八世紀以降におけるヒツギ概念の展開を見ておくと、九世紀まではヒツギの観念は機能していたことがわかる。

⑪『日本後紀』大同元年（八〇六）四月甲午朔条

（前略）誄を奉りて曰く、「畏きかな、平安宮に御坐しし天皇の、天つ日嗣の御名事を、恐む恐むも誄び白さく、臣末《なにがし》、畏き日本根子天皇の天地の共に長く、日月の共に遠く、所白し将去へん御謚と称へ白さく、日本根子皇統弥照尊と称へ白さくと、恐む恐むも誄び白す、臣末。」

⑪は大同元年における桓武への誄である。和風謚号が献呈されているが、その謚号は「皇統弥照」、和訓でアマツヒツギイヤテラスである。九世紀初頭の段階において皇統はアマツヒツギと称されるべきもので

あった。また、桓武の血統は光仁を引き継ぐものであり、いわゆる天武系皇統とは一線を画する。ところがその一方で、桓武の皇位継承認識は聖武を引き継ぐという一面を有している（河内、二〇〇〇）。桓武をめぐる「皇統」の概念は、天智系の血統的直系継承というだけでは語り切れないことに気をつけなければならない。「皇統」は王統譜的な皇位継承次第という性質を強く持っており、それは九世紀までは有効な概念として機能していたのである。

「皇統」について、もう一つ注目すべき史料が和気王の謀反事件である。

⑫『続日本紀』天平神護元年（七六五）八月庚申条

（前略）八年、参議従三位兵部卿に至る。時に皇統嗣無く、其の人有らず。而して紀朝臣益女、巫鬼を以て著れ、和気に幸せらるることを得る、心に窺窬《きゆ》を挟み、厚く幣物を賂す。（後略）

仲麻呂の乱直後の称徳重祚前後において和気王など天武系の皇族がいるにもかかわらず、⑫では「皇統無嗣」と記して皇位を継承すべき適任者の不在を強調していることからして、ここにおける「皇統」とは単なる血統ではないことが明らかである。すなわち「皇統」とは血統と異なる論理で、皇位を受け継ぐべき人材として認識されていたことを明確に示している。

しかし、かかる皇統認識も九世紀初頭以降見えなくなる。それはこの時期まで有効性をもって認識されていた地位継承次第の論理が王権や貴族・豪族たちから失われていったためであろう。即位宣命における論理の変化もこれと連動するものとして関連づけられる（早川、一九八七）。その背景に薗田が指摘したような氏族論理の変容があることは間違いない。それは換言すれば、この時期までは系図一巻が意味のあるものとして受け入れられていたのであり、散逸したのはさらに後のこととみてよい。

おわりに

いささか議論が拡散してしまった観があるので、系図一巻に即して本稿の主旨を整理しておく。

これまで系図一巻は、四世・五世孫の王族までカバーする広範囲の文章系譜として理解されてきた。しかし、四世・五世孫まで記載の範囲を広げるのは疑問が残る。それは正親司が皇親名籍として管理すればよいだけのことである。また、「図」という字句は文章系譜になじまず、竪系図の可能性を想定すべきである。竪系図の原型は稲荷山鉄剣まで遡るため、時期的に齟齬するという従来の議論はあたらない。要するに系図一巻は皇位の地位継承を竪系図化したものと見なすべきであると考える。天皇の名の横にキサキや父母・子女に関するデータなどが傍書されていた蓋然性は高いだろう。

系図一巻は、律令制以前に王位継承次第として存在していたヒツギを、律令国家形成において王権が皇位継承の血統を荘厳化させた皇統の論理に即して改変・図化したものである。ただし、竪系図は地位継承を主たる目的として作成されるものである以上、系図一巻も皇統の血統を誇示するとともにヒツギの論理を色濃く残さざるを得ないものであった。

こうした地位継承の論理は九世紀初頭までは社会的に共有されており、系図一巻もその頃までは散逸していなかったと見なし得る。『本朝書籍目録』の記載を信頼するならば鎌倉までは残っていたということになるが、その点は留保せざるを得ない。

いずれにせよ系図一巻は九世紀半ば以降急速にその意味を失うことになったことは間違いない。ただし、それは形を変えて再生する。すでに系図一巻の議論は、中世まで見据えていわゆる皇代記などの年代記まで射程に入れた議論がなされている（荊木、二〇一〇）。それは重要な論点であり、引き継ぐべき課題である。本稿で特に注目したいのが、奝然《ちょうねん》が宋に持参した『王年代紀』である（河内、二〇一三）。『王年代紀』は天御中主《あめのみなかぬし》から神名・天皇名を「次…、次…」と書き連ねており、竪系図的な要素を含んでいる。奝然がいかなる知識を下敷きにして『王年代紀』を執筆したのかきわめて興味深いところである。『王年代紀』は、系図一巻と中世皇代記をつなぐものとして分析可能かもしれない。

要するに、系図一巻の編纂とその散逸を究明することは、史書が作成・受容され、そして忘却されるという歴史意識のあり方を明らかにすることの一つのモデルケースである。そして、その変化は、当時の社会状況を背景としながら生起したものであることは言を俟たない。史書としての『日本書紀』をめぐる評価は、そのような視座をふまえて総合的に議論されなければならない。

注

（1）以下、用語としての「系図」と区別するために、『日本書紀』のそれは系図一巻と呼ぶ。
（2）ただし、七二〇年に成立し確定化された系図一巻と、更新されていく皇親名籍の関係について、どこまで結びつくものであるのかさらなる検討が必要である。内田説に対する批判としては、荊木、二〇〇二参照。
（3）村尾元融『続日本紀考証』に「図」の俗字と「面」が類似していることから誤写として「面」に意改し、新日本古典文学大系本でもそれに従う。ただし、本稿では原文を尊重してひとまず用例に加えておく。

（4）六世紀前半に編集された原初的な『帝紀』をここでは初期『帝紀』と称しておくが、それがどのような形態と内容を有するものであったかという点については留保しておく。なお、『帝紀』が一回的な編纂ではなかったことについては、笹川、二〇〇〇参照。
（5）川田順造はアフリカのモシ族の事例として、族長が交代すると族長系譜が組み替えられている例を紹介している（川田、一九七六）。
（6）厳密には仁徳までであるが、菟治稚郎子の説話を含めて仁徳から兄弟継承の論理が強く打ち出されており、皇統の論理による継承論理は応神で区切られると考える。

参考文献

井上光貞、一九八三「稲荷山鉄剣銘文考」（『井上光貞著作集』五、岩波書店、一九八六年に所収）
荊木美行、一九九四a「『日本書紀』「系図一巻」の散逸について」（『日本歴史』五五七）
一九九四b「『日本書紀』における皇統譜の缺落について」（『皇学館論叢』二七―二）
二〇〇二「『日本書紀』「系図一巻」再論」（『日本書紀』「系図一巻」をめぐって」として『記紀皇統譜の基礎的研究』汲古書院、二〇一一年に所収）
二〇一〇「帝王系図と年代記」（『皇学館論叢』四三―六）
岩橋小弥太、一九五六『上代史籍の研究』上（吉川弘文館、増補版一九七三年）
宇佐神正康、一九三六「日本書紀研究史雑考」上・下（『国語国文』六―一一・一二）
内田正俊、一九九六「『日本書紀』系図一巻と皇親名籍」（横田健一編『日本書紀研究』二〇、塙書房）
大平　聡、二〇〇二a「『系譜様式論』と王権論―義江明子著『日本古代系譜様式論』を読んで―」（『日本史研究』四七四）
二〇〇二b「世襲王権の成立」（鈴木靖民編『日本の時代史二　倭国と東アジア』吉川弘文館）
金久与市、一九九九『古代海部氏の系図〈新版〉』（学生社）
川田順造、一九七六『無文字社会の歴史―西アフリカ・モシ族の事例を中心に―』（岩波書店）

河内春人、二〇〇〇「日本古代における昊天祭祀の再検討」（『古代文化』五二—一）
二〇一三「『王年代紀』の史料論」（『東アジア交流史のなかの遣唐使』汲古書院）
二〇一五「令制君主号の史的前提—「天子」号を中心に—」（『日本古代君主号の研究—倭国王・天子・天皇—』八木書店、初出二〇〇一年を改変して所収）
二〇一八『倭の五王　王位継承と五世紀の東アジア』（中公新書）
神野志隆光、一九八六『古事記の世界観』（吉川弘文館）
坂本太郎、一九六四「天智紀の史料批判」（『日本古代史の基礎的研究』上、東京大学出版会）
一九七〇『六国史』（吉川弘文館）
笹川尚紀、二〇〇〇「帝紀・旧辞成立論序説」（『日本書紀成立史攷』塙書房、二〇一六年に所収）
鈴木正信、二〇一七『日本古代の氏族と系譜伝承』（吉川弘文館）
薗田香融、一九六七「『日本書紀』の系図について」（『日本古代財政史の研究』塙書房、一九八一年に所収）
一九九二「消えた系図一巻」（『「古事記」と「日本書紀」の謎』学生社）
武田祐吉、一九四四『古事記研究Ⅰ　帝紀攷』（青磁社）
藤間生大、一九六八『倭の五王』（岩波書店）
仁藤敦史、二〇〇六『女帝の世紀　皇位継承と政争』（角川学芸出版）
早川庄八、一九八七「律令国家・王朝国家における天皇」（『天皇と古代国家』講談社、二〇〇〇年に所収）
水口幹記、二〇一一「奈良時代の『日本書紀』読書—養老講書をめぐって—」（新川登亀男・早川万年編『史料としての『日本書紀』—津田左右吉を読みなおす—』勉誠出版）
横田健一、一九七六「日嗣の形成」（『日本古代神話と氏族伝承』塙書房、一九八二年に所収）
義江明子、二〇〇〇『日本古代系譜様式論』（吉川弘文館）
二〇一一『古代王権論　神話・歴史感覚・ジェンダー』（岩波書店）
和田　萃、一九六九「殯の基礎的考察」（『日本古代の儀礼と祭祀・信仰』上、塙書房、一九九五年に所収）

4　百済三書と日本書紀

廣瀬憲雄

一　日本書紀の朝鮮関係記事

『日本書紀』は、日本の歴史書でありながら、外交関係を中心に多くの朝鮮関係記事を収録している。これらの朝鮮関係記事は、日本列島のみならず、朝鮮半島の古代史を研究する際にも重要な史料であることは言うまでもないが、『日本書紀』の朝鮮関係記事は、百済に関するものがきわめて多いという特徴がある。それは、『日本書紀』の分註に引用されたいわゆる百済三書、すなわち『百済記』『百済新撰』『百済本記』のような、百済系の史料が『日本書紀』編纂に際して利用されたためである（岩橋、一九五四）。

百済三書のうち、『百済記』は神功紀・応神紀・雄略紀に合計五ヶ所、『百済新撰』は雄略紀・武烈紀に合計三ヶ所、『百済本記』は継体紀・欽明紀に合計十八ヶ所、三書総計で二十六ヶ所、いずれも分註の形で『日本書紀』に原文が引用されている（津田、一九二一。岩橋、一九五四。三品、一九六二。井上、一九八〇。笠井、一九八一。附表「百済三書引用箇所一覧」参照）。『日本書紀』の分註の中で書名を明示して引用された文献は、外国との関係記事に限定されており、多少の差はあるが、編者はその書を重視したことが指摘されている（毛利、二〇〇五）。この指摘に従うならば、百済三書は『日本書紀』の編纂に際して重要な役割を果したことが想定できる。

『日本書紀』の朝鮮関係記事は、神代紀を除けば、崇神紀末の「任那」の朝貢記事から始まるが、倭国側の記録に基づく記事は欽明紀の後半にならないと登場しない（津田、一九二一。山尾、一九八九）。それ以前の記事のうち、百済系の史料に依拠しないものは、後世に存する事実の起源を説くためか、日本の権威を示すために作成された虚構の説話であることが指摘されている（津田、一九二一。井上、一九八〇）。また、『日本書紀』の朝鮮関係記事の年次に関しては、欽明二十一年（五六〇）以降は日本側の記録に依拠し、欽明十八年（五五七）から神功四十六年（二四六相当）までは百済三書により定められ、神功五年（二〇五相当）以前に日本側の伝承に基づく記事が配置されたとの見方（井上、一九八〇）も提示されている。このように、百済三書はその内容・紀年の両面において、『日本書紀』の重要な編纂素材であることは疑いないであろう。

二　百済三書と日本書紀本文との関係

百済三書は、分註の形で『日本書紀』に引用されただけではない。百済三書が直接引用されていない部分でも、神功紀と応神紀の百済関係記事であれば『百済記』に、雄略紀に関しては『百済記』と『百済新撰』に、継体紀と欽明紀では『百済本記』に基づいて構成されたことが指摘されている（津田、一九二一）。また、直接引用がある天皇紀ではないが、顕宗紀でも『百済本記』が利用されたとの想定もなされている（坂本、一九六一）。

百済三書と『日本書紀』本文との相互関係は、三品彰英により類型化がなされている。ただし、三品による類型化はその後の論者には正確に受け継がれていないので、冗長ではあるが、あえて三品自身の言葉そのままで提示すると、（1）「三書の記事の内容を見出し程度に簡単に要約して本文記事とし、その具体的な内容は分註引用している『百済記』などの原文によって知らせるという仕方」、（2）「書紀本文の記事が、百済系文献の原文をそのままには引用していないけれども、その記事の内容や用語の形式などから、それがわが国の伝承史料から出たものではなく、百済系の文献によったものであることが比較的容易に推断出来るもの」、（3）「百済系文献にもとづく文と、日本側の史伝とを組み合わせて構成している複合記事」、となる（三品、一九六二、一一七〜一二〇頁）。

この三品の三類型は、井上秀雄によりそれぞれ「要約型」「原文型」「複合型」と名付けられ（井上、一九六六）、その名称は久信田喜一などに継承されてきた（久信田、一九七四）のだが、三品の類型（2）を「原文型」と名付けたことは重大な問題である。三品自身の言葉で提示した通り、三品の（2）は、百済三書の記事に基づき『日本書紀』の本文が作成されたが、『日本書紀』の本文は百済三書の原文そのままではない、という類型である。しかし井上は、これを「百済三書の原文をほぼそのまま本文記事とした」と理解して、三品

表　百済三書引用箇所一覧（日本古典文学大系本による。出典はいずれも『日本書紀』分註部分。年代は『日本書紀』の紀年のママ）

条文	引用箇所
神功四十七年（丁卯、二四七）四月条	百済記云、職麻那々加比跪者、蓋是歟也。
神功六十二年（壬午、二六二）条	百済記云、壬午年、新羅不奉貴国。々々遣沙至比跪令討之。新羅人荘飾美女二人、迎誘於津。沙至比跪、受其美女、反伐加羅国。々々々王己本旱岐、及児百久至・阿首至・国沙利・伊羅麻酒・爾汶至等、将其人民、来奔百済。百済厚遇之。加羅国王妹既殿至、向大倭啓云、天皇遣沙至比跪、以討新羅。而納新羅美女、捨而不討。反滅我国。兄弟人民、皆為流沈。不任憂思、故、以来啓。天皇大怒、即遣木羅斤資、領兵衆来集加羅、復其社稷。
応神八年（丁酉、二七七）三月条	百済記云、阿花王立無礼於貴国。故奪我枕弥多礼、及峴南・支侵・谷那・東韓之地。是以、遣王子直支于天朝、以修先王之好也。
応神二十五年（甲寅、二九四）条	百済記云、木満致者、是木羅斤資、討新羅時、娶其国婦、而所生也。以其父功、専於任那。来入我国、往還貴国。承制天朝、執我国政。権重当世。然天朝聞其暴召之。
雄略二年（戊戌、四五八）七月条	百済新撰云、己巳年、蓋鹵王立。天皇遣阿礼奴跪、来索女郎。百済荘飾慕尼夫人女、曰適稽女郎。貢進於天皇。
雄略五年（辛丑、四六一）七月条	百済新撰云、辛丑年、蓋鹵王遣弟昆支君、向大倭、侍天王。以修兄王之好也。
雄略二十年（丙辰、四七六）条	百済記云、蓋鹵王乙卯年冬、狛大軍来、攻大城七日七夜。王城降陥、遂失尉礼。国王及大后・王子等、皆没敵手。
武烈四年（壬午、五〇二）是歳条	百済新撰云、末多王無道、暴虐百姓。国人共除。武寧王立。諱斯麻王。是混支王子之子、則末多王異母兄也。混支向倭、時至筑紫嶋、生斯麻王。自嶋還送、不至於京、産於嶋。故因名焉。今各羅海中有主嶋。王所産嶋。故百済人号為主嶋。
継体三年（癸丑、五〇九）二月条	百済本記云、久羅麻致支弥、従日本来。
継体七年（癸巳、五一三）六月条	百済本記云、委意斯移麻岐弥。

継体九年(乙未、五一五)二月丁丑条	百済本記云、物部至々連。
継体二十五年(辛亥、五三一)十二月庚子条	或本云、天皇廿八年歳次甲寅崩。而此云廿五年歳次辛亥崩者、取百済本記為文。其文云、太歳辛亥三月、軍進至于安羅、営乞乇城。是月、高麗弑其王安。又聞、日本天皇及太子・皇子、倶崩薨。
欽明二年(辛酉、五四一)七月条	百済本記云、加不至費直・阿賢移那斯・佐魯麻都等。
欽明五年(甲子、五四四)二月条	百済本記云、津守連己麻奴跪。……百済本記云、河内直・移那斯・麻都。……百済本記云、汝先那干陀甲背・加獵直岐甲背。亦云那奇陀甲背・鷹奇岐弥。……百済本記云、為哥岐弥、名有非岐。
欽明五年(甲子、五四四)三月条	百済本記云、遣召烏胡跛臣。……百済本記云、以安羅為父。以日本府為本也。……百済本記云、我留印支弥之後、至既洒臣時。
欽明五年(甲子、五四四)十月条	百済本記云、冬十月、奈率得文・奈率奇麻等、還自日本曰、所奏河内直・移那斯・麻都等事、無報勅也。
欽明六年(甲子、五四五)是年条	百済本記云、十二月甲午、高麗国細群与麁群、戦于宮門。伐鼓戦闘。細群敗不解兵三日。尽捕誅細群子孫。戊戌、狛国香岡上王薨也。
欽明七年(乙丑、五四六)是歳条	百済本記云、高麗、以正月丙午、立中夫人子為王。年八歳。狛王有三夫人。正夫人無子。中夫人生世子。其舅氏麁群也。小夫人生子、其舅氏細群也。及狛王疾篤、細群・麁群、各欲立其夫人之子。故細群死者、二千余人也。
欽明十一年(庚午、五五〇)二月庚寅条	百済本記云、三月十二日辛酉、日本使人阿比多、率三舟、来至都下。
欽明十一年(庚午、五五〇)四月庚辰朔条	百済本記云、四月一日庚辰、日本阿比多還也。
欽明十七年(丙子、五五六)正月条	百済本記云、筑紫君児、火中君弟。

の（2）を「原文型」と名付けた（井上、一九六六、三一頁）のである。この井上の理解は、三品の類型を正確に反映していないと言わざるを得ない。

以上のように、百済三書と『日本書紀』本文との相互関係は、三品の三類型そのものに立ち返り理解しなければならない。もちろん、今後は三品の類型化の再検討も必要となるはずであるが、その前提として、仮に筆者が三品の三類型に簡略な名称を与えるならば、（3）は「複合型」のままでよいが、（1）は百済三書の引用がなされていることも重視して「要約・引用型」、（2）は『日本書紀』の本文は百済三書の原文そのままではないことを重視して「翻案型」としておきたい。

三　日本書紀の紀年と百済三書

『日本書紀』の紀年は、神武天皇の即位を紀元前六六〇年に設定しているため、実年代よりも大幅に繰り上げられていることはよく知られているが、この事実を発見したのは、明治時代の歴史家、那珂通世である。那珂は、『日本書紀』が記す肖古王以降の百済王の年代は、『三国史記』などと比べると干支二巡、すなわち百二十年古く配置されており、雄略紀以降の百済王の年代は彼我ほぼ一致していることを指摘した（那珂、一八七八）。このことは、『日本書紀』編者が『百済記』を利用して神功紀・応神紀を編纂した際に、百済関係記事を干支二巡繰り上げて配置したことを意味しており、『日本書紀』の紀年の成立過程を示すものといえる（池内、一九四七。岩橋、一九五四）。

例えば、神功四十六年（二四六相当）から五十二年（二五二相当）に配置されている、「七枝刀一口」献上を含む百済の朝貢の起源説話は、干支二巡繰り下げると三六六年から三七二年の出来事となり、泰和（太和）四年（三六九年に比定）に作成されて百済王世子から倭王に送られたとする、石上神宮所蔵七支刀銘文と符合することになる。そのため、百済と倭国との交渉開始は四世紀後半のことと考えられている（津田、一九二一。三品、一九六二。山尾、一九八九。熊谷、二〇〇一）。

この他に、『日本書紀』の紀年に百済三書が大きく影響した部分としては、継体の死去年の問題がある。継体紀では『百済本記』の「又夕聞ク、日本ノ天皇及ビ太子・皇子、倶《とも》ニ崩《ほう》ジ薨《こう》ス」との記事に基づき、継体の死去年を二十八年甲寅（五三四）から二十五年辛亥（五三一）に改めているが、安閑紀では即位のみを辛亥年に改め、元年は甲寅のままとして、壬子（五三二）と癸丑（五三三）の二年を空白にするという矛盾を来している。

この点に関して坂本太郎は、一旦二十八年甲寅と定められた継体の死去年次が二十五年辛亥に改められたのは、書紀編者が『百済本記』を尊重していたことに加え、もともとの二十八年甲寅という紀年が確かな記録に基づいていないためとした（坂本、一九六一）。この指摘は、当該期の『日本書紀』の紀年全体に大きな疑問を投げかけたものであるが、『三国史記』百済本紀では、多くの中国史料が採用されているにもかかわらず、王の系譜関係や在位年代が符合しない中国史料は意識的に排除した（坂元、一九七五・一九七六）ように、継体の死去年の問題とは全く異なる編纂方針が採られていた。『日本書紀』の紀年における百済三書の影響力の大きさと、倭国国内の記録に基づいた紀年の不確実性は、この点からも考えることができるのではないだろうか。

四　日本書紀編者による潤色（一）

『日本書紀』の分註の中で百済三書の原文を引用した部分、および百済三書を参照して作成されたとみられる『日本書紀』本文の記事には、百済三書を百済で編纂された百済の歴史書と考えた場合、明らかに不自然な表現も存在する。例えば、君主号に注目すると、百済三書ではいずれも「天皇」号が使用されている。また国号に関しては、『百済新撰』では「大倭」や「倭」と表現され、『百済記』でも「大倭」が使われているが、一方では「貴国」や「天朝」とも表現されており、さらに『百済本記』では「日本」国号が用いられている（津田、一九二一。池内、一九四七。三品、一九六二）。

このような不自然な表現を最初に指摘したのは津田左右吉である。津田は、「貴国」や「天朝」などの日本を尊敬した表現は、百済の記録で使用されることはないはずであり、書紀編者による潤色の結果と断定した（津田、一九二一）。さらに津田は、応神八年（二七八相当）三月条が引用する『百済記』の、阿花王《あかおう》が「貴国」への礼を欠いたため枕弥多礼《とむたれ》以下の地を奪われたという話も、応神三年（二七三相当）是歳条本文にある、辰斯王《しんしおう》が「貴国天皇」への礼を欠いたため殺されたという話と類似していること、応神八年三月条所引『百済記』末尾に見える「先王ノ好《よしみ》ヲ修《おさ》ム」という部分は『百済記』本来の文章と判断できることから、「日本の修史家が百濟記の本文まで捏造したといふのは、や、妄斷に近いやうではあるが、次々に述べるところを見てゆくと、このくらゐの造作は到るところに行はれてゐることが知られよう」として、書紀編者の潤色は『百済記』の引用部分にも及んでいるとした（津田、一九二一、二一四頁）。

その一方で津田は、百済三書に基づいた記事の中に、前掲の「先王ノ好ヲ修ム」や雄略五年（四六一）七月条の「兄王ノ好ヲ修ム」、武烈四年（五〇二）是歳条と欽明十五年（五五四）十二月条の「倭」のように、本来は改訂されるべき文字が原文のまま残存している部分もあることも指摘している（津田、一九二一）。また、欽明二年（五四一）四月条と欽明五年（五四四）十一月条では任那王が百済王を「大王」と称し、欽明二年七月条では百済上位の擬制親族関係が表明されているように、欽明紀には『百済本記』に基づいたと思われる百済本位の記述が残されていることにも注意している（津田、一九二一）。

ただし、このような津田の指摘はあまり重視されることはなく、書紀編者が百済三書の記事を大幅に潤色したとする部分のみが池内宏に受け継がれていき（池内、一九四七）、一九五〇年代までの通説を形成することになる。

五　日本書紀編者による潤色（二）

ところが、一九六一年と六二年に坂本太郎と三品彰英の論文が発表されて以降は、百済三書をめぐる研究状況は大きく転換する。まず坂本太郎は、「いかに書紀の編者が日本中心主義であっても、原史料を修正して自分の国を貴国と名づけたとは思われない。……また編者のしわざならば、貴国が神功・応神紀だけで消えてしまうというのもおかしい。私はすべてこれらの修正は百済記以下の書物の編者のしわざであり、書紀の編者はすなおにそれを取り上げただけにすぎないと考える」として、百済三書に施された潤色は百済三書自体の編纂段階でなされたとした（坂本、一九六一、三五五頁）。

続いて三品彰英は、「貴国という用語について夙《つと》に津田左右吉博士は注意し、……例の潤色説を主張されるが賛成し難い。書紀撰者が分註引用の原文までも改めるほどの潤色主義者であったとすれば、ひとり『百済記』の貴国だけでなく、日本にとって甚だ面白くない『百済新撰』の用語「倭」なども当然同様に潤色してよい筈の不都合な称号である。……想うに、書紀撰者よりも博士がより一層潤色主義者ではなかろうか」として、書紀編者による潤色を否定した（三品、一九六二、一一三頁。ルビは筆者が施した）。

この両説により、書紀編者が百済三書の記事を大幅に潤色したとの説は影響力を失い、問題となる表現は当初から百済三書に存在したとする説が通説化した。さらに、書紀編者は史料の原文を尊重したという想定（井上、一九六六。久信田、一九七四）も提示され、『日本書紀』の編纂方針に対する理解は大きく塗り替えられたのである。

その一方で、このような研究動向の中では、津田説のうち、書紀編者が百済三書の記事を大幅に潤色したという部分のみが取り上げられていることに注意しなければならない。確かに津田は、「書紀の編者は百済の記録を取つてもかなり大胆な變改や潤色を加へてゐる」と結論付けている（津田、一九二一、二二五頁）が、この「大胆な變改や潤色」がなされたのは、『百済記』に基づいた神功紀・応神紀の記事が中心である。また津田は、「欽明紀に於いて百濟本記をとつたところは、記事そのものに於いて潤色を要しないほど、或はむしろ潤色のできないほど、原書の記載が詳細であつたらしいから、こゝでは日本とか天皇とかいふ文字の上に潤色の結果が現はれてゐる外、内容に於いてはさしたる變改が加へてないやうである」（津田、一九二一、二二一頁）としているように、潤色の度合いは部分ごとに異なると考えているのである。「津田の潤色説」に対する批判を扱う際には、津田説全体に対する誤解や偏見の存在を念頭に置く必要があると思われる。

六　百済三書の成立年代と編纂目的

前述の通り、一九六一年と六二年に発表された坂本太郎と三品彰英の論文では、ともに『日本書紀』編者の潤色を否定しているが、百済三書の成立年代と編纂目的に対しては、全く異なる見解が提示されているのである。

まず津田左右吉の段階では、百済三書は外交以外の記事も収録した百済の史書であり、百済滅亡以前に編纂され、特定の時代のみの断片が書紀編者の手元に遺存していたとされており（津田、一九二一）、今西竜・池内宏・岩橋小弥太もおおむね同様の見解を有していた（今西、一九三〇。池内、一九四七。岩橋、一九五四）。

ところが坂本太郎は、百済三書は百済で書かれた歴史書ではなく、百済滅亡後に日本へ亡命した百済人が、持参した記録を編集・提出した書物であり、「天皇」や「日本」などの古い時代には存在しない用語や、「貴国」などの不自然な尊敬表現が見えるのは、百済三書の編者が日本の意を迎えるために修正したことによるとした（坂本、一九六一）。

これに対して三品彰英は、百済三書を百済と日本との関係に特化した特殊史的な史書と想定した上で、「日本を貴国という二人称的な呼び方で記事が綴られている『百済紀』が客観的に叙述されている普通の歴史書ではないことは、何人も容易に気付くところであろう。すなわち百済自らのために書かれた史書でなく、日本を相手として日本側に読んでもらうことを意識し、あるいは企画した書物らしく、なお一歩すすめていえば、何らかの理由と目的のもとに日本側に提出したものという感じが深い」とした（三品、一九六二、一二二頁）。そして、『百済記』の成立は欽明朝から推古朝の間であり（三品、一九六二）、「日本」が使用されている『百済本記』の成立は、推古朝以降のあまり遠く隔たらない時期とした（三品、一九六二。ただし、『百済本記』の成立は、その後威徳王代と重なる五九三年〜五九八年の六年間に限定した。三品、一九六五）。さらに、この百済三書は、旧加耶諸国における百済の指導的立場や特殊権益の歴史的根拠を日本に対して主張するため、推古朝の日本に提出されたとした（三品、一九六二）。

このうち、当初重視されたのは三品彰英の説である。それは、その当時における古代の日朝関係の通説が、末松保和の『任那興亡史』に代表されるように、日本は任那を直轄領として植民地支配し、百済・新羅を保護国としたという、戦前と同じ認識を保持し続けていたからである（末松、一九四九。山尾、一九八九）。このような認識を前提にすれば、前述した三品の説は、南朝鮮に対する倭国の支配を百済三書を利用して描き出したものということになる。この点に関しては、三品自身「日本と高句麗の交戦勢力の間に介在して王国を運営した百済の国策、特に日本の武力に依存度の高かった百済王の在位と施政は、一方日本側にとっても、大陸政策上ゆるがせにすることのできない重要事であった。……わが半島経営を詳細に叙述しようとする書紀撰者にとっては、百済王の即位・退位などの諸事項はわが国策につながる問題であり、それは単に他国の王暦を付記するという他人ごとの軽い記事ではなかった」（三品、一九六四、一一〜一二頁）と述べているように、三品が戦前以来の認識を前提として百済三書の位置付けを試みたことは明らかであろう。

七　近年の諸説と「貴国」の理解

しかし、金錫亨《キムソクヒョン》の列島内分国論（金、一九六三）に代表されるように、「任那日本府」を中心とする古代の日朝関係の見直しが進められると、戦前以来の認識を継承する三品説に対しても再検討が加えられ、新たな説が形成されてきた。そのうち最も重要なものは、「貴国」という語に注目した山尾幸久の説である。

かつて津田左右吉は、『百済記』に見える「貴国」の語は修史家の潤色とした（津田、一九二一）が、三品彰英は前後の表現や文体は「貴国」という二人称的称呼を使用するのにふさわしく、潤色がされていない語もあること（五の引用部参照）から津田説を退け、「貴国」は『百済記』本来の表現であるとした（三品、一九六二）。

これに対して山尾幸久は、『続日本紀』延暦九年（七九〇）七月辛巳条に見える百済王仁貞らの表に「降《くだ》リテ近肖古《きんしょうこ》王《おう》ニ及ビ、遙《はる》カニ聖化ヲ慕《した》ヒ、始メテ貴国ニ聘《へい》ス」とあることから、「貴国」は二人称的呼称（相手の尊称）ではないとした。また『日本書紀』では、「貴国」は単なる「上位の大国」ではなく、天つ神の子孫が統治する「可畏国《かしこきくに》」であり、「蕃国」に対する概念であるが、このような「畏怖すべき神聖観念」は天武朝以降の産物であるから、百済三書の推古朝成立説は成り立たないとした（山尾、一九八三）。

さらに山尾は、百済三書の成立が天武朝以降に降ることから、五で述べた坂本太郎の説（坂本、一九六一）を参照して、百済三書の原形は百済の史書だが、亡命百済人が再編集して『日本書紀』編纂のため日本に提出したものと想定した（山尾、一九八三）。また、『百済本記』は武寧王と聖明王の二代を対象とした史書であり、この二代の百済王による「日本の天皇への奉仕」が語られているが、これは日本に亡命した百済王の末裔氏族が、日本の天皇の臣下としての「仕奉《しぶ》」の根源を明示し、日本の朝廷での政治的地位の保全を意図したものとして、『百済本記』を編集・進上したのは百済王氏である蓋然性が濃厚とした（山尾、一九八七）。

この山尾の説は、加藤謙吉に受け継がれていく。加藤は、「天皇」号と「日本」国号の成立時期が、津田や坂本・三品の段階（推古朝もしくは大化改新）とは異なり、それぞれ天武・持統朝、大宝令へと変化したことから、「貴国」を山尾のように蕃国に対する称呼とすれば、「貴国」「天皇」「日本」という語が揃うのは七世紀末以前には遡らないとして、百済三書の編纂は持統朝以後に順次進められたとした（加藤、二〇〇四）。また仁藤敦史は、百済王氏は持統朝までは「余」姓を名乗り、本国の位階を有しているので、完全な天皇の臣下ではないが、『続日本紀』の段階では日本の官位を所持しているので、他の日本の官人同様、その系譜と奉仕の根源を語ることが要請されたことが想定できるとして、百済三書の成立を八世紀以降と考えている（仁藤、二〇一五）。

ただし、山尾による「貴国」の理解に対しては異論も少なくない。例えば栗原朋信は、『百済記』の「貴国」は君臣関係を示しているが、高麗では対等関係で使用されており、中国の古典である『国語』では君臣関係にない上位の大国に使用されたことを指摘して、「貴国」は傾斜関係で使用される用語とした（栗原、一九七八）。この理解は角林文雄と仁藤敦史に受け継がれており（角林、一九八九。仁藤、二〇一五）、さらに遠藤慶太は、『日本書紀』以外の勅撰史書では、「貴国」の用例に君臣関係を示すものは確認できないとした（遠藤、二〇一〇）。山尾説を否定した遠藤は、百済三書は百済滅亡以前に渡来して倭国内で地位を築いてきた百済系の書記官集団が編纂して、その中に自らの始祖伝承を位置付けたとしている（遠藤、二〇一〇）。

　このように、百済三書の成立年代と編纂目的をめぐる研究状況は、現在大きく揺れ動いているといえる。この点に関しては、留意すべき事例を付け加えておきたい。『高麗史』巻一五・仁宗六年（一一二八）十二月壬申条では、金から高麗に対して誓表を求める詔が下され、高麗がこれに応じて誓表を提出し、高麗が金の国際秩序に包摂されたことを伝えているが、その金の詔には「故ニ朝廷其ノ地ヲ愛サズ、特ニ割賜ヲ行フ。爾後《じご》数歳、貴国尚《な》ホ未ダ誓表ヲ進納セズ」とあり、上位の金から下位の高麗に対して「貴国」が使用されている（遠藤、二〇一〇に附載の〈討論と反省〉に言及があるが、「金が高麗に」とすべきところを「南宋が冊封下の高麗に」と誤る）。このような下位の国に対する「貴国」の用例は、十七世紀の清—朝鮮間でも確認することが可能である（『同文彙考』巻二・倭情・順治十二年五月二十日礼部回咨など。程、二〇一六）。つまり、「貴国」の語の理解に関しては、なお研究の余地が残されているということになろう。

八　百済三書の字音仮名の問題

これまでに紹介した百済三書の研究は、引用された百済三書の本文や百済三書に基づく『日本書紀』の記事を分析したものであるが、これらの研究とは全く異なる視点に基づく重要な研究として、木下礼仁による百済三書の字音仮名の検討を挙げることができる。

木下は、国史大系本『日本書紀』の本文と傍訓に基づいて百済三書が使用する固有名詞の用字を検討した結果、『古事記』や『万葉集』などにはほとんど見られない字音仮名が百済三書には多数存在しているが、これらの字音仮名はいわゆる推古朝遺文の用字と高い一致率を示すことを指摘した。ここから木下は、百済三書は推古朝遺文の作成者と同系統の文化を持つ人々により、推古朝の倭国で成立したとした（木下、一九六一）。

この木下による検討結果は、三品彰英・久信田喜一・井上秀雄・遠藤慶太の説に影響を与え、百済三書推古朝成立説の重要な要素を構成している（三品、一九六二。久信田、一九七四。井上、一九八〇。遠藤、二〇一〇）。また、井上秀雄によれば、『日本書紀』においては日本と朝鮮との固有名詞が混在することは少なく、日本と朝鮮両方の字音仮名が混用されることもほとんどないので、日本側史料と朝鮮側史料の弁別は容易であるという（井上、一九八〇）。そのため、木下の視点は百済三書の原形復元と『日本書紀』の編纂過程の双方を考える際に重要な論点になると思われる。

ただし、木下の分析手法に対しては何点かの批判が提示されている。まず三品彰英は、百済三書の直接引用部以外にも百済系字音仮名が存在することや、日本では複音でも朝鮮では短音の場合があることを指摘した（三品、一九六二）。続いて丁仲煥《チョンジュンファン》は、木下の手法の有効性を認めながらも、借音字法が百済式か日本式かということに注意するべきとした（丁、一九七二）。また山尾幸久は、倭国の書記法は百済系なので、唐の漢字音が一般化する七世紀後半から八世紀までは、倭国の文献の用字と百済系史書の用字が一致するのはむしろ当然であり、推古朝遺文との字音仮名の類似は、百済三書の撰述が推古朝の倭国で行われたことを意味するわけではないとした（山尾、一九七三）。

その他に、現在の研究状況に基づくならば、なお四点の問題を指摘することができる。まず、古い音価を利用したテキストの年代比定という方法に対しては、後世でも古い音価のまま字音仮名が使用されている場合があり、絶対的な方法ではないことが矢嶋泉により指摘されている（矢嶋、一九九七）。この指摘は、直接的には継体の出自系譜を掲載する『上宮記』所引「一云」に対してなされたものであるが、当然ながら『日本書紀』の問題に対しても傾聴に値する提言ということになろう。

続いて、『日本書紀』には百済三書以外にも「或本」による註があり、朝鮮関係の内容には百済系の史料が反映されていることを笠井倭人が指摘している（笠井、一九八一）。この指摘に従うならば、木下の分析結果は「或本」による註も含めて再検討されなければならないはずである。

さらに、推古朝遺文の成立時期に対しては、すでに多くの疑問が出されており、単純な推古朝成立説はもはや成り立たない。百済系の人物が書いた「元興寺路盤銘」に注目して字音仮名の一致を確認した笠井倭人の業績はあるものの（笠井、一九七一）、推古朝遺文の個別研究が進まない限りは、木下の分析結果を認めることは難しいのではないか。

最後に、前述したように木下は、国史大系本『日本書紀』の本文と傍訓に基づいて立論しているのだが、実は日本古典文学大系本『日本書紀』では、欽明五年（五四四）二月条において国史大系本の「哥」が「奇」と改められているように、国史大系本とは字音仮名の文字が異なる部分も存在する。これは、文字そのものに注目する木下の分析手法では致命的な問題になりえるものであり、等閑視することはできないと思われる。

九　おわりに

以上、『日本書紀』に引用された、いわゆる百済三書をめぐる研究の状況を略述した。百済三書の問題は、『日本書紀』の素材や編纂方法、紀年や信頼性に直結する問題として重要であることは言うまでもないが、百済三書に代表される百済系の史料が『日本書紀』編纂に際して使用されているということは、『日本書紀』の問題は朝鮮古代史とも関わる問題ということになる。その代表的な例としては、百済の王統譜が百済三書と中国正史と『三国史記』および『三国遺事』との間で相互に食い違うことが挙げられる。この問題に関しては、一九七一年に韓国・公州《コンジュ》で武寧王陵墓誌が出土したことにより、武寧王の実名と没年・没年齢・誕生年が判明し、『百済新撰』および『日本書紀』本文の伝える内容が確認されている（笠井、一九八一）。以上、朝鮮古代史における百済三書の重要性は依然として高いことになる。そのため、百済三書と『日本書紀』をめぐる議論は、百済の王統譜を中心とする朝鮮史の問題にも大きな影響を与えていくはずである。今後、多方面で研究が進展することを祈念したい。

参考文献

池内　宏、一九四七『日本上代史の一研究』（中央公論美術出版、一九七〇年再版）
井上秀雄、一九六六「任那日本府の行政組織」（『任那日本府と倭』寧楽社、一九七八年に所収）
一九八〇「百済三書の史料的価値」（上田正昭他編『ゼミナール日本古代史下　倭の五王を中心に』光文社）
今西　竜、一九三〇「百済史講話」（『百済史研究』国書刊行会、一九七〇年に所収）
岩橋小弥太、一九五四「日本書紀に見える朝鮮史籍」（『上代史籍の研究』吉川弘文館、一九五六年に所収）
遠藤慶太、二〇一〇「古代国家と史書の成立」（『日本史研究』五七一）
角林文雄、一九八九「百済三書の性格」（『日本古代の政治と経済』吉川弘文館）
笠井倭人、一九七一「加不至費直の系譜について―『百済本記』読解の一例として―」（『古代の日朝関係と日本書紀』吉川弘文館、二〇〇〇年に所収）
一九八一「日本文献にみえる初期百済史料」（『古代の日朝関係と日本書紀』吉川弘文館、二〇〇〇年に所収）
加藤謙吉、二〇〇四「『日本書紀』とその原資料」（『日本史研究』四九八）
木下礼仁、一九六一「『日本書紀』に見える「百済史料」の資料的価値について」（『日本書紀と古代朝鮮』塙書房、一九九三年に所収）
金錫亨、朴鐘鳴訳、一九六三「三韓三国の日本列島内分国について」（井上秀雄・旗田巍編『古代日本と朝鮮の基本問題』学生社、一九七四年に所収）
久信田喜一、一九七四「『百済本記』考」（『日本歴史』三〇九）
熊谷公男、二〇〇一『日本の歴史〇三　大王から天皇へ』（講談社学術文庫、二〇〇八年）
栗原朋信、一九七八「『書紀』神功・応神紀の「貴国」の解釈からみた日本と百済の関係」（『上代日本対外関係の研究』

吉川弘文館）
坂本太郎、一九六一「継体紀の史料批判」（『坂本太郎著作集二　古事記と日本書紀』吉川弘文館、一九八八年に所収）
坂元義種、一九七五『三国史記』百済本紀の史料批判―中国諸王朝との考証記事を中心に―」（『韓』三八）
一九七六「中国史書における百済王関係記事の検討（一）」（『韓』五五）
末松保和、一九四九『任那興亡史』（大八洲出版、一九四九年）
津田左右吉、一九二一「百済に関する日本書紀の記載」（『津田左右吉全集』二、岩波書店、一九六三年に所収）
程　永超、二〇一六「通信使関係倭情咨文と明清中国」（『史林』九九―六）
丁仲煥、泊勝美訳、一九七二「『日本書紀』に引用された百済三書について」（井上秀雄・旗田巍編『古代日本と朝鮮の基本問題』学生社、一九七四年に所収）
那珂通世、一八七八「上古年代考」（『洋々社談』三八）
仁藤敦史、二〇一五「『日本書紀』編纂資料としての百済三書」（『国立歴史民俗博物館研究報告』一九四）
三品彰英、一九六二「百済記・百済新撰・百済本紀」（『日本書紀朝鮮関係記事考証』上、天山舎、二〇〇二年に所収）
一九六四「日本書紀所載の百済王暦」（『日本書紀研究』一）
一九六五「『百済本記』の撰述年代について」（『朝鮮学報』三六）
毛利正守、二〇〇五「日本書紀冒頭部の意義及び位置付け―書紀における引用と利用を通して―」（『国語と国文学』八二―一〇）
矢嶋　泉、一九九七「『上宮記』逸文所引「一云」の資料性」（『青山学院大学文学部紀要』三八）
山尾幸久、一九七三「任那日本府と倭について―井上秀雄氏の近業によせて―」（『史林』五六―六）
一九八三「任那支配の実態」（『古代王権形成史論』岩波書店
一九八七「『日本書紀』と百済系史料」（『立命館文学』五〇〇）
一九八九「〝百済三書〟と『日本書紀』」（『古代の日朝関係』塙書房）
〔補注〕「貴国」の問題に関しては、中川ゆかり「「彼国」と「貴国」―正倉院文書中の相手側を指す「彼」の用法から―」（犬飼隆編『古代文学と隣接諸学四　古代の文字文化』竹林舎、二〇一七年）も参照。

〔コラム〕日本書紀の語法 ―和習―

和習とは

漢文は中国古典語によって書かれた文章を指し、古く東アジアにおける書記言語でもあった。言語の系統が異なる言語のことばを記す場合には、たとえば、サンスクリットのŚākyaを「釈迦」、ヒミコを「卑弥呼」、ヒナモリを「卑奴母離」などというように、固有名など現地語を重視する場合には、漢文脈において中国語式に字音でのみ読まれるように音訳されるのが習わしであった。

漢字は四世紀末から五世紀初めに本格的に日本に伝来したと見られ、朝鮮半島で行われてきた漢文に従って文章表記が始まった。その後、六世紀初頭までの日本では、漢文の枠組みに従い、固有名も借音、すなわち万葉仮名によって表記されたが、六世紀中葉になると、固有名が訓によって、たとえばヌカタべを「額田部」というように表記されるようになる。こうなると、漢文は、中国語式に字音でのみ読まれるべきものではなく、日本固有語である訓に従うべき側面をも有するものとなる。たとえば、ワカタケルは『稲荷山古墳鉄剣銘』では万葉仮名によって「獲加多支鹵」と書かれたのに対して、後には『日本書紀』巻十四のように「幼武」（『万葉集』巻一には「稚武」）のように表記されるようになる。このような、訓で読むべきことが前提とされるような表記を含む漢文は、もはや中国古典語の文章とは言いがたい。

さらに、『日本書紀』（もちろん『古事記』も）の文章中には、訓注によって日本語（和語）で読むべきことが明示されてもいる。たとえば、次のような例である。

廼以天之瓊〈瓊、玉也。此云努《ぬ》〉矛、指下而探之。（巻一神代上）

為国中之柱〈柱、此云美《み》簸《は》旨《し》邏《ら》〉而陽神左旋、陰神右旋。（巻一神代上）

「瓊」をヌ、「柱」をミハシラと読むように訓読を導いているのである。日本語による発想や説話に基づいて文章表記をしていることは明白であり、ほかにも、日本語の音節をそのまま表記したものも見える。

目大連顧謂群臣曰、「麗哉、女子。古人有云。娜毗騰耶閔麼珥〔此古語未詳也〕。徐歩清庭者、言誰女子。
（巻十四雄略紀元年三月条）

ナヒトヤハバニと読む「娜毗騰耶閔麼珥」は「汝人《なひと》や母似《ははに》」の意と考えられているが、その語句の意味が未詳であるため、漢文的に表記できず、万葉仮名でそのまま音訳したものである。これが古語であるという注記から見て、この説話には日本語で表現された原資料があることが知られる。このほか人名以外、職名にも訓注が見られる。

時以新羅人為典馬〔典馬、此云于麻柯比《うまかひ》〕。
（巻十四雄略紀八年二月条）

日本語の表現に基づいているということは、日本語独自の敬語表現が表記されることにも現れている。たとえば、「賜」や「給」は漢文では目上の者が目下の者に与えるという意の動詞であるが、動作をする者に対する尊敬の補助動詞「たまふ」に用いられるというような場合である。

乞、降洪恩、救賜他命。（巻十五清寧紀即位前紀）
大伴大連金村、輙依表請、許賜所求。
（巻十九欽明紀元年九月己卯（五日）条）

「救賜他命」は「他《ひと》の命を救ひ賜へ」、「許賜所求」は「求むる所を許し賜ふ」などというように、「賜」は尊敬の補助動詞「たまふ」として用いられている。このような用法は本来の漢文にはないもので、ほかにも、謙譲の補助動詞「まつる」に用いられる「奉」にも認められる。次の「送奉于不破而」は「不破に送り奉りて」と読まれよう。

吾者立皇御孫命之前後、以送奉于不破而還焉。
（巻二十八天武紀元年七月壬寅条）

こうした、日本で書かれた漢文が中国本来のものではなく、日本のものらしく感じられる習癖や用法を「和習」という。日本語の文章を下敷きにしているのであるから、その影響によって漢文脈全体が日本風になることは自然の成り行きであるとも言える。

変体漢文と純漢文

ところで、正規の漢文には用いられない語彙・語法・語順・用字法などを有する日本漢文を「変体漢文」（和化漢文とも）と呼び慣わしている。たとえば、『法隆寺薬師仏像銘』（法隆寺蔵、天武持統朝頃製作か）がその典型である、

> 池辺大宮治天下天皇大御身労賜時、歳次丙午年、召於大王天皇与太子而誓願賜、我大御病太平欲坐。故将造寺薬師像作仕奉詔。然当時崩賜造不堪者、小治田大宮治天下大皇及東宮聖王大命受賜。歳次丁卯年仕奉。

ここでは、「大御」「賜」「坐」の敬語表記、「薬師像を作る」という表現を「薬師像作」のように目的語を他動詞の前に位置させる表記、「造り堪へねば」のように確定条件に用いられた「者」の用法など、本来の漢文には用いられない語法が多く認められる。日本語の発想によって、そのまま書き記そうとしたことによるものである。

これに対して、語彙・語法・語順などが漢文法に適っており、中国語によるモチーフや発想によって、中国古典語の枠組みに従って書かれているものを「純漢文」（純粋漢文・正格漢文などとも）と呼ぶ。朝鮮や日本での漢文製作は母国語話者によるものか、そうでない者によるものかに拘わらず、中国語として読もうとすれば読めるという、音読による理解が可能なものは、外見的に純漢文に分類される。

しかし、その文章が、たとえば『釈迦如来及脇侍像銘』（法隆寺蔵、戊子年＝六二八年）のように、定型的な表現によっていたり短文であったりした場合には、結果として純漢文ともなりえるが、『日本書紀』のような長文のものとなると、非母語話者にとっては、時に破格・誤用が混入することは避けられない。

このような漢文からの逸脱に関しては、「〈漢文体〉であらうとして不注意にも日本語的な破格をもたらした場合と、基本的に〈漢文体〉に依拠しながら、積極的に日本語的表現を導入する場合」（西宮、

一九七〇）とがあるというように、従来から指摘されてきた。後者は明らかに「和習」であるが、前者に関しては他の作品との相対的な印象から、これまで融通を持たせた判断がなされてきて、『日本書紀』を純漢文として扱うことがほとんどであった。

これに新たな観点を提示したのが森博達で、森は歌謡の万葉仮名字母の選択や、「所」「之」を始めとする助字や語順などの語法によって、「β群とは異なり、α群の文章は、原則として正格の漢文としての吟味を経ている。倭習はきわめて少ない」と述べ、原資料や編修者の問題を取り上げた（森、一九八八）。

助字や語順などの誤用はα群に「少ない」ことは確かであるが、森が既に指摘しているように、α群（巻十四〜二十一、二十四〜二十七、三十）にも前掲の「賜」のような和習は巻十五・十九のほか、巻二十五にも見られる。また。「非」は「変形事人、非有害也」（「古鏡記」『唐代伝奇』〈明治書院、一九七一年〉所収）のように、文脈によって動詞の否定に用いられる場合もあるなど、和習という認定にはさらに検討を要するものもあるが、それまでの日本書紀区分論に和習という視点を導入した点は意義深い。ただ、原資料に依拠し、日本語を発想の基盤としているという点で『日本書紀』の文章は広義での和習を払拭しがたい。その一方、中国語に精通した者が最終的に文章のチェックを行うなどして、純漢文を目指し表現を研ぎ澄まそうとしたことも想像に難くない。

（沖森卓也）

参考文献

西宮一民、一九七〇『日本上代の文章と表記』（風間書房）
森博達、一九八八『日本の古代　第十四巻　ことばと文字』（中央公論社）

Ⅲ部　日本書紀の成立

1　記紀神話・伝承における素材・文学性・政治性

榎村寛之

一　神話を文字化するということ

倭語と漢語

『古事記』『日本書紀』の神話についてまず留意すべきは、それが外国の文字で書かれた文章だということである。『日本書紀』は本格的な漢文であり、その表現には『文選《もんぜん》』や『藝文類聚《げいもんるいじゅう》』などの漢籍からの引用がまま見られることは早くから指摘されてきた(1)。それに対して『古事記』は日本独自と認識される傾向がある。たしかにその序文には

上古の時、言意並びに朴《すなほ》にして、文を敷き句を構ふること、字に於きて即ち難し。

と記されているが、実際には『古事記』の骨子となるストーリー部分はほとんど漢文的に構成されている。

すでに下鶴隆は『古事記』について「（諸家に口誦されてきた）「本辞」を文字化した写本群から作成された特別の本（下鶴は「阿礼誦習本」とする）にもとづいて口誦されるものだったと考えられる」と指摘している（下鶴、二〇一三）。しかし留意すべきは津田左右吉が、『古事記』の仲哀天皇以前の部分について様々な素材を潤色・結合・按排したと指摘していること（津田、一九四八）、さらに「阿礼誦習本」自体が漢文に近い文字テキストだったと考えられることである。誦習本の制作者については、これも下鶴隆が指摘しているように（下鶴、二〇一六）、漢訳仏典に親しんだ仏教関係者の関与が想定できよう。とするならば、その文章化に際しては、外来思想に基づく文飾もまた考えなければならないだろう。『古事記』にも、漢文的表記というバイアスがかけられているのである。

では、神話を漢文、すなわち他国の言葉で表記するとはどういうことか。

まず認識しておくべきは、文字化された神話とは、ある程度の共通認識であった素材をもとに、漢字表記という形式に統一化されたものだということである。実は『古事記』神話は広く共有されたものではなく、『日本書紀』の神話には色々な一書があるように、宮廷神話には完全な決定版はなかった。『日本書紀』の神話は宮廷を構成する氏族に広く読まれることを意識している。しかし漢文をある程度読めるのは渡来系氏族の上層部、つまり天皇の直属官僚層と、宮廷官人としての教育を得た貴族・官人・地方豪族の子弟など、限られた人々であり、それは当時の支配層に重なる（水口、二〇一一）。すなわち文字化された神話とは、中央・地方・渡来系などさまざまな人々の価値観が反映された神の物語を、漢文というツールを用い、各種の類書を用いて、新たな形式の物語に再構成し、ランクアップして支配層が共有するという文化的営みの成果品なのである。

神話を文字化するということ

その意味で創作された神話がいきなり開示されるということは考えにくい。文字化された神話・伝承は支配層＝律令官人層の「共有情報」として許容されるものでなければならない。そして共有情報はたとえ限られた支配層にしか読めない外国語文献だったとしても、いやそれゆえに、それを継受した後世の人間に「権力によって文字化された神話はその被支配集団すべての共通認識である」と「誤解」され、それまで口承で伝えられていた民間神話を衰退、変形させる結果ともなる。くりかえすが、記紀神話は、奈良時代に「漢字を読むことができる人々が自分たちの共通認識にもとづいて、大昔の話として共有できる壮大な物語を外国語で書き、共有情報としたもの」なのである。『古事記』にしても『日本書紀』にしてもそれは変わらない。

このように、文字化された神話には、支配層の一体性を強める能力があったことは間違いないだろう。それが神話を文字化して歴史の中に組み込むことの意義であった。では、神話のモチーフとして採択された「共通認識」とは誰の、どのような認識だったのだろうか。

二　八岐大蛇神話の神話性と文芸性

八岐大蛇神話の土壌

まず採り上げてみたいのは八岐大蛇《やまたのおろち》神話である。この神話については既に様々な研究があるが、国際的・国内的な視点からこの神話を分析した三品彰英の研究をまず検討したい（三品、一九七二）。三品はこの神話について『日本書紀』の第一の一書を踏まえ、スサノヲノミコト（以下スサノヲ）が斐伊《ひい》川の水霊的神性で、巫女イナダヒメが奉斎していたという単純な神話を第一段階として想定する。しかしその段階で、『常陸国風土記』に見られる箭括麻多智《やはずのまたち》による治田神話（夜刀神《やとがみ》と対決し、祭祀を行うという説話）の要素も内在させており、そこにはイナダヒメ的犠牲物語の因子も見られたとする。次に第二段階では「大蛇物語」と「神剣物語」という「新しい伝説モチーフ」が加えられ、大蛇退治の説話は全世界的ではあるが、日本の場合は南方的要素があるとする比較神話学の指摘を踏まえ、刀剣要素には中国の竜蛇刀剣伝説の影響を指摘した上で、ペルセウス・アンドロメダ型神話が中国で刀剣伝説と習合して日本に入り、出雲びとの農耕社会の伝説と結びつくとする。そして第三段階では「刀剣奉献」と「成婚歌謡」の付与がある。いわゆる「妻籠《つまご》み」の歌には『史記』の記述の影響があるとする小島憲之の指摘（小島、一九六二）を受容しつつも、大蛇を斬り霊剣を手に入れたスサノヲが漢の高祖のように王となるのではなく、アマテラスオオミカミ（以下本章ではアマテラス）に奉献することで国体観念の枠内に収まる。三品はこれより先、朱蒙《しゅもう》神話のスサノヲ造形への影響や、五言七言形式の「八雲立つ」の歌の新しさなどを指摘している（三品、一九三二）。

さらに夜刀神神話のその後の研究を踏まえて考えてみよう。『常陸国風土記』行方郡《なめかた》の記事は、継体天皇の時代に箭括麻多智が谷戸の開発のため、鎧をまとって夜刀神という神蛇と戦って追い、人の土地と神の土地の境界に矛を立てて標とし、自らやその子孫が祝として祀るので祟るな、恨むなと祈願する、というものである。それを想起させるような六世紀初頭の首長と見られる遺体が最近群馬県渋川市金井東裏《かないひがしうら》遺跡（渋川市金井地内）で発見された。鎧を着装し、膝立ちの姿勢のまま、榛名山二ツ岳の火山災害に巻き込まれ死亡したと見られ（群馬県埋文事業団、二〇一三）、榛名山の噴火を神と見立て、祀ろうとして失敗したと考えられる。神に見立てられた様々な災異と戦いながら祀る共同体を体現する首長、六世紀初頭の人と神の関係は、まさにそういう内容だったのである。

しかし私が注目するのは、孝徳朝に再び夜刀神と対峙したという壬生連麿《みぶのむらじまろ》の伝承である。吉田晶が指摘しているように、二百年前の伝承の麻多智と、行方郡の立評者という「官人」で、ミヤケに関わる氏族で、五十年前に実在していた麿との相違は大きい（吉田、一九八〇）。麿は夜刀神をまつろわぬ神として人々を動員して追い出し、堤、つまり人口ダムを造り谷戸を開発する。そのことにより弥生時代以来の伏流水を利用した散発的な水田が、谷全体に拡大される。それはまさに首長的秩序を超え、大王の意志に沿った地域開発、すなわちミヤケの造成でつちかわれた先進的な土木技術の、地域への還元事業であった。

先進的な支配体制と技術導入による、大王やその一族による直轄の耕地、ミヤケの確立が畿内でも六世紀であることは舘野和己の指摘がある（舘野、一九七八）。それは全国に畿内王権の優越性を示すものであり、この時期に神を屠り、試す伝承が各地に見られることは偶然ではない。六世紀後半から七世紀前半は、まさに、大王の力で神を圧殺していくことが可能になった時代なのである。

そしてその意識が『古事記』の八岐大蛇神話にも反映されている。イナダヒメを扶養していたアシナヅチたち国つ神は、祝となって夜刀神を祀った麻多智と同じレベルで八岐大蛇に対峙していた。スサノヲはアシナヅチたちに、アマテラスの兄弟だと宣言しているが、すでに松前健が指摘しているように（松前、一九七〇）、この表現は『日本書紀』には見られない。スサノヲの主張は、『古事記』においてのみ有効な「王権の超絶性」を示したものである。壬生連麿の伝承を踏まえて考えれば、それは七世紀中盤以降、すなわち大化の改新以降に、伝統的な地域祭祀を置き換えながら全国に発信されてきたものなのである。(2)

八岐大蛇神話の物語的要素

このように見てくると、三品のいう第一段階には六世紀前半以前（吉田晶のいう大古墳の被葬者への隷属からの離脱を意識した村落首長祭祀の段階）の社会意識の反映、第三段階には七世紀後半以降（律令国家体制に取り込まれていく段階）のそれが比定できるように思われる。そこで問題となるのは、出雲におけるこの神話の有無とペルセウス・アンドロメダ型神話の導入期である。

三品や松前は『出雲国風土記』に八岐大蛇神話がないことを重視し、この神話が大和で制作された可能性を指摘している。しかし近年、森田喜久男をはじめ出雲の研究者たちは、『出雲国風土記』の「越《こし》の八口《やくち》」神話に注目し、これをもとに、八岐大蛇神話ができたと考えるようになっている（森田、二〇一四）。「天の下造らし大神」が越の八口を退治したという伝承は意宇《おう》郡母理《もり》郷・拝志《はやし》郷の条に見られる。天の下造らし大神は、三品が既に指摘しているように国土創成ではなく、文化創成の神と見るべきである。またこの伝承では、大穴持命《おおなもちのみこと》が越の八口を平けた後、この国を「皇孫命《すめみまのみこと》が平穏に支配する国」とした上で、出雲の支配者としての特殊性を宣言している。それは最終的な完成が天皇支配を前提とする記紀神話の完成時とそれほど隔たっていないことを示唆するものだろう。しかしここではペルセウス・アンドロメダ型神話の要素が見られない。三品が論じたほど蛇退治と姫の救出とは一体化していないようである。

実はやはり三品が指摘しているのだが、六朝志怪小説『捜神記《そうじんき》』には「猳国《かこく》」（巻十二）、「李寄《りき》」（巻十九）、など、また『幽明録《ゆうめいろく》』には「張春《ちょうしゅん》」など、怪物が女性を襲う同系の作品があり、その影響も想定すべきだろう(3)。これらは蛇や猿などの姿で現れた地域神が優れた人間によって退治されるという構成で、地域の神話が宮廷に採集され、人の物語、英雄譚となったものと考えられる。記紀神話はこれらの先行作品の影響で、小説を先祖返りさせて神話化したとも言えるのだが、『捜神記』自体の成立が四世紀後半以降と考えられているので、その流入期は早くても倭の五王の時代、おそらくは遣隋使以降、百済を介しての流入と考えられる(4)。とすれば蛇神退治神話にペルセウス・アンドロメダ型神話が流入したのは倭王権の宮廷でのことであり、その時期は六世紀後半あたりが上限と考えていいのではないかと思われる。そして多様な氏族に伝えられた神話を集積する『日本書紀』編纂段階の七世紀後半には、おおむねこの神話は、妻籠み神話と一体になり、荒ぶる水神、巨大な蛇神である八岐大蛇を、より高次の神であるスサノヲが退治し、アマテラスの秩序の中に出雲を位置づける、という形になっており、特に大王家を主たる読者と想定していた『古事記』では、スサノヲが高天原の関係者であることが強調されるようになっていたと理解できるだろう。

このような『古事記』の明確なストーリー性に対して、『日本書紀』の第二の一書ではクシイナダ（イナダヒメ）がまだ生まれておらず、スサノヲが大蛇に「かしこき神」と呼びかける、第三の一書では八岐大蛇退治が婚姻の条件として出される、第四の一書にはクシイナダ自体が出てこないなど、ペルセウス・アンドロメダ型神話が不成立である。この要素は地方神話や氏族神話ではなく、宮廷神話である『古事記』成立の段階で取り込まれたものと言えそうである。

以上、八岐大蛇神話は、六世紀の多様性のある開発伝承を素材に、志怪小説などから得たプロットに当てはめ、大王の祖先の権威の顕彰につなげるという編集プロセスを経て、七世紀後半から八世紀の王権神話の文章化の時期に至って完成したと考えられるのである。

三　伊勢神宮成立伝承の神話性と歴史性

伊勢神宮成立伝承

以前にも指摘したことがあるが、『日本書紀』では伊勢を舞台にした神々の物語は見られず、伊勢神宮は垂仁天皇の時代に神託を受けて政治的に成立したとされる。一方出雲は八岐大蛇神話以来国譲りまで神話の中に数多く出てくる。伊勢が注目されるのは神々の時代ではなく、神と人との交流の時代である（榎村、二〇一六）。つまり伊勢神宮は――少なくとも『日本書紀』の中では――時間を刻む「歴史」の中で成立したと認識されている。

しかし伊勢神宮成立起源を記す崇神六年紀は極めて不可解な内容である。まず、社会不安への対策として、天照大神《あまてらすおおみかみ》・倭大国魂《やまとのおおくにたま》二神を天皇大殿の内に並び祭っていたのを、その神勢への恐れから、天照大神を豊鍬入姫命《とよすきいりびめのみこと》に、日本大国魂神を渟名城入姫命《ぬなきのいりびめのみこと》に付けて祭らせたが、渟名城入姫命は髪が落ちて身体が痩せ、祭れなかったという。しかしその結果社会が安定したわけではなく、この後七年二月に、倭迹々日百襲《やまとととびももそ》姫命《ひめのみこと》に大物主神《おおものぬしのかみ》が、我を祭れば平和になると神託し、祭祀者として、その児の大田々根子《おおたたねこ》を薦め、さらに八月には倭迹速神浅茅原目妙姫《やまとととはやかむあさぢはらまくはしひめ》、穂積臣《ほづみのおみ》遠祖大水口宿禰《おおみくちのすくね》、伊勢麻績君《いせのおみのきみ》の三人が、大田々根子命が大物主大神を、市磯長尾市《いちしのながおち》が倭大国魂神を祭れば天下太平という霊夢を見たと報告し、二人に両神を祭らせ、さらに天社・国社及び神地・神戸のことを定めて、やっと落ち着いたのである。

そして『日本書紀』本文の神宮創祀記事は、森博達により、その用字法から、『日本書紀』の中でも最も新しい編纂最終段階に成立したことがすでに指摘されている（森、二〇一四）。取扱いには慎重を要する。

天照・大物主・倭大国魂の関係と役割

ここで三神の動きについてまとめてみよう。

天照大神　六年に社会不安の原因として倭大国魂神とともに宮中から出て豊鍬入姫命が祀るが大勢に影響なし。

大物主神　七年二月に社会不安を鎮めたければ我を祀れと託宣。祀ると社会不安は終息。

倭大国魂神　六年に社会不安の原因として天照大神とともに宮中から出るが、渟名城入姫命を病気にする。七年八月に大物主神を祀る太田々根子とともに市磯長尾市に祀らせよと神託、祀ると社会不安は終息。

比べてみると大物主神の霊験譚が骨格になり、倭大国魂神はそれに付随しているのがわかる。しかし倭大国魂神は天照大神とともに宮中で祀られており、もともと天照大神と共に天皇が直接祀っていた極めて格の高い神だとされる。しかしこの神は神話の中には出てこない。とはいえ最高神の天照大神と権力の中心地である大和の国魂神が宮中で祀られる、という形には不自然さは感じられない。ところが大和で最も有力な神は倭国魂神ではなく、大物主神なのである。

この倭大国魂神は、市磯長尾市の子孫である倭直《やまとのあたい》（大倭氏）の祀る神であるが、倭直の祖は、神武二年に倭国造になったという珍彦《うづひこ》（椎根津彦）だとされる。しかし珍彦と市磯長尾市の関係は実は明確ではない（古市、二〇一三）。しかし大倭氏が倭大国魂神と関わる伝承はたしかに存在する。それが垂仁二十五年紀の一書、つまり神宮成立異伝なのである。

この伝承では倭大国魂神は、倭姫命が、最初に天照大神を磯城厳橿之本《しきのいつかしのもと》で祀り、丁巳年に伊勢国渡遇宮《わたらいのみや》に遷した時に、穂積臣の遠祖大水口宿禰に憑いた神として現れる。つまり伊勢神宮の遷座と同時期に祭祀が始まったとし、宮中での祭祀については触れておらず、渟名城稚姫命《ぬなきわかひめのみこと》が病に倒れた後に祀った「長尾市宿禰」が大倭直の祖となったとしている。大倭氏が倭大国魂神を祀ったことは明らかで、大倭直は大倭国造なので「倭大国魂神は大倭国造の祀る大倭神社の神」という説明が成立する。しかしこれは、『日本書紀』の本文と一書と「大倭神社」の名からの推測によって構築されている「蓋然性の高い理解」であることを忘れてはならない。

倭直氏の伝承の形成

この一書の主要部分は大倭氏の家記に拠っている可能性が高い。しかし留意すべきは、持統五年（六九一）八月に、その祖先の墓記の上進を命じられた氏族の中に大倭氏がいないことである。この氏族は大三輪氏・穂積氏以下十八氏族なので、三輪氏系の大物主神伝承は遅くともこのころには宮廷に入っていたものと見られる。では大倭氏の伝承の流入経緯はどのように考えられるか。穂積臣の祖、大水口宿禰は本文・一書ともに見られる人物で、倭国魂神の祭祀を行う人物について夢告を受けたとされる。本文の託宣部分は、穂積氏の家記を介して流入した可能性が指摘できよう。ならば一書も穂積氏の家記によるかというと、単純にそうとは認めにくい。その内容の具体性から見て、やはり大倭氏の家記であり、『日本書紀』本文の形成後に採用された異説と考えられよう[5]。

早くに直木孝次郎が指摘しているように、持統六年二月には伊勢行幸への三輪朝臣高市麻呂《みわのあそんたけちまろ》の反対があり、同年五月の新宮（藤原宮）造営決定についての報告が、伊勢・住吉・紀伊とともに大倭社にも行われたように、三輪の立場が悪化し、伊勢と大倭が同列に考えられていた（直木、一九七一）。また、おそらく最初の律令国造だった大倭五百足は持統三年生まれの子に、倭大国魂神を初めて祀ったところと同じ「長岡」の名を付けている。これらの事実から見て、大倭氏の家記の採録は持統朝か文武朝頃の可能性が高い。しかし大倭氏がわざわざ垂仁朝丁巳年という年を強調する理由は特に見当たらない。これは大倭氏の家記が成立した頃の伴造氏族層の共有認識で、大倭氏はそれを率先して氏族伝承に取り込んでいたということではないか。

伊勢神宮成立伝承の成立過程

とすれば、『日本書紀』の伊勢神宮成立記事については、次のような成立過程が想定できる。

1　倭姫命が倭健命（『日本書紀』では日本武尊）を伊勢神宮の加護で助けただけで、神宮創始記事がなかった段階(6)

2　倭姫命が丁巳年に天照大神を大和から宮外に出し、さらに伊勢に移したとする段階

3「崇神朝に神祇制度が確立され、天照大神が特別に皇女によって祭祀される」という史観が形成され、豊鍬入姫命が天照大神を宮中から出し、倭姫命が受け継いで伊勢に移したとする段階

いうまでもなく『古事記』は第一段階を拡大したもの、『日本書紀』一書は第二段階からの派生、本文は第三段階を反映している。しかし景行天皇の時代に倭姫命が伊勢神宮に仕えていたとすれば、『日本書紀』では暦を採用しているので、垂仁二十五年の神宮創祀から百十四年後の事になってしまい、垂仁朝にまで話を拡大すると倭姫命があまりに長命となり、不自然極まりない。そこで景行二十年に五百野皇女《いおののひめみこ》を伊勢に遣わすという記事を作成し、豊鍬入姫命以来の伊勢神宮成立の物語には一旦ピリオドを打ったのであろう（榎村、二〇一七）。すなわち、『日本書紀』本文では景行天皇の時代には景行天皇の皇女が伊勢にいた、として、一方で昔から知られた倭健命と倭姫命の伝承を、日本武尊とオバの倭姫命という新たな物語として、独立・

再生させようとしたのではないだろうか。

伊勢神宮成立伝承の政治性

このように、伊勢神宮の成立は、『古事記』段階の「何となく垂仁朝頃」という素朴なイメージから、天社・国社制度が確立した崇神朝を前提に、垂仁朝で具体化する、という詳細な「歴史」に発展していったと考えられる。そこに見られるのは、神祇官制の整備、天神地祇意識の形成、壬申の乱の経験に基づく伊勢・美濃地域の政治的重要性の上昇とその対応としての持統天皇の伊勢行幸など、七世紀後半の中央集権的神祇政策を反映した歴史意識であろう。つまり、律令国家の原点を崇神朝に求める、という伝統意識である。しかしなお留意しておきたいのは、『日本書紀』段階でも伊勢神宮成立伝承はまだ不完全なものだった、ということである。

そもそも伊勢神宮では、七世紀中盤に大きな改革が行われた可能性が高い。それは『皇太神宮儀式帳《こうたいじんぐうぎしきちょう》』に見られる神郡の成立からうかがえる。孝徳朝から天智朝にかけて神宮では神宮領が度会郡・多気郡の二神郡と一般の郡の飯野郡に分割され、神郡の郡司は新家《にいのみ》氏、麻続《おみ》氏など倭王権を構成していた氏族が就任した。また、この頃は中臣氏が大神宮司となり、内宮・外宮の禰宜氏族が荒木田神主氏・度会神主氏に分離されるなど、神宮祭祀氏族の統制も行われる。神宮の「歴史の形成」は、このような改革とも無関係で行われたとは考えにくい。とすれば神宮創始伝承の形成は、七世紀中盤を上限として、『日本書紀』成立までの約七十年に集約して行われた可能性が高い。ならば未だ不備な個所があっても不思議ではない。たとえば伊勢神宮は外宮と内宮で構成されているが、外宮の成立についてはまだ語られていない（山村、二〇一六）のである。『古事記』『日本書紀』段階での伊勢神宮の「かたち」は未だ不鮮明なレベルに留まっており、それは斎王制度整備の問題とも関係してくる。

大宝元年（七〇一）　大宝律令公布

同　年　　斎宮司を寮に準ず

養老四年（七二〇）『日本書紀』完成

養老五年（七二一）　井上内親王卜定

斎王という法制用語は、律令にも『日本書紀』にも出てこない。しかしそれらが完成した直後に斎王制度の充実が行なわれたのは注意すべきである。これは斎王の存在を通じて伊勢神宮の権威を強く印象づけるイメージ戦略と考えられる。伊勢神宮の成立伝承は、天照大神との位置付けと天皇制の確立のためには欠かせない「物語」であった。伊勢神宮の整備は記紀で語られていたことの現実化であり、その浸透は八世紀前半の斎宮整備と連動して進められていた。大化の改新で神宮体制は一度解体され、それから百年近くかけて律令制的な神宮が再建されたといえる(7)。

天照大神の権威確立のために重要なのは伊勢神宮と斎宮であり、『日本書紀』の伊勢神宮成立伝承には、それを歴史の中に再注入していく強い意志がうかがえるのである。

四　丹後国風土記の浦島子と豊宇賀能売の伝承性と文芸性

浦島子伝承のいろいろ

次に、記紀とも関わる神話と文学の関係を、『丹後国風土記』を例に考えてみたい。『丹後国風土記』は逸文のみの文献であるが、二つの物語とともに広く知られている。浦島子と天女の伝承で、すでに下出積与（下出、一九六八・一九八六）をはじめ数多くの研究が見られる。

まずその一は『釈日本紀』に引かれた「浦嶼子《うらしまこ》」の海神宮訪問伝承である。土居光知は、この伝説は『日本書紀』雄略二十二年紀が「詳しくは別巻に見られる」としているもので、その原典は『丹後国風土記』逸文が論究する伊預部馬養《いよべのうまかい》の書いた『浦島子伝』であるとする。また、『丹後国風土記』逸文と『西王母伝《せいおうぼでん》』『遊仙窟《ゆうせんくつ》』との関係を指摘し、仙界の美女と戯れるのは『西王母伝』のモチーフだが、仙界を西に求めず海中とするのは在来の「常世」認識の反映、酒池肉林を楽しむのは『遊仙窟』の影響とするのが興味深い（土居、一九七三）。一方、同様に浦島子伝承を論じた三舟隆之は、「別巻」の内容についてはよくわからないとした上で『丹後国風土記』の浦島子伝承には「五色亀」「風流之士」「仙家」「蓬山」などの表現があり「伊預部馬養が神仙思想的知識によって在地の共同体が伝えた伝承に潤色を加えた」とする（三舟、二〇〇九）。しかし『日本書紀』においても、浦島子が亀の変じた美女と海に入り、「蓬萊山」に至り、仙境に遊ぶと神仙思想的表現がある点は三舟も認めるところである。そして重視すべきは、先述した下鶴隆の指摘である（下鶴、二〇一六）。下鶴は、浦島子伝承に見られる水野祐（水野、一九七五）、重松明久（重松、一九八一）、下出積与らの指摘した神仙思想について批判的に検討し、浦島子伝承は固有神話に神仙思想の要素を加味して形成された伝承であり、道教的要素を加えた中国仏教を奉じた僧たちをその作り手に措定する。具体的な形成主体にまで踏み込んだものとして興味深い。すでに多くの先賢により指摘されている通り、『万葉集』巻九―一九四〇には高橋虫麻呂による「墨吉の水江の浦島子」の長歌が見られる。三舟は『丹後国風土記』と『万葉集』の浦島子伝承を比べ、丹後系の方が古い可能性があるとするが、『万葉集』の言葉は「海若の神の女」「常世」「妙なる殿」などの地方神話的なタームに過ぎない。下鶴はこの伝承は安曇連のような海民集団が伝えていた海神宮訪問伝承をベースに、神仙思想を加味して形成されたもので、本源地を丹後国与謝郡にする必要はないとする。私も東方海上に異界、常世国を求める古代社会に民間伝承としての浦島子伝承が広がっており、それを神仙文学的にまとめ直し、『日本書紀』の雄略紀に採録したのではないかと考える。ただ留意したいのは、各地に存在していた浦島子伝承が、雄略朝の「歴史的」記事となるには、おそらく中国的教養を持つ渡来系官人や仏教関係者の関与による相当な再構成が必要だったということである。そして『日本書紀』の浦島子伝承について考えるべきは、なぜ雄略紀に唐突に浦島子伝承が現れるのか、という問題である。

神と人の物語の終焉

すでに多くの指摘があるように、雄略朝は令制前のある段階には王権初発の時期と認識されていた。『日本書紀』でも、天皇と神が直接交流する伝承は、雄略紀で終わる。雄略紀では、三年に「伊勢大神」に仕えた稚足姫皇女《わかたらしひめのひめみこ》（栲幡娘姫皇女）が密通を疑われて自害したが、腹中には水と石（つまり神の子らしきもの）があるのみだったこと、四年に天皇が葛城山の神と出会い「有徳天皇」と人びとに讃えられること、五年に天皇が葛城山で霊鳥と出会い、大猪を退治すること、七年に三諸山の大蛇神を少子部蜾蠃《ちいさこべのすがる》にとらえさせること、そして二十二年に浦島子が蓬莱山へ到ることなど、神話的事件が頻発するが、以後はこのような事件は全く見られない。そして『日本書紀』には雄略の没年齢は書かれていないが、『古事記』は一二四歳で、最後の長命な天皇とする。つまり『古事記』の雄略は最後の神話的人物であり、『日本書紀』は神話的エピソードを持ちながらも現実世界との橋渡しとなる実在的人物という意識でまとめているといえる。その『日本書紀』において浦島子伝承は、ダイジェスト掲載とはいえ「神と人の時代の掉尾《とうび》を飾る」物語となっている。東野治之は、小島憲之の研究を踏まえ『日本書紀』の類書を用いた大幅な作文箇所は継体紀以降になると姿を消すと指摘し、年数の引き伸ばしとの関係を論じている（東野、二〇一七）。瀬間正之は雄略紀の「葛城山の猟」の記事に多くの類書利用が見られることを指摘しており、『古事記』的伝承が『日本書紀』において漢語による文飾でより物語としての完成度を高めたことがうかがえる（瀬間、二〇一一）。

私は以前、稚足姫皇女の物語から、雄略は神と交流し、神を疑い、ついに滅びる王として造形された可能性を指摘した（榎村、二〇一二）。『古事記』でも雄略は葛城山で大猪や神に出会う天皇とされるが、『古事記』ではもともと清寧以降は簡略になり、近い時代への関心の薄さがうかがえる。それに対して、『日本書紀』はこの後が歴史書的な記述になる。「神と人の物語」の最後に「最も文学化された神話」を付け、ここから時代が変わるという意識を明確にさせるのが『日本書紀』の構想なのである。

このように浦島子伝承は『日本書紀』の神と人が交錯する時代の掉尾に語られる物語として取り込まれたものと考えられる。神話から歴史に展開する『日本書紀』においては、浦島子と仙女の別離は、神と人の別離として意味を持つものであった。

羽衣伝説と食物神

さて、『丹後国風土記』逸文で今ひとつ注目できるのはいわゆる羽衣《はごろも》伝説である。天から乙女たちが下りて来て、その一人が羽衣を隠され、地上に留まるという物語は世界的な異類婚説話に見られ、『近江国風土記』逸文にも見られる。しかし『丹後国風土記』では、降臨した天女、八乙女の一人が老夫婦に羽衣を隠され、その娘となって霊酒を醸造するが、やがて追い出されて泣きながら各地を巡り、最後は奈具《なぐ》社の神、豊宇賀能売命（トヨウカノメノミコト）となったとするアレンジがなされている。すでに下出が指摘しているが（下出、一九六八）、これは本来神婚譚であった羽衣伝説を二次的に改変した作品、つまり渡来系氏族を介して流入した羽衣伝説の「文芸」化と考えられる。トヨウカノメという神名は、豊かな「うか」の女神と理解されるものであり、「うか」はスサノヲの娘神で大年神《おおとしのかみ》の妹とされ、後に稲荷神ともみなされる宇迦之御魂神（ウカノミタマノカミ）と同様に穀霊を指す古語で、その祭祀は中国の大稷《たいしょく》祭祀と同様の、生産を司る神の祭祀であったと考えられる。大殿祭祝詞《おおとのほがいののりと》では、宇賀能美多麻（ウカノミタマ）と屋船豊宇気姫命（ヤブネトヨウケヒメノミコト）が共通する神とされており、伊勢神宮の止由気宮（外宮）の祭神豊受大神（トヨウケノオオカミ）とも通じる。この神は『止由気宮儀式帳《とゆけぐうぎしきちょう》』では丹波国の比沼真名井《ひぬまない》の神として出てくるが、『丹後国風土記』や八乙女との関係は見いだせない。[8] さらに『摂津国風土記』逸文にも豊宇賀能売命（トヨウカノメノミコト）が見られるが、神宮や八乙女との関係は窺えない。『丹後国風土記』はかなり例外的なのである。たとえばツキヨミに殺される保食神（ウケモチノカミ）の「ウケ」、スサノヲに殺される大気津比売神（オオゲツヒメ）の「ケ」つ姫なども、食物神、つまり食べ物を与えてくれる神である。外宮の神も「ケ」の神で、御年神、すなわち穀霊を指す言葉と考えられる。「ケ」の祭祀は基層的な祭祀として、広範に存在していたものの一つであろう。ところが天照大神は御年神やオオゲツヒメなどの穀霊を支配する一段階上の神として祀られるようになった。それは中国のような大稷ではなく、皇室守護神（神話では血統的な祖先神）が穀霊神を支配している日本独特の体制であり、伊勢のトヨウケノオオカミは、全国の穀霊神を代表して斎王と勅使の拝例を受ける神となったと考えられる。

それは天照大神が全ての穀霊より、あるいはその地域で穀霊を支配している地域神よりも上位概念だという意識に基づくものだといえる。

ところが地方の穀霊神は別の形で「文明化」を遂げる。穀霊は単純な穀霊ではなくなり、丹後の場合、天女の一員というモチーフを借りて、酒を醸す神に転化し、[9] 悲劇のヒロインとなる。高天原神話に取り込まれなかった神も、律令体制下の神格として、新たな性格を与えられるのである。

そして羽衣伝説は『捜神記』第十四にその類例を見ることができる。ある男が鳥から変身した女の毛衣を隠して妻にし、娘三人を得たが、女は娘に毛衣の隠し場所を訊ねさせ、発見して飛び去り、やがて娘たちも連れて行ったというものである。六朝文芸、特に神仙譚が日本古代の文学活動に大きな影響を与えたことを考えれば、こうした物語がたとえば百済系渡来人を介して日本に入り、各地に定着していたことは十分に考えられる。各地に広がった文芸素材と、同じく広範囲に分布した穀霊神の信仰とが結びつき、一つの物語となったのが『丹後国風土記』逸文の豊宇賀能売命の話と考えられる。

そこには、

天の原　ふり放《さ》け見れば　霞立ち　家路惑ひて　行方知らずも

という歌に結実する、初期的な歌物語のような文芸意識も見られるのである。

おわりに

神話を文学に昇華する七世紀

かつて直木孝次郎は、大化以前の素朴な記紀歌謡から文芸的和歌への展開について、美術や建築などの分野より内省的な発展が必要なために総体として遅れるとし、七世紀中葉の天智朝に大きな画期を求め、貴族文化が花開く時期とした（直木、一九七六）。この時期には百済からの大量の文化情報の渡来が想定でき、『懐風藻』所載の漢詩の上限が求められるなど、修辞としての漢文教育についても大きな飛躍が見られたものと考えられる。さらに直木は天武朝の宮廷が律令官制の整備期で、その改革が「祭祀や葬送等の宗教儀礼における呪術性の減少という効果をもたらした」とし、「現身の天皇を神と仰ぐ思考は、アニミズムやナチュリズムの系譜をひく霊威神・自然神の信仰の後退がなければ、成立しないであろう」とする。宮廷和歌の文化は天武朝の柿本人麻呂を中心に大成されるが、それは人麻呂一人の文化ではなく、その背景に当然多くの知識人がいたのであり、彼らは文芸的な神話の形成にも深く関与していたと考えられる。その断片こそが『日本書紀』の「一書」なのだろう。彼らの活動は日本という国の形成に直結し、同時にその「伝統」である神話の形成にも大きな影響を与えたものと考えられる。

神話の構造変化と国家形成

神話は本来生の魚のようなものだった。『播磨国風土記』を媒介に益田勝実が論じたように（益田、一九八三）、天と地を行き来するような古伝承は各地に見られたが、物語というにはあまりに素朴な語りだった。いわゆる記紀神話は、そこに「ころも」を加えたようなものと言えるのかもしれない。そのころもには古代朝鮮神話の影響もあっただろう（大脇、二〇一二）、南朝志怪小説の影響も見られただろう。知識を提供する百済系渡来人＝亡命文人、道教的知識を持つ仏僧、歴史として外見を整える中国系渡来人（森、一九九九）も大きな役割を果たしただろう。記紀神話は広範に存在したと見られるモチーフをもとに、「壮大なストーリーだが、どこかで聴いたような気がする物語」としてまとめなおされたものと考えられる。それが「作品としての神話」、つまり記紀神話であると私は考える。その最終形態が、『日本書紀』の本文だったと理解するのである。

六世紀、ミヤケの設置に代表される大規模開発の著しい進展と自然界との軋轢を通じて、氏族や地域の統合性を希求する政治的神話は少しずつ形成されていった。それが七世紀後半に国家的神話として体系化される。とすれば、支配体制の確立と神話の統合は同時進行で行われたものと考えられる。法の整備と天神地祇制（神の秩序化）は同時に起こるのである。

しかし同じ神話の形成でも、『古事記』と『日本書紀』ではいささかの相違があったと考えられる。『古事記』は大王家のフルコト＝古い記録の定形化を意識したものであり、天皇「家」の形成とともに秘伝の形で形成された。そして『古事記』は文芸的で、あくまで「古代」の話であり、現実の社会には直接の影響力は乏しい。『古事記』の神話に該当するのは『日本書紀』の「一書」が作られた時期である。たとえば伊勢神宮成立についての大倭氏の異伝に見られる「大地官」という職制などは律令官制成立以前の修辞の反映といえるだろう。このような在来の神話伝承を、よりステージアップさせた政治的な起源神話の外枠は七世紀後半から八世紀初頭期に完成したと見るべきだろう。『日本書紀』本文の神話にはそれほどの物語性は見られないが、一書と並列させて、当時の感覚としてはより完成度が高く、あたかも歴史書のような漢文体で綴られる。そこには律令官僚制の基盤をなす氏族制的な政治体制の中で、各氏族の家記の神話を「正史」という枠の中に取り込み、王権への従属性を強める意図があったものと見られる。そして『日本書紀』では神武即位以降のいわゆる歴史的な時代になっても、伊勢神宮成立や日本武尊の伝承など、それまでの神話的な伝承を改変して一定の史観のもとに取り込んでいくことがしばしば見られる。氏族伝承は現代（『日本書紀』編纂時）に続く流れの中に再配備されていくのである。それはまさに年号を持ち、時間の支配者として天皇を位置付ける歴史意識の中の神話で、八世紀初頭から『日本書紀』編纂完了期までに完成したといえるだろう。

そしてこうした「神話の物語化」は以後の文芸をも規定する。『丹後国風土記』逸文に見られる浦島子伝承などは、まさにそうした所産として、地方の神話をステージアップしていくのである。

『日本書紀』神話は、奈良時代の支配層にとって現代の王権の根本としての神話である。それは天皇専制国家の確立と維持という「現代的課題」を持ちつつ、天皇・貴族・豪族など支配層の共通記憶をも否定しない、極めて現実的な配慮がなされた政治神話だったのである。

注

（1）『日本書紀』の典拠論については、江戸時代の谷川士清『日本書紀通証』（一七六二年）、河村秀根・益根『書紀集解』などに始まる。近代において出典論を進化させたのは小島憲之で、新編日本古典文学全集『日本書紀』（小学館、一九九四〜六年）にその成果は大成されている。

（2）『日本書紀』孝徳即位前紀に、孝徳が神の道を軽んじた例として「生国魂社の樹を伐らせた」とあるように、この時期には天皇（大王）の神への優位性が強調される傾向が見られた。

（3）「猳国」は巨猿が女性を攫《さら》い子孫を残す話で、欧陽紇《おうようこつ》が白猿に攫われた妻を取り返すが、妻が猿によく似た子、欧陽詢《じゅん》を産んだという唐代伝奇『白猿伝《はくえんでん》』に影響を与えたとされ、「李寄」は生贄を志願した女性が九人の生贄の少女を食べてきた大蛇を退治する話、「張春」は鰐と娘の婚姻とその失敗の話である。

（4）民間交易による流入も考えられないわけではないが、後の遣唐使による本の積極的な入手から考えて、『捜神記』成立当時の倭国に小説の需要があったとは考えにくい、あるいは渡来系知識人＝今来漢人の知識や類書のようなストーリー抜粋集成本の形として入ったことを想定すべきかもしれない。

（5）なお『皇太神宮儀式帳』を見る限り、伊勢神宮成立について神宮には独自の伝承はなかったようである。神宮は六世紀末期から『日本書紀』に記述がなくなり、神宮の地位を決定づけた壬申の乱の記事は神宮側には不正確な伝承しか見られない。本来の神宮古伝は散逸したか採択されず衰退したか、と考えられる。

（6）儀式帳をはじめとした神宮側の伝承には、ヤマトタケルの痕跡が見られず、鎌倉時代に成立した『倭姫命世記』に初めて見られるものの、ほとんど『日本書紀』の引き写しである。
（7）伊勢神宮の構造は古代都宮に似ている。古代都宮の原型は難波長柄豊碕宮に遡るが、七世紀中期に伊勢神宮が成立したとは単純に言い難い。注意すべきは藤原宮以降ではあるが、あるいは天武十二年（六八三）の難波副都の造営と、持統の伊勢行幸を契機として、難波宮形の都宮様式が採用されたと考えることもできる。
（8）伊勢神宮の側には、外宮成立伝承についての詳しい記事は存在していなかったようで、鎌倉時代の内外宮の争論記録『皇字沙汰文《こうのじさたぶみ》』でも、内宮が提出した外宮の由来資料は『丹後国風土記』逸文で、外宮は『倭姫命世記《やまとひめのみことせいき》』において豊鍬入姫命が丹後に天照大神を移していた時期があるなど強弁を行っている。
（9）天女が口で米を噛み酒とするのは古代の酒造方法として説明されることが多いが、保食神が口から米飯を出すとすることとの類似にも注意すべきであろう。「ケ」つ神が古いタイプの食物神だったことの痕跡とも理解できる記述である。

参考文献

榎村寛之、二〇一二『伊勢神宮と古代王権』（筑摩書房）
二〇一六「神話の出雲と歴史の伊勢」（『日本書紀研究』三一、塙書房）
二〇一七『斎宮―伊勢斎王たちの生きた古代史―』（中央公論新社）
大脇由紀子、二〇一二『古代朝鮮神話の実像』（新人物往来社）
公益財団法人 群馬県埋蔵文化財調査事業団、二〇一三『埋文群馬』〇五七
小島憲之、一九六二『上代日本文学と中国文学』上（塙書房）
重松明久、一九八一『浦島子伝』（現代思潮社）
下出積与、一九六八『神仙思想』（吉川弘文館）
一九八六『古代神仙思想の研究』（吉川弘文館）
下鶴　隆、二〇一三「帝紀とフルコト―『古事記』序文読解の試み―」（『市大日本史』一六）

瀬間正之、二〇一六　「古事記の仏教的文体とフルコト」（祭祀史料研究会編『祭祀研究と日本文化』塙書房）
瀬間正之、二〇一一　「日本書紀の類書利用―雄略紀五年「葛城山の猟」を中心に―」（新川登亀男・早川万年編『史料としての『日本書紀』―津田左右吉を読みなおす―』勉誠出版）
舘野和己、一九七八　「屯倉制の成立―その本質と時期―」（『日本史研究』一九〇）
津田左右吉、一九四八　『日本古典の研究』第三篇「神代の物語」第一章「緒論」（岩波書店）
土居光知、一九七三　「神話・伝説の伝播と流転」（『神話・伝説の研究』岩波書店）
東野治之、二〇一七　「日本書紀と古代史」（『大美和』一三三、大神神社）
直木孝次郎、一九七一　「古代の伊勢神宮」（『神話と歴史』吉川弘文館）
　一九七六　「文芸の創始と展開」（『岩波講座　日本歴史　古代三』岩波書店）
古市　晃、二〇一三　「倭直の始祖伝承に関する基礎的考察」（『続日本紀研究』四〇四）
益田勝実、一九八三　「古代人の心情」（『益田勝実の仕事4』筑摩書房、二〇〇六年に所収）
松前　健、一九七〇　「八岐大蛇神話の構造と成立」（『松前健著作集第七巻　日本神話と海外』おうふう、一九九八年に所収）
水口幹記、二〇一一　「奈良時代の日本書紀読書―養老講書をめぐって―」（新川登亀男・早川万年編『史料としての『日本書紀』―津田左右吉を読みなおす―』勉誠出版）
三品彰英、一九三二　「フツノミタマ考」（三品彰英論文集第二巻『建国神話の諸問題』平凡社、一九七一年に所収）
　一九七一　「出雲神話異伝考」（三品彰英論文集第二巻『建国神話の諸問題』平凡社、新稿）
水野　祐、一九七五　『古代社会と浦島伝説』上・下（雄山閣）
三舟隆之、二〇〇九　『浦島太郎の日本史』（吉川弘文館）
森田喜久男、二〇一四　『古代王権と出雲』（同成社）
森　博達、一九九九　『日本書紀の謎を解く―述作者は誰か―』（中央公論新社）
　二〇一四　「皇祖天照大神はいつ誕生したか―「日本書紀」区分論から史実を探る―」（『京都産業大学日本文化研究所紀要』一九）

山村孝一、二〇一六「天孫降臨と登由宇気神―古事記「次豊由宇気神此者坐外宮之度相神」から見えてくるもの―」（祭祀史料研究会編『祭祀研究と日本文化』塙書房）
吉田　晶、一九八〇「村落首長と祭祀」（『日本古代村落史序説』第二章の二、塙書房）

2　日本書紀の暦日について ―雄略紀を中心に―

細井浩志

はじめに ―問題の所在―

本稿の目的は、『日本書紀』（以下「書紀」）の暦日が、どのように決定されたかを明らかにすることである。ここでの「暦日」とは、暦（暦法）により与えられる月日のことであり、広い意味では年も含む。なお本稿で書紀編者（以下「編者」）・編纂という場合は、天武朝に始まる編纂事業でのそれを意味する。

書紀は中国の史書の原則を継承して、暦日を記す。ところが書紀編纂時の日本の宮廷には、対象とする文武天皇即位（六九七年）以前について、暦日を記した記録が多くはなかったとみられる。このため編者は、蒐集した資料から抽出した事件に暦日を与えるため、種々の努力をした。例えば神武天皇即位の年月日を讖《しん》緯《い》説で定めたり、倭国の動向を記した外国史料の年月日を基準に、他の事件の年次を定めたりした。

この点に関しては、紀年論をはじめとする優れた先行研究がある。だが紀年論は、現代の古代史研究が明らかにした歴史的事実と書紀の紀年のずれの原因は何か、書紀の暦日はどのような暦法に基づくか、讖緯説による場合はいかなる周期を採用したのかといった、史書としての論理的構成原理に注目したものが多い。

一方、書紀の編纂は長期にわたり、その間の編集方針が一貫していたとは思えない（細井、二〇一五b）。書舎人親王を総裁とした最終段階、それ以前の編纂段階、さらに原資料といった各段階に記された暦日が、書紀には混在するはずである。

書紀の各暦日がどの段階のものかを判断するために、第一に書紀が対象とする時期の倭国の暦使用の実態を知る必要がある。五世紀のヤマト政権で中国流の暦が使われたことは、出土刀剣銘からほぼ確実である。しかし暦がある程度広く頒布される頒暦制度が成立するのは七世紀後半の律令国家成立期（恐らく天武朝）であり、それ以前の暦の普及を過大評価はできない。また倭国に暦の面でも大きな影響を与えたのが百済で、その百済人が編纂した百済三書は、書紀の構成にも大きな影響を与えている（遠藤、二〇一五）。ところが百済でも、中国流の暦の普及には段階があったはずである。つまり百済の暦使用の実態をも考慮して、初めて書紀の暦日が、同時代記録に基づくか否かが判明する。

第二に、書紀対象時期の倭国の記録保存についても、実態の解明が必要である。律令国家では文書行政が行われ、文書は公式令などに見られる規定に添って保管される。しかし書紀の対象時期は、概ね律令国家成立以前で、政務における文字使用の場面はずっと少なかったはずである。確かに書紀完成に近い時期なら、事件発生の大まかな年月が、生存者の記憶または氏族・地域の口承で伝えられたかもしれない。だが正確な日付は、記録がなければわからなくなる場合が多かったはずである。

以上の二点を踏まえることで、書紀の暦日と、暦日が付された記事内容の信憑性を判断する手がかりが得られるはずである。なお書紀の書写過程での誤写、または編者が日付を干支に換算する際に誤った場合もあり（有坂、一九八二：第一章。小島、二〇〇三・二〇〇六）、この点は常に注意が必要である。また最後に述べるが、編年と月日の決定とは論理を異にする場合があるので、本稿では後者に重点を置いて考察する。

一　日本書紀の暦日の概観

書紀記事への暦日付与の方法

書紀の暦日は、大まかにわけて、①原資料に暦日がある場合（それがそのまま記事の暦日とされる）、②原資料に暦日がない場合（編者が推測・作為により暦日を与える）、③原資料に暦日があるが、編者の操作で本来とは異なる暦日となった場合、以上の三ケースが想定される。

①はたとえば百済三書で、暦日を伴う倭国関係記事をもとに、書紀本文を書いたものがあげられる。②は神武紀やいわゆる欠史八代（二代綏靖～九代開化紀）などの暦日であり、紀年の配置がきわめて不自然で架空のものとみなされている。辛酉年正月庚辰朔とされる神武天皇即位年月日[1]は、その代表例である。また清寧三年十一月戊辰（十八日）条のように、編者がある行事を、後世の行事（この場合は豊明節会）の標準的な式日（中辰日）に当てたものもある。③の代表例は、干支年二運一二〇年のずれである。これは編者が神功皇后を

『魏志』倭人伝の卑弥呼に擬したためである。干支年は六十年周期なので、事件が実際とは六十年単位で前後することがあり得る。

仏教公伝の年も同様である。欽明十三年（五五二）十月条の公伝記事は、末法元年のため設定されたものとの指摘がある（吉田、二〇一二など）。一方、元興寺系史料では、欽明天皇の戊午年（五三八）が仏教公伝の年とされる。恐らく八世紀の仏教界では、欽明朝戊午年に仏教が百済より公伝したとの有力な伝承があったが、書紀の欽明紀が戊午年を含まないため、理論的推測として欽明朝の末法初年に記事を設定したのだろう。

また原資料には年しかないのに、月や日を与える場合も②に入る。外国史料などで何らかの事件の暦日を確定して、その時在位したと想定される天皇の在位年内に、同じ天皇の時に起こったとされた別の出来事を配列するという史料操作も想定される。

以上のうち、①が最も信用できそうだが、原資料の信頼度が問題となる。寺院縁起などが原資料の場合は、ある程度疑わなければならない。百済三書も、作成者の立場を考慮して、内容次第で注意が必要である。よって原資料の性格の追求が、不可欠である。ただし①は、養老四年（七二〇）に完成する編纂最終段階の編者による作為ではないので、②よりは信頼度が高いとの期待はもてる。また③は原資料に記された本来の暦日の信頼度自体は、①と同じである。

書紀日付の信頼度の概観

書紀では、「秋八月」のように日付を示さない記事が多い。ただし「春正月丁丑朔己卯」のように、月朔干支＋日干支で日付を示すものもある。

橋本万平が示す表1のように、書紀は総じて毎月十五日までの記事が多く、十六日以降の割合が少ない。十六日以降の記事数が増えるのは推古紀以降で、推古朝の暦法伝来とある程度対応する。十六日以降の記事が極端に少ないのは、日付入りの原資料が残っていたとすれば不自然であり、日付の配列に作為がある影響だと考えられる。たとえば原資料に月初を示唆する記述があれば、「朔」（一日）もしくは「三日」（初月の日）、満月なら十四・十五・十六日という日付が付けられやすいだろう。

もっとも古い時期の記事で、十六日以降が多い崇神紀はやや注意が必要である。だが崇神紀の日付記事は、物部氏の関わる大物主神祭祀起源譚や上・下毛野氏の始祖伝承など、説話的なものが多い。これらは原伝承自体にはなかった暦日が、後に加えられた可能性が高い。

次に閏月の問題を取り上げよう。小島荘一は、年月日不詳の記事に架空の暦日を与える場合に、わざわざ閏月に配することは想定しにくいと考え、閏月に係けられた記事は、原資料に暦日記載があったのではないかとする（小島、二〇〇六）。表2は推古紀より前の閏月記事である。閏月が定期的に現れるのは六世紀以降である。五世紀以前の閏月記事は、十五例中二例、仲哀元年閏十一月条と清寧四年（四八三）閏五月条だけである。

仲哀元年条は二ヶ月に亘る日本武尊《やまとたける》伝承で、十一月乙丑朔条では（ア）仲哀天皇が、父日本武尊が白鳥となって飛び去ったので、諸国より白鳥を貢らせた。そして閏十一月戊午（四日）条では、（イ）越国が貢じた白鳥を仲哀の異母弟の蒲見別王《かまみわけ》が奪ったので、兵を派遣して殺したとある。これは（イ）は（ア）の翌月の

表１　書紀の日付の分布（橋本万平、1982による）

	天皇	15日以前	16日以後	16日以降総数
21	雄略	24	1	0.04
22	清寧	11	2	0.15
23	顕宗	7	0	0
24	仁賢	8	0	0
25	武烈	4	0	0
26	継体	20	2	0.09
27	安閑	11	1	0.08
28	宣化	6	1	0.14
29	欽明	33	1	0.03
30	敏達	19	1	0.05
31	用明	4	1	0.2
32	崇峻	8	1	0.11
33	推古	48	10	0.17
34	舒明	25	7	0.22
35	皇極	47	39	0.45
36	孝徳	33	9	0.21
37	斉明	29	5	0.15
38	天智	43	28	0.39
39	弘文	15	15	0.5
40	天武	246	178	0.42
41	持統	219	150	0.41

	天皇	15日以前	16日以後	16日以降総数
1	神武	17	4	0.19
2	綏靖	2	0	0
3	安寧	4	0	0
4	懿徳	4	0	0
5	孝昭	8	0	0
6	孝安	6	0	0
7	孝霊	6	0	0
8	孝元	5	0	0
9	開化	8	0	0
10	崇神	14	9	0.39
11	垂仁	26	2	0.07
12	景行	29	3	0.09
13	成務	6	0	0
14	仲哀	26	6	0.19
15	応神	13	1	0.07
16	仁徳	15	4	0.21
17	履中	11	4	0.27
18	反正	2	1	0.33
19	允恭	11	1	0.08
20	安康	3	1	0.25

表２　書紀の閏月一覧（推古紀以降を除く）

仲哀元年(192)	閏十一月乙卯朔戊午、越国貢白鳥四隻。……
清寧４年(483)	夏閏五月、大酺五日。
安閑元年(534)	閏十二月己卯朔壬午、行幸於三嶋。大伴大連金村従焉。……
安閑元年(534)	是月、廬城部連枳莒喩女幡媛、偸取物部大連尾輿瓔珞、……
欽明９年(548)	閏七月庚申朔辛未、百済使人掠葉礼等罷帰。
敏達10年(581)	春潤二月、蝦夷数千寇於辺境。由是召其魁帥綾糟等、……

出来事という設定がまずあり、書紀編纂時に作成した長暦が閏十一月の存在を算出したため、やむを得ず（イ）を閏十一月条としたと小島は考える。

清寧四年閏五月条は、「夏閏五月、大酺五日。」とあるが、閏月とする理由はない。これは原資料にそうあったか、仲哀元年条と同様の理由で閏月に配され、ただ前後月条文を現在の書紀が誤脱しているかの何れかであろう。

表2の他に小川清彦は元嘉暦《げんかれき》・儀鳳暦《ぎほうれき》の計算では閏月になるもののうち、閏字が脱落した記事として、垂仁二十三年十月乙丑朔条、履中五年九月乙酉朔条、欽明三十一年四月甲申朔条をあげる（小川、一九四六）[3]。

このうち垂仁二十三年（内田、一九七八によるグレゴリオ暦への換算で前七年）（閏）十月壬申（八日）条は、（ア）飛ぶ鵠《くぐい》を見て誉津別《ほむつわけ》皇子が物を話したことを垂仁天皇が喜び、鳥取造の祖の天湯河板挙《あめのゆかわたな》がこれを捕らえたとあり、十一月乙未（二日）条は、（イ）湯河板挙が献じた鵠を弄んだので誉津別が物を話し、天皇が鳥取造姓を賜い、鳥取部・鳥養部・誉津部を置いたとある。両記事は内容的に重複するが、（ア）の結果として（イ）となったように配列している。恐らく書紀編纂時に（イ）の暦日を何らかの理由で十一月二日と定めた後、（ア）はその前月のことという設定があったため、閏十月の日付としたのだろう。なお内容が重複する二個の記録を、連続する暦月に配当する編集法は、雄略十年条の養鳥人の説話にも見られる。

また履中五年（四〇四）（閏）九月条は癸卯（十九日）条で皇妃が薨去し、翌十月甲子（十一日）条に皇妃を葬る記事がある。これも十月に皇妃を葬送、前月九月に薨去との記録ないし伝承があり、閏九月の日干支が九月の諸条に与えられたのだろう。

一方、欽明三十一年（五七〇）（閏）四月乙酉（二日）条・是月条は、高麗使を迎える重複記事である。二つの別の原資料が同じ暦月（閏四月）の出来事として、当該事実を載せていたのだと思われる。この場合は書紀完成原稿もしくは写本における、「閏」字の単純な誤脱と考えられる。また乙酉条は、日付の入った記録が原資料だったのだろう。

以上から一般的に言うと、六世紀末の推古紀以降の暦日は、日付入りの種々の原資料に基づいており、玉石混交であるにせよ、信頼できる暦日は多いだろう。六世紀も、比較的信用できる原資料が使われる場合があるので、暦日をある程度は信頼できそうである。だが五世紀以前の暦日は、閏月の場合も含めて特に注意が必要である。

二　倭国における暦使用の実態について

五世紀

天武朝で律令国家が形成される以前の倭国時代に、暦がどの程度使用されたのか。五世紀後半の倭の大王が暦を使っていたことは間違いない。倭王武（雄略天皇）にあたる、ワカタケルの名を含む、出土刀剣銘があるからである。ただしこの時期の倭国の豪族が、日付を明確に認識したわけではないことに注意が必要である。なぜなら倭国で製作された五世紀の銘文は、「〇月中」という表記だからである。これは「某月に」の意味であろう（森、二〇一一）。また次の引田部赤猪子の話（史料1）は興味深い。

表3　古墳時代の有銘刀剣の暦日（佐藤、2004・坂上、2013などを参考にした）

	名　称	西　暦	出土·伝来場所	暦　日
1	「中平」銘大刀	184 ～ 189	奈良県東大寺山古墳	中平□□五月丙午造作
2	七支刀	369	奈良県石上神宮	泰□四年十□月十六日丙午正陽造
3	「治天下」銘大刀	5世紀後半	熊本県江田船山古墳	八月中用大鉄釜
4	「辛亥年」銘鉄剣	471	埼玉県稲荷山古墳	辛亥年七月中記
5	「庚寅年」銘大刀	570	福岡県元岡G六号墳	大歳庚寅正月六日庚寅日次作刀
6	「戊辰年」銘大刀	608	兵庫県箕谷二号墳	戊辰年五月□
7	「丙子椒林」銘大刀	7世紀？	大阪府四天王寺	丙子椒林
参	人物画像鏡	503カ	和歌山県隅田八幡神社	癸未年八月日十大(六？)王年

史料1『古事記』下・雄略段

また一時《あるとき》、天皇遊行して、美和河に到りたまひし時、河の辺に衣洗ふ童女あり。其の容姿は甚《い》と麗し。天皇其の童女に問ひたまはく、汝は誰が子ぞと。答へて白さく、己が名は引田部赤猪子と謂ふと。尓して詔らしめたまはく、汝、嫁夫がずあれ。今喚《め》してむとて、宮に還り坐しき。故れ其の赤猪子、天皇の命を仰ぎ待ちて、既に八十歳をへたり。是において、赤猪子おもはく、命を望《あふ》ぐの間に、已に多の年をへぬ。姿体は痩せ萎び、更に恃《たの》むところなし。然れども待つ情《こころ》を顕はすにあらずば、悒《いぶせ》きに忍びじとて、百取《ももとり》の机の代物を持たしめ、参りて貢献る。然るに天皇、既に先の命ずるところの事を忘れ、其の赤猪子に問ひて曰く、汝は誰が老女ぞ。何の由に参り来つや。尓して赤猪子答へて白く、其の年其の月、天皇の命を被り、大命を仰ぎ待ちて、今日に至り、八十歳をへたり。今、容姿は既に耆《お》いて更に恃むところなし。然れども己が志を顕はし白さむとして、以て参り出づるのみ。是において天皇大ひに驚きたまひて、吾、既に先の事を忘る。然るに、汝は志を守り、命を待ち、徒らに盛りの年を過ぐ。是れ甚だ愛悲しと。心の裏に婚かむと欲するに、既に亟《はや》く老いて婚を成すを得ざるを悼《いた》みて御歌を賜ふ。（歌略）

「八十歳」（長年の意）、雄略天皇を待ち続けた赤猪子は、彼女のことを忘れていた天皇に、「その年その月、天皇の命を被り、大命を仰ぎ待ちて、今日に至り」と訴えた。文学的な効果を考えれば、現代ならば、正確な日付まで覚えていてこそ切なる気持ちが伝わる。とするとワカタケル大王代、そして説話が伝承された時代は、年月は認識しても日付は知らなくて当然だったのである。これは、小林敏男が、『古事記』崩年干支に関して、後の年月日を備えたものと異なり、小林の想定する原「帝紀」では年月のみであったとすることとも符合する（小林、二〇一二）。

またやや後だが、百済の武寧王墓誌には、「寧東大将軍百済斯麻《しま》王、年六十二歳癸卯年（＝五二三）五月丙戌朔七日壬辰に崩ず。乙巳年（＝五二五）八月癸酉朔十二日甲申に到りて、登冠大墓に安じ厝《お》く」とある。一方武寧王妃墓誌は、「丙午年（＝五二六）十二月、百済国王大妃寿終る。……己酉年（＝五二九）二月癸未朔十二日甲午、改めて葬り大墓に還る」「乙巳年八月十二日、寧東大将軍百済斯麻王……申地を買いて墓とす」とある。つまり武寧王の死亡月日はわかるが、王妃は死亡月しか知られない。改葬した日付がわかるのは、次の聖王が執行したと理解すればよい。つまり暦の先進国百済でも日付まで知られるのは王だけで、王妃でさえ暦月しか記録が明確ではなかったらしい。

韓国扶余・羅州出土の百済木簡にも、「〇月中」の用例がある（橋本繁、二〇一四：Ⅲ二）。百済王も、ある時期までは暦月のみで支配を行っていたのだろう。有坂は書紀の記事に、神功紀四十六年三月条「甲子年七月中」、応神紀十三年九月条「九月中」が、また高句麗・新羅の金石文にも五〜六世紀のもので「〇月中」の表記が見られることを指摘し（有坂、一九八二：第七章）、森博達はこれを吏読的用法とする（森、二〇一一）。従ってこれは東アジアで、国家の頒暦が末端に浸透する以前の、暦日による支配の在り方なのかもしれない（なお岸、一九八八：Ⅰも参照）。

ところで中国暦を採用した場合、一ヶ月（＝一朔望月）は月相を見ればおおよそわかるが、閏月が入るため、倭大王は各月の月名を決めて豪族に告知する必要がある。この告知方法として考えられるのが、告朔《こうさく》である。八世紀律令国家期の告朔は、毎月一日に天皇が朝廷に貴族官人を集合させて行う儀式である。書紀仁徳三十八年（三五〇）秋七月条には、佐伯部が月尽《つごも》りの翌日（＝朔の日）に贄（苞苴）を奉る記事がある。これは「ついたち」の儀礼、つまり後世の告朔に相当する可能性がある（細井、二〇〇八）。

また『隋書』東夷伝倭国条（開皇二十年＝六〇〇）によれば、遣隋使が「倭王は天をもって兄と為し、日をもって弟と為す。天の未だ明けざる時に出でて政を聴き、跏趺して坐る。日が出れば便に理務を停め云く、我が弟に委ねんと」と言っており、倭の大王宮廷では日出を見る。その際、太陽に先行して東の空に細い月が出れば、もうすぐ月尽り（晦）とわかる。するとこれを目安に、豪族を大王宮に集合させて「告朔」を行うことができよう。またこうした場で以後の暦月の名称を豪族に通達すれば、月単位で豪族の動員が可能となる。ただし月相を観察しても大まかな判断しかできないので、厳密な日付は暦の頒布がないと不可能である。

以上の前提に立てば、稲荷山古墳出土鉄剣・江田船山古墳大刀銘「七月中」「八月中」は、刀剣銘制作者が制作日を厳密には知ることができなかったために使った語だと考えられよう。また隅田《すだ》八幡神社人物画像鏡には「癸巳年（五〇三か）八月日十」の記載がある。これは「十日」という暦日用語が熟してなく、日は初月から数えて十番目という感覚を反映しているのかもしれない。八世紀においても、地方より中央政府への貢納品に付けられた荷札木簡は、年月のみのものが見られる。律令国家時代とはいえ、末端の人々は常時暦を持っていなかったからであろう。

なお暦月は使うものの、暦自体が手元にない場合、日付は全くわからないのだろうか。『隋書』倭国伝には、「文字なく唯だ木を刻み縄を結ぶ。仏法を敬し百済の仏経を求め得て始めて文字あり」とある。もしこれを文飾ではないとするなら、木を刻んだり縄を結んだりすることで、日取りを数えた可能性がある。

六世紀

書紀本文の閏月条文は、前述のように十五例中十三例が安閑紀以降、ある程度連続して現れるようになるのは欽明紀からである。信頼できる暦日を使った記録であれば、定期的に閏月は登場する。これは書紀編纂時に残っていた信頼できる暦日の載った記録が、六世紀以降のものであったことを示唆する。(4)また律令国家時代の公文類は暦日を記したものが多いので、文書行政の進展と暦の普及とが対応するとみなせる。

六世紀段階になると、「別に勅したまはく、医博士・易博士・暦博士等、番により上《まゐで》き下《まか》れ」（欽明十四年〈五五三〉六月条）、「別に勅を奉りて……暦博士固徳王保孫……を貢る。皆請すによりて代ふるなり」（欽明十五年二月条）と、百済から暦博士が上番した記事が現れる。さらに暦・易・医などを含む、総合的な学術としての仏教が百済より伝来したのも欽明朝である(5)。また帝紀・旧辞がまとめられたのは、通説では欽明朝とされる。これらは、欽明紀以後の書紀の暦日の信憑性と結びつけて考えられやすい。

ただし欽明紀の閏月は、朝鮮関係の記事に多い。前述の三年（閏）四月条のほか、九年閏七月条は百済使人掠葉礼《けいしょうらい》等の帰国記事で、百済系史料が原資料である可能性が高い。また十五年正月丙申条の百済の言にも「去年閏月四日」とある。つまり百済系史料への依存度が高いことが、書紀暦日の信憑性を高めていると考えられるのである。

なお福岡市元岡G六号古墳から、「大歳庚寅正月六日庚寅日時作刀凡十二果口」との銘文をもつ大刀が出土しており、庚寅年は欽明三十一年（五七〇）とされる（坂上、二〇一三）。「太歳」による干支年表記としては、継体二十五年十二月庚子条の崩御記事の次に引用文があり、『百済本記』が年決定の参考資料となっていたことがわかる（史料2）。

史料2『日本書紀』巻十七・継体二十五年（五三一）十二月庚子条

冬十二月丙申朔庚子。藍野陵に葬る。〈或る本に云く、天皇二十八年歳次甲寅に崩ず。而るに此れ、二十五年歳次辛亥に崩ずと云ふは、百済本記を取りて文と為すなり。其の文に云く、太歳辛亥三月、師《いくさ》進みて安羅に至り、乞乇城《こつとくのさし》を営る。是の月、高麗、其の王安を弑す。又聞く、日本天皇及び太子・皇子倶に崩薨すと。此れに由りて言へば、辛亥の歳は二十五年に当たる。後に勘校《かむが》へむ者はこれを知れ。〉

武寧王や聖明王のとき、百済立て直しのために倭国との関係がより深まったため、倭国関係の記録が百済に増え、それが書紀の原資料となったのであろう。こうした百済系史料に基づいて、倭国に残る記録・伝承

表4　百済三書の暦日（遠藤、2015を参照）

書　名	日本書紀条文	暦　日
百済記	神功62年即年	壬午年、新羅不奉貴国。……
百済記	雄略20年冬	蓋鹵王乙卯年冬、狛大軍来攻大城七日七夜、……
百済新撰	雄略2年7月	己巳年、蓋鹵王立。……
百済新撰	雄略5年7月	辛丑年、蓋鹵王遣王弟琨支君、向大倭侍天皇、……
百済本記	継体25年12月庚子	太歳辛亥三月、師進至于安羅、……
百済本記	欽明5年10月	冬十月、奈率得文·奈率歌麻等、還自日本……
百済本記	欽明6年是年	十二月甲午、高麗国細群与麁群、戦于宮門。……
百済本記	欽明7年是歳	高麗以正月丙午、立中夫人子為王。年八歳。……
百済本記	欽明11年2月庚寅	三月十二日辛酉、日本使人阿比多率三舟、来至都下。
百済本記	欽明11年4月	四月一日庚辰、日本阿比多還也。

の暦日を推測することも容易になる。一方『百済本記』を参照しつつ書かれたことが明らかな欽明五年二月条には、百済王が任那日本府と旱岐《かんき》に伝えた言として、「三月十日をもちて使を日本に発遣《たてまだ》さん」とある。朝鮮半島での外交・軍事活動をめぐる百済との頻繁なやりとりを通じて、日付の特定ができる暦使用の必要性が倭国でも高まった可能性が考えられる（細井、二〇一五b）。とすると重要なのは、百済における暦の普及の問題である。

百済三書でも、欽明五年条までの暦日には年月までしかない（表4）。ところが欽明六年条からは日付が記されている。もっとも欽明六・七年条引用のものは高句麗王室関係の記録が『百済本記』に取り込まれた可能性がある。だが欽明十一年条の二つの記事は、倭国使節の到着と出発についての日付である。先の欽明五年二月条と併せて、百済でも王周辺だけではなく、官衙機構に暦が普及しはじめていた可能性があろう。

こうした百済における暦の普及を背景に、百済との親密な外交関係を契機として倭でも暦の普及範囲が広がり、それが推古朝における暦法の伝来へとつながった可能性がある。

七世紀

推古朝には、蘇我氏や厩戸王を中心とする国政改革が進められる。また百済僧観勒《かんろく》より陽胡史《やこのふひと》祖玉陳《たまふる》へ、暦法（元嘉暦）の伝授が行われた（推古十年〔六〇二〕十月条）。推古紀以後は日付のある記事数の増加とともに、日付の分布においても暦月後半記事の増加傾向が起こる。これは、実際に日付の入った文字資料が増えたためと考えられる（橋本万平、一九八二。小島、二〇〇六）。信憑性には議論があるものの、「推古朝遺文」と称される史料に日付入りのものが増えるのも、こうした状況を反映するのだろう。これが蘇我馬子と厩戸王が『天皇記』『国記』を編纂した背景にあるのかもしれない。

また六世紀の欽明朝に仏教が倭国に伝来し、推古朝に飛鳥で仏教文化が繁栄する。暦は仏教行事の日取りを決めるのに必要である。観勒が暦法を玉陳だけではなく倭国の僧侶にも伝授すれば、この頃次々と造立された諸寺院で、暦が作られることになる。また仏教は経典の読誦や写経を宗教的行為として奨励し、また七世紀には倭人になじみやすい和化漢文が発達する。つまり仏教文化とともに、漢字で記された暦も畿内を中心に豪族層に受容される環境が整ったのである（東野、二〇〇五）。

隋使裴世清は大業四年（推古十六年＝六〇八）に来倭したが、恐らくその記録もしくは開皇二十年（六〇〇）の遣隋使の証言に基づく『隋書』倭国伝には、「正月一日に至るごとに必ず射戯飲酒す。其の余の節はほぼ華と同じ」とあり、正月一日と二十四節気に基づくいくつかの節会があったことがわかる。これは日付の知識が、大王周辺の豪族層に共有されていることが前提となる。なお同書には「庶人は日を卜して瘞《うづ》む」との記述もあり、庶人が骨卜などで遺体の埋葬日を占ったとする。ただし庶民は文字も読めなかったはずなので、彼らに暦が普及していたとは思えない。あるいは、その日に埋葬してよいかという程度のことを占ったのかもしれない。

さらに斉明五年（六五九）七月戊寅条以下の分註に見える『伊吉連博徳書』によれば、遣唐使として派遣された博徳は、己未年七月三日以下、帰国の辛酉年五月二十三日まで、年月日を明記した詳細な記録をつけていた（史料3）。

史料3『日本書紀』巻二十六・斉明七年（六六一）五月丁巳条

丁巳。耽羅始めて王子阿波伎《あはき》等を遣して貢献る。〈伊吉連博得書に云く、辛酉年正月二十五日。還りて越州に到る。四月一日。越州より路を上り東に帰る。七日。行きて檉岸山《ちやうがんさん》の明《みなみ》に到る。八日の鶏鳴の時をもって、西南風に順ひ、船を大海に放つ。海中途に迷ひ、漂蕩辛苦すること九日八夜なり。僅かに耽羅の嶋に到る。便即ち嶋人王子阿波岐等九人招き慰へて、同じく客船に載せ、帝朝に献らむとす。五月二十三日。朝倉の朝に奉進る。耽羅の入朝、此の時に始まれり。……〉

これは博徳がすでに暦を携帯し、業務日誌を毎日記す習慣を持っていたことを意味する（細井、二〇一五b）。推古朝から天智朝にかけての国政の整備の中で、暦日と文書の使用とは、確実に進展していた。

また壬申の乱を描いた天武紀上（「壬申紀」）は、大海人皇子の行動が、日付入りで極めて具体的に記されている。『釈日本紀』巻十五にはこの乱に関する『調連淡海日記《つきのむらじあふみ》』『安斗宿禰智徳日記《あとのすくねちとこ》』の記事が引用され、後者には「廿六日辰時」と時刻まで記されている。これはすでに天智朝に、ある程度の文書行政が整備され、事件調書(後世の事発日記)が作成されたことを想定させる。加藤謙吉は、こうした日記は八世紀に成立したとするが(加藤、二〇〇三)、具体的な日付は、手元に文字記録がなければ数十年後に記すことはできない。

天武紀と持統紀は、律令国家が急速に整備された時期を対象とする。文書行政の前提となる頒暦は、天武朝に成立した可能性が高い(細井、二〇一四)。だが大王宮周辺の豪族の場合、天智朝には紙の暦が普及していたのであろう。

三　雄略紀の暦日の検討

雄略紀の位置

書紀の暦日を理解するためには、本来、書紀全体の暦日を検討する必要があるが、ここでは雄略紀だけとりあげる。古代においても、雄略天皇(ワカタケル大王)が画期と見られていたことは知られ、記紀ともにその記述は豊富である。雄略紀では安康三年十一月甲子(元嘉暦でのユリウス暦換算で四五六年十二月二十五日)即位、雄略二十三年八月丙子(四七九年九月八日)崩御である(内田、一九七五)。また同時代史料としても、『宋書』倭国伝の倭王武上表文、稲荷山古墳・江田船山古墳出土刀剣銘があり、事績が確認できる。

書紀は、森によれば、巻十四(雄略紀)~巻二十一(用明・崇峻紀)・巻二十四(皇極紀)~巻二十七(天智紀)は唐代北方音による漢字表記を用いたα群に属し、巻一(神代上)~巻十三(允恭・安康紀)・巻二十二(推古紀）～巻二十三（舒明紀）・巻二十八・二十九（天武紀）は倭習の強いβ群に属する。また巻三十（持統紀）は何れにも属さない（森、二〇一一）。安康紀と雄略紀の間には種々の違いがあり、研究史の上でも別のグループに属することが定説となっている（岸、一九八八：Ⅲ）。

書紀の暦日は、古い時期は儀鳳暦に基づく。そして安康紀あたりで儀鳳暦より元嘉暦に代わると小川が想定し（小川、一九四六）、実際に巻十三安康紀の安康三年（四五六）八月甲申朔以下の月朔干支、清寧四年（四八三）閏五月以下の閏月が、元嘉暦には合致し儀鳳暦には合致しない。元嘉暦の施行は元嘉二十二年（四四五）なので、時期的にもこれは妥当である（内田、一九七八）[6]。

また書紀の暦年代と、外国史料などから判断される実年代とが合致するのも、このころである。三品彰英は、応神三十九年条（三〇八）の百済直支王が妹新斉都姫を派遣する記事以降、雄略紀二年七月条所引『百済新撰』「己巳年（四二九）蓋鹵王立」まで百済系史料に取材した記事がなく、ここで干支二運一二〇年が調整されたとみる（三品、二〇〇二：六九頁）。とすると雄略紀以降、書紀は信用できる暦日記録に基づいていると考えたくなる。

しかし前述のようにワカタケル時代の暦使用が、豪族層でも月までで日付に及ばなかったとすると、雄略紀の日付を有する記事も注意が必要である。実際に雄略紀の暦日は、同時代記録として信頼できそうな記事でも、月までのものが多い（表5）。これは、五世紀は主に暦月までが認識されていたという先の推測に対応する。

諸氏の家記・伝承の暦日

雄略紀を見ると、帝紀・旧辞以外に、いくつかの原資料が推測できる。主たるものに①百済三書の『百済新撰』『百済記』といった百済系史料、②史部の家記、③大伴氏家記、④物部氏家記、⑤吉備氏伝承、⑥難波氏伝承、⑦秦氏伝承が想定できる。

①は出典が明記されるものが多く、百済関係の詳細な記録がこれに由来することは間違いないだろう。この点は遠藤の研究に詳しい（遠藤、二〇一五）。

②に関して、雄略紀には天皇が史部の身狭青《むさのあお》・檜隈博徳《ひのくまのはかとこ》を寵愛したことが、二年十月是月条に特記されており、また雄略紀は渡来人関係の記事が多いことが知られる。フミヒト制の成立は六世紀半ば～後半の欽明・敏達朝の可能性が高いとされており、雄略紀の記事を五世紀まで遡らせることが適切かどうかの問題はある（加藤、二〇〇二：四七頁）が、依拠した史部の記録が書紀編纂段階に存在したことは確かである。雄略十一年七月条の貴信の帰化の話も、編纂当時の壃手屋形麻呂《さかてのやかたまろ》らの記録と考えるのが自然である。

③の大伴氏の家記が書紀編纂に使われている点は、笹川尚紀の論に詳しい（笹川、二〇一六）。雄略紀においても、大連として大伴室屋が活躍する。

④の物部氏家記であるが、これは物部目が大連として活躍する点、また物部関係の記事もあることから容易に推測できる。

⑤の吉備氏伝承は、吉備氏を対新羅関係の中心として描く記事（雄略七年〔八月・〕是歳条、八年二月条、二十三年八月是時条）の原資料だったとみて間違いあるまい。

⑥の難波氏伝承であるが、雄略十四年四月甲午朔条の根使主《ねのおみ》滅亡の記事が、天武十年（六八一）三月丙戌条の「書紀編纂」命令でメンバーとされた難波連大形（同年正月丁丑条では草香部吉志大形）により加えられたと、笹川は指摘する（笹川、二〇一六：Ⅱ三）。この他、雄略八年二月条・九年二月甲子朔条にも難波吉士が登場するのは、大形の造作かもしれない。

⑦の秦氏伝承は、雄略十二年十月壬午条・十五年条・十六年七月条である。

『古事記』を見ればわかるように、帝紀・旧辞に――崩年干支は別にして――本来暦日がなかったことは明らかである。では書紀が暦日の参考としたのは、いかなる資料か。次にこれを検討しよう。

まず①百済系史料であるが、雄略紀では該当記事に日付がない点には注意を要する。まず『百済新撰』を引用する雄略二年の百済池津媛派遣記事の暦日は七月のみで、雄略五年条の百済軍君派遣記事は七月条で『百済新撰』を引用するが、四月条・七月条とも月のみである。武寧王誕生の六月条のみ丙戌朔と日付があるが、朔の日であり作為ともとれ、また王の誕生日という特殊な日なので信頼できる記録があったのかもしれないが、これは例外とみなせよう。次に『百済記』を引用する雄略二十年条は、暦月さえ記していない。書名の引用はないが、雄略二十一年三月条、雄略二十三年四月条・是歳条も、内容から見て同書による可能性がある。これらも日付はない。以上より、百済系史料は五世紀に関しては、暦月までの記載が一般的だったと考えられる。

なお雄略二年七月条に引用される『百済新撰』が、百済池津媛を派遣した蓋鹵王即位を己巳年（四二九＝允恭十八年、乙巳年なら四六五＝雄略九年）とする点は問題である。雄略二十年条引用の『百済記』も「蓋鹵王乙卯年」とあり、雄略十九年（四七五）に当たる。この点については三品の考察があり（三品、二〇〇二：一二九頁）、書紀編者が百済三書に全面的には従わなかったことを意味する。

次に②の史部は律令国家期まで文筆系官人として存続するので、彼らがワカタケル以下の歴代大王の身辺記録を一定数保存していた可能性は高い。雄略二年十月是月条、七年是歳条、八年二月条、九年七月壬辰朔条、十年九月戊子条、（十一年七月条）、十二年四月己卯条、十四年正月戊寅条・是月条・四月甲午朔条、十六年十月条、二十三年八月丙子条は、登場人物から見てその全てもしくは一部が史部の記録を原資料としていたといえよう。ここでも月のみで日付のない記事が多い。一方日付を有する記事もあり、その根拠は不明のものもあるが、推測可能なものもある。

まず九年七月壬辰朔条は、田辺史伯孫が自分の馬を誉田陵の埴輪の馬と交換した伝説で事実の記録とは思われない。しかも朔日に河内国の言上とあるので、律令国家時代の告朔などからの連想で、この日に配したものと思われる。「月夜」の出来事とあるので、少なくとも朔日の話ではないことは確かである。

十年九月戊子条とこれに関わる十月辛酉条は、身狭青らが呉国より持ち帰った鵞鳥を水間君の犬が食い殺したため、養鳥人を置いた記事である。また十二年四月己卯条、十四年正月戊寅条・四月甲午朔条は身狭青・檜隈博徳を呉国に派遣し、彼らが呉使と漢織《あやはとり》・呉織《くれはとり》を連れ帰り、呉使に饗した記事である。南朝宋（呉）へのこれら遣使に関する日付入りのまとまった記録があったのかもしれない。また青・博徳が宋で暦を手に入れ、正確な日付まで記録できた可能性があろう。使節が外国の暦を持ち帰りそれが国史の暦日に反映される例は、七・八世紀には見られる（細井、二〇〇七：Ⅰ一）。二十三年八月丙子条は天皇崩御日である。ただしこの日付が史部由来かはわからない。

次に③の大伴氏家記に関してである。これを原資料とすると推測される箇所は、安康三年十一月甲子条の雄略即位記事（大伴室屋の大連任命）、七年是歳条の新漢人の設置記事、九年三月・五月条の新羅戦記事、二十三年八月丙子条の雄略崩御にともなう遺詔記事である。ただし大伴氏に関しては、七年是歳条・二十三年八月丙子条で東漢直掬《やまとのあやのあたいつか》とともに登場し、これは星川皇子の反乱記事の一部を構成する。また九年三月・五月条も新羅戦で紀氏とともに登場するので、実は雄略紀が大伴氏家記にどの程度よったのかは少し慎重に考えた方がよい。また即位記事と崩御記事のみ日付があるので、ワカタケルに関する大伴氏家記には、原則として月までしかなかったとみなしうる。

④の物部氏（物部）の記事はかなり多い。安康三年十一月甲子条即位記事（物部目の大連任命）、元年三月是月条（目の進言による後の仁賢皇后の認知）、三年四月条（阿閉国見の石上神宮逃走）、七年八月条（吉備下道前津屋を物部兵士に殺させる）、十二年十月壬午条（大工を物部に付す）、十三年三月条（目の餌香長野邑獲得）、十三年九月条（物部による大工処罰）、十八年八月戊申条（目の伊勢朝日郎討伐と猪名部獲得）となり、物部目の活躍が顕著である（篠川、二〇〇九）。この中で日付のある十八年八月戊申条は、物部氏内部の主導権争いの説話とみられる。また即位記事で物部目が大伴室屋と並んで大連に任じられたとの話も、造作を疑うことができる。つまり日付のある記事は作為の施された可能性が高い記述であり、目の子孫が伝えた伝承においてこの説話に日付が与えられ、それが編纂時に物部氏（石上氏）の家記として原資料に使われた可能性が想定される（篠川、二〇〇九）。ちなみに『続日本紀』養老元年（七一七）三月癸卯条の左大臣石上麻呂の薨伝には、「大臣は泊瀬朝倉

朝庭の大連物部目が後、難波朝の衛部大華上宇麻乃が子」とある。

なお十二年十月壬午条には、やや類似した十三年九月条の記事があり、さらに前者は秦酒公が主人公であり、物部氏家記にはよっていない可能性がある。

⑤の吉備氏伝承も、暦月までしかなかったと思われる。もっとも雄略二十三年八月丙子条の星川王は吉備稚媛の所生で、吉備上道臣が星川皇子を支援しようとしたと清寧即位前紀にある。だが星川の反乱は大伴氏の勝利に終わる話なので、同条の本体は大伴氏側の伝えたものかもしれない。吉備氏の伝承について書紀編者が種々操作をしていることは、三品が指摘している（三品、二〇〇二：七九頁以下）。

⑥の難波氏伝承だが、元年三月壬子条（草香幡梭姫皇女立后）、八年二月条（難波吉士赤目子の新羅救援）、九年二月甲子朔条（難波日鷹吉士による凡河内香賜処罰）、十四年四月甲午朔条（根使主滅亡）の原資料に想定される。九年二月甲子朔条は朔日条なので記事を係けやすい。十四年四月甲午朔条は前述の笹川の論証により、（大）草香部吉士の忠誠ぶりを顕彰する作為性の高い記事であることが判明している。家記の作成段階での作為の一環として、日付が与えられた可能性が考えられる。

⑦の秦氏伝承のうち、十五年条は年だけである。一方、十二年十月壬午条は、秦酒公が琴で無実の大工の命を救う説話的な記事である。説話が整備される過程で日付が与えられたか、物部氏家記に日付があり、それが原資料となった可能性が考えられる。

なお雄略六年三月丁亥条・七年七月丙子条の少子部の始祖伝承にも、日付が記されている。これは『日本霊異記』（上巻一縁）によると、雄略とその皇后とに関わる説話で、暦年代はなく雄略が磐余宮に住みたまう時としかない。雄略紀の少子部伝承の日付は、書紀編纂用に少子部氏の家記が提出された際に、付けられたものかもしれない。

以上から、雄略紀の原資料となった諸氏の家記・伝承の暦日の大部分は、本来年・月までしかなかったと判断される。宋から持ち帰った暦に基づく日付を記した雄略朝の記録を、書紀編纂時の史部が多少有していた可能性はあるが、多くの記事の日付は、諸氏が自己に都合よく説話を整備・潤色する過程で施した可能性が高い。

書紀編者による暦日付与

注意すべき点は、書紀には日付がない場合も多く、編者は、全部の記事に日付を入れる必要は感じていなかったことである。従って日付がある記事は、原資料に日付があるか、編者が日付を造作する強い動機（あるいは推測の論拠）があった事例と言える。

即位・崩御・立后・立太子、吉野・泊瀬小野などへの行幸の記事は日付が記される場合が多い。ただし即位・崩御に関しては、実は神武天皇・欠史八代の天皇以来、ほぼ全てに日付が付されているので、これはある時点で、一斉に与えられたと考えるべきだろう。『古事記』崩年干支の研究から、それは帝紀編纂の段階ともされるが（小林、二〇一二）、今後さらに検討が必要であろう。

ところで元嘉暦による日付の干支換算の起点は、巻十二履中紀～巻十三安康紀（β群）のどこかにある（内田、一九七八）。恐らく元嘉暦経に掲載されていたはずの、元嘉暦編纂年次＝元嘉二十年（四四三）癸未が基準であろう（『宋書』律暦志下には、「上元庚辰甲子紀首至太甲元年癸亥、三千五百二十三年、至元嘉二十年癸未、五千七百三年、算外」とある）。そして雄略紀（α群）以降、α・β・いずれにも属さない持統紀を通じて、同暦で換算されている。

つまり元嘉暦での換算は、α群・β群・持統紀の執筆終了後であり、編纂段階のほとんど最後だった。なお元嘉暦から儀鳳暦への現実の暦日の転換は、持統十年（六九六）と考えられ、少なくとも文武元年（持統十一年）は年初より儀鳳暦日であった可能性が高い（細井、二〇〇七：Ｉ一）。だが書紀は最後の文武即位まで元嘉暦で干支換算をする。よって元嘉暦での換算は、暦日切り替えの正確な年月日の記憶が曖昧になった時期、つまり切り替えからかなりの時間が経過した、書紀完成の養老四年（七二〇）をあまり遡らない時点である。さらに儀鳳暦で日干支を換算したのも、儀鳳暦を暦日に採用した持統朝末期以降のはずで、恐らくは元嘉暦での換算と同時であろう。日付を日子ではなく干支で表記するのは、中国流の国史としての体裁を整えるためである。それが編集の都合上、編纂の最終段階であるのは当然である。このように換算暦法の区分は、直接的には分担執筆や雄略朝の画期性とは関係ない点には、注意が必要である。

結びにかえて

以上、きわめて不十分であったが、書紀の暦日を考察する方法論を示し、一部実行してみた。つまり暦の普及度を考慮して、原資料の暦日の信頼度を検討する方法である。暦日といっても、年・月・日があり、書紀編者が一律にこれらを捏造しているわけではない。どれが編者の捏造であり、どれが原資料に基づく推測であり、どれが原資料自体にあったものかを弁別し、さらに原資料の暦日自体が信用できるものかを見分けることが必要である。視点を変えて言えば、書紀を可能な限り原資料の断片と、それをつなぎ合わせた編者の努力に還元するということである。

書紀は、四十年にわたる編纂過程で、種々の資料を基に帝紀に干支年以下の暦日が新たに付けられ、また原資料の記事が組み込まれて歴史が構成されていったと考えられる。元嘉暦・儀鳳暦による日付の干支への換算は、編纂の最終段階である。つまり書紀は長暦を最初に作成してそこに記事をはめ込む手法を採らず、原資料の暦日、事件の相互関係等から、記事の配列を決めた。年次の決定は複雑な暦算を必要としない。原資料の干支年や、外国史料との対応関係で国内の出来事の干支年を定め、それを基点にそのときの天皇の何年目の出来事かを推測して次々と記事の年次を定めることができる。干支二運一二〇年をずらす操作も、この段階での作業である。すでに指摘されているように、五世紀の雄略紀より前の編年に関して、編者はかなり作為をしている。

書紀の暦日のうち六世紀以降のものは、信用できるものもできないものもある。五世紀以前のものは、年月だけの場合は信頼できる原資料に基づく可能性がある。だが日付まである場合は、作為性の強い傾向が雄略紀から見てとれる。この作為の多くは、原資料段階に施されたものと考えられる。なお最後に日付を干支に換算した時点で、日干支で式日が決まる行事の日付や、複数月にわたる出来事の閏月への割り付けなどの調整が行われたと思われる。だが編者自身による月日の捏造は、意外に少ないのかもしれない。

今後は、本稿では十分ではなかった先行研究の成果の取り込みを進め、書紀全体の暦日を検討することが課題である。

注

（1）なお神武天皇の異様な長寿自体は讖緯説（辛酉革命説）ではなく、書紀編纂に先行するとも考えられている（たとえば小林、二〇一一など）。

（2）記事の数え方や天皇紀の区分などを改めた方がよいと思われるところもあるが、大勢には影響ないと判断して原表のままとした。なお個々の暦日の検討は、小島、二〇〇三も有用である。

（3）小川清彦が「閏」字の脱落と見た三個の記事のうちの欽明三十一年四月甲申朔条以外の二個を、小島荘一は書紀編纂用の長暦の作成者が誤算したものとみる（小島、二〇〇三・二〇〇六）。誤算の可能性はある。

（4）小林敏男は、『古事記』における天皇の崩年干支が『宋書』や武寧王墓誌と対応することより、何らかの根拠があるとする（小林、二〇一一）。

（5）仏教のこの性格は、新川、一九九四、細井、二〇一五ａを参照。

（6）小川の研究の解説は、大谷、一九七六が精しい。

参考文献

有坂隆道、一九八二『古代史を解く鍵―暦と高松塚古墳―』（講談社学術文庫、一九九九年に再刊）
内田正男編著、一九七五『日本暦日原典』（雄山閣出版）
　一九七八『日本書紀暦日原典』（雄山閣出版）
遠藤慶太、二〇一五『日本書紀の形成と諸資料』（塙書房）
大谷光男、一九七六『古代の暦日』（雄山閣出版）
小川清彦、一九四六「日本書紀の暦日について」（斉藤国治編著『小川清彦著作集　古天文・暦日の研究』皓星社、一九九七年に所収）
加藤謙吉、二〇〇二『大和政権とフミヒト制』（吉川弘文館）

岸　俊男、一九八八『日本古代文物の研究』（塙書房）
小島荘一、二〇〇三「『日本書紀』の暦日」（『日本研究』一六）
小林敏男、二〇〇六「『日本書紀』編纂における暦日の設定」（『日本研究』一九）
坂上康俊、二〇一一「津田史学と古代史」（新川登亀男・早川万年編『史料としての『日本書紀』―津田左右吉を読みなおす―』勉誠出版）
笹川尚紀、二〇一三「庚寅銘鉄刀の背景となる暦について」（『元岡・桑原遺跡群22―第56次調査の報告1―』福岡市教育委員会）
佐藤長門、二〇一六『日本書紀成立史攷』（塙書房）
篠川　賢、二〇〇四「有銘刀剣の下賜・顕彰」（平川南他編『文字と古代日本一　支配と文字』吉川弘文館）
新川登亀男、二〇〇九『物部氏の研究』（雄山閣出版）
東野治之、一九九四『日本古代文化史の構想』（名著刊行会）
橋本　繁、二〇〇五「古代日本の文字文化―空白の六世紀を考える―」（平川南編『古代日本　文字の来た道―古代中国・朝鮮から列島へ―』大修館書店）
橋本万平、二〇一四『韓国古代木簡の研究』（吉川弘文館）
細井浩志、一九八二『計測の文化史』（朝日選書）
二〇〇七『古代の天文異変と史書』（吉川弘文館）
二〇〇八「中国天文思想導入以前の倭国の天体観に関する覚書―天体信仰と暦―」（『桃山学院大学総合研究所紀要』三四―一二）
二〇一四『日本史を学ぶための〈古代の暦〉入門』（吉川弘文館）
二〇一五ａ「七、八世紀における文化複合体としての日本仏教と僧尼令―卜相吉凶条を中心に―」（新川登亀男編『仏教文明と世俗秩序』勉誠出版）
二〇一五ｂ「国史の編纂」（大津透他編『岩波講座　日本歴史　二一巻　史料論』岩波書店）

三品彰英、二〇〇二『日本書紀朝鮮関係記事考証 下巻』（天山舎）
森　博達、二〇一一『日本書紀成立の真実』（中央公論新社）
吉田一彦、二〇一二『仏教伝来の研究』（吉川弘文館）

付　記

史料の引用は『日本書紀』は新編日本古典文学全集、『続日本紀』は新日本古典文学大系、『釈日本紀』は新訂増補国史大系、『古事記』は日本思想大系、中国正史は中華書局標点本によった。

本稿は科学研究費助成事業（課題番号二六三七〇七八二）の成果の一部である。

年	月	月朔干支	日干支	日子	記事内容	備考	古事記
雄略20 丙辰	冬				高麗王、百済を滅ぼす。ただし百済は日本国の官家のため、遺衆を滅ぼさず	百済記:蓋鹵王乙卯年冬、高句麗軍により、王ら敗死	
雄略21 丁巳	3				天皇、久麻那利を汶洲王に与えて百済を再興させる	分註:汶洲王は蓋鹵王母弟。日本旧記「末多王」は誤とする	
雄略22 戊午	正	己酉朔		1	白髪皇子を皇太子とする		○
	7				丹波国水江浦島子の説話	語在別巻	
雄略23 己未	4				百済文斤王薨。天皇は昆支王5子から末多王（東城王）を選んで王とし、筑紫国軍士に衛送させる		
	是歳				百済調賦が常より益す。筑紫安致臣･馬飼臣等、船師で高麗を討つ		
	7	辛丑朔		1	天皇不予。政治を皇太子に付す		
	8	庚午朔	丙子	7	天皇崩御	（古事記：己巳年8月9日崩）、一本：星川に関する遺詔	△
					大伴室屋大連、東漢掬直に遺詔して、特に星川王を警戒させる		
			是時		征新羅将軍吉備尾代、吉備国で蝦夷と戦い、丹波国浦掛水門で滅ぼす	一本:人を浦掛に遣わして滅ぼす	

年	月	月朔干支	日干支	日子	記事内容	備　考	古事記
雄略13 己酉	3				歯田根命が采女を姧したので物部目大連に罰させ、目は餌香長野邑を賜る		
	8				播磨国人文石小麻呂を春日小野大樹に討たせ、小麻呂は白狗となり反撃するも死す		
	9				大工猪名部真根の失敗を責め、物部に殺させようとして許す	一本あり	
雄略14 庚戌	正	丙寅朔	戊寅	13	身狭青等、呉使と漢織·呉織、衣縫兄媛·弟媛を率いて住吉津に泊る		
		是月			呉客の道をつくる		
	3				呉使を檜隈野に置かせ、兄媛を大三輪神に奉じ、弟媛を漢衣縫部とする		△
	4	甲午朔		1	石上高抜原での呉使饗で根使主の悪事が露見し殺され、子孫半分は大草香部民となる。難波吉士日香香の子孫を大草香部吉士とする。根使主の子小根使主も殺される。子孫は坂本臣		
雄略15 辛亥					秦民を臣連らが駆使することを秦造酒が憂え、天皇は秦酒公に賜う		
雄略16 壬子	7				国県に桑を植え、秦民を遷して庸調を献じさせる		
	10				漢部の伴造を定め直姓を賜う	一本あり	
雄略17 癸丑	3	丁丑朔	戊寅	2	土師連らに命じて民部を奉らせ、贄土師部とする		
雄略18 甲寅	8	己亥朔	戊申	10	物部菟代·目を遣わし、目は筑紫聞物部大斧手を進ませ伊勢朝日郎を殺す。天皇は菟代所有の猪使部を目に与える		
雄略19 乙卯	3	丙寅朔	戊寅	13	穴穂部を置く		

年	月	月朔干支	日干支	日子	記事内容	備　考	古事記
雄略9 乙巳	2	甲子朔		1	凡河内香賜に宗像神を祀らせるが、采女を姧したので、難波日鷹吉士･弓削豊穂を遣わし殺す		
	3				紀小弓らを遣わして新羅を討つ。大伴談は戦死し、小弓は病死		
	5				紀大磐、百済で蘇我韓子を射殺。大伴室屋、小弓のため墓を造る。小鹿火、角臣の祖となる		
	7	壬辰朔		1	河内国言。飛鳥戸郡人田辺伯孫、娘婿の古市郡人書首加龍の家を訪ね、月夜に帰る途中、誉田陵で土馬の赤駿と馬を交換		
雄略10 丙午	9	乙酉朔	戊子	4	身狭青ら呉の献じた二鵞を筑紫で水間君の犬に食われる。水間君は鴻10･養鳥人を献ず	別本は筑紫嶺県主泥麻呂の犬	
	10	乙卯朔	辛酉	7	水間君献上の養鳥人を軽･磐余村に置く		
雄略11 丁未	5	辛亥朔		1	近江国栗太郡が白鸕鷀のことを言上		
					川瀬舎人を置く		○
	7				百済国より化来の貴信は呉国人、磐余の呉琴弾の壃手屋形麻呂らはその後裔		
	10				鳥官の鳥を菟田人の狗が殺したため、鳥養部とする。またそれを批判した信濃国･武蔵国の直丁を鳥養部とする		
雄略12 戊申	4	丙子朔	己卯	4	身狭青･檜隈博徳を呉国に派遣		
	10	癸酉朔	壬午	10	大工闘鶏御田を物部に付し殺そうとした雄略を秦酒公、琴にて諭す	一本あり	

年	月	月朔干支	日干支	日子	記事内容	備　考	古事記
雄略5 辛丑	2				葛城山で狩。臆病な舎人を皇后の諫言で許す		△
	4				百済加須利君(蓋鹵王)、池津媛の焚刑を聞き、弟･軍君に産月の婦を与えて日本に派遣		
	6	丙戌朔		1	筑紫各羅島で嶋君(武寧王)誕生		
	7				軍君入京	百済新撰は辛丑年に派遣とする	
雄略6 壬寅	2	壬子朔	乙卯	4	泊瀬小野に遊び、道小野と命名		
	3	辛巳朔	丁亥	7	誤って嬰児を集めた蜾蠃に少子部連賜姓		
	4				呉国が遣使、貢献		
雄略7 癸卯	7	甲戌朔	丙子	3	少子部蜾蠃に命じて三諸岳の神を捕らえ、岳を雷丘とする		
	8				吉備弓削部虚空の言で、物部兵士を遣わし、吉備下道臣前津屋と一族を殺す	或本あり	
	是歳				吉備上道田狭を任那国司に遣わし、妻の稚媛を奪う。弟君(田狭の子)･吉備海部赤尾･西漢才伎歓因知利を百済派遣。弟君の妻樟媛、夫を殺して赤尾と百済の手末才伎を連れ帰る。天皇、大伴室屋に命じ東漢掬直に､新漢人を上下桃原･真神野に遷させる	或本あり	
雄略8 甲辰	2				身狭青･檜隈博徳を呉国に派遣		
					即位以来八年間新羅が朝貢せず、高麗に頼る。新羅、高麗の攻撃により、任那王に日本府の援助を求む。膳臣斑鳩･吉備臣小梨･難波吉士赤目子が救援	一本･或本あり	

表5　雄略紀（在位 A.D456.12.25～479.9.8）の暦日

年	月	月朔干支	日干支	日子	記事内容	備考	古事記
安康3 丙申	8				眉輪王による安康天皇殺害と、雄略天皇による兄弟･眉輪王、円大臣殺害	即位前紀	○
	10	癸未朔		1	市辺押磐皇子殺害	即位前紀	○
		是月			三輪君身狭と親しい御馬皇子処刑	即位前紀	
	11	壬子朔	甲子	13	泊瀬朝倉宮で即位		○
					平群真鳥を大臣･大伴室屋と物部目を大連に任命		
雄略元 丁酉	3	庚戌朔	壬子	3	草香幡梭姫皇女を皇后とする		○
		是月			三妃を立てる。その一人の出生子(後の仁賢皇后)を物部目の進言で認知	「是年也、太歳丁酉」 一本あり	△
雄略2 戊戌	7				百済池津媛、天皇ではなく石川楯に嫁いだため、焚刑	旧本異説あり、百済新撰引用。「己巳年」即位の蓋鹵王が派遣	
	10	辛未朔	癸酉	3	吉野行幸		
			丙子	6	御馬瀬で狩をする。群臣の態度に怒り御者大津馬飼を斬殺。吉野より戻り皇太后の進言で、諸臣貢上の人々を宍人部とする		
		是月			史戸･河上舎人部設置		△
					誤殺が多いため人々は雄略を大悪天皇と誹る。史部の身狭青･檜隈博徳のみ寵愛		
雄略3 己亥	4				阿閉国見、栲幡皇女と湯人廬城部武彦の密通を讒言、露見して石上神宮に逃走		
雄略4 庚子	2				葛城山で一事主神に会う		○
	8	辛卯朔	戊申	18	吉野行幸		○
			庚戌	20	河上小野行幸。狩の際に天皇を刺したアブを蜻蛉が捕らえたので、蜻蛉野と命名	一本あり	○

関連書【日本書紀の影印本】

乾元二年（1303）卜部兼夏写〈国宝〉を高精細カラー版で忠実に再現

新天理図書館善本叢書②③ 日本書紀 乾元本一・二

天理大学附属天理図書館 編

遠藤慶太 解題／是澤範三 訓点解説

各冊本体 29,000 円・菊倍判・上製・貼函入

② 192 頁・ISBN978-4-8406-9552-7　③ 168 頁・ISBN978-4-8406-9553-4【2015 年刊】

所収本は、乾元２年（1303）、卜部兼夏が累家の秘本を以って書写したもの。神代巻の完本としては、卜部兼方書写の弘安本に次ぐ古さで、卜部家作成の多くの「日本書紀」写本の原本となった。全巻に朱墨訓点が施され、また代々の秘説が紙背にまで及んで詳細に注されているのが特徴。吉田兼倶の自筆書入れなどは、彼が大成した神道説を考える絶好の材料である。吉田家の理論、古い時代の訓読を考えるうえで必須といえる。

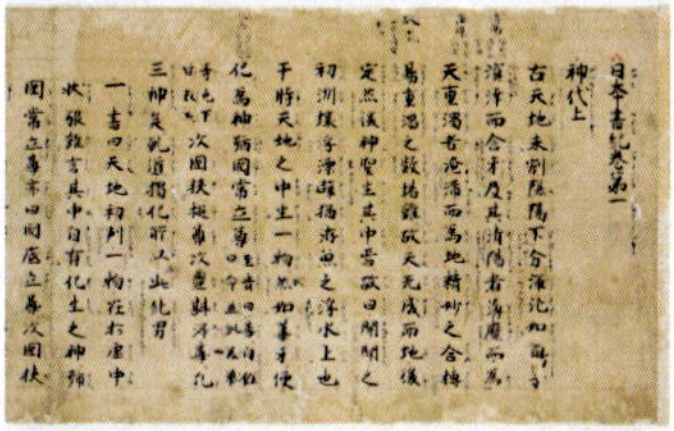

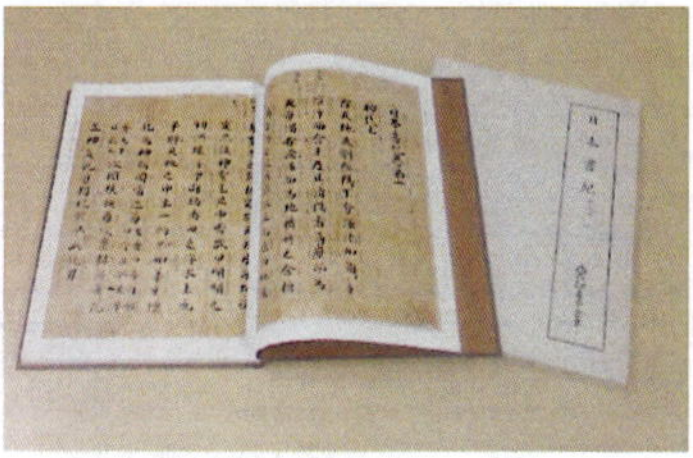

院政期の古訓点を有する 12 巻を墨・朱の二色刷印刷で再現

宮内庁書陵部本影印集成第一期 日本書紀（全４冊）

石塚晴通・石上英一 解説　ISBN978-4-8406-2491-7【2005-2006 年刊】

4 冊セット本体 86,000 円・B5 判・上製・貼函入・総 1,224 頁

書陵部本に付された訓点は、平安時代末と考えられており、かつ 10 巻にわたって残存するという、質量ともに非常に貴重な資料。院政期墨朱の訓点が詳細に加えられ本文・訓読研究上最重要古写本の影印。日本書紀全三十巻中、十二巻を収録。用明・崇峻、推古、舒明、皇極天皇紀等、古代研究で特に重要とされながら古写本がほとんど伝存しない後半部等を収録。詳細な解説にくわえ、訓点総索引も付録。

平安後期写〈国宝〉４巻を墨・朱の二色刷印刷で再現

尊経閣善本影印集成㉖ 日本書紀（全１冊）

前田育徳会尊経閣文庫 編／石上英一 解説・月本雅幸 訓点解説

本体 20,000 円・B5 判・上製・貼函入・266 頁　ISBN4-8406-2326-0【2002 年刊】

古本系の尊経閣本は平安後期の写本で、豊富な古訓点を有し訓読史料として重要である。巻十一・十七が藤原能信、巻十四が同頼宗、巻二十が同教通（996 ～ 1075）と道長の男達の手跡と伝えられる巻子本で、巻二十巻末紙背には「大二条殿御本」と教通所持本との注記がある。これらは九条家に伝えられ、のち三条西家の所蔵となった。

八木書店

〒101-0052　東京都千代田区神田小川町 3-8　Tel:03-3291-2961／Fax:03-3291-6300

pub@books-yagi.co.jp　【WEB サイトリニューアル】https://catalogue.books-yagi.co.jp/

製出版・Web 公開　　黄色は絶賛発売中！

⑧丹鶴本	⑨水戸本	⑩熱田本	⑪北野本	⑫伊勢本（※）	⑬兼右本	⑭内閣文庫本
14世紀写	14世紀写	14世紀写	平安～江戸	15世紀他写	16世紀写	16-17世紀写
古本系統	卜部本系統	卜部本系統	卜部本系統ほか	卜部本系統	卜部本系統	卜部本系統
-	彰考館	熱田神宮	北野天満宮	伊勢・神宮文庫他	天理図書館	国立公文書館
-	重要文化財	重要文化財	重要文化財	重要文化財	重要文化財	-
あり	あり	初公刊（八木書店）	あり	あり（八木書店他）	あり（八木書店）	なし
あり	あり	なし	あり	なし	なし	あり
嘉元4年（1306）	嘉暦3年（1328）	永和元年（1375）～永和3年（1377）＊上下巻に分かれる	Ⅲ（南北朝）			慶長頃（1596～1615）
同上	同上	同上				同上
		同上【最古】	Ⅳ（永正16年（1519）～天文5年（1536））	bcd ※	天文9年（1540）	同上
		同上【最古】	Ⅲ（南北朝）	abc	同上	同上
		同上【最古】	同上＊貞和5年（1349）加点あり	abc	同上	同上
		同上【最古】	Ⅳ（永正16年（1519）～天文5年（1536））	abc	同上	同上
		同上【最古】	Ⅲ（南北朝）	abc	同上	同上
		同上【最古】	同上	abc	同上	同上
		同上【最古】	同上	ab	同上	同上
		同上	同上	abc	同上	同上
			Ⅳ（永正16年（1519）～天文5年（1536））	abc	同上	同上
		永和元年（1375）～永和3年（1377）	Ⅲ（南北朝）	abc	同上	同上
		同上	同上	abc	同上	同上
		同上		abc	同上	同上
		同上	Ⅲ（南北朝）	bc	同上	同上
			Ⅴ（江戸）	bc	同上	同上
			Ⅲ（南北朝）	a	同上	なし
			同上	abc	同上	同上
			同上＊延文元年（1356）		同上	同上
			同上	a	同上	同上
			同上	abc	同上	同上
			Ⅰ（院政期）＊古本	abc	同上	同上
			同上	abc	同上	同上
			同上	abc	同上	同上
			同上	abc	同上	同上
			同上	abc	同上	同上
			同上	abc	同上	同上
			Ⅱ（鎌倉時代）	abc	同上	同上
			同上	abc	同上	同上
			同上＊文和元年（1352）加点あり		同上	同上

『日本書紀』の主な写

写本の別		①田中本	②岩崎本	③前田本	④図書寮本	⑤鴨脚本	⑥弘安本	⑦
書写時期		9世紀写	10-11世紀写	11世紀写	12世紀頃写	13世紀写	13世紀写	1
分類		古本系統	古本系統	古本系統	古本系統	古本系統	ト部本系統	ト
所蔵者		奈良国立博物館	京都国立博物館	尊経閣文庫	宮内庁書陵部	國學院大學	京都国立博物館	天
指定等		国宝	国宝	国宝	-	-	国宝	
複製出版		あり	あり	あり (八木書店)	あり (八木書店)	あり	あり	(ハ
web公開		あり	あり(一部)	なし	あり	あり	あり(一部)	
巻	収録篇目							
1	神代上	平安初期(断簡4種。大垣・四天王寺・猪熊・佐佐木本)					弘安9年 (1286)	
2	神代下				南北朝	嘉禎2年 (1236)	同上	
3	神武天皇							
4	綏靖-開化天皇							
5	崇神天皇							
6	垂仁天皇							
7	景行・成務天皇							
8	仲哀天皇							
9	神功皇后							
10	応神天皇	平安初期			平安末期			
11	仁徳天皇			平安後期【最古】				
12	履中・反正天皇				平安末期～鎌倉頃【最古】			
13	允恭・安康天皇				同上【最古】			
14	雄略天皇			平安後期【最古】	同上			
15	清寧・顕宗・仁賢天皇				同上【最古】			
16	武烈天皇				同上【最古】			
17	継体天皇			平安後期【最古】	同上			
18	安閑・宣化天皇							
19	欽明天皇							
20	敏達天皇			平安後期 【最古】				
21	用明・崇峻天皇				平安末期 【最古】			
22	推古天皇		寛平・延喜年間 (889～923)		同上			
23	舒明天皇				永治2年 (1142)前後 【最古】			
24	皇極天皇		寛平・延喜年間 (889～923)		平安末期～ 鎌倉頃			
25	孝徳天皇							
26	斉明天皇							
27	天智天皇							
28	天武天皇上							
29	天武天皇下							
30	持統天皇							

※⑫伊勢本は(a)穂久邇文庫本・(b)内閣文庫本・(c)無窮会本・(d)御巫清白氏旧蔵本の4本の巻の有無を示す。

初公刊

神代から仁賢天皇まで冒頭十五巻（巻第十一欠）、
うち神武天皇から神功皇后までの七巻が現存最古！

熱田本 日本書紀 全3冊

高精細カラー版　迫力の大型本で体感！

三種の神器の一つ草薙神剣を祀る熱田神宮、そこに伝わる日本最古の正史を初公刊

熱田神宮 編

ISBN978-4-8406-2216-5（全3冊）

重要文化財

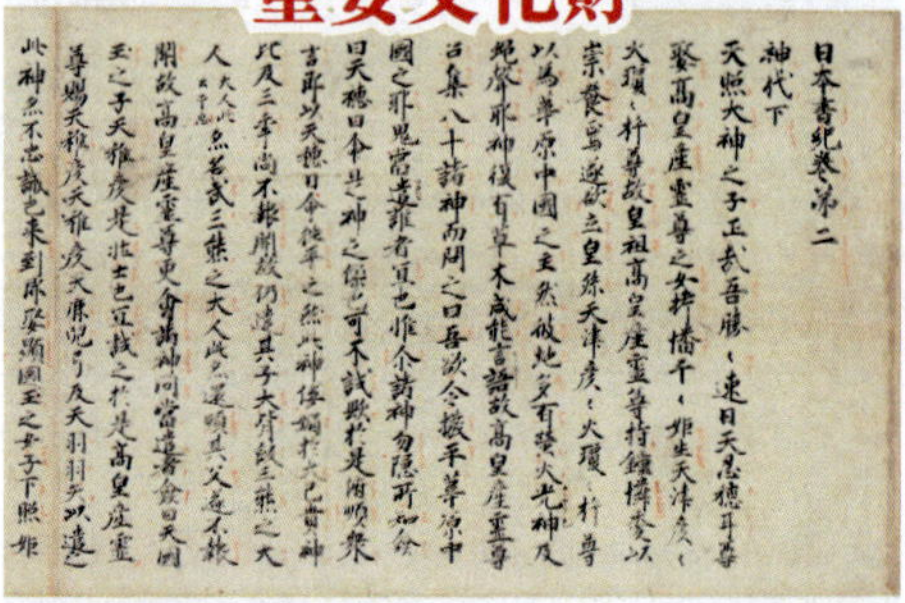

原本調査をふまえた多角的な解説を収録

〔書　　誌〕荊木美行・遠藤慶太
〔熱田社史〕野村辰美・福井款彦
〔訓　　点〕木田章義・大槻　信
〔料　　紙〕渡辺　滋

全3冊　2017年12月刊行・好評発売中！

●菊倍判（304×218ミリ）・上製クロス装・貼函入・揃922頁
●全3冊セット本体120,000円＋税
●各冊本体40,000円＋税（分売可）

第1冊	巻第一～巻第四	神代～開化天皇／和歌懐紙
第2冊	巻第五～巻第十	崇神天皇～応神天皇／和歌懐紙
第3冊	巻第十二～巻第十五	履中天皇～仁賢天皇／和歌懐紙／解説

八木書店
YAGI BOOK STORE LTD.
〒101-0052　東京都千代田区神田小川町3-8　● Tel 03-3291-2961　● fax 03-3291-6300
● E-mail pub@books-yagi.co.jp　● Web https://catalogue.books-yagi.co.jp/
※同封の注文書で一緒にご注文いただけます。未刊分は刊行次第お届けいたします（送料弊社負担）。

3　日本書紀神代巻における類書利用

髙田宗平

はじめに　―先行研究瞥見―

『日本書紀』（以下、書紀と略称する）の出典についての研究として、挙げるべきものは、室町時代の公卿・古典学者の一条兼良《かねよし》（一四〇二～八一）の『日本書紀纂疏《さんそ》』（康正年間〔一四五五～五七〕成立）、江戸時代中期の国学者・医学者の谷川士清《ことすが》（一七〇九～七六）の『日本書紀通証』（宝暦元年〔一七五一〕成稿、同一二年〔一七六二〕刊）、江戸時代中期の尾張藩士・国学者・考証学者の河村秀根《ひでね》（一七二三～九二）・二男の益根《ますね》（一七五六～一八一九）による『書紀集解《しっかい》』（天明五年〔一七八五〕序）であろう。

一条兼良は、「本朝五百年以来、此殿程之才人（本朝五百年以来、此の殿程の才人）」（小槻〔大宮〕長興〔一四一二～九九〕の日記『長興宿禰記《ながおきすくねき》』文明十三年〔一四八一〕四月二日条）等と評された当代随一の学殖を有する文人で、和漢を問わず広く古典学に通暁した。『日本書紀纂疏』は、書紀神代巻（以下、神代巻と略称する）の注釈書として、日本古典籍、漢籍、仏典を引用し、神儒仏三教一致論を展開している。その中で、多くの典籍を引用して考証しており、中世学問史・思想史研究のみならず、出典論の資料としても有用である。『日本書紀通証』(1)は、『釈日本紀』以降、最初の書紀全巻の注釈書である。谷川士清が言語学に精通したことから、字義の解明に力点が置かれ、この観点から多くの典籍を引用し、出典が記され、出典論の先駆けとなった。『書紀集解』(2)は、書紀の本文校訂並びに出典解明に注力し、書紀撰述に際し、漢籍に拠って潤色されていることを本格的に明らかにした書で、このことは夙に知られている。

近代に至り、小島憲之は、書紀撰述に際し、依拠した漢籍（出典）について、和漢比較文学の出典論の立場から、出典が漢籍からの直接引用または間接引用（転引）、記憶によるものに着目し、区別した。出典のうち、間接引用に利用された漢籍は類書（一種の百科事典）であって、小島は、「奈良朝より平安朝にかけて二大類書の利用、特に平安時代に於いては修文殿御覧の利用が考えられるが（平安末辞書の「香薬抄」もその一例。〔後略〕）、佚書（滅んで世に伝わらない書籍のこと―稿者注）としての修文殿御覧は、まず第一線の考察から除外するほかはなく、やはり類書の最たるものは藝文類聚をあげざるを得ない」と述べ、資料的制約がある中、現存類書では、書紀撰述の際に間接引用に利用されたものは『藝文類聚《げいもんるいじゅう》』と推定した（小島憲之、一九六二）。小島が出典を直接引用と間接引用とに区別し、間接引用が類書に依拠していることを解明したことにより、書紀出典論が飛躍的に進展したと言える。ただし、小島は、類書の佚存状況等の資料的制約から、書紀撰述に際し、間接引用に利用された漢籍は、現存する類書の中では『藝文類聚』と推定したが、小島説は積極的な

『藝文類聚』依拠説と認識され、これが長きにわたり通説とされてきた嫌いがあるようにも思える。

しかし、これに対して、勝村哲也・神野志隆光によって、神代巻冒頭部が依拠した類書は、『修文殿御覧《しゅうぶんでんぎょらん》』（南北朝時代の北朝斉（北斉）の武平三年（五七二）成立。祖珽《そてい》等の奉勅撰）と推定する『修文殿御覧』依拠説が提出された（勝村、一九七三・七七・七八。神野志、一九八九・九二）。更に、瀬間正之によって、日本書紀開闢《かいびゃく》神話の生成に供された類書は、『修文殿御覧』とともに『法苑珠林《ほうおんじゅりん》』所引『修文殿御覧』であった可能性が指摘された（瀬間、二〇〇〇）。また、瀬間は書紀撰述に供された類書について、『華林遍略《かりんへんりゃく》』（六朝梁（南北朝時代の南朝梁）の普通五年（五二四）頃成立。徐勉等の奉勅撰）のみに留まらず、『藝文類聚』も使用されたと推定し、一種類の類書ではなく、複数の類書が使用されていたと指摘した（瀬間、二〇一二）。角林文雄は、『修文殿御覧』依拠説を追認し、書紀第一段の本文だけではなく、六つの一書《あるふみ》にも『修文殿御覧』に依拠したと推定される文辞が存在することを指摘し、『修文殿御覧』依拠説を補強した（角林、二〇〇二）。以上の研究状況について、東野治之は、「日本でもその（『修文殿御覧』―稿者注）舶載が直接確認されるのは、平安時代になってからで、『和名抄』（『和名類聚抄《わみょうるいじゅうしょう》』、『倭《わ》名類聚抄』とも―稿者注）『弘決外典抄』（正しくは『弘決外典鈔』、もしくは『弘決外典抄』―稿者注）等にその佚文が見られる。しかし実際には早く舶載されていたと考えられ、書紀の述作に大きな役割を果たしたらしい」と述べ（東野、二〇〇六ａ）、更に、「書紀の述作に使われた主な類書としては、『修文殿御覧』を挙げるのが適切と思われ、すべてを本書（『藝文類聚』―稿者注）に求める風潮は一考を要する」と指摘した（東野、二〇〇六ｂ）。一方、近時、池田昌広は、一連の論文を陸続と発表し、小島説に対し、書紀撰述に際して依拠した類書は『修文殿御覧』に先行する『華林遍略』と推定する等の新説を提出している

（池田、二〇〇七a・b・c・〇八a・b・〇九・一一・一四・一五）。

以上、書紀出典論の研究史を瞥見したが、纏めると次のようになるだろう。小島が書紀の出典を直接引用、間接引用、記憶によるものに区別し、類書が介在した間接引用の存在を指摘した功績は極めて大きい。小島は、書紀の出典の直接引用と間接引用との区別に際して、間接引用は、現存の類書では『藝文類聚』と推定した。小島説に対し、勝村・神野志によって、神代巻冒頭部が依拠した類書は、『修文殿御覧』と推定された。これに続き、角林は『修文殿御覧』依拠説を補強し、瀬間は『修文殿御覧』依拠説を支持しつつも、『修文殿御覧』『法苑珠林』『華林遍略』『藝文類聚』の複数の類書が使用されたと推定した。更に、東野は書紀撰述に供された主な類書は『修文殿御覧』を挙げるのが適切で、撰述に供された類書を『藝文類聚』一書に求める『藝文類聚』依拠説に警鐘を鳴らした。一方、池田は、これらの『修文殿御覧』依拠説とは、一線を画す『華林遍略』依拠説を唱えている。

以上のように、『藝文類聚』依拠説は再考の余地があるとの認識が広まってきている。ただ、小島説は、書紀撰述に際し、依拠した漢籍を間接引用と直接引用とに区別した結果、間接引用に用いられた類書は現存の類書の中では『藝文類聚』と推定したに止まっていることもまた確認しておく必要があるように思われる。

右に少しく述べた如き研究状況に鑑み、本稿では、神代巻冒頭部の類書利用について再検討を試みたい。

一　神代巻冒頭部と類書

本稿の検討対象である神代巻冒頭部を示すと、次の通りである。傍線を附した文辞は『淮南子《えなんじ》』に基づいたと推定され、波線を附した文辞は『三五暦記《れっき》』に基づいた文辞と考えられる。(3)

『日本書紀』神代巻

古天地未剖、陰陽不分、渾沌如鶏子、溟涬而含牙。及其清陽者、薄靡而為天、重濁者、淹滞而為地、精妙之合摶易、重濁之凝竭難。故天先成而地後定。

（古に天地未だ剖《わか》れず、陰陽分《めを》れざりしとき、渾沌《まろか》れたること鶏子《とりのこ》の如くして、溟涬《ほのか》にして牙《きざし》を含《ふふ》めり。其れ清陽《すみあきらか》なるものは、薄靡《たなび》きて天《あめ》と為り、重濁《おもくにご》れるものは、淹滞《つづ》ゐて地《つち》と為るに及びて、精妙《くはしくたへ》なるが合《あ》へるは摶《むらが》り易く、重濁れるが凝《こ》りたるは竭《かたま》り難し。故《かれ》、天先づ成りて地後に定る。）

まず、「古天地未剖、陰陽不分」について見てみよう。当該文辞は、次のように『淮南子』俶真訓《しゅくしんくん》に基づいた文辞である。

『淮南鴻烈解』巻二・俶真訓（四部叢刊所収影北宋鈔本）

有未始有夫未始有有无者、天地未剖、陰陽未判、…

（未だ始より、夫の未だ始より无有る有らざることを有らざる者有りとは、天地未だ剖《わか》れず、陰陽未だ判《わか》れず、…）

『淮南子』は、前漢（西漢）の淮南王《わいなん》劉安（前一七九～前一二三）が編纂させた思想書である。劉安は前漢の高祖劉邦の孫である。『淮南子』の注釈である、劉文典『淮南鴻烈集解』、何寧『淮南子集解』、張雙棣『淮南子校釈』には当該箇所の異同は認められない。

次に、「渾沌如鶏子、溟涬而含牙」について見てみよう。当該文辞は、後に掲出するように、『三五暦記』

に基づいた文辞と考えられる。『三五暦記』（『三五暦紀』『三五歴記』なども）は、三国呉の徐整により撰せられ、中国では『隋書』経籍志には著録されず、この頃には既に散佚《さんいつ》していたものと思われる。九世紀後半頃の目録である『日本国見在書目録』（九世紀後半頃、藤原佐世編）に著録されないことから、当該期の我が国には伝来していなかったと思われる。しかし、古くは神代巻冒頭部に利用されている。このようなことから、神代巻冒頭部の『三五暦記』は、間接引用、すなわち類書等を介しての引用と推測される。後述するように、書紀以後の日本古典籍にも『三五暦記』の引用があるにもかかわらず、等閑視され、充分に活用されていないように思われる。

『三五暦記』該当部の引用文が認められる類書は、[4]『藝文類聚』（初唐の武徳七年〔六二四〕欧陽詢《おうようじゅん》等による奉勅撰）が一箇条、『法苑珠林』（初唐の総章元年〔六六八〕長安西明寺の釈道世《しゃくどうせい》撰）が一箇条、『太平御覧《たいへいぎょらん》』（北宋の太平興国二〜八年〔九七七〜九八三〕の李昉《りほう》等による奉勅撰）が三箇条である。では、実際に、類書所引『三五暦記』該当部を示そう。

①『藝文類聚』巻一・天部上・天

徐整三五暦紀曰、天地混沌如鶏子。盤古生其中、万八千歳。天地開闢、陽清為天、陰濁為地。盤古在其中、一日九変。神於天、聖於地。天日高一丈、地日厚一丈、盤古日長一丈、如此万八千歳。天数極高、地数極深、盤古極長。後乃有三皇。数起於一立於三、成於五、盛於七、処於九。故天去地九万里。

（徐整の三五暦紀に曰く、天地は混沌として鶏子《けいし》の如し。盤古は其の中に生じ、万八千歳なり。天地開闢《かいびゃく》して、陽清を天と為し、陰濁を地と為す。盤古《ばんこ》は其の中に在りて、一日に九変す。天に神たり、地に聖たり。天は日々高くすること一丈、地は日々厚くすること一丈、盤古も日々長ずること一丈、此の如くして万八千歳。天の数は極めて高く、地の数は極めて深く、盤古も極めて長ず。後に乃ち三皇有り。数は一より起きて三に立ち、五に成り、七に盛んにして、九に処る。故に天は地を去ること九万里なり、と。）

②『法苑珠林』巻第四・日月篇第三・地動部第十三

三五暦紀曰、未有天地之時、混沌如鶏子。溟涬始可〔牙カ〕、濛鴻滋分。歳起摂提、元気啓肇。

（三五暦紀に曰く、未だ天地有らざるの時、混沌として鶏子の如し。溟涬《めいけい》として始めて牙《きざ》し、濛鴻《もうこう》として滋《ますます》分かる。歳は摂提《せってい》に起き、元気啓肇《けいちょう》す、と。）

③『太平御覧』巻一・天部一・元気

三五暦紀曰、未有天地之時、混沌状如鶏子。溟涬始牙、濛〈莫孔切〉鴻〈胡孔切〉滋萌。歳在摂提、元気肇始。又曰清軽者上為天、濁重者下為地。沖和気者為人。故天地含精、万物化生。

（三五暦紀に曰く、未だ天地有らざるの時、混沌として状鶏子の如し。溟涬として始めて牙し、濛鴻として滋萌《きざ》す。歳は摂提に在り、元気肇始す、と。又曰く、清軽なる者は、上って天と為り、濁重なる者は、下って地と為る。沖和《ちゅうわ》の気なる者を人と為す。故に天地精を含み、万物化生す、と。）

④『太平御覧』巻二・天部二・天部下　当該引用文は①とほぼ同文のため、書き下し文は省略に従う。

徐整三五暦紀曰、天地渾沌如鶏子。盤古生其中、万八千歳。天地開闢、陽清為天、陰濁為地。盤古在其中、一日九変。神於天、聖於地、天日高一丈、地日厚一丈、盤古日長一丈、如此万八千歳。天数極高、地数極深、盤古極長。後乃有三皇。数起於一立於三、成於五、盛於七、処於九。故天去地九万里。

⑤『太平御覧』巻七八・皇王部三・天皇

徐整三五暦紀曰、溟涬始牙、濛鴻滋萌。歳起摂提、元気肇啓。有神霊人十三、号曰天皇。

（徐整の三五暦記に曰く、溟涬として始めて牙し、濛鴻として滋萌す。歳は摂提に起き、元気肇始す。神霊人十三有り、号して天皇と曰ふ、と。）

右の五箇条は何れも徐整『三五暦記』の文と認められる。五箇条の異同から、次の二種のグループに大別できよう。すなわち、①・④のグループ（Aグループ）、②・③・⑤のグループ（Bグループ）である。Aグループは、「混（渾）沌如鶏子」に作り、①と④とは、『藝文類聚』の「混」と『太平御覧』の「渾」の異同がある。Bグループは、「混沌状如鶏子、溟涬始牙（可）」に作り、②と③とは、『法苑珠林』の「混沌如鶏子、溟涬始可」と『太平御覧』の「混沌状如鶏子、溟涬始牙」の異同である。また、⑤は、「混沌（状）如鶏子」がないが、「溟涬始牙」に作り、Bグループと見做すことができる。

A、Bの両グループと神代巻冒頭部の「渾沌如鶏子、溟涬而含牙」とを比較すると、Bグループに近似していることがわかる。神代巻冒頭部の当該箇所は、Bグループの②『法苑珠林』、ないしは②『法苑珠林』及び③『太平御覧』の藍本《らんぽん》（「藍本」とは基になった書籍のこと）に依拠し、潤色されたものと推定される。ただし、同じ『太平御覧』内の『三五暦記』の同一箇所の引用で、③と④との間で差異が認められる。当該差異が生じた要因は、明確には断じ難いが、同じ『太平御覧』内ではあるものの、③と④が藍本とした類書が異なっていたか、③と④が藍本とした類書の祖本が互いに異なる『三五暦記』のテキスト（『三五暦記』のテキスト間で異同があった）から引用したか、等の可能性が想定される。

そして、「其清陽者、薄靡而為天、重濁者、淹滞而為地。精妙之合摶易、重濁之凝竭難。故天先成而地後定。」について見てみよう。当該文辞は、『淮南子』天文訓に基づいた文辞と推定される。

『淮南鴻烈解』（四部叢刊所収影北宋鈔本）巻三・天文訓

清陽者、薄靡而為天、重濁者、凝滞(一)而為地。清妙之合専易、重濁之凝竭難。故天先成而地後定。

(一) 四部叢刊本、「凝滞」を「滞凝」に作るが、劉文典『淮南鴻烈集解』、何寧『淮南子集解』、張雙棣『淮南子校釈』に拠りて「凝滞」に改める。

（清陽なる者は、薄靡して天と為り、重濁なる者は、凝滞《ぎょうたい》して地と為る。清妙の合専するは易く、重濁の凝竭《ぎょうけつ》するは難し。故に天先づ成りて、地後に定まる。）

「滞凝」と「凝滞」の他は、四部叢刊本と劉文典『淮南鴻烈集解』、何寧『淮南子集解』、張雙棣『淮南子校釈』との間には当該箇所の異同は認められない。神代巻冒頭部は「淹滞而為地」の如く「淹滞」に作るが、『淮南子』は「凝滞而為地」の如く「凝滞」に作る。

当該箇所を引用する類書は、『北堂書鈔』巻一五七・地理部一・地一に「淹滞而為地、淮南子云、重濁者、淹滞而為地。」、『太平御覧』巻一・天部一・元気に「淮南子曰、道始生虚霩、虚霩生宇宙、宇宙生元気。〔元気〕(一)有涯垠。清陽者、薄〈音博〉靡〈音摩〉而為天。（淮南子に曰く、道始虚霩《きょかく》を生じ、虚霩宇宙を生じ、宇宙元気を生ず。元気に涯垠《がいぎん》有り〔（一）「有」の前、「元気」の二字脱字か。王念孫『読書雑志』「読淮南内篇雑志」（王念孫は清朝考証学者）に拠りて「元気」の二字を補う。〕、清陽なる者は、薄〈音博〉靡〈音摩〉して天と為る、と。）」、『太平御覧』巻三六・地部一・地上に「淮南子曰…又曰、重濁者、淹滞而為地。」とあり、『太平御覧』

巻三六・地部一・地上は「淹滞而為地」の如く「淹滞」に作る。整理すると、神代巻冒頭部、『太平御覧』巻三六・地部一・地上（『北堂書鈔』巻一五七・地理部一・地一も同様に「淹滞」に作る）はともに「淹滞」に作るが、『淮南子』は「凝滞」に作るということになる。従って、『太平御覧』巻三六・地部一・地上の藍本となった類書は「淹滞」に作っていたと推定される。また、『北堂書鈔』は隋末の大業年間（六〇五～一七）に虞世南《ぐせいなん》が撰した書であることから、虞世南が引用した『淮南子』は「淹滞」に作っていたと推測される。更に一歩踏み込むなら、隋末に通行していた『淮南子』の中には「淹滞」に作るものが存したと推測することもできよう。

その一方、神代巻冒頭部の『淮南子』当該箇所の全てをカバーする『淮南子』の引用文を類書からは見出すことができないが、神代巻冒頭部と『太平御覧』巻三六・地部一・地上所引『淮南子』との符合点から考えると、『太平御覧』の藍本となった類書には神代巻冒頭部の当該箇所と類似する（一歩踏み込むならば当該箇所をカバーする）『淮南子』の引用が存在したものの、これは『太平御覧』には継承されず、『太平御覧』には引用されなかった可能性も考えられよう。纏めると、『太平御覧』の藍本となった類書には、神代巻冒頭部の当該箇所に類似した『淮南子』の引用があり、神代巻冒頭部はこれを基にしたとの推測も成り立とう。

二　日本古典籍所引『三五暦記』の諸相

日本古典籍には、『三五暦記』該当部を引用したものが存する。『三五暦記』はどのような典籍から引用したか（如何なる典籍から間接引用したか）、出典を記載する典籍と、出典を記載しない典籍がある。これらを検討していくことにより、我が国における『三五暦記』該当部の受容の一端を確認し、神代巻冒頭部検討の手がかりとしたい。

本節にて比較検討に使用する典籍とそのテキストを以下に示しておく。

『弘決外典鈔《ぐけつげてんしょう》』…正暦二年（九九一）具平《ともひら》親王の撰　天理大学附属天理図書館所蔵『五臣注文選巻二十』紙背『弘決外典鈔』（以下、天理図書館本と略称する）、金沢文庫保管称名寺寄託弘安七年（一二八四）円種校合加点写本（以下、金沢文庫本と略称する）、身延文庫所蔵江戸時代写本

『五行大義』裏書…穂久邇《ほのくに》文庫所蔵元弘相伝本

『釈日本紀』…鎌倉時代後期の卜部兼方の撰　尊経閣文庫所蔵正安三・四年（一三〇一・〇二）書写加点校合写本

『華厳演義鈔《けごんえんぎしょう》外典鈔《げてんしょう》』（『周易注疏其他雑抄』）…鎌倉時代中期の鎌倉松谷寺の学僧智照の撰　金沢文庫保管称名寺寄託鎌倉時代写本

『類聚神祇本源《るいじゅじんぎほんげん》』…元応二年（一三二〇）度会《わたらい》家行撰　真福寺寶生院真福寺文庫所蔵応安五年（一三七二）信瑜令写手校本

『瑚璉集《これんしゅう》』…度会家行撰　神宮文庫所蔵『摂嶺院授与記』紙背文書『瑚璉集』断簡

『元元集《げんげんしゅう》』…延元二（一三三七）〜三年（一三三八）頃北畠親房撰　『類聚神祇本源』『瑚璉集』等を基にする。

平田俊春・白山芳太郎校注『神道大系 論説編 北畠親房（上）』所収『元元集』、平田俊春「校本元元集」

（神宮文庫所蔵慶安四年〔一六五一〕写本〔巻一〜巻七〕、同文庫所蔵春瑜本〔巻八〕が底本）

『日本書紀纂疏』…康正年間〔一四五五〜五七〕一条兼良撰　天理大学附属天理図書館所蔵永正七・八年〔一五一〇・一五一一〕清原宣賢《きよはらののぶかた》書写本

『三五暦記』の出典が記載されている引用例

『三五暦記』の引用文があり、同時に出典が明記されている点から注目されるものがある。まず、『弘決外典鈔』を挙げる。巻第一に「御覧云三五暦記云」と引用される。

天理図書館本　※欄上に小字で「天如鶏子白、地如鶏子黄。〔天は鶏子の白の如く、地は鶏子の黄の如し。〕」とある。

天台者天者巓也。元気未分混而為一。〈御覧云、三五暦記云、未有天地之時、混沌状如鶏子也。〉

〈御覧に云ふ、三五暦記に云ふ、未だ天地有らざるの時、混沌として状鶏子の如きなり、と。〉

金沢文庫本　当該引用文は天理図書館本とほぼ同文のため、書き下し文は省略に従う。

天台者天者巓也。元気未分混而為一。〈御覧云、三五斉〔暦〕記云、未有天地之時、混純〔沌〕状如鶏子。〔天〕如鶏子白、地〔如〕鶏子黄。〉

身延文庫所蔵江戸時代写本　当該引用文は天理図書館本と同文のため、書き下し文は省略に従う。

天台者天者巓也。元気未分混而為一。〈御覧云、三五暦記云、未有天地之時、混沌状如鶏子也。〉

『弘決外典鈔』所引『御覧』は、前掲①〜⑤と比較すると、Bグループの前掲③『太平御覧』巻一・天部一・元気に引用される『三五暦記』と一致する。『太平御覧』は北宋の太平興国二〜八年〔九七七〜八三〕に成立し、その数年後の我が国正暦二年（九九二）に『弘決外典鈔』が成立した。『太平御覧』が数年間で我が国に伝来し、具平親王が『弘決外典鈔』に『太平御覧』を引用したとは考え難いことから、『弘決外典鈔』に引く『御覧』は『修文殿御覧』からの引用文と見做すことができる。従って、『弘決外典鈔』は「未有天地之時、混沌（純）状如鶏子（也）。」を『修文殿御覧』から引用し、金沢文庫本『弘決外典鈔』の「○天如鶏子白、○如鶏子黄」は、（1）天理図書館本『弘決外典鈔』の欄上に小字で「天如鶏子白、地如鶏子黄」とあること、及び（2）『太平御覧』巻一・天部一・元気の引用から判断して、書入が伝写の過程で竄入《ざんにゅう》したかと推測されることから、『太平御覧』巻一・天部一・元気所引『三五暦記』は『修文殿御覧』を継承した本文と見て差し支えない。『弘決外典鈔』の撰者具平親王周辺には『修文殿御覧』が存在し、具平親王は『修文殿御覧』を披覧できる環境にあったと推測される。

今一つ、注目されるものに、『華厳演義鈔外典鈔』（『周易注疏其他雑抄』）がある。

『華厳演義鈔外典鈔』　当該引用文は前掲③とほぼ同文のため、書き下し文は省略に従う。

言天道至未分天地

太平御覧一曰、未三五暦紀曰、未有天地之時、混沌状如鶏子。溟涬始牙、濛鴻滋萌。歳在摂提、元気□始。

『華厳演義鈔外典鈔』引用の『三五暦記』は、冒頭に「太平御覧」と出典を明記することから、『太平御覧』からの引用であることは明らかである。『華厳演義鈔外典鈔』の当該条は、Bグループの前掲③『太平御覧』巻一・天部一・元気に引用される『三五暦記』と一致し、『華厳演義鈔外典鈔』は、「未有天地之時、混沌状如鶏子、溟涬始牙、濛鴻滋萌。歳在摂提、元気肇始。」まで引用していることがわかる。『華厳演義鈔外典鈔』の撰者智照は『太平御覧』を披覧できる環境にあったと見て良いだろう。

『三五暦記』の出典が記載されていない引用例

『三五暦記』の出典（如何なる典籍から引用したか）が明記されていないものは、次の六箇条ある。

イ、穂久邇文庫所蔵『五行大義』巻第一紙背（裏書）

濛〈莫孔反〉鴻〈胡孔反〉

摂提元気始

清為天事

三五暦紀云、未有天地之時、混沌如鶏子。溟涬始牙、濛鴻滋萌。歳在摂提、元気肇始。又曰清軽者上為天、濁重者下為地。沖和気者為人。故天地含精、万物化生。

ロ、『釈日本紀』巻第五・述義一第一・第一上

天地未剖

三五暦記曰、天地渾沌如鶏子。盤古生其中、万八千歳。天地開闢、陽清為天、陰濁為地。盤古在其中、一日九変。神於天聖於地。

ハ、『類聚神祇本源』天地開闢篇・一・漢家

三五暦紀曰、未天地之時、混沌状如鶏子。溟涬始牙、濛鴻滋萌。

又曰、清軽者上為天、濁重者下為地。沖和気者為人。故天地含精、万物化生。

ニ、『摂嶺院授与記』紙背文書『瑚璉集』断簡・一・天地開闢事
三五暦紀曰、未天地之時、混沌状如鶏子。溟涬始牙、濛鴻滋萌。
又曰、清軽者上為天、濁重者下為地。沖和気者為人。故天地含精、万物化生。

ホ、『元元集』巻第二・天地開闢篇　※平田俊春『校本元元集』も同文。
三五暦記曰、未有天地之時、混沌状如鶏子。溟涬始牙、濛鴻滋萌。清軽者上為天、濁重者下為地。沖和気者為人。故天地含精万物化生。

へ、『日本書紀纂疏』巻第一・神代上一・渾沌二字事
三五暦記曰、未有天地之時、混沌状如鶏子。溟涬始牙、濛鴻滋萌。歳起摂提、元気肇始。

※本節の右の引用文は、前節に掲出した文とほぼ同文、ないしは同文のため、書き下し文は省略に従う。

では、具体的な相違点を見ていこう。ロ『釈日本紀』は「渾沌如鶏子」に作り、前掲のAグループの④『太平御覧』巻二・天部二・天部下と一致する。ハ、ニ、ホ、へは「混沌状如鶏子。溟涬始牙」に作り、前掲のBグループの③『太平御覧』巻一・天部一・元気と一致する。イ『五行大義』紙背のみ「混沌如鶏子。溟涬始牙」に作り、③と比較して、「混沌」の下に「状」がない異同が存するものの、当該箇所においては、それ以外、③との異同は認められない。『五行大義』紙背も前掲のBグループと見て差し支えない。

ハ、ニ、ホは④『太平御覧』巻一・天部一・元気と一致し、イは類似するが、『太平御覧』巻一・天部一・元気から引用したか、『太平御覧』巻一・天部一・元気の藍本となった類書から引用したか、それらからの引用が存する典籍、が想定されるが、俄かには判断し難い。ただし、ハ、ニ、ホの一致は、『瑚璉集』及び

『元元集』が『類聚神祇本源』から間接引用したことに起因するかと推される。

ロ『釈日本紀』所引『三五暦記』は、前掲のAグループの④『太平御覧』巻二・天部二・天部下、『太平御覧』巻二・天部二・天部下の藍本となった類書、もしくはそれらからの引用が存する典籍から引用した、等と推される。『釈日本紀』には、『太平御覧』から間接引用したと認められる箇所がある。[5] 具体的には、『釈日本紀』に引かれる『旧唐書』、『後漢書』、『三国志』魏書、『南史』、『北史』、『南斉書』は何れも『太平御覧』から間接引用している。従って、ロ『釈日本紀』所引『三五暦記』は、前掲のAグループの④『太平御覧』巻二・天部二・天部下から引用したと推定される。なお、へ『日本書紀纂疏』については後述する。

三　『藝文類聚』『太平御覧』などに引用されない『三五暦記』

一方、管見の及ぶ限り、日本古典籍には現存類書に引用されていない『三五暦記』が『性霊《しょうりょう》集略注』『性霊集注』『日本書紀纂疏』に認められる（『三五暦記』の引用文は、盤古《ばんこ》開天闢地《かいてんびゃくち》の神話（天地開闢の盤古神話）について具体的に記載されている部分である。なお、『性霊集略注』及び『性霊集注』は、空海の『性霊集』の注釈書である）。

では、当該『三五暦記』引用文を見ていこう。『性霊集略注』は、奥書に拠れば覚蓮房聖範の口伝を授かった琳光房真弁（鎌倉時代前期の高野山の学僧。一二六一に歿）が貞応二年（一二二三）に何ぴとかに伝授し、それを基に嘉元四年（一三〇六）に空悟が書写したものと解され（佐藤道生、一九九四）、「貞応二年（一二二三）の覚蓮房聖範口琳光房真弁記」である（山崎、二〇〇七）。

『性霊集略注』慶應義塾図書館（慶應義塾大学三田メディアセンター）所蔵嘉元四年写本
盤古者、三五〔暦または歴〕記曰、天地之初、有人曰盤古。龍身人首。々極東、足極西、左手極南、右手極北。開目成曙、合目成夜。呼為暑、吸為寒。吹気成風雲、吐声成雷霆。盤古死、頭為甲、喉為乙、肩為丙、心為丁、胆為戊、脾為己、脇為庚、肺為辛、腎為壬、足為癸、目為日月、髪為星辰、眉為叔〔升カ〕衡、九竅為九州、左乳為崇高、右乳為崑崙、左膝為南岳、右膝為花山、腹為太山、肩為魚鼈、両手為飛禽、爪為亀、骨為金銀、鬢為草木、毫為鳧鴨、唇鼻為山、牙歯為玉石、汗為雨水、大腸為江海、小腹〔腸〕為淮泗、膀光〔膀胱または旁光〕為百川、四輪為洞庭也。

（盤古とは、三五〔暦または歴〕記に曰く、天地の初、人有りて盤古と曰ふ。龍の身にして人の首あり。首は東を極め、足は西を極め、左手は南を極め、右手は北を極む。目を開けば曙と成し、目を合せば夜と成す。呼《は》けば暑さと為り、吸へば寒さと為る。気を吹けば風雲を成し、声を吐けば雷霆《らいてい》を成す。盤古死して、頭は甲と為り、喉は乙と為り、肩は丙と為り、心は丁と為り、胆は戊と為り、脾《ひ》は己と為り、脇は庚と為り、肺は辛と為り、腎は壬と為り、足は癸と為り、目は日月と為り、髪は星辰と為り、眉は升衡と為り、九竅《きゅうきょう》は九州と為り、左乳は崇高と為り、右乳は崑崙《こんろん》と為り、左膝は南岳と為り、右膝は花山と為り、腹は太山と為り、肩は魚鼈《ぎょべつ》と為り、両手は飛禽《ひきん》と為り、爪は亀と為り、骨は金銀と為り、鬢《びん》は草木と為り、毫《ごう》は鳧鴨《ふおう》と為り、唇鼻《しんび》は山と為り、牙歯は玉石と為り、汗は雨水と為り、大腸は江海と為り、小腸は淮泗《わいし》と為り、膀胱〔または旁光〕は百川と為り、四輪は洞庭と為るなり、と。）

『性霊集注』は、鎌倉時代初期頃の覚蓮房聖範注か、あるいは限りなく聖範注に依拠した注釈である（山崎、二〇〇七）。

『性霊集注』真福寺寶生院真福寺文庫所蔵永和三年（一三七七）写本　当該引用文は前掲『性霊集略注』所引文と

ほぼ同文のため、書き下し文は省略に従う。

盤古者、三五記〔暦または歴〕曰、天地之初有人曰｜｜〔盤古〕。龍□〔身〕人首。々極東、足極□〔西〕、左手極南、右手極北。開目成曙、合目成夜。呼為暑、吸□〔為〕寒。□〔吹〕気成風雲、吐声成雷霆。｜｜〔盤古〕死、頭為甲、喉為乙、肩為丙、心為丁、瞻〔胆〕為戊、脾為己、脇為庚、肺為辛、□〔腎〕為壬、足為癸、目為日月、髪為星唇〔辰カ〕、眉為升衡、九竅為九州、左乳為崇高、右乳為崑崙、左膝為南岳、右膝花《為》山、腹□〔為〕大山、尻〔為〕魚鼈、両手為飛禽、爪為亀龍、骨為金銀、髪為草木、毫為鳥鴨、唇鼻為山、牙歯為山牙歯為玉石、汗為雨水、大腸為江海、小腸為淮泗、傍光〔旁光または膀胱〕為百川、四輪為洞庭也。

前述した通り、『性霊集略注』及び『性霊集注』の両書に引用される『三五暦記』は、『北堂書鈔』『藝文類聚』『初学記』『太平御覧』に引用が認められない。(6) 従って、『性霊集略注』及び『性霊集注』所引『三五暦記』は『藝文類聚』『太平御覧』などの類書には引用されなかった（継承されなかった）、『三五暦記』の佚文ということになる。

前述の如く、『性霊集略注』は覚蓮房聖範から口伝を伝授された真弁によるもので、『性霊集注』は覚蓮房聖範注か、限りなく聖範注に依拠した注釈である。『性霊集注』について、「『略注』とは兄弟関係にあり、屋上に屋をなすが如く、「広本」（山崎によると「広本」とは「広注の意か」と―稿者注）を含む先行注を同文で継承しながら、相当長期な時間的経過を辿り重層的に増殖形成されたものと推定される。しかしながら、（中略）一度真弁注と交渉を持っていると考えなければ解決出来ない事象もある。恐らく本書（『性霊集注』―稿者注）と真弁注（『性霊集略注』―稿者注）が同一の注釈を元にして」（山崎、二〇〇七）おり、『性霊集略注』と『性霊集略注』とが依拠した『性霊集』先行注釈は同じものである。「注釈という作業の成果である書物の性質上、類書に依拠している（同時代の纂注という注釈の形式におしなべて認められる傾向である）」（山崎、二〇〇七）。

以上の先行研究、『性霊集略注』と『性霊集注』との関係、『三五暦記』の佚文が鎌倉時代初期頃から前期の『性霊集』注釈書に引用されているが『北堂書鈔』『藝文類聚』『初学記』『太平御覧』に引用が認められないことの各々に鑑みると、私見は、『三五暦記』が鎌倉時代初期から前期頃に日本に伝存して（伝来して）おらず、『性霊集略注』及び『性霊集注』に引く『三五暦記』は、『性霊集』先行注釈からの引用か、もしくは現存類書以外の類書からの引用かと推定される。そして、現存類書以外の類書は、『修文殿御覧』『華林遍略』と推測されよう。

続いて『日本書紀纂疏』所引『三五暦記』を見てみよう。『日本書紀纂疏』は前述した如く、一条兼良が康正年間に撰したとものである。

a　『日本書紀纂疏』巻第二・神代上二・明神人生事

又三五暦記曰、有巨人曰磐古。覆則為天、仰則為地、目為日月。

（又三五暦記に曰く、巨人有り磐古と曰ふ。覆《おほ》へば則ち天と為り、仰げば則ち地と為り、目は日月と為る、と。）

b　『日本書紀纂疏』巻第三・神代上三・三明別生三神事

故三五暦記謂磐古左右眼為日月。

（故に三五暦記に磐古左右の眼日月と為るを謂ふ、と。）

右の『日本書紀纂疏』所引『三五暦記』の二箇条は『北堂書鈔』『藝文類聚』『初学記』『太平御覧』に引

用が認められない。

ｂは一見して取意文と察せられる。ａｂを『性霊集略注』及び『性霊集注』の両書に引用される『三五暦記』と比較すると、ａは取意文と推され、ｂもやはり取意文と推定される。してみれば、『性霊集略注』及び『性霊集注』の両書に引用される『三五暦記』と、『日本書紀纂疏』所引『三五暦記』ａｂ文は、（１）同一の類書からの引用か、（２）藍本が同じであるが異なる類書からの引用か、（３）祖本が同一の類書ないしは藍本が同じであるものの異なる典籍からの引用か、（４）一条兼良が『性霊集略注』及び『性霊集注』を含む『性霊集』注釈書から引用したか、等が想定される。

右の掲げた『日本書紀纂疏』所引『三五暦記』二箇条以外に、『日本書紀纂疏』には『三五暦記』の引用文が、前述へ巻第一・神代上一・渾沌二字事の一箇条（ここでは便宜的に「ｃ」とする）の他、次の二箇条が認められる。

ｄ　巻第一・神代上一・神聖事

三五暦記曰、盤古、神於天、聖於地。

ｅ　巻第二・神代上二・国狭土〔槌〕事　ｄｅの二箇条も前掲①と同文であるため、書き下し文は省略に従う。

三五暦記曰、天日高一丈、地日厚一丈、盤古日長一丈、如此万八千歳。天数極高、地数極深、盤古極長。後乃有三皇。数起於一立於三、成於五、盛於七、処於九。故天去地九万里。

右のｄｅを前掲①～⑤と比較すると、Ａグループの①『藝文類聚』巻一・天部上・天、④『太平御覧』巻二・天部二・天部下に引用される『三五暦記』と一致する。『日本書紀纂疏』所引『三五暦記』を整理する

と、

ａ　巻第二・神代上二・明神人生事…類書に当該引用文は認められない

ｂ　巻第三・神代上三・三明別生三神事…類書に当該引用文は認められない

ｃ　巻第一・神代上一・渾沌二字事…『太平御覧』巻一・天部一・元気（Ｂグループ）

ｄ　巻第一・神代上一・神聖事…『北堂書鈔』巻一四九・天部一・天一、『藝文類聚』巻一・天部上・天、『太平御覧』巻二・天部二・天部下（Ａグループ）

ｅ　巻第二・神代上二・国狭土〔槌〕事…同右（Ａグループ）

となる。一条兼良が『日本書紀纂疏』撰述に際し、最低限の条件としてｃｄｅを引用する『太平御覧』と、ａｂの基となった『三五暦記』が引用される典籍（類書、『性霊集』注釈書を含む）の二種を利用したと想定することができる。しかし、私見は、ａｂを引用していた典籍と、ｃｄｅを引用している類書の藍本となった類書が同じものであったと想定したい。

以上の点を勘案すると、（1）現存類書には引用されていない『三五暦記』を引用する類書、（2）『日本書紀纂疏』所引『三五暦記』五箇条（ａｂｃｄｅ）をカバー可能な類書の二つの条件を充たすものは、『修文殿御覧』『華林遍略』の可能性があるだろう。[7]

なお、『藝文類聚』『太平御覧』などの現存類書には引用されなかった『三五暦記』の佚文が存することや、『日本書紀纂疏』所引『三五暦記』五箇条を現存する単一の類書ではカバー不可能なことは、先に触れた神代巻冒頭部の潤色の基となった『淮南子』天文訓の一文をカバー可能な『淮南子』天文訓引用文が『藝文類聚』『太平御覧』などに認められないことと無縁ではないようにも窺測される。

むすびに

以上、神代巻冒頭部の類書利用を解明すべく、当該箇所を引用する類書、日本古典籍などを列挙し、比較検討してきた。

第一に、神代巻冒頭部の撰述に供された類書について、久しく通説となってきた『藝文類聚』依拠説は再考を要すると思われる。稿者は、神代巻冒頭部の撰述に供された類書は『修文殿御覧』、ないしはその藍本である『華林遍略』と推定されるが、両書の何れとは俄には断じ難い。ただし、我が国古代中世の漢籍受容、とりわけ類書受容を検すと、古代中世を通じて、『華林遍略』受容の明確な例証は、管見の及ぶ限り、『日本国見在書目録』に著録される他、『後二条師通《もろみち》記』永長元年（一〇九六）三月七日条に「鸞《驀》子馬也。見於華林遍略。」とあるに過ぎない。これに対し、『修文殿御覧』は、『日本国見在書目録』、『弘決外典鈔』（九九一年具平親王撰）「外典目」、同巻第二、『通憲入道蔵書目録』（院政期の藤原通憲（信西）の蔵書目録、又は院政期の宝蔵（天皇家ゆかり）の蔵書目録とも（田島、二〇〇四））に著録され、『和名類聚抄』（承平年間（九三一～三八）源順撰）、『弘決外典鈔』、『政事要略』（長保四年（一〇〇二）頃、惟宗（令宗）允亮撰）、『御堂関白記《みどうかんぱくき》』長和四年（一〇一五）四月十日条（藤原道長の日記）、図書寮本『類聚名義抄《るいじゅみょうぎしょう》』（院政期の法相宗《ほっそう》僧撰）、『三教勘註抄《さんごうかんちゅうしょう》』（平安時代後期、藤原敦光撰）、『秘蔵宝鑰鈔《ひぞうほうやくしょう》』（藤原敦光撰）、『明文抄《めいぶんしょう》』（鎌倉時代初期、藤原孝範撰）の各々に引用され、『貞信公記《ていしんこうき》』

抄《しょう》』延長三年（九二五）十二月二十三日条（藤原忠平の日記）、『御堂関白記』寛弘七年（一〇一〇）八月二十九日条、『台記《たいき》』康治二年（一一四三）九月三十日条[8]（藤原頼長の日記。『台記』に見える「御覧」が『修文殿御覧』と推定されることは、小島小五郎、一九四二）に見え[9]、年号勘文《かんもん》の出典（年号を決定する際の年号案の出典）に十七回使用される（採用されたのは藤原淳範《あつのり》が勘申した「嘉元」の一回。森本、一九三三。所、二〇一四。『元秘別録』（高辻長成の撰。年号案とその出典が掲載された年号勘文など、年号決定に関連する故実や記録の集成））等[10]、多くの受容された明確な例証が認められる。従って、『修文殿御覧』は、我が国の古代中世を通じて、公家社会に広汎に浸透し、受容されていたことは明らかである。これらの受容状況を勘案すると、神代巻冒頭部の撰述に『華林遍略』が使用された可能性も想定されようが、稿者は『修文殿御覧』と想定する方が穏当のように思われ、私見は『修文殿御覧』依拠説に左袒したい。

ただし、『修文殿御覧』『華林遍略』ともに散佚して資料的制約があることに鑑みると、小島が書紀撰述に際し、依拠した類書は、現存する類書の中では最古の足本類書である『藝文類聚』と推定されると止める禁欲的な判断を下した（小島憲之、一九六二）こともまた一つの見識とも思われる。

第二に、『弘決外典鈔』の撰者具平親王周辺には『修文殿御覧』が存在し、具平親王は、『修文殿御覧』を披覧できる環境にあったと推測される。

第三に、一条兼良が『日本書紀纂疏』撰述の際、『三五暦記』を引用するために利用した典籍は、『修文殿御覧』もしくは『華林遍略』の可能性があるが、右の日本古代中世の類書受容の実態を手がかりに勘案すると、『修文殿御覧』の可能性が高いと推される。私見は、神野志説を追認したい（神野志、一九九二）。

第四に、『性霊集略注』及び『性霊集注』に引く『三五暦記』の佚文は、『性霊集』先行注釈からの引用か、もしくは現存類書以外の類書からの引用かと推定される。『性霊集』先行注釈が如何なる典籍かは現時点では私見を提出することはできないが、『三五暦記』を引用した初一の『性霊集』先行注釈は、『修文殿御覧』『華林遍略』からの間接引用と推測される。日本古代中世の類書受容の実態を手がかりに勘案すると、やはり『性霊集』先行注釈が依拠したと推される類書は『修文殿御覧』の可能性が高いであろう。(11)

第五に、『北堂書鈔』『藝文類聚』『法苑珠林』『太平御覧』の各類書間において『三五暦記』の引用文がAグループとBグループとの二つに分類できることを勘案すると、『三五暦記』は中国南北朝時代頃には複数の鈔本が存在し、本文の異同や異文が存在していた可能性が考えられよう。(12)

なお、私見は『修文殿御覧』依拠説を支持したが、一方では、盤古開天闢地の神話は、あるいは思想・伝承・伝説として、我が国古代において一定程度定着していた可能性があり、典籍から引用や典籍を披覧せずとも、知識として暗誦していた可能性もあったのではないかとも臆測される。神代巻冒頭部の出典論にこのような視点も含めるのも一案と思えなくもない。(13)

推測に推測を重ね、更には稿者の不見識、能力不足から充分に論ずることができなかった問題などが尠なくなく、触れることができなかった先行研究や典籍などが存すると思われる。大方諸賢の御叱正を乞う次第である。

使用したテキストとその底本など

（原本実見または紙焼き写真を用いた場合は◎、影印本には○を附した。なお、中文論文及び中文書のものには末尾に

「㊥」と記した。）

○**淮南子**…四部叢刊初編所収影北宋鈔本㊥〈新編諸子集成〉劉文典『淮南鴻烈集解』（中華書局、一九八九年）㊥、〈新編諸子集成〉何寧『淮南子集解』（中華書局、一九九八年）㊥、張雙棣『淮南子校釈（増訂本）』（北京大学出版社、二〇一三年）㊥／**読書雑志**…〈清代学術名著叢刊〉王念孫『読書雑志』（上海古籍出版社、二〇一五年）「読淮南内篇雑志」（徐煒君点校）㊥／○**玉函山房輯佚書**…馬国翰輯『玉函山房輯佚書』（文海出版社、一九六七年）㊥／○**玉函山房輯佚書続編**…王仁俊輯『玉函山房輯佚書続編三種』（上海古籍出版社、一九八九年）㊥／**弘決外典鈔**　○天理大学附属天理図書館所蔵『五臣注文選巻二十』紙背『弘決外典鈔』、◎神奈川県立金沢文庫保管称名寺寄託弘安七年円種校合加点写本、◎身延山久遠寺身延文庫所蔵江戸時代写本／○**藝文類聚**…『藝文類聚　附：索隠』（新興書局、一九七三年）。適宜、汪紹楹校『藝文類聚　附：索隠』（上海古籍出版社、一九六五年）を参照した。両書とも㊥／◎**華厳演義鈔外典鈔**（周易注疏其他雑抄）…神奈川県立金沢文庫保管称名寺寄託鎌倉時代写本／**元元集**…平田俊春・白山芳太郎校注『神道大系　論説編　北畠親房（上）』（神道大系編纂会、一九九一年）、平田俊春『元元集の研究』（山一書房、一九四四年）所収「校本元元集」／◎**元秘別録**…国立公文書館内閣文庫所蔵林家旧蔵本（江戸時代写本）／○**五行大義裏書**…〈古典研究会叢書・漢籍之部〉『五行大義』（汲古書院、一九九〇年）／**後二条師通記**…〈大日本古記録〉東京大学史料編纂所編纂『後二条師通記』（岩波書店、一九五八年）／○**瑚璉集**…〈真福寺善本叢刊〉『類聚神祇本源』（臨川書店、二〇〇四年）所収「『瑚璉集』断簡」影印／**三教勘註抄**…太田次男「高野山宝寿院蔵『三教勘註抄』巻一・二〔平安末鎌倉初間〕写本について―附・本文の翻印―」（『成田山仏教研究所紀要』二三、二〇〇〇年。太田次男『空海及び白楽天の著作に係る注釈書類の調査研究』中、勉誠出版、二〇〇七年に所収）。適宜、続真言宗全書刊行会校訂『真言宗全書』（続真言宗全書刊行会、一九七七年）を参考にした。／**山海経**…袁珂校注『山海経校注（増補修訂本）』（巴蜀書社、一九九六年）㊥／○**釈日本紀**…〈尊経閣善本影印集成〉『釈日本紀』（八木書店、二〇〇四年）／○**性霊集注**…〈真福寺善本叢刊〉『性霊集注』（臨川書店、二〇〇七年）。適宜、同書「翻刻篇」（山崎誠翻刻）を参照した。／◎**性霊集略注**…慶應義塾図書館（慶應義塾大学三田メディアセンター）所蔵嘉元四年写本。適宜、佐藤道生「慶應義塾図書館蔵『性霊集略注』（翻印）」（〈和漢比較文学叢書18〉『和漢比較文学の周辺』汲古書院、一九九四年所収）を参照した。／**隋書経籍志**…興膳宏・川合康三『隋書経籍志詳攷』（汲古書院、一九九五年）／**政事要略**…〈新訂増補国史大系・二八〉黒板勝美編輯『政事要略』（国史大系刊行会、一九三五年）／**台記**…〈史料纂集〉橋本義彦・今江広道校訂『台記』第一（続群書類従完成会、一九七六年）。適宜、〈増補「史料大成」〉増補「史料大成」刊行会編纂『台記』一（臨川書店、一九六五年）を参照した。／○**太平御覧**…『太平御覧』（中華書局、一九九八年）㊥／**貞信公記抄**…〈大日本古記録〉東京大学史料編纂所編纂『貞信公記』（岩波書店、一九五六年）／**榻鴫暁筆**…市古貞次校注『榻鴫暁筆』（三弥井書店、一九九二年）／○**図書寮本類聚名義抄**…『図書寮本類聚名義抄』本文編（勉誠社、一九七六年）／**長興宿禰記**…飯倉晴武校訂〈史料纂集〉『長興宿禰記』（続群書類従完成会、一九九八年）／○**二中歴**…〈尊経閣善本影印集成16〉前田育徳会尊経閣文庫編『二中歴　三　第十一～第十三　附掌中歴』（八木書店、一九九八年）、近藤瓶城編『改定史籍集覧』二三・新加纂録類（近藤活版所、一九〇一年）／○**日本国見在書目録**…『日本国見在書目録』（古典保存会事務所、一九二五年。『宮内庁書陵部所蔵室生寺本日本国見在書目録』名著刊行会、一九九六年）／○**日本書紀**…〈新天理図書館善本叢書〉『日本書紀　乾元本』（天理大学出版部、二〇一五年）。適宜、〈日本古典文学大系〉坂本太郎・家永三郎・井上光貞・大野晋校注『日本書紀』上（岩波書店、一九六二年）を参照した。／○**日本書紀纂疏**…〈天理図書館善本叢書・和書之部〉『日本書紀纂疏・日本書紀抄』（天理大学出版部、一九七七年）／○**秘蔵宝鑰鈔**…太田次男「秘蔵宝鑰鈔平安末写零本について―秘蔵宝鑰鈔平安末写本影印並模写」（『成田山仏教研究所紀要』四、一九七九年。「秘蔵宝鑰鈔平安末写零本について」に題名変更し、太田次男『空海及び白楽天の著作に係る注釈書類の調査研究』上、勉誠出版、二〇〇七年に所収）、『大東急記念文庫善本叢刊　中古中世篇　第一四巻　伝記・願文・語学等』（大東急記念文庫、二〇一六年）所収「秘蔵宝鑰抄」。適宜、続真言宗全書刊行会校訂『真言宗全書』（続真言宗全書刊行会、一九七七年）を参照した。／○**法苑珠林**…四部叢刊初編所収明万暦刊本。適宜、周叔迦・蘇晋仁校注『法苑珠林校注』（中華書局、二〇〇三年）を参照した。両書とも㊥／**簠簋内伝**…中村璋八『日本陰陽道書の研究　増補版』（汲古書院、二〇〇〇年）所収「簠簋内伝本文とその校訂」。適宜、『続群書類従』三一上・雑部（続群書類従完成会、一九二七年）を参照した。／○**北堂書鈔**…『北堂書鈔』（宏業書局、一九七四年）㊥／**通憲入道蔵書目録**…『続群書類従』二八・雑部（続群書類従完成会、一九三三年）／**御堂関白記**…〈大日本古記録〉東京大学史料編纂所編纂『御堂関白記』中（岩波書店、一九五三年）、〈大日本古記録〉東京大学史料編纂所編纂『御堂関白記』下（岩波書店、一九五四年）／○**明文抄**…遠藤光正『類書の伝来と明文抄の研究―軍記物語への影響―』（あさま書房、一九八四年）所収「神宮文庫本明文抄の影印（全）」。適宜、遠藤光正『明文抄の研究並びに語彙索引』（現代文化社、一九七四年）所収「古鈔本明文抄と続群書類従本明文抄との校勘」及び山内洋一郎編著『本邦類書玉函秘抄・明文抄・管蠡抄の研究』（汲古書院、二〇一二年）所収「復元明文抄」を参照した。／○**類聚神祇本源**…〈真福寺善本叢刊〉『類聚神祇本源』（臨川書店、二〇〇四年）

注

（1）影印本に谷川・小島憲之解題（一九七八）がある。

（2）影印本に河村秀根・益根、阿部開題（一九六九）がある。

（3）引用文にて、底本が双行書きの場合は山括弧〈 〉で括った。

（4）敦煌でフランス人ポール・ペリオにより発見され、現在、パリ国立図書館が所蔵している整理番号P.2526のテキストがある。該書は、零本ではあるが『修文殿御覧』もしくはその藍本と言われている『華林遍略』の可能性が指摘されている貴重なテキストである。これを『修文殿御覧』と推定する説には、例えば羅（一九一一・一三・六八）、劉師培（一九一二）、王三慶（一九九二）、黄・鄭（一九九五）、上海古籍出版社・法国国家図書館（二〇〇一）を挙げることができる。一方、『華林遍略』と推定する説には、例えば洪（一九三二）、季（一九九八）、劉安志（二〇一三）を挙げることができる。その他、王重民（一九五八）、許（二〇一〇）を参照。なお、P.2526には『三五暦記』の引用は認められない。

（5）既に佐藤進一（一九九二）、同解題（二〇〇一）において同様の指摘がなされている。

（6）『性霊集略注』及び『性霊集注』の両書に引用される『三五暦記』は、清の馬国翰『玉函山房輯佚書《ぎょっかんさんぼうしゅういつしょ》』及び、清の王仁俊『玉函山房輯佚書続編』に採録されていない。また、輯佚資料として指針となる、新美・鈴木輯佚資料（一九六八）にも採録されていない。当該引用は『三五暦記』佚文の新出資料と言える。

（7）神野志（一九九二）は、『日本書紀纂疏』所引『三五暦記』五箇条を含め、本稿で検討した典籍と重なるものが多いが、本稿では触れることができなかった中世の聞書類にまで検討範囲が及ぶ。神野志は、結論として神代巻冒頭部が依拠したものは、「『芸文類聚』とは別の類書—おそらくは『修文殿御覧』—によったと見るべきだということである」とし、更に『日本書紀纂疏』所引『三五暦記』は『修文殿御覧』に拠るものと想定している。ただし、『性霊集略注』

及び『性霊集注』に引く『三五暦記』佚文、左記にて触れる『榻鴫暁筆《とうでんぎょうひつ》』や『三国相伝陰陽輨轄《かんかつ》簠簋《ほき》内伝《ないでん》金烏《きんう》玉兎《ぎょくと》集《しゅう》』（所謂『簠簋内伝』。『金烏玉兎集』とも。以下、『簠簋内伝』と称する）については言及しない。

室町時代に成立した、随筆・説話などの雑録『榻鴫暁筆』第一・五　衆生に「次震旦の元起をいはゞ、天地未分の時、一気渾沌として形鶏子のごとくなりしが、初て開て先天ありて後に地さだまる。此天地の気即化して人世となる。いわゆる盤古王これ其祖なり。北山云、天高事一丈、地厚事一丈、盤古長一丈、頭東を極め、足西を極め、左手南を極め、右手北を極め、目を開をひるとし、目を閉るを夜とし、呼を暑とし、吸を寒とし、吹気は風雲となり、吐気は雷霆となる。四時行、万物を生ずといへり。此君世を治給ふ事、一万八千才崩じ給て後、両眼日月と成ともいへり。三皇五紀其裔にあらずといふ事なし。故に盤古は天地開闢の王といへり。」と『性霊集略注』及び『性霊集注』に引用される『三五暦記』に類似する文が存する（二重傍線を施した文辞）。『性霊集略注』『性霊集注』以外にも、波線を施した文辞はAグループの『藝文類聚』巻一・天部上・天及び『太平御覧』巻二・天部二・天部下、傍線を施した文辞はBグループの『法苑珠林』巻第四・日月篇第三・地動部第十三、『太平御覧』巻一・天部一・元気、破線を施した文辞は『淮南子』天文訓に各々類似している。『榻鴫暁筆』が随筆・説話などの雑録と言う性格上、当該箇所を記す際に、複数の典籍を披覧して組み合わせたとすることもできようが、単一の典籍を披覧したとする想定もできなくもない。そして単一の典籍とは（1）『修文殿御覧』もしくは『華林遍略』を藍本としたのもの、（2）『修文殿御覧』もしくは『華林遍略』、の可能性があるいはあるだろう。また、『榻鴫暁筆』当該箇所に「北山云」と記すことから、『山海経《せんがいきょう》』（『山海経』は袁校注（一九九三）に拠った）の「北山経」を想起されるが、『山海経』には盤古開天闢地の神話の記載はなく、「北山云」が何かは不明である。『榻鴫暁筆』は市古校注（一九九二）に拠った。同書の「解説」によると、撰者は不明であるが、内部徴証から、「北陸九州などの諸国を旅した僧であって、」「恐らく永正前後（永正十年は一五一三年）の見聞で、本書の成立も大永・享禄（一五二一―三二）ごろかと推測される。」と言う（市古、一九九二）。『榻鴫暁筆』に見える盤古開天闢地の神話について、小椋は、漢籍、日本古典籍を列挙し、類似の文辞を検討しているが、『性霊集略注』及び『性霊集注』に引く『三五暦記』については言及しない（小椋、二〇〇八）。結論として、小椋は『榻鴫暁筆』に見える盤古開天闢地の神話は、いくつかの漢籍の内容を組み合わせたもので、特定の出典は限定できないと結論で述べている（小椋、二〇〇八）。その他、鎌倉時代末期頃に成立したと目されている、中世陰陽道書『簠簋内伝』巻第二冒頭部にも『性霊集略注』及び『性霊集注』に引く『三五暦記』にやや類似したが存するものの、紙幅の関係上、本稿では指摘するに止めておく。なお、小椋も前述の論文で『簠簋内伝』についても言及している（小椋、二〇〇八）。

(8)〈増補「史料大成」〉『台記』一では康治二年九月二十九日条に見える。

(9)『修文殿御覧』が、『日本国見在書目録』、『弘決外典鈔』「外典目」、『通憲入道蔵書目録』などに著録され、『弘決外典鈔』『御堂関白記』、図書寮本『類聚名義抄』、『三教勘註抄』『明文抄』に引用文が存し、『貞信公記抄』『御堂関白記』『台記』に見えることは、既に小島が指摘している（小島憲之、一九六二）。

(10)その他、平安時代後期の真言僧兼意の『香要抄』『薬種抄』『宝要抄』に『修文殿御覧』の佚文が引用されていることは、森（一九六四）を参照。なお、院政期成立の『掌中歴』及び『懐中歴』等を基に鎌倉時代初期に編纂された『二中歴』の現存最古の写本の鎌倉時代末期写本と推定されている（川瀬、一九八六。橋本・菊池、一九九八）、前田育徳会尊経閣文庫所蔵本には『修文殿御覧』が著録されていないが、『改定史籍集覧』第二十三冊（新加纂録類）所収本『二中歴』第十一に「修文殿御覧　三百六十巻〈祖孝徴等撰〉」と著録される。『二中歴』現存最古の尊経閣文庫所蔵本に著録されないことから、本稿では、ひとまず我が国古代における『修文殿御覧』受容の例証には含めない。

(11)『性霊集』注釈の漢籍受容は大きな課題であるが、本稿の目的とは異なるため多くの紙幅を割かなかった。『性霊集略注』『性霊集注』以外の先行注釈も含めて、今後の課題としたい。なお、『性霊集略注』の国語学的検討と中世『性霊集』諸注釈については、山本（一九九一）を参照。

(12)『太平御覧』巻首の引用書目「経史図書綱目」は「『修文殿御覧』編纂時の〝古史〟（「魏晋このかたすでに流行していた、通史を著述しようとする要請につながった史籍のことで」、「「三皇」以来の、人類生活に文明を開いて衆庶を教導した帝王の事蹟、それらを年代記的に記録した文献群」（戸川、一九七六）―稿者注）のおもかげを残して」おり、「隋唐以前の、学術の傾向を推しはかる好材料である」。経史図書綱目の史籍の部に『三五暦記』等の八書が著録され、六朝梁の武帝の『通史』「三皇」部分は『三五暦記』等の八書に依拠し記述された（戸川、一九七六）。『三五暦記』は、梁の皇帝である武帝が中心となって編纂した、南斉までの紀伝体の通史であったと目されている『通史』の藍本であったことから、南北朝時代の六朝梁では盛行していたと推測される。『通史』については、尾崎（一九六八）を参照。なお、『三五暦記』ではないが、ポール・ペリオとオーレル・スタイン（ハンガリー生れで、イギリスに帰化した）により発見された、敦煌本『天地開闢已来帝王紀』（整理番号P.2652.P.4016はパリ国立図書館、S.5505.S.5785は大英図書館が各々所蔵）がある。敦煌本『天地開闢已来帝王紀』は全て残巻であるので、全容を窺い知ることは難しい。現存、敦煌本『天地開闢已来帝王紀』が足本《そくほん》（闕《か》けていたり、抜書きしていない完全なもの。完本《かんぽん》とも言う）であれば、盤古開天闢地の神話などの『三五暦記』に類似する文辞があった可能性があろう。敦煌本『天地開闢已来帝王紀』については、郭（一九八八）、馬（二〇〇八）、蘇（二〇〇九）、許（二〇一四）を参照。

(13) この点は、文献学的検討から離れた稿者の臆測である。道教文献との関係を含め、今後の課題としたい。

参考文献（なお、中文論文及び中文書のものには末尾に「㊥」と記した）

池田昌広、二〇〇七a「『日本書紀』書名論序説」（『佛教大学大学院紀要』三五）

二〇〇七b「『日本書紀』は「正史」か」（『鷹陵史学』三三）

二〇〇七c「『日本書紀』と六朝の類書」（『日本中国学会報』五九）

二〇〇八a「范曄『後漢書』の伝来と『日本書紀』」（『日本漢文学研究』三）

二〇〇八b「『日本書紀』の潤色に利用された類書」（『日本歴史』七二三）

二〇〇九「古代日本における『史記』の受容をめぐって」（『古代文化』六一―三）

二〇一一「『日本書紀』の出典問題―『漢書』を例として―」（新川登亀男・早川万年編『史料としての『日本書紀』―津田左右吉を読みなおす―』勉誠出版）

二〇一四「『日本書紀』と唐の文章」（稲岡耕二監修・神野志隆光・芳賀紀雄編『万葉集研究』三五、塙書房）

二〇一五「雄略紀五年「葛城山の猟」の出典」（『京都産業大学論集　人文科学系列』四八）

市古貞次校注、一九九二『榻鴫暁筆』〈中世の文学〉三弥井書店

袁珂校注、一九九三『山海経校注（増補修訂本）』（巴蜀書社）㊥

王三慶（池田温訳）、一九九二「Ⅶ 類書　1『修文殿御覧』」（『講座敦煌5 敦煌漢文文献』大東出版社）

尾崎　康、一九六八「通史の成立まで」（『斯道文庫論集』七）

王　重民、一九五八『敦煌古籍叙録』（商務印書館。中華書局、一九七六年）㊥

小椋愛子、二〇〇八「『楊鳴暁筆』の「盤古王」説話研究ノート―「神在経云」の記述をめぐって―」（『愛知淑徳大学国語国文』三一）
角林文雄、二〇〇一「『日本書紀』・『古事記』冒頭部分と中国史書」（『京都産業大学日本文化研究所紀要』六）
郭　鋒、一九八八「敦煌写本《天地開闢已来帝王紀》成書年代諸問題」（『敦煌学輯刊』一九八八年第一・二期）㊥
勝村哲也、一九七三「修文殿御覧巻第三百一香部の復元―森鹿三氏「修文殿御覧について」を手掛かりとして―」（『日本仏教学会年報』三八）
一九七七「『修文殿御覧』新考」（『鷹陵史学』三・四　森鹿三博士頌寿記念特集号。佛教大学歴史研究所・森鹿三博士頌寿記念会編『森鹿三博士頌寿記念論文集』同朋舎出版、一九七七年に所収）
一九七八「修文殿御覧天部の復元」（山田慶兒編『中国の科学と科学者』京都大学人文科学研究所）
川瀬一馬、一九八六『増訂古辞書の研究』（雄松堂出版）
河村秀根・益根、阿部秋生開題、一九六九『書紀集解』（臨川書店）
季羨林主編、一九九八『敦煌学大辞典』（上海辞書出版社）「華林遍略」の項（李鼎霞執筆）㊥
許　建平、二〇一〇「敦煌本《修文殿御覧》録校補正」（『敦煌研究』二〇一〇年第一期。許建平『読巻校経：出土文献与伝世典籍的二重互証』浙江大学出版社、二〇一四年所収）㊥
二〇一四「《天地開闢已来帝王紀》校議」（許建平『読巻校経：出土文献与伝世典籍的二重互証』浙江大学出版社。樊錦詩・栄新江・林世田主編『敦煌文献・考古・藝術総合研究―紀念向達先生誕辰一一〇周年国際学術研討会論文集』中華書局、二〇一一年初出）㊥
洪　業、一九三二「所謂修文殿御覧者」（『燕京学報』第一二期。『洪業論学集』中華書局、一九八一年）㊥
黄維忠・鄭炳林、一九九五「敦煌本《修文殿御覧》考釈」（『敦煌学輯刊』第一期）㊥
神野志隆光、一九八九「『日本書紀』「神代」冒頭部をめぐって」（『古事記・日本書紀論集』続群書類従完成会）
一九九二「『日本書紀』「神代」冒頭部と『三五暦記』」（吉井巖編『記紀万葉論叢』塙書房。〈古代文学研究叢書四〉神野志隆光『古代天皇神話論』若草書房、一九九九年に所収）
小島小五郎、一九四二『公家文化の研究』（育芳社。国書刊行会、一九八一年）

小島憲之、一九六二『上代日本文学と中国文学』上（塙書房）
近藤瓶城編、一九〇一『改定史籍集覧』二三・新加纂録類（近藤活版所）
佐藤進一、一九九二「『釋日本紀』（開題）の引用史料について―日本国号解釈を中心として―」（『福島県立博物館紀要』六）
二〇〇一「釈日本紀」（皆川完一・山本信吉編『国史大系書目解題』下巻）
佐藤道生、一九九四「慶應義塾図書館蔵『性霊集略注』（翻印）」（〈和漢比較文学叢書18〉『和漢比較文学の周辺』汲古書院）
上海古籍出版社・法国国家図書館編、二〇〇一〈敦煌吐魯番文献集成〉『法国国家図書館蔵敦煌西域文献⑮』（上海古籍出版社）「法 Pel.chin.2526『修文殿御覧』」㊥
瀬間正之、二〇〇〇「日本書紀開闢神話生成論の背景」（『上智大学国文学科紀要』一七）
二〇一一「『日本書紀』の類書利用―雄略紀五年「葛城山の猟」を中心に―」（新川登亀男・早川万年編『史料としての『日本書紀』―津田左右吉を読みなおす―』勉誠出版）
蘇　芃、二〇〇九「敦煌写本《天地開闢已来帝王紀》考校研究」（『伝統中国研究輯刊』七）㊥
田島　公、二〇〇四「典籍の伝来　古代・中世の天皇家ゆかりの文庫・宝蔵を中心に」（石上英一編『日本の時代史30 歴史と素材』吉川弘文館）
谷川士清・小島憲之解題、一九七八『日本書紀通証』（臨川書店）
東野治之、二〇〇六a「修文殿御覧」（池田温編『日本古代史を学ぶための漢文入門』吉川弘文館、「Ⅲ日本古代史研究と漢籍　一―日本に将来された漢籍」）
二〇〇六b「芸文類聚」（池田温編『日本古代史を学ぶための漢文入門』吉川弘文館、「Ⅲ日本古代史研究と漢籍　一―日本に将来された漢籍」）
戸川芳郎、一九七六「帝紀と生成論」（木村英一博士頌寿記念事業会編『中国哲学史の展望と模索』創文社。「帝紀と生成論―『帝王世紀』と三気五運」に題名変更し戸川芳郎『漢代の学術と文化』研文出版、二〇〇二年に所収）
所功編、久禮旦雄・五島邦治・吉野健一・橋本富太郎、二〇一四『日本年号史大事典』（雄山閣）

中村璋八、二〇〇〇「簠簋内伝本文とその校訂」（『日本陰陽道書の研究　増補版』汲古書院）
新美寛編・鈴木隆一補、一九六八『本邦残存典籍による輯佚資料集成　続』（京都大学人文科学研究所）
橋本義彦・菊池紳一、一九九八「尊経閣文庫所蔵『二中歴』（附）『掌中歴』解説」（〈尊経閣善本影印集成16〉前田育徳会尊経閣文庫編『二中歴　三　第十一～第十三　附掌中歴』八木書店）
馬　培洁、二〇〇八「敦煌写本《天地開闢已来帝王紀》浅談」（『敦煌学研究』二三巻二期）㊥
森　鹿三、一九六四「修文殿御覧について」（『東方学報』（京都）三六）
森本角蔵、一九三三『日本年号大観』（目黒書店。講談社、一九八三年）
山崎　誠、二〇〇七「「性霊集」解題」（〈真福寺善本叢刊〉『性霊集注』臨川書店）
山本真吾、一九九一「慶応義塾図書館蔵『性霊集略注』出典攷―類聚名義抄からの引用を中心として―」（鎌倉時代語研究会編『鎌倉時代語研究』一四、武蔵野書院）
羅　振玉、一九一一『国学季刊』㊥
一九一三「修文殿御覧跋」（『鳴沙石室佚書』。東方学会、一九二八年。『羅雪堂先生全集』四編（五）「鳴沙石室佚書」、大通書局、一九七二年）㊥
一九六八「敦煌本修文殿御覧跋」（『羅雪堂先生全集』初編冊一「羅振玉校刊羣書叙録」、文華出版）㊥
劉　安志、二〇一三「《華林遍略》乎《修文殿御覧》乎―敦煌写本P.2526号新探」（高田時雄編『敦煌写本研究年報』七、京都大学人文科学研究所「中国中世写本研究班」）㊥
劉　師培、一九一一「敦煌新出唐写本提要」（『国粋学報』第七巻八期。『劉申叔遺書』江蘇古籍出版社、一九九七年）㊥

付記

本稿は以下の各研究課題の成果の一部である。JSPS科研費・若手研究（B）「日本中世漢学史の包括的把握への基礎的研究」（課題番号16K21103）（研究代表者：髙田宗平）／JSPS科研費・基盤研究（B）「年号勘文資料の研究基盤の構築」（課題番号15H03157）（研究代表者：水上雅晴、中央大学文学部教授）／中華人民共和国・国家社科基金重大攻関項目

「日本《十三経注疏》文献集成」（課題番号16ZDA109）（研究代表者：石立善、上海師範大学哲学与法政学院教授）／大阪府立大学人間社会システム科学研究科・客員研究員・研究題目「改元・年号勘文資料の調査・研究―公家資料を中心として―」（髙田宗平）／立命館大学衣笠総合研究機構・白川静記念東洋文字文化研究所・客員研究員・研究課題「中国刊写本漢籍と日本刊写本漢籍の用字及び字体の相違に関する研究」（髙田宗平）

4　木簡と日本書紀の用字

市　大樹

はじめに

日本列島からは、飛鳥時代以後の木簡が四〇万点以上も出土している。すでに書写材料としての紙が存在していた時代で、木（木簡）と紙のメリットを活かす形で使い分けていた。木のメリットとしては、①入手が容易、②頑丈で耐久性に富む、③並べ替えが容易で情報処理に便利、④表面を削れば何度も使用可能、といった点があげられる。その反面、⑤書写面積が限定的、⑥文字の改竄が容易、⑦印を押して権威づけできない、といったデメリットもあった。そのため、重要事項であったり、少し込み入ったりした内容であれば、基本的に紙が選択された。木簡に書かれる内容は、紙に比べて日常性が高く、断片的なものが大半である。また、木簡は後世に残すようなものではなく、最後はゴミとして廃棄されるのが通例であった。

こうした資料的性質をもつ木簡は、多くの原史料をもとに編纂された『日本書紀』の記述を相対化する上で、これまで大きな役割を果たしてきた。ここでは用字をめぐる問題を中心に改めて考えてみたい。

一　大化改新の評価をめぐって

大化改新に対する評価の転換

『日本書紀』の記述の信憑性をめぐって、大化二年（六四六）正月一日に孝徳天皇が宣言したとされる「改新の詔」（以下、改新詔）がよく取り上げられる。これは全四ヶ条からなり、四つの主文と「凡そ」で始まる一三の副文からなる。主文の第一条は、皇族・豪族が部民《べみん》・屯倉《みやけ》を支配する体制をやめ、その補償として食封《じきふ》・禄を支給することを述べる。第二～四条は、国―郡―里という新たな地方行政区分にもとづいて、戸ごとに公民を戸籍・計帳に付け、班田収授を実施し、新税制を課すことを述べる。改新詔は『日本書紀』孝徳紀のなかでもよく整っており、とりわけ副文は大宝令（七〇一年施行）の条文と酷似するものが多い。

一九五一年の史学会において、井上光貞は「大化改新詔の信憑性」と題する報告をおこない、改新詔は「郡」字を使用するが、金石文などでは「評」字になっており、「郡」字は大宝令で修飾された可能性が高いと主張した。これを契機に巻き起こった「郡評論争」は、単なる用字の問題にとどまらず、改新詔全体の信憑性、ひいては日本古代国家の形成過程をどのように考えるのか、これらを鋭く問いかけた。

この郡評論争に決着を付けたのは、一九六七年に藤原宮跡から出土した荷札木簡（税物のタグ）であった。

A　己亥年十月上捄国阿波評松里　（長さ（一七五）㎜×幅二六㎜×厚さ六㎜　〇三九型式　荷75号）

基本的に荷札木簡には、日付・地名・人名・税目・品目・数量が記載されるが（一部の記載が省略されることもある）、Aの場合、下端が欠損しており、日付と地名が確認されるにとどまる。「己亥年」は文武三年（六九九）で、大宝令が施行される二年前にあたる。「上捄国《かみつふさのくに》」は「上総国」の古表記。「捄」は果実の房のようなものを意味し、房総半島を海上から見たときの形状に由来するという（平川、二〇一四）。「阿波評」は、養老二年（七一八）に安房国が分国されるまで、上総国の一部を構成するコホリであった。アハは後に「安房」が一般化するが、ここでは「阿波」と表記されている。「松里」は阿波評にあるサトのひとつで、現在の千葉県房総市千倉町の付近に比定されている。

このAを含む藤原宮木簡の発見は、大宝令施行にともなって「評」から「郡」に切り替わったことを実証し、改新詔は大宝令の知識にもとづいて記述されたことを明らかにした。『日本書紀』の史料批判が大きく進展したこともあり、かつて明治維新にも擬えられてきた大化改新の評価は急低下していった。以後、大化改新は『日本書紀』が記すほど画期的なものではなく、白村江敗戦（六六三年）と壬申の乱（六七二年）を経て、律令体制の構築に向けた諸改革が本格化する、という見方が一般化していく。

このように『日本書紀』の記述の信憑性に疑問を投げかけた木簡であったが、最近では逆の評価をもたらしつつある。一九九九年、難波宮跡のすぐ北方から、「戊申年」と書かれた木簡が出土した（木22―47頁―11号）。戊申年は西暦六四八年、『日本書紀』の大化四年に相当する。難波宮跡の発掘調査成果はめざましく、『日本書紀』白雉三年（六五二）九月条が「其の宮殿の状、殫《ことごとく》に論《い》ふべからず」と語る難波長柄豊碕宮《なにわのながらのとよさきのみや》にふさわしい巨大な前期難波宮が姿を現した。他方、王宮の発展系列から逸脱する巨大さ（続く後《のち》飛鳥岡本宮《あすかのおかもとのみや》・飛鳥浄御原宮《あすかきよみはらのみや》は規模が遙かに小さい）と、大化改新への否定的な見方の影響もあって、前期難波宮を天武朝（六七二〜六八六）の造営とみる意見も依然として強かった。両説拮抗するなか、「戊申年」木簡が出土したことは、土器編年の精緻化とも相俟って、前期難波宮を難波長柄豊碕宮に比定する見解を強く後押しした。

そして、二〇〇二年には、飛鳥の石神《いしがみ》遺跡から、衝撃的な荷札木簡が出土するにいたる。

B（表）乙丑年十二月三野国ム下評
（裏）大山五十戸造ム下部知ツ
従人田部児安
（長さ一五二㎜×幅二九㎜×厚さ四㎜　〇三二型式　荷102号）

「乙丑年」は天智四年（六六五）。「三野国ム《〔牟〕》下評」は後の美濃国武芸《むぎ》郡。「五十戸」は「里」の前身表記で、「サト」と訓む。サトは五〇の戸から構成されることにちなむ表記で、天武十年（六八一）頃まで使用されていた。「大山五十戸」は現在の岐阜県富加町大山に比定され、「五十戸造」は後の里長に相当する。大山の地は、大宝二年（七〇二）御野国戸籍で著名な加茂《かも》郡半布《はにふ》里（後の賀茂郡埴生郷）の故地のすぐ北側で、景観的には一体感の強い場所である。また、『延喜式』神名式下3条には、大山神社が武芸郡の項に記載されている。十世紀にまとめられた『和名類聚抄』では、大山サトは武芸郡に属しているが、上記の点から、当初の大山サトは加毛評に属したのではないかとする見方もあった。しかしBの出土によって、大山サトはム下評に属していたことがわかり、所属郡の変更を想定する必要性が薄らぐこととなった（近藤、二〇一七）。

Bが特に大きな衝撃を与えたのは、①天智四年までに国―評―五十戸という重層的な地方行政区分が成立したことを示す点、②サトの名称である「大山」が純然たる地名とみられる点にある。

まず①について。従来の有力な見方は、天武十二年から同十四年にかけての国境画定事業を経て、令制国が成立し、重層的な地方行政区分が成立する、というものであった。一九九七年に飛鳥池遺跡から出土した丁丑年（天武六年、六七七）の年紀をもつ三野国の荷札木簡二点（荷105・107号）によって、こうした見方に対しては疑問が出されていたのであるが、Bはさらに一二年も古い天智朝のものであった。

つぎに②について。従来の有力な見方は、天武四年に部曲《かきべ》（豪族の私有民）が廃止されるまで、前代的な部民集団をそのまま編成したサトしかない、というものであった。これに関しては、一九七六年に飛鳥京跡から出土した「白髪部《しらかべ》五十戸／皷《くわ》十口」と書かれた荷札木簡（荷215号）のインパクトが大きい。古拙を濃厚にとどめた独特の書体で書かれ、「大花下」と書かれた木簡と一緒に出土した。大花下は大化五年（六四九）から天智三年（六六四）にかけて使用された冠位である。また、法隆寺旧蔵の幡墨書銘のひとつに「癸亥年山部五十戸婦為命過願造幡之」がある。「癸亥年」は天智二年とみられる（六〇年後の養老七年とする見解もある）。白髪部五十戸といい、山部五十戸といい、五十戸段階のサトは某部が一般的という印象を与えた。しかし、五十戸制下の荷札木簡が著しく増大した現在、地名に由来するサト名（大山五十戸など）のほうが、部民の名称をもつサト名（白髪部五十戸など）よりも圧倒的に多い状況である。くわえて、某部五十戸であっても、たとえば（三川国）飽海《あくみ》評の大辟部《おおかべ》五十戸に委文部《しどり》が存在したように（荷55号）、その構成員がサト名と同じ名称の部民ばかりとは限らないこともわかってきた（浅野、二〇〇六）。

詳しくは別稿（市、二〇一〇）を参照されたいが、国―評―五十戸という重層的な地方行政区分や、居住地による地域的な五十戸編成は、遅くとも庚午年籍――全国規模の初の戸籍である――が作成される天智九年までには一般化しており、しかもBから窺われるように、それはさらに遡る可能性が出てきている。そして、『日本書紀』の孝徳紀に目を向けてみると、改新詔のほかにも、部民制の廃止を示す記事が複数ある（大化二年三月壬午条、同八月癸酉条。大化元年九月甲申条でも、部民制の弊害が語られる）。これらについて、従来は記事を否定したり、実行力を疑問視するなどの評価が一般的であったが、現在は再考する段階にきている。

改新詔における文飾

ここで改新詔における文飾の問題について考えたい。改新詔は、大宝令文を引き写した性格が濃厚な規定がある一方で、次の新税制を定めた第四条のように、独自の内容をもつ規定もある（井上、一九六四など）。

【主文四条】其の四に曰はく、旧《もと》の賦役《えつき》を罷《や》めて、田の調《みつき》を行へ。

【副文8】凡そ絹・絁《あしぎぬ》・糸・綿は、並に郷土の出せるに随《したが》へ。田一町に絹一丈、四町にして匹《むら》を成す。長さ四丈、広さ二尺半。絁二丈、二町にして匹を成す。長さ広さ絹に同じ。布四丈、長さ広さ絹・絁に同じ。一町にして端を成す。糸・綿の絇屯《めみせ》をば、諸の処に見ず。別に戸別の調を収《と》れ。一戸に貲布《さよみのぬの》一丈二尺。

【副文9】凡そ調の副物《そはりつもの》の塩と贄とは、亦郷土の出せるに随へ。

【副文10】凡そ官馬は、中馬は一百戸ごとに一匹を輸《いた》せ。若し細馬ならば二百戸ごとに一匹を輸せ。其の馬を買はむ直は、一戸に布一丈二尺。

【副文11】凡そ兵《つはもの》は、人の身ごとに刀・甲《よろひ》・弓・矢・幡《はた》・鼓《つづみ》を輸せ。

【副文12】凡そ仕丁《つかへのよほろ》は、旧の三十戸ごとに一人せしを改めて、一人を以て廝《かしはで》に充つる也。五十戸ごとに一人を、一人を以て廝に充つ。以て諸司に充てよ。五十戸を以て、仕丁一人の粮に充てよ。一戸に庸布一丈二尺、庸米五斗。

【副文13】凡そ采女《うねめ》は、郡の少領より以上の姉妹、及び子女の形容端正《かほきらぎら》しき者を貢《たてまつ》れ。従丁一人、従女二人。一百戸を以て、采女一人の粮に充てよ。庸布・庸米、皆仕丁に准《なぞら》へ。

まず主文において、旧来の賦役を廃止して、①田の調を実施することを述べ、ついで六つの副文において、②戸別の調、③調の副物、④官馬、⑤兵器をそれぞれ徴収すること、⑥仕丁と⑦采女を貢上させ、その粮として庸を負担させることを定める。よく知られているように、大宝令制下の調は正丁を中心とした人別賦課税であるのに対し、①は田積、②は戸を単位に課されることをはじめ、改新詔第四条と大宝令の規定との違いが大きい。改新詔第四条では、②戸別の調、④官馬、⑥仕丁とその庸、⑦采女の庸のように、戸別に賦課されるものが際立ち、①田の調もまた実際には戸別の賦課であったとされる（長山、一九七六など）。

このように改新詔第四条の税制は戸別賦課を基本とした。また、仕丁とその庸は五〇戸、官馬の中馬・采女の庸は一〇〇戸、官馬の細馬は二〇〇戸を単位に課され、いずれも五〇の倍数となっている。ちなみに、改新詔第二条では里数に応じて郡の規模を規定しており（後述）、里もまた五〇戸から構成された。

五〇の戸を集めるとサト（五十戸）ができるように、戸は五十戸と密接な関係にある。五十戸編成の手順としては、戸を積み上げて五〇の戸にまとめる方法もあるが、ある集団をまず五十戸と把握した後、五〇の戸に分割する方法も考えられる（ともに戸数は厳密に五〇になる必要は必ずしもなかろう）。実際には双方から落としどころを探ったのかもしれないが、ひとまずは戸と五十戸の不可分の関係が確認できればよい。

そこで問題となるのは、孝徳朝に戸ないし五十戸による税負担が実際にあったのか否かである。この問題を考える上で、二〇一四年に難波宮跡宮城南門（朱雀門）のすぐ南東から出土した木簡は注目される。

C　玉作五十戸俵　（長さ一五五㎜×幅三四㎜×厚さ四㎜　〇三二型式　木37―18頁―1号）

これは完形の荷札木簡で、「俵」は米俵と考えられる。難波地域で初めて出土した「五十戸」木簡である。出土層位が明確でないため、孝徳朝のものと断定できないが、その可能性を十分にもつ木簡である。

さて、独自の内容をもつ第四条であるが、用字の次元でみると、明らかに大宝令によって修飾されている。このことが明らかなのが「町」「庸」「郡少領」で、本来は「代」「養」「評助督」であったはずである。うち代・養・評は七世紀木簡でも確かめられる。ここでは養を取り上げたい。現在、「養」と明記された七世紀の荷札木簡は四点あり（荷32・227・228・287号）、ここでは最も記載の詳しい藤原宮跡出土のものを掲げよう。

D（表）甲午年九月十二日知田評
　（裏）阿具比里五□《木カ》部皮嶋□養米六斗
（長さ二一三㎜×幅二八㎜×厚さ四㎜　〇三二型式　荷32号）

「甲午年」は持統五年（六九一）。国名は省略されているが、尾張国（尾治国）である。大宝令制下の荷札木簡では、「六斗」は「庸米」の荷札木簡に典型的に認められる。庸米は五斗八升のものも多い。庸米は仕丁らに一日二升ずつ支給される食料米に充当されることが多く、六斗は大月、五斗八升は小月の一ヶ月分に相当する。Dの「養米」は「庸米」の前身表記とみてよい。

しかし両者は性格を異にする。大宝令制下の庸は歳役（年一〇日間の中央での無償労働）の代納物で、仕丁・

采女らの食料に充て、その残りを雇役夫の雇直・食料に使った。一方、「養」は仕丁・采女らの資養物そのもので、歳役の代納物としての意味合いはない。改新詔の副文12・13の記す「庸」の内容は「養」にほかならない。『日本書紀』編者は「養」を「庸」に改めたが、内容にまでは手を加えなかったと考えられる。

このように文字は改めても内容が当時の状況を反映するものとしては、実は「郡」もあげられる。郡の規模について、改新詔第二条の副文3は、大郡（三一〜四〇里）、中郡（四〜三〇里）、小郡（三里。あるいは三里以下）とするが、大宝戸令2条では大郡（一六〜二〇里）、上郡（一二〜一五里）、中郡（八〜一一里）、下郡（四〜七里）、小郡（二〜三里）であった。すなわち、改新詔はわずか三区分しかなく、大郡と小郡の規模が大きく違い、中郡の範囲も相当に広くなっている。また、郡領を任用する条件について、副文3では「国造の性識清廉にして、時の務に堪ふる者」とした上で、本注で「才用同じくは、先に国造を取れ」という但し書きを付けている。一見すると両者は似ているが、郡領の条件としてまず最初に問題とされるのが、改新詔では国造の地位にあることであったのに対し、大宝令制では郡領にふさわしい能力であった。周知のとおり、『常陸国風土記』など『日本書紀』以外の史料によって、孝徳朝に国造のクニは評に転換していくことが明らかにされている（鎌田、二〇〇一）。国造からの任用を想定した改新詔は、孝徳朝の政策として誠にふさわしいといえよう。

以上みてきたように、改新詔に大宝令の用字が含まれるからといって、内容まで否定するのは乱暴である。語句レベルの改変にとどまるのか、内容にまで踏み込んだ改変なのか、慎重に判断することが求められる。

二　日本書紀における用字改変

地名の用字

前節では、改新詔を素材に、『日本書紀』編纂時に用字が改変されたからといって、内容面にまで改変が及んだとは限らないことを述べた。それでは、用字の改変はどの程度なされたのか。以下、地名と官司名の用字について、実録性が高いとされる『日本書紀』天武紀・持統紀を中心に、木簡と比較検討してみよう。

前節で触れた郡評論争において、坂本太郎は、天武紀・持統紀では「郡」字が多く使われており（天武紀上に一六ヶ所、天武紀下に二二ヶ所、持統紀に二五ヶ所）、そのうち固有名詞をともなった郡名のなかには、たとえば次のように、後世の通用と異なった文字を用いたものがあると指摘した（坂本、一九五二）。

①相模国「高倉《たかくら》郡」（天武四年十月庚寅条）、②倭国「飽波《あくなみ》郡」（天武五年四月辛丑条）、③美濃国「礪杵《とき》郡」（天武五年四月己未条）、④丹波国「訶沙《かさ》郡」（天武五年九月丙戌条）、⑤紀伊国「伊刀《いと》郡」（天武八年是年条）、⑥倭「葛城下《かつらぎのしも》郡」（天武十三年是年条）、⑦陸奥国「優嗜曇《うきたま》郡」（持統三年正月丙辰条）、⑧筑紫国「上陽咩《かみつやめ》郡」（持統四年九月丁酉条、同十月乙丑条）

坂本は「原史料にこれらが某評とあったのを、書紀の編者が大宝以後の現行制度によって某郡と改めたならば、その文字や所属もまた改めて現行のものにしたであろうと推せられる」と述べ、原史料の用字がそのまま採録されているとみた。

ところが、その後の木簡の発見によって、大宝令施行以前は専ら「評」字が使われていたことが判明した。上記①〜⑧のコホリ名についても、木簡では③は「刀支評」（荷107号）、④は「加佐評」（荷151・152号）、⑥は「葛木下（評）」（飛18―20・21号）となっている。④に関しては、別に「□佐評」と書かれた木簡もある（荷150・153号）。その一点（荷153号）は、□は旁が「可」であり、かつ字配りとわずかな墨痕から偏もあったと想定される。これは④と同じ「訶」字となる可能性もあるが、続く文字は「沙」とはならない。

もちろん、同じ地名であっても、用字がひとつとは限らない。七世紀荷札木簡のコホリ名を例にあげると、

尓破《にわ》評（荷26号）と尓皮評（荷27号）、知田《ちた》評（荷32号）と知多評（荷33号）、小丹《おにゅう》評（荷124・129号）と小丹生評（荷122・125・127・128・131号）、三方《みかた》評（荷133・135〜138号）と三形評（荷134号）、役道《えんじ》評（荷199号）と依地評（荷197・200号）、飯穂《いいぼ》評（荷203号）と粒評（荷204号）、加夜《かや》評（荷217〜219・222号）と賀賜〔陽〕評（荷221号）、汙和《うわ》評（荷244号）と宇和評（荷245号）

といった事例がある。したがって、上記①〜⑧の用字についても、同時代の木簡の用字と違うからという理由で、『日本書紀』編者の手が加わっているとは断言できない。

ただ、①〜⑧で少し気がかりなのは、字画の多い文字が目立つ点である。なかには「礪」「訶」「嗜」「咩」のように、通常あまり使わない文字もある。すべてではなかろうが、原史料では字音・字訓の共通する別字が使われていた可能性があるのではないか。特に①の「倉」字はその可能性が高く、この点は後述したい。

また、②の「飽波」は郡制下には継承されないコホリであるので、原史料の表記に忠実であったと考えたいところであるが、その一方で同時代史料である法隆寺旧蔵の幡墨書銘には「阿久奈弥《あくなみ》評」とあり、『日本

書紀』編纂段階で「評」字と一緒に改変された可能性も排除できない。

つづいて、国名の用字を取り上げよう。よく知られているように、国名の用字は『日本書紀』と『古事記』の間で違いが大きい。たとえばシナノについて、『日本書紀』は「信濃」、『古事記』は「科野」となっている。直木孝次郎は藤原宮木簡もあわせて検討をおこない、基本的に『古事記』の用字のほうが古く、藤原宮木簡との親近性が高いことを明らかにした（直木、一九七二）。その後、藤原宮木簡よりも古い飛鳥木簡の事例も増したが、やはり同様のことがいえる（舘野、二〇〇二）。大宝四年（七〇四）に成立した通例的な二文字の国名表記（鎌田、二〇〇一）が、『日本書紀』に多く取り入れられており、原史料を書き換えたことは明らかである。上記①～⑧に関しても、②は「三野国」、③は「旦波国」、④は「木国」が原史料の用字であったはずである。やや確実性に欠けるが、①は「相武国」、⑥は「道奥国」であったと推測される。

以上のとおり、地名はほぼすべてにわたって、原史料に何らかの改変が加えられているとみてよかろう。

官司名の用字

それでは官司名はどうであろうか。まず地方官司からみると、天武紀・持統紀に頻出する「郡司」はもちろんのこと、「国司」もまた大宝令の知識によって書き改められ、後者は本来「（国）宰」と表記されたことが指摘されていた（薗田、一九七二）。その後、一九九二年に藤原宮跡から「粟道宰《あわじのみこともち》」（後の淡路国司）と書かれた木簡（飛11―11頁下）が出土し、この指摘の正しさが裏づけられた。「周芳総令」（天武十四年十一月甲辰条）のように原史料によったとみられるものもあるが、全体的には文飾されたものが多い。

一方、中央官司についていえば、次のように、原史料の用字をそのまま掲載した可能性が高いものがある。神官《かむつかさ》（天武二年十二月丙戌条、同五年九月丙戌条、同六年十一月乙酉条）、大弁官《おおともいのつかさ》（天武七年十月己酉条）、法官《のりのつかさ》（天武七年十月己酉条、同九年八月丁未条、同十二年十二月庚午条、朱鳥元年九月乙丑条）、理官《おさむるつかさ》（天武十年九月甲辰条、朱鳥元年九月乙丑条）、兵政官《つわもののつかさ》（天武四年三月庚申条、朱鳥元年九月乙丑条）、刑官《うたえのつかさ》（朱鳥元年九月乙丑条）、民官《かきのつかさ》（朱鳥元年九月乙丑条）、宮内官《みやのうちのつかさ》（天武十一年三月甲午朔条）、楽官《うたまいのつかさ》（持統元年正月丙寅朔条）、留守官《とどまりまもるつかさ》（持統六年三月戊辰条）

これらは順に、大宝令制下の神祇官、左右弁官、式部省、治部省、兵部省、刑部省、民部省、宮内省、雅楽寮、留守司の前身官司にあたる。当該期の官司（ツカサ）を「○官」と表記したことは、次のような七世紀木簡の用字が明らかにしたとおりである。

嶋官《しまのつかさ》（木25—46頁—30号）、干官《かしわでのつかさ》（木25—46頁—24号）、大学官《まなびのつかさ》（飛17—33号）、勢岐官《せきのつかさ》（飛17—6号）、道官《みちのつかさ》（飛18—87号）、陶官《すえのつかさ》（藤2—523号）、舎人官《とねりのつかさ》（藤2—524号）、薗官《そののつかさ》（県藤83号）、宮守官《みやまもるつかさ》（藤1—466号）、御史官《おんふみのつかさ》（藤2—786号）

また、木簡以外の同時代史料としては、辛巳年（推古二十九年〔六二一〕）の年紀をもつ法隆寺金堂釈迦三尊像台座墨書銘の「尻官《しろのつかさ》」、藤原宮跡出土墨書土器の「加之伎手官《かしきてのつかさ》」がある。前者は、（ア）山背大兄王に関わる官司・機関、（イ）水田の管理を司る官司・機関、（ウ）名代・子代の人々を管理する部局、といった意見がある（舘野、一九九四）。後者については、大炊寮の前身官司とみてほぼ間違いない。

さらに、藤原宮木簡には「○官」だけでなく、次のとおり「○職」もみいだすことができる。

膳職《かしわでのつかさ》（県藤21号）、薗職《そののつかさ》（藤1―1号）、塞職《せきのつかさ》（藤1―12号）、文職《ふみのつかさ》（藤3―1639号）、蔵職《くらのつかさ》（藤3―1639号）

大宝令制下においては、官司の格や所管関係などに応じて、中央官司は「官・省・台・府・職・寮・司・坊・監・署」の十種類に分類して表記された。しかしそれ以前には、確実な同時代史料から判断するかぎり、「官」と「職」の二つしかなかったと考えられる。そこで問題となるのが、両者の関係である。

注目すべきは、（a）薗官と薗職、（b）干官と膳職、（c）御史官と文職のように、別表記ながら同一官司とみられるものが存在することである。まず、（a）については異論がなかろう。別に「薗司」と書かれた藤原宮木簡も複数みつかっている（県藤84号、藤3―1086・1291号、飛12―9頁下）。大宝令制下は「薗池司」が正式な名称であるので、薗司は薗官・薗職と並ぶ浄御原令制下の呼称であった可能性もあるが、浄御原令制下に「〇司」の確実な同時代史料はない。現状では薗司は薗池司の略称とみるのが無難であろう。つぎに、（b）は「干」（「干食」の略）を「膳」と同じく「カシハデ」と訓む理解にもとづき、（c）は「史」「文」をともに「フミ」と訓むことによる（市、二〇一〇）。なお、（c）に対して、「史」と「文」の通用を認めず、「史」の語義に即して、御史官を「国史編纂官そのもの」とみる見解もある（山本、二〇一二）。

かつて直木孝次郎は、官司の呼称として「官」のほうが「職」よりも古く、「職」を呼称とする官司は新しく成立したものが多い、という見通しを示していた（直木、一九七八）。これに対して、古くから存在してもおかしくない「膳職」の存在がネックとなっていた。しかしその後、飛鳥京跡苑池遺構から「干官」木簡が発見され、カシハデノツカサも当初は「官」字を使っていたことが判明した。七世紀のツカサの一般的な用字は「官」であり、やがて「職」が使われるようになり、「官」と併用された可能性が高まったといえる。

さて、「職」字の使用開始時期について、木簡の出土状況を重視するならば、持統八年（六九四）の藤原京遷都以後を考えたくなる。ちなみに、藤原京期の「○職」としては、「下物職《おろしもののつかさ》」（『続日本紀』大宝元年二月丁未条）もあり、これは後の中務省の品官である監物の前身と理解されている。

一方、『日本書紀』を繙くと、藤原京遷都よりも古い時期の記事にも、次のように「○職」が出てくる。蔵職（履中六年正月辛亥条）、学職（天智十年正月是月条）、摂津職（天武六年十月癸卯条）、（左右）京職（天武十四年三月辛酉条、持統三年七月丙寅条）、兵庫職（朱鳥元年正月乙卯条）、膳職（朱鳥元年九月甲子条）

このうち摂津職と左右京職は大宝令制下の官司名とまったく同じである。左右京職の場合、京が左右に分割されるのは大宝令の施行以後であり、明らかに改変されている。しかし、『続日本紀』養老元年（七一七）正月己未条の巨勢麻呂の薨伝に「飛鳥朝の京職」とあり、京職であれば特に疑う理由はない（『日本書紀』天武十四年三月辛酉条も「京職大夫」とする）。蔵職・学職・兵庫職・膳職についても、履中紀の蔵職をひとまずおけば、原史料に依拠したとみて特に不都合はない。ちなみに、学職は大学寮の前身官司と考えられ、石神遺跡出土木簡の「大学官」（飛17―33号）の異称とみてよかろう。蔵職も藤原宮木簡に登場することから、七世紀の表記を反映している可能性が十分にある。このほか、『続日本紀』天平十四年（七四二）十一月癸卯条の大野東人の薨伝に、父の果安について「飛鳥朝庭の糺職《ただすつかさ》」とみえ、これは弾正台の前身官司とされる。

このように七世紀後半には「職」字が使用された可能性が高い。その官司名から判断するに、蔵職を大蔵省ではなく内蔵寮の前身官司に相当するとみてよければ――対応する『古語拾遺』の記載からそのように判断できる――、大宝令制下の二官八省クラスの官司は含まれておらず、格下の官司に用いられたと考えられる。ただし、この用字が浸透するのは、木簡の出土状況が示しているように、七世紀末の藤原京期になってからであろう。

さて、七世紀には「官」字の使用が一般的であったことを踏まえると、『日本書紀』における大化前代の記事であっても、時代設定さえ問わなければ、次のものは何らかの実態を反映している可能性が出てくる。

船官《ふねのつかさ》（雄略九年五月条）、鳥官《とりのつかさ》（雄略十一年十月条）、大蔵官《おおくらのつかさ》（清寧即位前紀）、山官《やまのつかさ》（顕宗元年四月丁未条）、馬《うまの》官《つかさ》（推古元年四月己卯条）

このうち大蔵官に関していえば、『新撰姓氏録』左京神別上の大貞連では「大椋官《おおくらのつかさ》」と表記されている。クラの用字をめぐっては、後ほど改めて触れたい。

ところで、『日本書紀』天武紀・持統紀の中央官司には、「外薬寮《とのくすりのつかさ》」（天武四年正月丙午朔条）のように、一部は当時の用字を反映し、一部は文飾されたものもある。藤原宮跡出土の削屑木簡に「外薬□」があるが（飛9―11頁下）、三文字目は残画から「寮」にはならない。「外薬官」ないし「外薬職」が当時の官司呼称で、大宝令制下の典薬寮の前身にあたることから、ツカサ字のみ「寮」に改変したとみてよかろう。

さらに天武紀・持統紀には、次のように、大宝令制下の官司呼称に合わせたものもある。

大学寮（天武四年正月丙午朔条）、陰陽寮（天武四年正月丙午朔条）、大蔵省（朱鳥元年正月乙卯条）、刑部省（持統四年正月丁酉条、同六年二月乙卯条）、民部（省）（天武六年十月癸卯条）、内蔵寮（持統七年四月辛巳条）、造高市寺司（天武二年十二月戊戌条）、撰善言司《よきことえらぶつかさ》（持統三年六月癸未条）、造京司（持統七年二月己巳条）、鋳銭司（持統八年三月乙酉条）

なお、「神祇官」（持統三年八月壬午条、同六年九月丙午条、同八年三月丙午条）も大宝令制の呼称と共通するが、浄御原令の制定にともなって、「神官」から「神祇官」に変化した可能性が指摘されており（西宮、一九八一）、必ずしも文飾とはいえない。また、「大政官」（朱鳥元年九月乙丑条）も、大宝令制下の「太政官」と酷似するが（「大」と「太」は通用する）、特に改変されたとみる必要はなかろう。

以上、官司名の用字を概観してみた。持統紀は大部分が改変されているが、天武紀の場合、原史料の用字とみられるものも一定程度含まれていることがわかった。持統紀の改変度合いが著しいのは、関係記事が『日本書紀』編纂の最終段階にまとめられた事情が関係するとみられる。

徹底した「評」字から「郡」字への改変

これまで『日本書紀』天武紀・持統紀を中心に、地名と官司名の用字の改変度合いを探ってみた。天武紀と持統紀とで違った面もあるが、総じていえば、地名のほうが官司名よりも改変の度合いが著しい。なかでも目を引くのは、コホリの用字を例外なく「評」から「郡」に改めている点である。官司名の場合、そこまで徹底した改変はなされていない。郡評論争の当事者であった坂本太郎は、藤原宮木簡によって「評」字の使用が明らかになった段階でも、次のとおり、なお釈然としない思いを吐露している（坂本、一九八一）。

しかし、私はこれに対してどうも釈然としない。あの矛盾の多い『書紀』がどうして郡ばかり真剣にその文字を改定したか。少しは改定を洩らした痕跡でもありそうであるのに、それが見当らない。また大宝令制に従って用字を改定する方針を貫くとすれば、ほかに改めなければならぬ記事はたくさんある。

それらには手を触れないで、郡ばかりに熱心であった理由がわからないのである。なぜ『日本書紀』編者は「評」字を「郡」字に徹底して改めたのか。それは「評」字が朝鮮半島系の用字であったことが関係しよう（関口、一九七三など）。『日本書紀』継体紀・欽明紀は百済本紀を素材にした記述が大半を占めるが、そのひとつ継体二十四年（五三〇）九月条の一節に「毛野臣、百済の兵来ると聞きて、背評《へこほり》に迎へ討つ。背評は地の名なり。亦の名は能備己富里也《のびこほり》」とある。これは『日本書紀』唯一の「評」の事例であるが、朝鮮半島の地名を記したものである。また、『梁書』新羅伝に「其の邑、内に在るを啄評と曰ひ、外に在るを邑勒と曰ふ。亦、中国の郡県を言ふ也」とあり、『隋書』高麗（高句麗）伝にも「復、内評・外評、五部の褥薩《じょくさつ》有り」とある。「己富里」（コホリ）と訓まれた「評」は、古代朝鮮で「城邑」を意味する「フル」に、「大」を意味する「コ」が付いた語に由来する。「評」字そのものに、「中国の郡県」に相当する地方組織を意味する用例はない。「評」は借字で、朝鮮半島で生み出された独自の用字なのであった。

さて、養老四年（七二〇）に完成する『日本書紀』が編纂の最終段階に入った頃、日本と新羅の関係は悪化の一途をたどった。白村江の戦い（六六三年）では戦火を交えた両国であったが、高句麗の滅亡が目前に迫った天智七年（六六八）、新羅は唐との対抗上の必要性から日本に急接近し、低姿勢で外交に臨むようになる。日本側も天智八年から大宝二年（七〇二）までの間、遣唐使の派遣をとりやめ、新羅との緊密な関係を築いた。だが七世紀末になると、新羅と唐の間における緊張関係が徐々に緩和され、新羅は対等的な関係を日本に求めるようになる。こうしたなか、あくまでも新羅を朝貢国にとどめたいと考える日本側の願望が、『日本書紀』の朝鮮関係記事、とりわけ新羅関係記事にも反映されることとなる。神功皇后による三韓征伐をはじめ、新羅への憎悪感・蔑視感が滲み出た記載が『日本書紀』には随所に認められる。新羅を朝貢国として扱いたい日本にとって、新羅を含む朝鮮半島から多くの知識を吸収することによって国家形成を果たしてきたという事実は、できれば隠しておきたかったに違いない。一見して朝鮮半島からの影響がみてとれる「評」字を、『日本書紀』編者が消去したいと考えたとしても不思議ではない。

朝鮮系用字の回避

同じく朝鮮系の用字のひとつに「椋」（クラ）がある。中国の「椋」字には、クラの意味はない。中国ではクラの収納物に応じて「倉」「庫」「蔵」字を使い分ける。近年、韓国から「椋」字の史料が複数みつかり、これは朝鮮半島で生み出された文字であったことが判明した。『魏志』高句麗伝に「大いなる倉庫無く、家々に自ら小倉有り。これを名づけて桴京と為す」という記述がある。クラを意味する高句麗語のホコラ（フクル）について、その語頭の音を「桴」で表し、クラの意味を「京」で表したものが「桴京」であり、その「桴」の木偏と「京」を組み合わせて「椋」字ができた、という理解が最有力である（李、二〇〇五）。

こうした「椋」字の使用は百済・新羅や加耶《かや》諸国にも波及し、やがて日本にも伝えられた。日本の七世紀木簡に「椋」字が頻出するのに対し、「倉」「庫」字は皆無である。「蔵」字に関しては、先に触れた「蔵職」のほかに、飛鳥池遺跡出土木簡の「（経）蔵」（飛藤1—238・878・1186号）が知られるが、「椋」字に比べれば点数は極めて少ない（方、二〇一七）。先に「大椋官」と書かれた史料に言及したが、別に飛鳥京跡苑池遺構出土木簡に「大椋費直」（木25—48頁—61号）、藤原宮跡出土木簡に「大椋」（県藤94号）も確認できる。大蔵省の前身官司を「(大)蔵」と表記する場合もあったが、より一般的な表記は「大椋」とみるべきであろう。だが『日本書紀』では、大蔵省の前身官司にかぎらず、「椋」字を一切使用していない。それは当時の一般的な用字法からみて不自然で、『日本書紀』編纂時に意図的に書き換えられたとみるべきであろう。先述の「高倉郡」についても、原史料には「高椋評」とあった可能性が高い。

さらに「大椋費直」の「費直」も注目される。これはカバネのアタヒの古表記である。従来、ⓐ隅田八幡神社所蔵人物画像鏡銘の「帰中費直」(一文字目は「開」とは釈読しない。石和田、二〇〇〇)、ⓑ『元興寺伽藍縁起幷流記資財帳』所引「塔露盤銘」の「山東漢《やまとのあや》大費直」「意等加斯《おとかし》費直」、ⓒ坂上系図の「東漢《やまとのあや》費直」、ⓓ『日本書紀』欽明二年(五四二)七月条所引「百済本記」の「加不至《かふち》費直」が知られていた。このうち、一次史料となるのはⓐで、「癸未年」の年紀をもつ。四四三年説と五〇三年説の二説があるが、後者が有力であることから、「費直」は少なくとも六世紀初頭まで遡る用字である。そして、飛鳥京跡苑池遺構出土木簡によって、七世紀末頃まで使用され続けたことが判明した。

そして七世紀には、アタヒを「費」一文字だけで示すこともあった。七世紀中葉頃の法隆寺金堂広目天像光背銘に「山口大口費」とあり、前述の六二一年の法隆寺金堂釈迦三尊像台座墨書銘にも、新たな釈読によって「椋費」の語があったことが明らかになった(市、二〇一五)。

一方、七世紀後半には、「直」一文字で表記することも始まっていた可能性がある。西河原森ノ宮遺跡出土の木簡に「椋直」と釈読可能なものがあり(木33―149頁―2号)、「おわりに」で取り上げるE木簡も「郡直」と読めそうである。ただし、前者は「椋首」と釈読する意見もある。また『法隆寺記補忘集』によると、かつて法隆寺には「丁丑年三月十□□直針間古願幡」と墨書された幡があったという。「丁丑年」は天武六年（六七七）である。ただし、「直」字の直上に「費」字があった可能性も排除できない。このほか『続日本紀』には、天智九年（六七〇）の庚午年籍の記載を根拠に、「凡《おおし》費」「長《なが》費」から「（粟）凡直」「長直」への改姓を訴えた記事がある（神護景雲元年三月乙丑条、宝亀四年五月辛巳条。延暦十年九月丙子条も参照）。しかし、「籍、皆著二費（之）字一」とある点に着目すると（「皆」は「背」とする写本もある）、庚午年籍では「凡費直」「長費直」となっていた可能性もある（告井幸男氏のご教示による）。

ともあれ、カバネのアタヒは「費直」→「費」→「直」の順番に登場したとみられるが（北村、一九六五・六七。笠井、一九七二）、これらが綺麗に切り替わるのではなく、併用された期間もあったと考えるべきである。七世紀後半には「直」が誕生していたとしても、「費直」「費」が主流であったと考えられる。

以上を踏まえた上で『日本書紀』に目を転じると、本文ではアタヒは全部「直」字になっている。なお、前述の欽明二年条には「加不至費直」と記されているが、これは分注の「百済本紀」にみられるもので、本文では「河内直」に改められている。また、法隆寺金堂広目天像光背銘の「山口大口費」も、『日本書紀』白雉元年（六五〇）是歳条には「漢山口直大口、詔を奉《うけたまは》りて千仏の像を刻《ゑ》る」とあり、「費」を「直」に書き改めたことはほぼ確実である。元来「費直」は朝鮮の首長号（コホリチカ）であった可能性が指摘されている（山尾、一九九八）。筆者はこの説の当否を判断する能力に欠けるが、「費直」が「百済本紀」に登場することからみても、朝鮮半島系の用字であった可能性は十分にあると考える。もしそうであれば、「費直」についても、朝鮮半島系の用字であることを嫌って、意識的に「直」に改変したことになろう。

もっとも、カバネについては、「阿曽美《あそみ》」「阿曽弥《あそみ》」「旦臣《あそん》」を「朝臣」へ、「足尼《すくね》」を「宿禰」へ、「連公」を「連」へ、それぞれ改変したことも知られ、「費直」から「直」への改変について、あまり過大な評価は慎むべきかもしれない。だが少なくとも「評」「椋」字については、『日本書紀』編者がその使用を避けたことは明らかで、ここに一定のメッセージが込められていた可能性は極めて高いと考える。

ところで、七世紀木簡の大量出土によって判明した重要な事実のひとつに、上古音ないし古韓音などと称される古い字音（移〔ヤ〕、里〔ロ〕、宜〔ガ〕、支〔キ〕、止〔ト〕など）が一定の広がりをもっていた点があげられる（犬飼、二〇一一）。この漢音・呉音よりも古い字音は、同時代の中国から直輸入されたものではなく、朝鮮半島を経由して移入されたものであった。しかし八世紀になると、一部の字音（支、止など）を除いて、上古音（古韓音）は急激に使用されなくなる。『日本書紀』においても、百済史書（「百済記」「百済新撰」「百済本紀」）に引用された部分でなければ、上古音（古韓音）をあまり目にすることはない。「評」「椋」字などと同様の理由によって、意図的にその使用を避けたものと思われる。

おわりに

以上、大化改新・地名・官司名などを素材に、木簡と『日本書紀』の用字をめぐる問題について考えた。すでに予想されたことではあったが、『日本書紀』編纂時の現状に合わせる形で、用字の改変がかなり実施された様子が浮かび上がった。とりわけ「評」「椋」など朝鮮半島系の用字については、『日本書紀』編纂時における新羅との関係もあって、意識的に使用を回避した様子を窺うことができた。

しかしながら、大化改新の評価に関わって述べたように、『日本書紀』編纂段階における用字の改変が認められるからといって、内容面にまで改変が及んだとは限らない。いかなるレベルの改変なのか、それを慎重に見極める必要があることを強調しておきたい。

さて、『日本書紀』の用字に関して面白いのは、一部の文字や語句を除けば、原史料の改変が必ずしも徹底していないことである。官司名についても、大宝令制下の用字に改変する一方で、当時の表記をそのまま残したものも少なくない。実は『日本書紀』に頻出する「郡」字についても、すべてが「評」字から改められたわけではないようである。次の藤原宮跡出土の荷札木簡をみてほしい。

E（表）長評和佐里
（裏）郡□〔直カ〕方俵
（長さ一〇八㎜×幅二四㎜×厚さ三㎜　〇一一型式　荷235号）

「長評」（後の阿波国那賀郡）とあり、七世紀末の荷札木簡である。だが裏面の人名記載には「郡直」（コホリノアタヒ）という氏姓がみられる。「評」制下でありながら、なぜ「郡」字が使用されているのか。

これに関しては、評制施行の歴史的前提を考察した鎌田元一の研究が参考になる（鎌田、二〇〇一）。鎌田は、天武朝における古記録の表記をとどめた『続日本紀』大宝元年（七〇一）七月壬辰条の「郡犬養連」に着目し、この「郡」は大化前代におけるコホリの用字のひとつであった可能性を論じた。その傍証として、『日本書紀』の欽明紀から持統紀にかけてみえる「難波大郡」「難波小郡」「筑紫大郡」「筑紫小郡」をあげた。これらは、かつて坂本太郎が「郡」字大宝令始用説に反論する際に提示したものである（坂本、一九五二）。鎌田は、これらの「郡」は外交上の設営物（館舎）を指し、その点で『日本書紀』の他の一般の「某郡」表記とは趣を異にする点に注意を促した。

Eに示された評制下における「郡直」の存在は、鎌田説を裏付ける有力な証拠になると考える。そして、『日本書紀』に記す「難波大郡」などは、当時の呼称であった可能性を高めることになろう。『日本書紀』編者は「評」字を徹底的に「郡」字に改めたが、「郡」字はそのまま残したと考えられるのである。

以上、『日本書紀』を研究する上で、木簡が有用な史料であることを確認して擱筆したい。

参考文献

浅野啓介、二〇〇六「庚午年籍と五十戸制」（『日本歴史』六九八）

石和田秀幸、二〇〇〇「隅田八幡神社鏡銘文「開中」字の再検討」（『千葉史学』三六）

市　大樹、二〇一〇『飛鳥藤原木簡の研究』（塙書房）

二〇一五「黎明期の日本古代木簡」（『国立歴史民俗博物館研究報告』一九四）

犬飼　隆、二〇一一『木簡による日本語書記史【二〇一一増訂版】』（笠間書院）

井上光貞、一九六四「大化改新の詔の研究」（『日本古代国家の研究』岩波書店、一九六五年に所収）

笠井倭人、一九七一「加不至費直の系譜について」（『古代の日朝関係と日本書紀』吉川弘文館、二〇〇〇年に所収）

鎌田元一、二〇〇一『律令公民制の研究』（塙書房）

北村文治、一九六五・一九六七「カバネの制度に関する新研究序説」（原島礼二編『論集日本歴史1　大和王権』有精堂、一九七三年に所収）

近藤大典、二〇一七「美濃（三野）国の郡（評）の初見について」（『岐阜県博物館調査研究報告』三七）

坂本太郎、一九五二「大化改新詔の信憑性の問題について」（『坂本太郎著作集6　大化改新』吉川弘文館、一九八八年に所収）

一九八一『史書を読む』（『坂本太郎著作集5　修史と史学』吉川弘文館、一九八九年に所収）
関口裕子、一九七三「「大化改新」批判による律令制成立過程の再構成（下）」（『日本史研究』一三三）
薗田香融、一九七一「律令国郡政治の成立過程」（『日本古代財政史の研究』塙書房、一九八一年に所収）
舘野和己、一九九四「釈迦三尊像台座から新発見の墨書銘」（『伊珂留我』一五）
二〇〇一「木簡の表記と記紀」（『国語と国文学』九三六）
直木孝次郎、一九七二「古事記の国名表記について」（『飛鳥奈良時代の研究』塙書房、一九七五年に所収）
一九七八「大宝令前官制についての二、三の考察」（『飛鳥奈良時代の考察』高科書店、一九九六年に所収）
平川　南、二〇一四「古代東国史の再構築に向けて」（『律令国郡里制の実像　上』吉川弘文館）
方　国花、二〇一七「いわゆる国字について」（犬飼隆編『古代の文字文化』竹林舎）
長山泰孝、一九七六「律令調制の成立」（『律令負担体系の研究』塙書房）
西宮秀紀、一九八一「律令神祇官制の成立について」（『律令国家と神祇祭祀制度の研究』塙書房、二〇〇四年に所収）
山尾幸久、一九九八『カバネの成立と天皇』（吉川弘文館）
山本　崇、二〇一二「東面北門周辺の木簡と宮内省・中務省」（奈良文化財研究所編『藤原宮木簡三』）
李　成市、二〇〇五「古代朝鮮の文字文化」（平川南編『古代日本文字の来た道』大修館書店）

木簡の出典

木簡の出典を表記する際には、奈良文化財研究所編『評制下荷札木簡集成』は「荷」、同編『飛鳥藤原京木簡』は「飛藤」、同編『藤原宮木簡』は「藤」、同編『飛鳥・藤原宮発掘調査出土木簡概報』は「飛」、奈良県教育委員会編『藤原宮』は「県藤」、木簡学会編『木簡研究』は「木」のような略記号を用いた。

付　記

本稿はJSPS科研費（17K03065）の成果の一部である。

5　記事の形成 ―允恭紀の中臣烏賊津使主伝承を中心に―

笹川尚紀

はじめに

『日本書紀』の允恭《いんぎよう》紀には、その七年から十一年にかけての五年のあいだ、允恭天皇と忍坂大中姫《おしさかのおおなかつひめの》命《みこと》・弟姫《おとひめ》（衣通郎姫《そとおしのいらつめ》）にかかわる記事のみが収められている。そのような『古事記』にはみうけられない一連の伝承のなかには、中臣烏賊津使主《なかとみのいかつのおみ》にまつわる興味深いものもまたふくまれている。

これまで、この説話にたいする分析は、割合に多くなされてきた（日野、一九七〇・七四。横田、一九七一。志田、一九七一。泉谷、一九八三。前之園、一九八三。松倉、一九八七・二〇〇三。亀井、一九九二。荊木、二〇〇〇など）。そうした先学による見解を概観してみると、何らかの史実を引きだしたり、あるいは、その形成の意図をくみとることなどがおこなわれている。けれども、それらは、おしなべて掘りさげが不十分なのではないかと、筆者には強く感じられてならない。

そこで、本章では、中臣烏賊津使主にかんする伝承を検討の対象にすえ、その造作の背景をめぐって解明するようこころみていきたい。そして、さようなことをへたうえで、『日本書紀』の編纂と藤原氏との関係につき、ささやかな私見を開陳していく所存である。

一　記事の読みとり

史料の掲示

論述の便宜上、まずは、允恭紀の七年および八年の記事の大半を、左に抜粋する。

七年の冬十二月の壬戌朔に、新室《にひむろ》に讌《うたげ》したまふ。天皇《すめらみこと》、親《みづか》ら琴《みこと》を撫《ひ》きたまひ、皇后《きさき》、起ちて儛《ま》ひたまふ。儛ふこと既に終《をは》りて、礼事言《ゐやのことまを》したまはず。当時《とき》の風俗《ひと》、宴会《うたげ》に儛ふ者《ひと》は、儛ひ終りて則《すなは》ち自ら座長《くらかみ》に対《むか》ひて曰《まを》ししく、「娘子奉《をみなたてまつ》らむ」とまをししなり。時に天皇、皇后に謂《かた》りて曰《のたま》はく、「何《なに》ぞ常礼《つねのゐや》を失へる」とのたまふ。皇后、惶《かしこま》りたまひて、復《また》起ちて儛ひたまふ。儛ひ竟《をは》りて言したまはく、「娘子奉らむ」とまをしたまふ。天皇、即《すなは》ち皇后に問ひて曰はく、「奉れる娘子は誰ぞ。姓字《うぢな》を知らむと欲《おも》ふ」とのたまふ。皇后、已《や》むこと獲《え》ずして奏言《まを》したまはく、「妾《やつこ》が弟《おと》、名は弟姫《おとひめ》」とまをしたまふ。弟姫、容姿絶妙《ぜつべう》にして比《たぐひ》無し。其の艶色《えんしよく》、衣《ころも》を徹《とほ》して晃《て》れり。是《ここ》を以《も》ちて、時人《ときのひと》、号《なづ》けて衣通郎姫《そとほしのいらつめ》と曰す。天皇の志《みこころざし》、衣通郎姫に存《か》けたまへり。故《かれ》、皇后に強《し》ひて進《たてまつ》らしめたまふ。皇后、知ろしめして、輙《たやす》くは礼事言したまはざりしなり。爰《ここ》に天皇、歓喜《よろこ》びたまひて、則ち明日《くるつひ》に、使者《つかひ》を遣《つかは》して弟姫を喚《め》す。

時に弟姫、母に随《したが》ひて近江《ちかつあふみ》の坂田に在《あ》り。弟姫、皇后の情《みこころ》に畏《かしこ》みて、参向《まゐこ》ず。又重ねて七喚《ななたび》す。猶《なほ》し固く辞《いな》びて至《まゐた》らず。是に天皇、悦《よろこ》びたまはずして、復一舎人中臣烏賊津使主《ひとりのとねりなかとみのいかつのおみ》に勅《みことのり》して曰はく、「皇后の進れる娘子弟姫、喚せども来《まゐこ》ず。汝《いまし》、自ら往《まか》りて、弟姫を召し将《ゐ》て来。必ず敦《あつ》く賞《たまひもの》せむ」とのたまふ。爰に烏賊津使主、命《おほみこと》を承《うけたまは》りて退《まか》り、糒《かれひ》を裀《ころも》の中《うち》に裹《つつ》みて坂田に到る。弟姫の庭の中に伏して言さく、「天皇、命を以ちて召す」とまをす。弟姫、対《こた》へて曰《いは》く、「豈《あに》天皇の命を懼《かしこま》りまをさざらむや。唯《ただ》皇后の志を傷《やぶ》らむことを欲《ほり》せざるのみ。妾身亡《う》すと雖《いふと》も、参赴《まゐむ》かじ」といふ。時に烏賊津使主、対へて言さく、「臣《やつこ》、既に天皇の命を被《かがふ》りしく、必ず召し率《ゐ》て来。若《も》し将て来ずは、必ず罪せむとのたまひき。故、返りて極刑《しぬるつみ》を被るよりは、寧《むし》ろ庭に伏して死なまくのみ」とまをす。仍《よ》りて七日《なぬか》を経《ふ》るまでに、庭の中に伏せり。飲食《みづいひ》を与ふれども湌《くら》はず。密《ひそか》に懐中《ふつころ》の糒を食《くら》ふ。是に、弟姫以為《おも》へらく、妾《われ》、皇后の嫉《ねた》みたまはむに因《よ》りて、既に天皇の命を拒《こば》めり、且君《またきみ》の忠臣《ただしきひと》を亡《うしな》はむ。是亦《これまた》妾《わ》が罪なりとおもひて、則ち烏賊津使主に従ひて来《まゐく》。倭《やまと》の春日に到りて、櫟井《いちひゐ》の上《へ》に食《かれひく》ふ。弟姫、親ら酒《みき》を使主に賜《たま》ひて、其の意《こころ》を慰《なぐさ》む。使主、即日《そのひ》に京《みやこ》に至《まゐた》り、弟姫を倭直吾子籠《やまとのあたひあごこ》の家《いへ》に留め、天皇に復命《かへりごとまを》す。天皇、大きに歓《よろこ》びたまひて、烏賊津使主を美《ほ》めて、敦く寵《めぐ》みたまふ。

然《しか》るに、皇后の色《みおもへり》不平《よくもあら》ず。是を以ちて、宮中《みやのうち》に近《ちかつ》くること勿《な》くして、則ち別に殿《との》屋を藤原《ふぢはら》に構《つく》りて居《はべ》らしめたまふ。大泊瀬《おほはつせの》天皇を産みたまふ夕《よひ》に適《あた》りて、天皇、始めて藤原宮に幸《いでま》す。皇后、聞《きこ》しめして恨みて曰はく、「妾《われ》、初めて結髪《かみあげ》してより、後宮《こうきゆう》に陪《はべ》ること、既に多年《あまたのとし》を経たり。甚《いた》きかも、天皇。今し妾産《こう》みて、死生相半《しにいきあひなかば》なり。何の故にか、今夕《こよひ》に当《あた》りて、必ず藤原に幸せる」とのたまひ、乃《すなは》ち自ら出でて、産殿《うぶどの》を焼きて死《みう》せむとしたまふ。天皇、聞しめして、大きに驚《おどろ》きて曰はく、「朕《われ》、過《あやま》てり」とのたまひ、因りて、皇后の意《みこころ》を慰喩《なぐさめさと》したまふ。

八年の春二月に、藤原に幸し、密に衣通郎姫の消息《あるかたち》を察《み》たまふ。是夕《こよひ》、衣通郎姫、天皇を恋《しの》ひたてまつりて独り居り。（以下、衣通郎姫と允恭天皇が詠んだ歌にかんしては、省略する）皇后、聞しめして、且大きに恨みたまふ。是に衣通郎姫の奏言したまはく、「妾《やつこ》、常に王宮《おほみや》に近くして、昼夜相続《あひつ》ぎて陛下《きみ》の威儀《みよそほひ》を視《み》むと欲ふ。然れども、皇后は則ち妾が姉なり。妾に因りて、恒に陛下を恨みたまひ、亦妾が為に苦しびたまへり。是を以ちて、冀《ねが》はくは、王居《おほみや》を離れて遠く居らむと欲ふ。若し、皇后の嫉《けだ》みたまふ意、少しく息《や》みなむか」とまをす。天皇、則ち更に宮室《おほみや》を河内の茅渟《ちぬ》に興造《つく》りて、衣通郎姫を居らしめたまふ。此に因りて、屢《しばしば》日根野《ひねの》に遊獦《みかり》したまふ。

弟姫（衣通郎姫）

以下に、みずからの意見をまじえつつ、先にあげた記事について読み解いていきたい。

允恭天皇は、その七年の十二月一日に、新築の家屋で宴会をもよおした。天皇自身が琴を弾き、皇后の忍坂大中姫命が立って舞った。ところが、皇后は、舞い終わっても、礼儀にかなったおこないのことを天皇に述べなかった。当時の慣習では、宴会で舞う人は、それを終えたのち、みずから座長にむかって、若い女性を差しあげると言上することになっていたという。

そこで、天皇は、どうして恒例の礼式を欠いたのかと、皇后に語った。皇后は、おそれつつしんでふたたび立って舞い、それが終わると、娘を献上すると述べた。天皇は、すぐさまその若い女性の姓名をたずねた。すると、皇后は、自分の妹の弟姫であること、弟姫の容姿はこのうえもなくすぐれていて、そのつやのある美しいおもむきは衣をとおしてひかり輝いていること、そして、そうであるがゆえに、そのときの人びとは衣通郎姫と呼んでいることを、仕方なく答えた。皇后・忍坂大中姫命は、応神天皇の孫、稚渟毛二岐皇子《わかぬけふたまたのみこ》の子にあたるので（『日本書紀』安康即位前紀）、かのじょの妹・弟姫（衣通郎姫）もまた、皇族ということになる。

ほんとうのところ、天皇は、衣通郎姫に思いをよせていた。だから、皇后に強制的にかのじょを進上させたという。ところが、皇后は、そのような天皇の気もちを知っていて、そうであるがゆえに、たやすく礼儀にあった行為のことを天皇に述べなかったとする。さて、天皇はたいそうよろこび、翌日になって、弟姫を呼びよせるために使者を派遣した。そのとき、弟姫は、母親といっしょに近江の坂田にいたという。

ここで、『古事記』に目をむけるに、応神段では、弟姫（衣通郎姫）を藤原之琴節郎女《ふじわらのことふしのいらつめ》と記している。また、同書よりも古くにまとめられたともくされる「上宮記《じょうぐうき》」逸文（『釈日本紀《しゃくにほんぎ》』巻第十三所引）には、「布遅波《ふぢは》良己等布斯郎女《らのことふしのいらつめ》」とみえている。注意すべきは、図で示したように、『古事記』では、藤原之琴節郎女の血縁として、息長田別王《おきながたわけのみこ》と息長真若中比売《おきながのまわかなかつひめ》という、息長を冠する人名がみうけられる点である。これら息長は、氏族名の息長に由来すると推量される（笹川、二〇〇〇）。そういう息長氏は、近江国坂田郡、現在の滋賀県米原市の南部のあたりを根拠地にしていた。

『日本書紀』には、弟姫（衣通郎姫）の母の名などは書きとどめられてはいない。しかしながら、既述した

図　藤原之琴節郎女にいたる略系譜

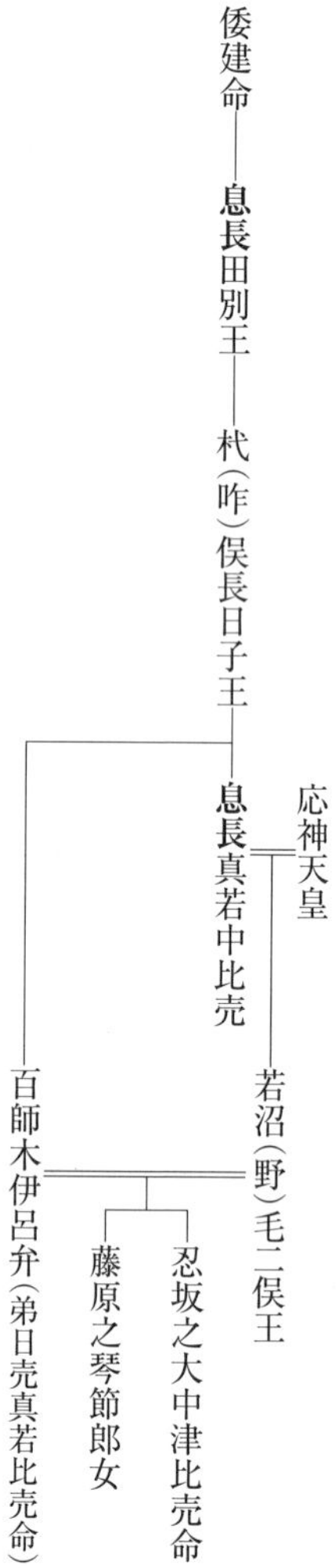

※『古事記』景行段・応神段による。

点をふまえると、かのじょがその母とともに近江の坂田にいたとされているのは、右の系譜をよりどころにしたからではなかろうか。つまるところ、『古事記』、ないしは、その編修の素材となった帝紀の記述をもとにして、弟姫（衣通郎姫）の居場所が定められたと考える。

中臣烏賊津使主

話を史料の内容にもどすと、弟姫は、姉である皇后の心情に気がねして参上しなかった。天皇は、かさねて七度召したものの、かたく辞退して、その命には応じなかったという。それゆえに、天皇はよろこばず、舎人《とねり》のひとりである中臣烏賊津使主にたいして、みずから出むいて弟姫を連れてくるよう指示し、それが成就したあかつきには、あつく報賞しようと述べた。

そこで、烏賊津使主は、乾燥させた飯を衣服の身ごろのなかに包みもって、坂田へといたった。そして、弟姫の邸宅の庭に伏して、天皇の命令を伝えたけれども、皇后の気分を害するのをさけるために、かのじょによって拒絶されてしまった。それをうけて、烏賊津使主は、弟姫を連れて帰ることができなければ、かならず処罰すると天皇からいわれたとし、だからこそ、もどって死刑となるよりは、庭にうつぶして死を迎える方を選ぶということを語った。

そののち、烏賊津使主は、七日たっても庭のなかに伏し、飲食物をあたえてもいっさい口にしなかった。実際のところ、ふところのなかにしのばせておいた乾いた飯をそっと食べていたとする。ここに、弟姫は、皇后のねたみによって天皇の命をこばむだけでなく、その忠臣を死なせてしまっては、罪をかさねることになると思い、意を決して烏賊津使主にしたがい出立するにおよんだ。

それから、倭《やまと》の春日について、櫟井《いちいい》のあたりで食事をした。櫟井は、井戸などの名か、あるいは土地の名か、定かではない。弟姫は、みずから酒を烏賊津使主にさずけて、かれの心をいたわったという。烏賊津使主は、その日のうちに京にいたり、弟姫をそのなかに所在していた倭直吾子籠《やまとのあたいあごこ》の家にとどめたうえで、天皇にたいし上首尾であったことを報告した。すると、天皇はたいへんよろこび、烏賊津使主をほめて、とてもかわいがったとする。

ここまでの記述で留意すべきは、中臣烏賊津使主の才知についてである。懐中に乾燥した飯を隠しもち、それを食べて空腹をしのいだという点は、かれのかしこさを明瞭に示している。また、死刑に処されると述べた件にかんしては、天皇の発言のなかにそれがふくまれてはいない点から推すに、弟姫の翻意を引きだすための、烏賊津使主による知恵をはたらかせた作りごとであったとみなしてよかろう。

そのいっぽうで、弟姫を倭直吾子籠の家に残し、天皇のもとへとむかったという行為からは、皇后の嫉妬をおそれる弟姫にたいし、深い気づかいをみせたことが読みとれる。

そして、さらに付けくわえると、長きにわたって庭内に伏しつづけたとする、烏賊津使主の辛抱強さは軽視することができない。ましてや、かようなことが冬におこなわれたとなると、それもひとしおとなろう。

烏賊津使主のふるまいは、允恭七年十二月壬戌朔（一日）条のなかに記されている。その日は、グレゴリオ暦でいうと、四一九年一月十三日にあたる（内田正男編著『日本書紀暦日原典』）。むろん、同条において書きつづられている事柄は、総じて一日のうちにおこったものではない。けれども、つぎの記事は、允恭八年二月にかけられており、したがって、それらは、同七年十二月から翌八年正月までのあいだの出来事であったとされていた点がみてとれよう。また、後でふれるように、同条では、弟姫の居所となる藤原宮の造営がなされたと記されており、それにはある程度の時日を要したことが察せられる。よって、これらのことを勘案すると、烏賊津使主が庭にうつぶしたのは、寒い季節であったと判断してよかろう。結局のところ、かれは、さような気象条件にも負けない、強靱な忍耐力のもち主であったとされていた点がうかがえる。

藤原宮

ところで、中臣烏賊津使主が弟姫をともなってもどると、皇后は、不満そうな表情をみせた。そのため、天皇は、弟姫を宮中に近づけることなく、別に藤原に宮殿をもうけて、かのじょをそこに住まわせた。

允恭紀では、同天皇の宮にまつわる記載を欠いている。ただし、京にかんしては、「京城《みやこ》の傍《ほとり》の耳成《みみなし》山・畝傍《うねび》山」「京《みやこ》の傍の両山《ふたつのやま》」とみえているので（允恭四十二年十一月条）、宮もまた、それらからさほど遠くないところに位置していた点がおさえられる。いっぽう、『古事記』允恭段では、遠飛鳥宮《とおつあすかのみや》とあって、同書の履中段における近飛鳥《ちかつあすか》・遠飛鳥の地名起源譚に徴するに、現在の奈良県明日香村のうちに所在していたことが推測される。これら事柄を照らしあわせると、『日本書紀』でもまた、允恭天皇の宮は同地にあったとされていたと解して、いっこうに差し支えあるまい。

くわえて、藤原にかんしては、のちに述べるように、明日香村からさしてはなれてはいないところに求めるのが穏当であって、持統天皇らが執政にあたった藤原宮（『日本書紀』持統八年〔六九四〕十二月乙卯〔六日〕条など）の藤原という地名に一致すると考えるのが無難であろう。すなわち、現在の橿原《かしはら》市高殿町《たかどのちょう》付近に比定することができるといえる。

天皇は、皇后が雄略天皇を出産しようとしている夜に、そのような藤原にある宮にはじめておもむいた。ところが、皇后はそれを耳にし、うらみ言を発して、みずからが用いていた産殿に火をつけて死のうとしたとする。天皇があえてその日を選択したのは、皇后が子どもを産むための殿舎にこもっているがゆえに、かのじょに知られることはないと判断したからであろう。しかしながら、そうした見当に反し、なおかつ皇后が怨嗟のあまり自害しようとしたことをうけて、天皇はかのじょにたいして謝罪し、その気もちをなぐさめさとしたという。

年があけて二月になると、天皇は藤原に行き、こっそりと衣通郎姫の様子を注意深くみまもった。その夜、かのじょは、天皇を恋しく思いつつ、ひとりでときをすごしていた。それから、衣通郎姫と天皇はたがいに歌を詠み、そのことを聞いた皇后は、よりいっそううらみを抱いたという。そこで、衣通郎姫は、自身の心情をおさえて、姉である皇后のやきもちを少しでもやわらげるために、天皇の宮から遠くはなれたところに居住するよう、願いでたとする。その結果、天皇は、河内の茅渟《ちぬ》、すなわち現在の大阪府の南端に宮殿をきずき、そこに衣通郎姫を移すにおよんだ。このため、天皇は、かのじょの居所の近くの日根野《ひねの》において、たびたび遊猟したとする。

ちなみに、衣通郎姫の発言のうち、「王居を離れて遠く居らむと欲ふ」という部分から、藤原宮と允恭天皇の宮とは、距離的にあまりへだたってはいなかった点がくみとれよう。

二　記事の成立

藤原という氏名

それでは、右に述べきたった事柄をおさえたうえで、中臣烏賊津使主にかかわる伝承にたいし、考察をめぐらせていくことにしたい。

烏賊津使主がむかった近江の坂田については、『古事記』、ないしは、その撰修の材料となった帝紀の記載にもとづき、かれの行動の場として設定されるにおよんだと想定される。くわえて、冬の期間に、七日をへてもなお庭のなかに伏していたとするのは、現実的にはとうてい考えづらい。しかも、近江の坂田、現在の米原市の南部は、降雪・積雪地帯であることからすると、そのような理解はすこぶる適切であろう。これらの点に徴するに、烏賊津使主にまつわる話は、事実をもとにしたものではなかったと判断される。

それならば、どのような理由で、かれの活躍がまとめられるにいたったのであろうか。こうした点を明らかにする手がかりとして、弟姫（衣通郎姫）のために宮がもうけられた藤原の地を等閑に付してはなるまい。

もとより、『日本書紀』の記事からは、烏賊津使主と藤原の地、あるいは、藤原宮との結びつきをいっさい読みとることができない。使命をはたした結果、允恭天皇に非常にかわいがられたというところで、話が終わっているとみるのが妥当であろう。けれども、烏賊津使主は、中臣を冠していることからわかるように、中臣氏の祖先にあたる。そして、中臣氏といえば、その一部が氏名《うじな》を藤原にあらためたということで、人びとにひろく知られている。

そこで、藤原という氏族の名称に目をむけると、後でややくわしくふれるように、中臣鎌足が天智天皇からさずけられたものである。その由縁は、『藤氏家伝《とうしかでん》』上巻・鎌足伝において、大倭《やまと》国高市《たけち》郡の人である鎌足が「藤原之第《ふぢはらのてい》」で生まれたと記されており、ひっきょう、藤原の地がかれにとって重要な地盤であった点に求めることができよう。

この「藤原之第」の藤原にかんしては、すでに指摘があるように、橿原市高殿町のあたりとみなして、おそらくあやまりあるまい（井上、一九八〇。渡里、一九九九。吉川、二〇〇一。川崎、二〇一五など）。弘安□年（一二七八年から一二八八年までが弘安年間にあたる）十二月十三日に書写し終えた『大織冠伝《たいしょくかんでん》』（国立歴史民俗博物館に所蔵されている『多武峰縁起《とうのみねえんぎ》』の現存最古の写本）には、「大和国高市郡大原村藤原第」で鎌足が誕生したとしたためられている。そこにみえる大原村は、現在の明日香村小原《おおはら》に一致し、従来、このような記載を大きなよりどころにして、「藤原之第」の所在をそこに比定してきた。しかるに、『大織冠伝』の筆録は、中世にくだるともくされ、それゆえに、その内容に軽々に信頼をよせるのはさけなければなるまい。つまるところ、「藤原之第」と弟姫（衣通郎姫）の藤原宮は、おなじ地域に位置していたと推測され、こうした点は注目に値するといえよう。

ちなみに、「藤原之第」について若干付言するに、その設置がいつまでさかのぼるのか、分明にすることができない。『日本書紀』をひもとくに、推古十五年（六〇七）の冬に、藤原池が造られたとし、また同十九年五月五日には、菟田野《うだのの》での薬猟《くすりがり》に際し、諸臣らがあけがたに同池のほとりに集合したとする。この藤原池は、橿原市高殿町付近に所在し、そのあたりを開墾するためにこしらえられたと解してよかろう。ところで、中臣鎌足は、推古二十二年に「藤原之第」で生をうけており、とりもなおさず、それは、藤原池が造られて以降の出来事になる。

これら事柄を考えあわせると、藤原池の構築をきっかけにして、中臣氏の一部、より具体的にいうと、鎌足の父である美気祜《みけこ》（弥気・御食子なども表記される）らは、その周辺の野原の耕地化を王権によって課されたがゆえに、そこに移住するにいたった可能性が残されていると思われる。要するに、「藤原之第」の建設は、鎌足が産声をあげたときからたいしてさかのぼらず、ひいては、中臣氏の本拠地としての歴史は、非常に浅かったとも想定しえよう。

藤原氏の形成

『日本書紀』によると、天智八年（六六九）十月十五日、同天皇は、重篤となった中臣鎌足にたいし、大織冠と内大臣、および藤原という氏名をさずけた。その翌日、鎌足は、五十六年の生涯をとじることになったとする。『藤氏家伝』上巻・鎌足伝にもまた、ほぼ同様のことが記されている。

この藤原という氏族の名称にかんしては、鎌足個人にあたえられたとみなすのが穏当であろう（高島、一九八〇など）。ところが、周知のように、それよりのち藤原氏は誕生することになる。そこで、以下では、その過程について跡づけていきたいと思う。

注意をはらうべきは、鎌足の父方のいとこの子にあたる大島にかんしてである。『日本書紀』を披見するに、天武十年（六八一）と同十二年の三ヶ条において、大島は、中臣連と書かれている。しかるに、天武十四年九月辛酉（十八日）条から持統七年（六九三）三月庚子（十一日）条の八ヶ条のうち、六ヶ条において、藤原（葛原《ふじわら》）朝臣《あそみ》と表記されている。

こうした相違の原因を明らかにするうえで、看過すべきでないのは、天武十三年十一月一日に、中臣連は、同天皇から朝臣の姓《かばね》をさずけられている点である。詮ずるところ、いわゆる八色《やくさ》の姓のひとつをえたことを契機にして、中臣氏の一部が、藤原という氏名をとなえるにいたった公算は大きいのではなかろうか。もちろん、それは、天武天皇の承認をへて、はじめて可能になったものであろう。

先にふれた大島にまつわる事例などに照らすに、天武十三年十一月一日から同十四年九月十八日までのあいだに、藤原朝臣と名のるようになったことが察せられる。そのようななかには、大島のほかに、鎌足の子である不比等、天武十三年に朝臣の姓をえた（『新撰姓氏録《しんせんしょうじろく》』左京神別上《さきょうのしんべつのじょう》・天神《てんしん》）かれもまた入っていた点は、まず疑いないといえよう。

なお、「中臣氏系図」（『群書類従』第五輯　系譜・伝・官職部）に引用されている、延喜六年（九〇六）の「新撰氏族本系帳」、すなわち「延喜本系」には、興味深い記述がみうけられる。それによると、鎌足の弟である小錦下《しょうきんげ》の中臣垂目《たるめ》が、大島らとともに藤原朝臣をあたえられたとされる。そこにみえる小錦下は、大島が直大弐《じきだいに》とされている点などに照らすに、垂目の人生における最高の冠位であったと解してよかろう。この小錦下は、『日本書紀』によると、天智三年二月から天武十四年正月までのあいだに用いられたものであったことが確かめられる。したがって、垂目は、天武十四年正月以前に役職をしりぞいて隠居したか、ないしは、他界したことが推測される。そのような人物が藤原朝臣をさずけられたと書きとどめられている点からすると、それを称するようになったのは、天武十三年十一月から同十四年正月までのあいだにしぼられ、かつ藤原朝臣のなかには当初、鎌足の弟もまたふくまれていた可能性が浮上してくることになろう。

かかる理解の是非はさておき、藤原朝臣ははじめのころ、鎌足の親族のうち、ひろい範囲の人びとによって構成されていたのは、おそらくまちがいあるまい。そうした状態があらためられ、不比等およびその系統にかぎられるようになるのは、文武二年（六九八）八月のことであった。『続日本紀《しょくにほんぎ》』には、その丙午（十九日）の同天皇による詔《みことのり》として、「藤原朝臣賜《たま》はりし姓は、その子不比等をして承けしむべし」と書きつづられている。

作成のねらい

そこで、これまで指摘してきたもろもろの点を下敷きにして、いよいよ中臣烏賊津使主の伝承について、とりあげていくことにしたい。

結論を先に述べると、かれにまつわる話の造作と藤原氏とは、密接な関係にあったと考える。そうした事柄を明らかにする糸口として、着目していかなければならないのは、石上《いそのかみ》氏にかんしてである。よく知られているように、石上氏は以前、物部《もののべ》という氏名を称していた。ところが、天武十三年十一月一日に、朝臣の姓があたえられたのを機縁にして、石上というそれにかえられたと想定される。『先代旧事本紀《せんだいくじほんぎ》』巻第五・「天孫本紀《てんそんほんぎ》」によると、物部連公麻侶《もののべのむらじのきみまろ》は、天武朝の天下の万民の姓をあらためて八色を定めた日に、物部朝臣となり、またおなじ時代に、石上朝臣をさずけられたとする。ここにみえる物部連公麻侶は、左大臣にまで昇進した石上麻呂に相当する。石上となったのは、おそらく、麻呂を中心とする物部氏のうちの一団が、石上の地を、現在の奈良県天理市布留《ふる》町のあたりを根拠にしていたからであろう。要するに、麻呂は、石上という地名を氏名に負ったことがうかがわれる。

さような石上にかんしては、王権との深いつながりを認めることができる。たとえば、『日本書紀』によると、安康天皇の穴穂宮《あなほのみや》、仁賢《にんけん》天皇の広高宮《ひろたかのみや》が、石上の地にいとなまれたとされる（安康即位前紀、仁賢元年正月乙酉〔五日〕条）。十四世紀後半にあらわされた『帝王編年記《ていおうへんねんき》』では、それらの宮の所在を大和国山辺《やまのべ》郡の石上左大臣の家、すなわち石上麻呂の家の近くと記しており、すこぶる興趣深い。くわえて、その地には、天皇と関係が強い、物部氏が祭祀などに従事していた石上神宮が、古くより鎮座していた（笹川、二〇一六b）。

これら事柄を前提にすると、石上という氏名をとなえることは、おのずから王権との結びつきを示すことにつうじるのではなかろうか。

ここで、話題を中臣（藤原）氏に移すに、天武朝において、連の姓をもつ多くの氏族が宿禰《すくね》のそれをさずかっているなかで、中臣氏と物部氏のみが朝臣の姓をえている点は、けっして逸することができまい。また、養老元年（七一七）三月三日に、左大臣の石上麻呂が亡くなった当時、太政官のなかで、そのすぐ下の右大臣の地位についていたのが、藤原不比等であった。こうしてみてくると、中臣（藤原）氏は、物部（石上）氏の存在を少なからず意識していたのではないかと推察されよう。

筆者は、かような点を念頭においたうえで、藤原氏が、直接的かいなかはさておき、中臣烏賊津使主にまつわる話を作りあげるにおよんだのは、石上氏の場合に準じて、その氏名と王権との関連をあらわすためであったと考える。

前に説いたように、烏賊津使主のそれからは、叡知や心づかい、辛抱強さという諸点がくみとられ、そうであるがゆえに、読者の印象にかならずや残ったにちがいあるまい。そして、それにつづいて、允恭天皇が建設を命じ、完成した後におとずれた、かつ皇族が居住した藤原宮のことが、さらに、允恭十一年三月丙午（四日）条には、同天皇が衣通郎姫のために設定した、宮名を冠する藤原部のことが記されているのである。結局のところ、中臣から藤原に変化したことを把握していた読み手にたいし、藤原という氏名と王権との深いかかわりあいを知らせるうえで、烏賊津使主の話譚は、十分な役割をはたしたことであろう。

なお、先に掲出した史料に目を転じるに、「時に弟姫、母に随ひて近江の坂田に在り」から「天皇、大きに歓びたまひて、烏賊津使主を美めて、敦く寵みたまふ」までの部分がなくても、話の筋はとおるといえる。すなわち、それがあらたに作りだされたものであって、允恭天皇と忍坂大中姫命・弟姫（衣通郎姫）をめぐる伝承のなかに挿入されるにいたったと推断する。

造作の時期

最後に、中臣烏賊津使主にかかわる話がまとめられた時分について、卑見を披瀝しておきたい。『日本書紀』天武十年三月丙戌（十七日）条によると、天武天皇が皇族六名、臣下六名の計十二名に命じて、帝紀と上古諸事《じょうこのしょじ》（旧辞《きゅうじ》）の中身を確定し、それぞれ記録させたとする。また、後者のうち、冠位の低い中臣連大島と平群臣《へぐりのおみ》子首《こびと》がみずから執筆にあたったと伝えている。想うに、ひとりがどちらかひとつの筆記に専従したとみるのが至当であろう。

筆者は、この記事について、帝紀と上古諸事（旧辞）おのおのにまつわる記録は残されたけれども、それらは完全なものではなかったと理解している。そして、ふたつの文書は、『日本書紀』の撰修に際し、その材料として用いられるにおよんだと推定している（笹川、二〇一六a）。

とりあげるべきは、もちろん中臣大島であって、かれにより烏賊津使主にかんする話が作られ、上古諸事（旧辞）のなかにはさみ入れられたとも考えられよう。しかしながら、既述したように、このころ藤原氏はいまだ存在してはおらず、したがって、そのようにみなすのは困難をきわめるといえよう。

『日本書紀』の編纂は、八世紀初期の大宝令制下において開始されるにいたった公算が大きい（笹川、二〇一二）。それゆえに、不比等の家系のみによって構成される藤原氏が、その作成にたずさわったととらえて、いっこうに支障あるまい。

ただし、藤原氏の者が主体となってまとめあげ、それを『日本書紀』の撰述の部署にもち込んだのか、それとも、『日本書紀』の編者に依頼して作らせたのか、いずれが妥当であるのか、つまびらかにすることができない。そうであっても、烏賊津使主にまつわる話は、『日本書紀』が完成・献上された養老四年（七二〇）五月からさほどさかのぼらない時期に造作されたという点は、おそらく疑いなかろう。

おわりに

かくして、允恭紀にふくまれる中臣烏賊津使主にかかわる話は、『日本書紀』の編修の段階において作りだされたこと、それを允恭天皇と忍坂大中姫命・弟姫（衣通郎姫）をめぐる伝承のなかに差し込んだのは、藤原という氏名と王権との結びつきが深い点を示すためであったことを論じてきた。換言すると、天皇・皇族との間柄の濃さを可視化すべく、そのようなことがおこなわれたと理解する。

烏賊津使主にかんしては、『日本書紀』仲哀《ちゆうあい》九年二月丁未（五日）条（グレゴリオ暦では、二〇〇年三月七日にあたる）および神功《じんぐう》皇后摂政前紀にみえている、四人の大夫《まえつきみ》のうちのひとりで、かつ審神者《さにわ》とされた中臣烏賊津連・中臣烏賊津使主と同一人物であるかいなかが、あらそわれているといえる。こうした議論について筆者は、おなじ者であるとみなしてよいと考える。すなわち、烏賊津使主（連）は、中臣（藤原）氏にとって、数ある祖先のなかでも重要な立場を占めており、そうであったからこそ、時代はかけはなれるものの、かれを中心とする話に仕立てあげるにいたったのではないかと推量する。

また、『日本書紀』仁徳《にんとく》三十年十月甲申朔（一日）条には、嫉妬のため筒城宮《つつきのみや》に入った皇后・磐之姫命《いわのひめのみこと》にたいし、仁徳天皇は、的臣《いくはのおみ》の祖である口持臣《くちもちのおみ》（一説では、和珥臣《わにのおみ》の祖である口子臣《くちこのおみ》）を派遣して、かのじょを呼びもどそうとしたとする。そのとき、口持臣は、皇后がだまったまま答えないのをうけて、「雪雨《しぐれ》に沾《ぬ》れつつ日夜《ひるよる》を経《ふ》れども、皇后の殿《おほとの》の前に伏して避《まかり》らず」、「庭に伏して請《こ》ひ謁《まを》」したと書きつづられている。はたして、こうした話柄を参照して、烏賊津使主のものが案出されたのかどうか、慎重に検討をくわえていく必要が存しよう。

最後に、『日本書紀』の撰述と藤原氏とのかかわりについてふれておくに、前に指摘したごとく、それらの結びつきは肯定してよいのではないかと思う。しかしながら、問題となるのは、その関与の度あいであって、現在のところ、筆者は、それを小さくうけとっている。先学の幾人かは、不比等による大きな介入を主張しているけれども、それらはすべて証左にとぼしいといわざるをえない。つまるところ、さような課題をめぐっては、基礎的な分析を緻密に積みかさねたうえで、総合的な見地から解決にせまっていくよう尽力していかなければなるまい。

参考文献

泉谷康夫、一九八三「磐之媛命と忍坂大中姫命」（『記紀神話伝承の研究』吉川弘文館、二〇〇三年に所収）
井上辰雄、一九八〇「大化前代の中臣氏」（『古代王権と宗教的部民』柏書房）

荊木美行、二〇〇〇「大化前代における中臣氏の動向―中臣烏賊津使主伝承を手がかりとして―」（『記紀と古代史料の研究』国書刊行会、二〇〇八年に所収）
亀井輝一郎、一九九二「中臣烏賊津使主と弟姫―藤原朝臣祖先伝承攷序説―」（横田健一編『日本書紀研究』一八、塙書房）
川﨑　晃、二〇一五「藤原不比等―その前半生について―」（三田古代史研究会編『法制と社会の古代史』慶應義塾大学出版会）
笹川尚紀、二〇〇〇「帝紀・旧辞成立論序説」（『日本書紀成立史攷』塙書房、二〇一六年に所収）
二〇一二「『日本書紀』編修論序説」（右前掲書に所収）
二〇一六ａ「天武天皇一〇年の修史をめぐって」（右前掲書に所収）
二〇一六ｂ「石上神宮をめぐる諸問題」（右前掲書に所収）
志田諄一、一九七一「中臣連」（『古代氏族の性格と伝承』雄山閣、一九七四年に所収）
高島正人、一九八〇「藤原朝臣氏の成立」（『奈良時代の藤原氏と朝政』吉川弘文館、一九九九年に所収）
日野　昭、一九七〇「允恭紀」（『日本古代氏族伝承の研究　続篇』永田文昌堂、一九八二年に所収）
一九七四「中臣烏賊津使主の伝承」（右前掲書に所収）
前之園亮一、一九八三「中臣氏について」（『東アジアの古代文化』三六）
松倉文比古、一九八七「中臣氏系譜について」（横田健一編『日本書紀研究』一五、塙書房）
二〇〇三「『古事記・日本書紀』に描かれた中臣氏」（横田健一編『日本書紀研究』二五、塙書房）
横田健一、一九七一「中臣氏と卜部」（『日本古代神話と氏族伝承』塙書房、一九八二年に所収）
吉川真司、二〇〇一「飛鳥池遺跡と飛鳥寺・大原第」（直木孝次郎・鈴木重治編『飛鳥池遺跡と亀形石―発掘の成果と遺跡に学ぶ―』ケイ・アイ・メディア）
渡里恒信、一九九九「地名藤原と藤原賜姓について」（『日本古代の伝承と歴史』思文閣出版、二〇〇八年に所収）

6　神話の形成と日本書紀の編纂

久禮旦雄

一　日本書紀は神話を語るか

津田左右吉・柳田國男・折口信夫の神話論

『日本書紀』における「神話」とは何であるか。それを考える際に重要なのが、津田左右吉による、『日本書紀』に神話は語られていないという指摘である。大正から昭和にかけて、『古事記』『日本書紀』（以下、併記する際は記紀）をはじめとする古典の文献的批判を行った津田は、いわゆる「記紀神話」と総称される神代の時代の物語を「神代史」とし、「我が国の統治者としての皇室の由来を語ったもの」とした。その上で、「全体としての神代史の精神、即ちその政治的意義、が民衆の思想と殆ど相関せざるものである……神の世界が人の世界と共にあり、神が人と並び存し、さうしてそれが人生を精神的に支配する、ギリシアやインドの神及び神の世界とは、全く性質が違う。……われわれの民族の間には、文字通りの意義においての神話……というものが自然に発達しなかった」と述べている（津田、一九四八）。記紀神話が皇室の統治の由来としての天孫降臨譚と、それに仕える伴造氏族の奉仕由来譚を中心としており、それ以外の豪族や民衆の物語を欠くという指摘は近年においても基本的に承認されている。津田は民衆的広がりを持たず、朝廷において編集された形跡が多く見られる記紀が語る内容を神話とはみなさなかったのである。

同様の指摘を、民俗学者である柳田國男と折口信夫も座談会で述べている。

折口　私も、日本の古伝承には、神話の語に当たるものがない、というより神話というものを構成する原因が欠けていると思うのです。……

柳田　われわれは神話という言葉を説話の一部として使わないことはないが、使ってもいくらかギリシアのミソロジーをやっている人と違う。この間にいろいろ政治的な意図がありましたから私は避けたのです。……日本がもっているということで、すぐに『古事記』『書紀』を出されることは誇らしいかもしれないが、これは日本民族全体の神話とは見られません。……（柳田・折口、一九四九）

津田は、記紀神話がもつ政治性を、柳田・折口は宗教性の欠如を、そして共通して民衆的広がりを持たないことを理由として、それを「神話」と呼ぶことを拒否した。だが果たして、その見解は妥当であろうか。

松前健の神話論

この問題に正面から取り組んだのが、神話学者の松前健である。松前は津田・柳田・折口の指摘をそれぞれ妥当な面もあると認めながらも、「政治体制や王権の由来を説明するために作られた神話は、日本だけでなく、世界にも多い。エジプト・バビロン・ヒッタイトなどの古代文明の地での王権神話は、みな一種の政治神話であるし、……とかく「民衆の所産」であると考えられているギリシア神話でさえ、……現実の都市国家の体制や貴族の権力機構などの由来を説明し、正統づけるために作り出された神話が多い。……」とし、記紀神話も充分「神話」と呼ばれるに足りるとする。その上で、「神話が神話とされる条件」として、「それを生み出す「思惟」であり「心意」……の根本は真実性の信仰と規範性」とし、「広義の神話」とは、「宇宙・自然・人事などの起源を、超自然的霊格のわざとして説明した、信仰的な説話」とするのが最も妥当としている（松前、一九七〇）。この指摘は重要である。

ここで松前が重視している真実性とは、神話を事実と信じる宗教的心性ということであろう。即ち、神話を成り立たせているのは社会的広がりを持つ宗教性（真実性）とそれによって社会に一定の枠組みを与える規範性ということになる。ではそのような宗教性と規範性をもつ神話はいかにして生まれるのであろうか。

二　神話の形成と発展（1）―地域の民間神話―

多様な神話のあり方

岡田精司は、「記紀の神話について伝承した社会集団ないし階層」を意識した神話の歴史学的研究の必要性を説く。その上で、主に記紀にまとめられた宮廷の祭儀神話に由来する「宮廷神話」と、『風土記』などに残された、地方の国造などのいわゆる首長層から庶民層まで含めた人々により担われ、地域ごとに生きていた「民間神話」に区別することを提唱している（岡田、二〇〇一）。しかしこの「宮廷神話」も、岡田がいうように臣姓豪族や地方豪族の神話というべきものは殆ど姿を見せないが（岡田、一九七五）、天岩戸神話や天孫降臨譚には、それぞれ伴造氏族の先祖となる神々が登場しており、「氏族神話」というべきものが「宮廷神話」の中に食い込んでいることが推測される。また森田喜久男によれば、『出雲国風土記』に見られる神話は、記紀の世界観を前提として、出雲国造家の神話を語るもので、「相互の補完関係」にあったという（森田、二〇一四）。その意味では、「宮廷神話」（王権神話）・「氏族神話」・「民間神話」といっても、決して独立して存在するものではなく、それを記紀・風土記から個別に析出することは困難である。

また、松前健が指摘するように、記紀・風土記などに採択されず、神社の縁起などを介して中世に入ってから史料に記された「埋もれた神話」も存在した（松前、一九八〇・一九八三）。

以下では、最終的に宮廷神話としての記紀に統合される氏族神話・民間神話が如何なるものであったかについて考察を試みてみたい。

民間神話の内容

『常陸国風土記』行方郡《なめかた》条には、祭祀や神話を論じる際にしばしば取り上げられる「夜刀《やと》の神」についての記事が見える。長文なので概略を示すと以下のようになる。

①継体天皇の時代（六世紀）、箭括氏麻多智《やはずのうじまたち》という人物が葦原《あしはら》を開いて田としようとした時、夜刀の神が現

れて妨害した。夜刀の神とはこの地方で角のある蛇を呼ぶ名で、その姿を見た人の家は必ず滅びるという。麻多智は鎧をつけ、仗《ほこ》を持ち大声を挙げて夜刀の神を「山口」（山の麓）まで追い払った。その上でしるしの杖を挿し、「ここより上を神の地、下を人の田とし、私の子孫が祝となり末永く祭ろう」と約束した。今でもその祭りは続いているという。

②孝徳天皇の時代（七世紀）、壬生連麿がこの地域に池の堤を造ろうとしたところ、再び夜刀の神が現れて妨害した。麿は激怒して、「池を造るのは民を生かすためだ。どこの神が「風化」に逆らうのか」といい、現れたものはことごとく打ち殺せと命じた。すると蛇は姿を消し、無事池は完成した。

新田一郎はこの記事を「〈境界〉が引きなおされた」話とし、日本においては「異質にして威力をもった「カミ」との緊張関係においてこそ、人々の世界が構築された」ことを示す事例とする（新田、二〇〇六）。祭祀や神話の出発点として、このような自然と文化（人間）との境界における緊張関係を位置づけることが出来るだろう。既に、この記事の中においてさえ、麻多智の子孫は現在も祭祀を行っていることが書かれているし、壬生連麿は『常陸国風土記』において行方郡の立評者とされている。いずれも『風土記』編纂時まで続いていた可能性のある系譜を飾るものとして、「夜刀の神」との闘争は語られていたと推測できる。

また、『肥前国風土記』佐嘉《さか》郡条には、佐嘉川上流に「荒ぶる神」がいて「往来の人、半ば生かし、半ば殺しき」という状況であったのを、「県主《あがたぬし》等の祖大荒田」が占い、土蜘蛛《つちぐも》の大山田女《おおやまだめ》・狭山田女《さやまだめ》の助言に従い土で人形・馬形を作って祭ったところ、神はその祭祀を受け入れて「応和《やはら》ぎき」となったとある。これ自体は大荒田が、事態が解決した後、助言をした大山田女・狭山田女を「賢女《さかしめ》」と賞賛し、国の名（佐嘉）としたと語られる地名由来譚なのだが、坂江渉は、祭祀を主催したのが「県主の祖」とされていることから、「地元祭祀の起源と特定の一族を祭主とすることの正統性を語ろうとする目的を持っていた」氏族伝承的性格を指摘している（坂江、二〇一五）。

では、系譜が語られない場合はどうなるのか。『出雲国風土記』大原郡阿用《あよ》郷条では、田を耕していた男を「一目鬼」が食べて、その時の男の声から「阿欲」（阿用）という地名がついたという記事がある。既に別稿でのべたように、ここでの「鬼」は開発を妨害する存在として「夜刀の神」と変わらない存在であったが、『出雲国風土記』という史料の特殊性から「神」ではなく「鬼」と表記されたものと思われる（久禮、二〇一六）。もしここで開発が成功し、それが祭祀によるものであるとされていたならば、『風土記』編纂当時に至る何らかの系譜関係が語られていただろう。しかしそうはならなかった場合、このような自然からの人間への逆襲が語られることとなる。

実際、群馬県渋川市の金井東裏《かないひがしうら》遺跡の六世紀のものとおもわれる成人男性人骨は、甲をつけ、火山灰に埋もれたかたちで発見された。榛名山の噴火に対して祭祀を行っている最中に火砕流に巻き込まれたと推測されている（若狭、二〇一五）。

『播磨国風土記』神前《かんざき》郡条には「生野《いくの》」の地名由来譚として、昔、このあたりに「荒ぶる神」がいて、「往来の人の半ばを殺」していたため「死野《しにの》」と呼ばれており、のちに「生野」と改められたとある。前述したように、各地の「荒ぶる神」による交通妨害伝承が、それを克服したとされる人物の子孫により語られた伝承とする坂江の指摘を踏まえるならば、こちらは困難な交通を克服できず、氏族の由来譚になりえなかったものと言える。

民間神話の背景

神話の出発点が、以上のような生産の場の開拓や交通の要衝の維持と結びついていることは注意したい。それは単なる古代人の想像力の発露ではなく、日々の生活の維持の中で語り継がれてきたのである。

『常陸国風土記』那賀郡茨城《うばらき》里条には、「晡時《くれ》臥《ふし》之山」の話として以下のような記事がある。昔、この地で暮らしていた兄妹の妹のもとに、見知らぬ男が通うようになり、妹はその後「小蛇」を産み、瓫《ひらか》に入れて育てると、日ごとに大きくなった。母となった妹が「お前は神の子であるから父のもとへ行くのがよい」と告げたところ、蛇は立ち去るにあたり、従者としての子どもを要求した。それが拒否されると怒って天に昇ろうとする際に、伯父（兄）を落雷で殺した。母（妹）が驚いて「瓫」を投げると蛇は昇天できなくなり、晡時臥の山に留まることとなった。この時蛇が入れて育てられた瓫と甕は今でも存在し、その子孫が祭祀を続けているという。ここでも祭祀を担当する人間の系譜と関連して、神が語られている。注意しておきたいのは、益田勝美が指摘しているように、ここで「小蛇」が父のもとに帰るために天に昇ろうとしていることである。即ちこれは「天」から降りてきた神が人間の女のもとに通い、「小蛇」を産ませた話ということになる。同じ『常陸国風土記』の信太《しだ》郡高来《たかく》里条には「普都大神《ふつのおおかみ》」が天から降りてきて葦原中津国《あしはらなかつくに》を平定し、その後自らの鎧や戈《ほこ》、身を飾る玉などを置いて天に昇っていったという伝承がみえる。このような高天原の世界観を背景に持つと思われる「天」（アメ）と、「小蛇」の父親がいたという「天」（アメ）が同じものかどうかということは恐らく当時の人々の考えるところではなく、益田が言うように「地上のムラは、それぞれに神がそこから下ってきた国、アメを想像しており、それぞれの別個の天地を胸中に抱いていた」のである（益田、一九八三）。

このような世界観の背景にあるのは、山や川に隔てられ、盆地ごとに生産共同体が形成された初期の列島社会のあり方であろう。石田一良はこれを「原始神道の生産力崇拝と信仰の封鎖性」と表現している（石田、一九七〇）。

三　神話の形成と発展（2）―氏族神話と王権―

系譜から神話へ

埼玉県行田市の稲荷山《いなりやま》古墳より出土した「稲荷山古墳出土鉄剣銘」は、六世紀における日本在来の系譜のかたちを伝えるものとして著名である。以下にその書き下し文を示す。

辛亥の年七月中、記す。乎獲居《をわけ》の臣。上祖、名は意富比垝《おほひこ》。其の児、多加利《たかり》の足尼《すくね》。其の児、名は弖《て》已加利獲居《よかりわけ》。其の児、名は多加披次獲居《たかはしわけ》。其の児、名は多沙鬼獲居《たさきわけ》。其の児、名は半弖比《はてひ》。

其の児、名は加差披余《かさはよ》。其の児、名は乎獲居の臣。世々、杖刀人の首と為り、奉事し来り今に至る。獲加多支鹵《わかたける》の大王の寺、斯鬼《しき》の宮に在る時、吾、天下を左治し、此の百練の利刀を作らしめ、吾が奉事の根原を記す也。

一般的に、「獲加多支鹵大王」（雄略天皇）の「天下を左治」した「乎獲居の臣」に注目が集まっているが、その「乎獲居」が自らの系譜を「意富比垝」に遡るものとしていることは重要である。「意富比垝」が記紀において孝元天皇の子で崇神朝で四道将軍として北陸に派遣された「大彦命（大毘古命）」か、あるいは一般名詞としての「過去の偉人」を示すものか、そして「乎獲居の臣」と「意富比垝」の系譜関係が現実のものか、議論のあるところであるが、そこに自らの先祖を顕彰し、その先祖との関係で自らを語るという系譜意識が存在することは間違いない。しかし、それは未だに神々の子孫として自らを語るものではない。

義江明子は、奈良県の三輪山を神体とする大神《おおみわ》神社の拝殿が扇状地状の立地の上に建てられていることに注目し、「現在の〝拝殿―三つ鳥居―禁足地〟（そして背後の磐坐群・山頂）という空間構成は、谷あいの扇状地で営まれた古墳時代前期の祭祀に、その地理的環境の淵源を持つ」と指摘した上で、大神神社の原型が、前述した箭括氏麻多智と夜刀の神のような開発に伴う水源祭祀にあるのではないかと推測した。三品彰英、そして本書の榎村論文（Ⅲ部1）が指摘するように、「夜刀の神」神話は、ヤマタノヲロチ神話へと展開していく可能性もあった（三品、一九七二）。しかし、もう一つの可能性として、祭祀を維持し、当初の祭祀対象と祭祀担当者の関係から、両者の間に血縁関係を想定する神話を構築していくこともあっただろう（義江、二〇一一）。

このような、一定の血縁集団（擬制的なものも含めて）が自らの系譜を構築していく中から、いわゆる「氏族神話」というものが生まれてくると思われる。

「氏族」と氏族神話

ここで、日本の「氏族」の性格について触れておく必要がある。日本古代史において、「氏族」が血統に基づく単系出自集団としての部族（clan）ではなく、皇室への奉仕を由来とした職能・財源を伴う政治的集団であることは、津田左右吉が指摘し、以後一定の支持を得た見解である（津田、一九四七）。吉田孝は、日本のウヂ・カバネが、「父子同気」のイデオロギーを背景にもつ中国的な「姓」とは異なり、ウヂ名・カバネは朝廷における政治的地位を表示するものであり、その地位を継承する子孫に受け継がれるものとしている（吉田、一九八三）。熊谷公男も、吉田説を一部批判しつつ、ウヂを奉仕のツカサの地位にあるものの下に編成された集団であり、皇室と始祖の関係より、代々奉仕してきたことが重視されたと論じている（熊谷、一九八九）。

これらの指摘を踏まえ、北康宏は「古代日本のウヂは、流動的な世帯家族が権益化した名を系譜として負うことで永続性を獲得した団体で、始祖が王権神話に吸収され、権益が王権権威により保障されるに至って、強固な王権依存性を獲得するに至った」と述べ、ウヂが自らの祖の名を王権神話の中に位置づけていくのは、七世紀の推古天皇朝に行われた『天皇記』『国記』編纂の前後としている（北、二〇一四）。氏族神話が王権神話の中に吸収されるのはどの時期か、ということを明らかにすることは後述するように簡単ではないが、前章で述べたように、個別に存在し、それぞれの「天」（アメ、「海」である可能性もある）などの他界観を背景にしていた地域の民間神話が、氏族の神話として発展していく過程において、多かれ少なかれ、王権との関係が影響していたことは間違いないだろう。

『古事記』崇神段には、疫病の流行を防ぐため、崇神天皇が、大神神社の祭神である大物主神の子孫・意《お》富多多泥古《おたたねこ》を探し、大物主神を祭らせることで沈静化させるというエピソードが見える。大物主神は「壮夫」として活玉依毘売《いくたまよりひめ》の元に通い、しばらくして娘が妊娠したことを知った両親は、父親を突き止めようとして、「針著けし麻」を「衣の襴《すそ》」に刺せ、と娘に命じ、その後を追っていくと「美和山」（三輪山）の「神社」にたどり着いたので「神の子」と知ったとされている。ここでは大物主神の正体は明確ではないが、『日本書紀』では大物主神を蛇体とする描写があるので、蛇神が女性のもとに通い、三輪君（大神氏）の祖である意富多多泥古（『日本書紀』では大田田根子）を産ませたという氏族神話があり、それが崇神天皇の業績の中に取り込まれ、三輪君が大神神社の祭祀を委託されたという由来譚となったものであろう。ここでも、最終的には崇神天皇への奉仕という結論により史料上に残されていることに注意したい。

三輪君（大神氏）のように、氏族の始祖と神との関係（神婚譚）を中心に語り、皇室への奉仕をそれに附属させた神話がある一方で、皇室の祖と氏族の始祖の奉仕関係を中心とする神話を有していた氏族も存在した。『日本書紀』神代上第七段にみえる「天岩戸神話」の部分では、弟素戔嗚尊《すさのをのみこと》の暴虐を受けて天照大神が「天石窟戸」に籠ったため、世界が「常闇」となり、神々の協議により、岩戸を開く計略がめぐらされる。その中で「中臣連の遠祖天児屋命《あまのこやねのみこと》・忌部の遠祖太玉命《ふとたまのみこと》……相与《とも》に致其祈禱《のみいのりまう》す。又、猨女君《さるめのきみ》の遠祖天鈿女命《あまのうずめのみこと》、則ち手に茅纒《ちまき》の矟《ほこ》を持ち、天石窟戸の前に立たして、巧に作俳優《わざをき》す」とあり、神祇祭祀に関わった氏族の由来譚としての性格を有していたことがうかがえる。津田左右吉はこれを「直接に皇室に従属する少数の家々、即ち後のいわゆる伴造の家々の祖先」の伝承としており（津田、一九四八）、岡田精司は天岩戸神話については伊勢神宮の神嘗祭《かんなめさい》の祭儀神話に宮中の鎮魂祭の要素が反映した祭儀神話であり、それに奉仕した伴造の奉仕の由来譚としての性格を持っているとする。岡田は、同様のかたちは天孫降臨神話にもうかがえるとして、これを即位礼の祭儀神話であり、天孫に付き従った神々を祖とする中臣・忌部・猿女・大伴・久米氏の奉仕由来譚でもあると論じている（岡田、一九七五）。

実際、平安時代初期の斎部広成《いんべのひろなり》の『古語拾遺《こごしゅうい》』では、「天上《あめ》より始めて、中臣・斎部の二氏は、相副《あひとも》に日の神を祈り奉る。猨女の祖、亦神の怒りを解く。然れば三氏の職は相離るべからず。而るに、今伊勢の宮司は独り中臣氏を任《め》して二氏を預からしめず」と、神話に基づき、中臣・忌部・猿女の三氏は共に伊勢神宮に奉仕すべきであるのに、中臣氏のみが奉仕しているという事態を批判している。奉仕由来譚としての神話が現実の判断基準として機能しているのである。

二つの氏族神話

また、賀茂県主については、少なくとも二種類の神話が確認されている。『日本書紀』神武二年二月乙巳条には、神武天皇の東征に際しての褒賞の記事があるが、その中で、天照大神より派遣され、神武天皇の道案内をした「頭八咫烏《やたのからす》」が「亦賞《たまひものつら》例に入る」とし、「其の苗裔は即ち葛野主殿県主部《かづののとのもり》是なり」と記している。これは賀茂県主のことを指すものであって、『新撰姓氏録』「鴨県主」では「神魂命の孫の鴨建耳津身命、化して大烏となり、翔び飛て道き奉り、遂に中洲に達る。天皇、その功あるを嘉《よみ》せられ……因りて葛野県を賜りて居れり。……若帯彦《わかたらしひこ》天皇（成務天皇）の御世に鴨県主に定め賜ふ」としている。佐伯有清が言うように、賀茂県主が務めた主殿寮の職掌として、天皇の車駕につき従い、明かりをともして先導するというものがあり、「鴨氏が主殿の……仕事にあたったことから、後にヤタガラス伝説の主要なる部分が構成され、それが神武天皇東征伝承にくみこまれた」と考えられよう（佐伯、一九五六）。

一方で、『山城国風土記』逸文には、賀茂建角身命《かもたけつのみのみこと》の娘である玉依日売《たまよりひめ》が、石川の瀬見の小川で川遊びをしていたところ丹塗矢《にぬりや》を拾い、しばらくすると子を産んだ。その子が可茂別雷命《かもわけいかづちのみこと》（賀茂別雷命）であり、丹塗矢は乙訓《おとくに》社の火雷神《ほのいかづちのかみ》であったという賀茂社の由来譚が記されている（賀茂別雷命は上賀茂社、賀茂建角身命・玉依比売は下鴨社の祭神）。玉依日売には兄の玉依比子がいたとされており、おそらくこれが賀茂県主の祖と思われる。即ち賀茂県主は、①神との関係を語る神話と、②皇室との関係を語る神話の二つを有していたことになる。

このうち、①の神話については、御子神の誕生と、賀茂祭で行われる若々しくミアレ（誕生）した神を迎える「御阿礼《みあれ》神事」との関係を指摘する見解もある。御阿礼神事では、「矢刀禰《やとね》」がもつ榊に神霊を迎える動作があり、丹塗矢神話との関係をうかがわせる（所、一九九五）。また福岡県福岡市西区のツイジ遺跡の水田跡から出土した、溝杭を思わせる木製品には、女性器に矢が刺さった様子を描いた線刻画が確認されており、農耕祭祀に用いられていたと推測されている（益田、一九八四）。神が姿を変えた丹塗矢が女性と通じて子を成したという神話は『古事記』神武段にもあり、三輪山の大物主神が丹塗矢に姿を変え、勢夜陀多良比《せやだたらひ》売《め》と通じて比売多多良伊須気余理比売《ひめたたらいすけよりひめ》（神武天皇の皇后）を成したと語られている。矢を用いた農耕祭祀とそれを背景にした神話が広く語られていたことを示すものであろう。

以上のように、「御阿礼神事」が、季節の変化に伴う神の到来と、それにより豊かな実りを期待する神事であることを考えると、①の神話は農耕祭祀による生活手段としての生産の場の維持、②の神話は皇室への奉仕と結びついた氏族としての権益を示すものであるといえる。次節ではこれら氏族の神話の、王権神話への統合の過程を見ていくことにしたい。

四　神話の結集 ―王権神話の形成と氏族神話の集成―

氏族神話と王権神話

『古事記』序文には、天武天皇の言葉として、「朕《われ》聞く、諸家の賫《もた》る所の帝紀及び本辞、既に正実に違ひ、多虚偽を加ふと。今の時に当りて、其の失《あやまり》を改めずば、未だ幾年を経ずして其の旨滅びなむ」とあり、「諸家」＝諸氏族が持つ「帝紀」「本辞（旧辞）」があり、その誤りを正すために修史事業が行われたとされている。『日本書紀』の「一書」もそのような諸氏族由来のものがあったと思われる。

また、『日本書紀』持統五年（六九一）八月辛亥条に「十八の氏大三輪・雀部《さざきべ》・石上《いそのかみ》・藤原・石川・巨勢《こせ》・膳部《かしはで》・春日・上毛野・大伴・紀伊《き》・平群《へぐり》・羽田《はた》・阿倍《あへ》・佐伯《さへき》・采女《うねめ》・穂積《ほづみ》・阿曇《あづみ》に詔して其祖等の墓記（纂記）を上進《たてまつ》らしむ」とあるのも、氏族伝承の提出が行われたことを示すのであろう。

前章でみたように、氏族神話には多く王権への依存性がみられることがわかるが、その一方で、王権神話の主張と、氏族神話の主張が対立する場合もある。

出雲国において、独自の地位を承認されていた豪族である出雲国造は、天皇から任命を受けると帰国して一年間の潔斎を行い、その後再び上京して神宝を献上し、神賀詞《かむよごと》を奏する。これは服属を示す儀礼とも、天皇に霊威を付着させ、国土支配を承認する儀礼であるともされるが、問題はここで出雲国造が奏し、天皇が聞く「出雲国造神賀詞」（『延喜式』）である（菊地、一九九五）。榎村寛之・熊谷公男が指摘するように、その中では出雲国造の祖である天穂比命《あめのほひのみこと》が、高御魂命《たかみむすびのみこと》により地上に派遣され、その子天夷鳥命《あめのひなどりのみこと》と布都怒志命《ふつぬしのみこと》により「荒ぶる神等を撥《はら》ひ平《たいら》け、国作らしし大神をも媚《こ》び鎮めて」天孫降臨の準備をしたと語られている。これは記紀が語る内容と大きく異なるのであって、『日本書紀』の本文では天穂日命《あめのほひのみこと》は、その兄天忍穂耳尊《あめのおしほみみのみこと》（天孫となる瓊瓊杵尊《ににぎのみこと》の父）の先駆けとして地上に派遣されたが、大己貴神《おほあなむちのかみ》（大国主神の別名）に媚びて復命しなかったと語られており、『古事記』でも天菩比神《あめのほひのかみ》は派遣されたが、大国主神に「媚び附きて」戻らなかったと記されている。出雲国造が自らの祖を顕彰する内容を語るのは当然のことであるが、それを天皇が聞いても問題視されなかったことが重要である。熊谷はこの事実により「王権神話は……非常に柔軟性をもっていた……もう一方で……氏族伝承に一定の枠をはめるという働きはあった」としており、榎村はこれを「天皇支配の正統性が認められれば、それでいいという態度」としている（榎村、二〇〇三。熊谷、二〇〇三）。ここに、氏族神話が王権に依存するとともに、王権も多様な氏族神話に共通する一定の枠組みに基づき、自らの由来を承認されることによって、その正統性を担保されるという一種の共犯関係をみることができよう。

王権神話の枠組み

榎村・熊谷が指摘する「一定の枠」としての「天皇支配の正統性」とは、具体的にいえば、天照大神より、国土の支配権を委任された瓊瓊杵尊（『古事記』では邇邇藝命）が降臨し、皇室の祖となったという天孫降臨神話を承認することであると思われる。

三品彰英は、『日本書紀』の本文と一書、『古事記』にみえる天孫降臨のバリエーションを比較検討し、（イ）降臨を司令する神、（ロ）降臨する神、（ハ）降臨神の容姿、（ニ）降臨地はいずれの記述にも共通する基本的要素であり、（ホ）随伴する神々、（ヘ）天照大神から天孫への神器の授与、（ト）統治の神勅などは新しい要素であると指摘した（三品、一九七〇）。この天孫降臨神話も、原型は前述したように、かつて広く存在した、天（アメ）から地上に降臨した神を語るものであったと推測される。

『日本書紀』欽明十六年二月条には、蘇我卿（蘇我稲目か）が、百済の王子恵《けい》に対して「建邦之神」を祭るように勧め、その際に「原《たづねみ》れば夫れ建邦の神は、天地割《ひら》け判《わか》れし代、草木言語《ものがたり》せし時、自天降来《あまくだ》りまして、国家を造り立てし神なり」と語ったとある。この「建邦之神」がいかなる存在か、日本の神か朝鮮半島の神かについては議論のあるところだが、天地が分かれ、草木が物言う時代に、天から降臨して国家を造った神と語られているところに、天孫降臨神話の初期的なあり方をうかがうことができるだろう（遠藤、二〇一〇）。

皇室の天孫降臨伝承も、当初は地域の神の来臨を説明する多くの神話と違いはなかったと思われる。しかし、後世には、自らの統治の正統性が天からの神々の降臨により説明されるようになる。熊谷公男は、五世紀の「治天下大王」を用いた頃には、中国の「天」に相当する存在が「天（アメ）」にいて、大王（天皇）に統治権を委託（ヨサシ）するという論理が語られており、それが七世紀には天孫降臨神話や、それに基づく即位礼の挙行というかたちで整備されていったのではないかと推測している（熊谷、二〇〇一）。

さまざまな降臨神話

先に言及した『常陸国風土記』信太郡高来里条にみえる「普都大神」は、単独で降臨して葦原中国を平定し、再び昇天したと語られているが、『日本書紀』では武甕槌神《たけみかづちのかみ》と共に出雲に降り、大国主神と国譲りの交渉をする存在として「経津主神《ふつぬしのかみ》」が登場する。また『日向国風土記』逸文の知鋪《ちほ》郷条には、天津彦々火《あまつひこひこほの》瓊々杵尊《ににぎのみこと》が日向の高千穂の二上《ふたがみ》の峯に降臨した際、天が暗く、夜昼もなかったので、土蜘蛛の大鉏《おおくわ》・小鉏《おくわ》の言葉によって、稲から抜き取った籾を投げ散らしたところ、明るくなったとある。これらも天孫降臨神話に編成される以前の、単独で降臨する神々の姿を伝えるものであろう。

また、天孫降臨神話に編成されるに至らなかった降臨伝承として、物部氏の祖である饒早日命の伝承がある。『日本書紀』神武天皇即位前紀には、神武天皇の東征に畿内で抵抗した長髄彦が「嘗、天神の子有しまして、天磐船《あまのいはふね》に乗りて、天《あめ》より降り止《い》でませり。号《なづ》けて櫛玉饒速日命《くしたまにぎはやひのみこと》……と曰す。……故《かれ》、吾、饒速日命を以て君として奉《つか》へまつる。夫《そ》れ天神の子、豈両種《あにふたはしら》有《ま》さむや。奈何《いかに》ぞ更に天神の子と称《なの》りて、人の地《くに》を奪はむ」と言ったと記す。お前たちは天から降りてきた神の子孫だというが、こちらにも天から降りてきた饒速日命という神がいて、私はこの方に仕えている。どうして天神の子が何人もいるのか。お前たちはそう言って人の土地を奪うのだろう――天孫降臨を正しいとする立場からすれば、実に不遜とも言うべき主張だが、これに対して神武天皇は「天神の子亦多にあり」（天の神の子にもいろいろいるのだ）といって、証拠となる武具を見せ、互いに天神の子であることを知ることになる。最終的に饒速日命は長髄彦を殺し、神武天皇に帰順して物部氏の祖となるのだが、これなどは物部氏のもつ降臨伝承が、否定しがたい広がりを持っていたことをうかがわせる（上田、一九八四）。

また、『万葉集』や即位宣命などにも、『日本書紀』とある程度内容は共通しながらも、細部において異なる天孫降臨神話が確認できる。例えば『万葉集』巻二・一六七～一六九「日並皇子尊《ひなみのみこのみこと》の殯宮《もがりのみや》の時に柿本朝臣人麻呂の作る歌」では、日並皇子尊＝草壁皇子の死を悲しむ前提として、「天照らす　日女《ひるめ》の命……神の命と……神下し　いませまつりし　高照らす　日の皇子（天武天皇）は　飛ぶ鳥の　浄みの宮（飛鳥浄御原宮）に……」と天武天皇が天照大神の命で天下ったように語られている（神野志、一九九九）。これは、王権内部ですら、神話の統一が行われていなかったことを示すものである。

皇室のもつ王権神話は、最終的に天孫降臨神話を中心とした、記紀神話のストーリーにまとめられる。しかし、それは『日本書紀』の内部（物部氏）においても、外部においても（出雲国造氏）、緩やかな枠組みとして氏族層に共有されたのであり、原理主義的な強制を伴うものではなかったと思われる。そのような『日本書紀』の、神話に対する距離をおいた姿勢はいかなる意味を持つのか、次章以下ではそれを検討していくことにしよう。

五　史書編纂の契機について

史書編纂の対外的契機

石母田正は、国史の編纂の契機として、『日本書紀』白雉五年（六五四）二月条に、遣唐使が「遂に京に到りて天子に観え奉る。是に、東宮監門郭丈挙、悉に日本国の地里及び国初の神名を問ふ、皆問に随ひて答へつ」としていることを踏まえ、「遣唐使は……国初の神々についての知識を用意してゆかねばならなかった事情は遣隋使の場合もおそらく同様であって、記紀の神代史が作成されてくる一つの契機はここにあった」「記紀の原型の成立史における推古朝の意義は国際的契機なしには説明しがたい」としている（石母田、一九七二）。この指摘はその後も継承されており、遠藤慶太はこの時の使者である高向玄理が支障なく答えているのだから、この記事を国史編纂の契機とはいえない（石母田もそのようには言っていない）とした上で、「対外交渉というきっかけがあってはじめて、自国の歴史と神話について関心を深め、これを収集・編纂する方向に進む」と述べている（遠藤、二〇一二）。

河内春人は、『唐令拾遺補』公式令補遺二に「凡そ蕃客至らば、鴻臚《こうろ》、其国の山川風土を訊ね、図を為して奏し、職方を副《そ》へて上れ。殊俗《しゅぞく》（めずらしい風俗の国）入朝せば、其容状・衣服を図として以て聞せ」とあることから、このような問答を朝貢使節に行うことが恒例であったとし、また『唐会要』に「蕃国朝貢せば、使至る毎に、鴻臚、土地・風俗・衣服・貢献・道里遠近幷びに其主名字を勘問し、報じよ」とある、「其主の名字」が『日本書紀』の「国初の神名」にあたるのではないかとしている（河内、二〇〇四）。

もっとも、隋唐帝国が必ず朝貢国にその国の神話や歴史を問うたかというと疑問である。例えば『隋書』東夷伝には開皇二十年（六〇〇）に訪れた最初の遣隋使に対して「上、所司に其風俗を訪ねしむ」とあり、文帝が使節に倭（日本）の風俗を問わせ、その回答に対して「此太《はなは》だ義理無し」として改めるよう告げたとある。また前述の唐令でも聞くのは「其国の山川風土」であり、これが『唐会要』の「土地・風俗・衣服・貢献・道理遠近」までに相当する。ここで重視されているのは、政治体制を含む風俗とその国の自然であり、おそらくは当該国での軍事行動の可能性も含めて問われたものと思われる。ならば、「其主の名字」というのも、朝貢の主体となる王の姓を問うたものにすぎないと言えるだろう。だからこそ、『隋書』での倭（日本）の使者は「倭王姓阿毎《あま》、字多利思比孤《たりしひこ》」と答えているのである。

実際に倭国伝・日本伝が収められている歴代王朝の東夷伝を通覧しても、そこに記されている内容は主にどのような国であるかであって、その由来ではない。『隋書』高麗伝は、高句麗の由来として、「高麗の先、夫余より出ず。夫余王は嘗て河伯の女を得、因りて室内に閉ずに、日光随ひて照らす為に、感じて遂に孕《はら》み、一大卵を生み、一男子有りて殻を破りて出ず。名を朱蒙《しゅもう》と曰ふ。……」と、その祖である朱蒙の日光感生神話を語る。これは広開土王碑文にも同様の記述があることから、実際に語られていた王家の神話であろうと推測されるが、例外的なものである。

日本にしても、高向玄理が答えた内容は、唐代に編纂された『隋書』や五代十国の後晋王朝が編纂した『旧唐書《くとうじょ》』に反映されていない。河内が言うように、宋代に編纂された『新唐書』には日本の神話と歴代の天皇についての詳細な記述がみえるが、これは奝然《ちょうねん》が宋王朝に提出した「王年代記」に拠るところが大きい（河内、二〇〇七）。

結局のところ、隋唐帝国が、倭（日本）の神話・歴史にそれほど関心があったかは疑わしい。また高向玄理は数度の渡唐経験があり、何が問われているかは理解しているはずで、なぜ『日本書紀』が「国初の神名」を問われて答えたと記すのか、疑問と言わざるを得ない。少なくとも、唐代の高向玄理に対しての問いかけと同様のことが隋代にもあり、それが推古朝の国史編纂開始の契機であるとする石母田正以来の説は再考を要すると思われる。

史書編纂の国内的契機

むしろ、以上のような外的要因に対して、北康宏の『日本書紀』編纂を内的要因によるものとする、近年の説に注意を払っておきたい（北、二〇〇四）。

北は『日本書紀』推古二十八年是歳条が、聖徳太子と蘇我馬子により編纂されたとする『天皇記』『国記』を、『古事記』序文が語る「帝紀」「旧辞」と同一のものとし、更に『国記』の後に記された「臣連伴造国造百八十部幷《あはせ》て公民等の本記」を『国記』の注記であり、その内実を示したものとする榎英一説（榎、一九七五）により、「国記とはまさに「氏姓之本」を体系的に書き記した本辞なのであろう」とする。更に『日本書紀』大化二年八月癸酉条にある、いわゆる「品部廃止詔」について、臣連伴造国造らは王名・神名に由来を持ち、その名を負って奉仕する集団であるという認識があり、それを再編成するために、奉仕の財源であり、既に私的所有に転化しつつあった品部（部民）を廃止し、代わりに官人と公民としてそれぞれに生活集団を与え、それでは王名・神名が失われるという反論に対して「凡そ王者《きみ》の号は、将に日月に随ひて遠く流れ、祖子の名は、天地と共に長く往くべし」と、長く国家が保持することを約束したとする。そしてその結果として「名の保持の契約は……〝『日本書紀』三十巻と『系図』一巻〟として実現される。……旧来の秩序は「歴史と系図」の中に君臣意識の土台として保持されることになったのである」と結論づけている（北、二〇〇四）。『日本書紀』における氏族神話の王権との相互依存性を考える時、このような王権主導のもとでの国制改革のために『日本書紀』が編成されたという指摘は重要である。

六　史書編纂の論理と東アジア世界

「一書」からみた日本書紀

上述のように、日本における史書編纂の契機に東アジア世界と接触があったとする説には疑問が残る。しかし、だからといって、日本古代の史書編纂に東アジア文化の影響がなかったわけではない。遠藤慶太は、『日本書紀』の「一書」について、平安前期の写本によれば「一書」も当初分註形式であることを指摘し、その上でこのような分註を多く含むかたちは、注釈を含んで権威化された当時の中国正史のテキストの形式に拠るものであるとした。そして本文と一書を併記するという特殊な形式をとったのは諸氏族の伝承を尊重する必要があったからであり、養老四年（七二〇）に完成した『日本書紀』は、翌養老五年に彼らの前で読み上げられること（養老講書）により正史としての地位・権威を獲得したとしている（遠藤、二〇〇九）。これは、『日本書紀』のスタイルが、東アジアにおける文明的な史書のあり方を模倣したものであると同時に、様々な神話・伝承を持つ諸氏族の承認（王権と氏族の「共犯関係」）があって、はじめて『日本書紀』は正史として認められたことを証明するものである。

同様の指摘は、松前健も行っている。松前は、『日本書紀』の本文と氏族の家記などに由来する、「一書」の関係について、「何らの統合性がなく、羅列的であり、客観的・個別的であって、読者の判断に任せている編集態度」であり、その中で本文は「なるだけ氏族伝承的な色彩をさけ、また地方土俗色の濃いものを捨象し、きわめて高度で抽象的な宇宙発生論から国土の形成を論じ……中国古典から借りた堂々とした漢文の文章で、天地の創生を語」っているとし、それは「怪力乱神を語ることを好まず、何事にも合理主義的・現実的な中国人の目」を意識した結果であると推測している（松前、一九九一）。

松前は、『日本書紀』の神話の部分についてのみ、以上のような神話との距離感を指摘した。ただ、『日本書紀』は神代紀以降、「一書」の数が激減する。これについて、榎村寛之は、松前の指摘が『日本書紀』全体に及ぶとし、『日本書紀』は東アジア世界を意識して神代紀部分は「神話」として伝承の複数性を認め、神武紀以降は「歴史」としての体裁をとるため、「一書」が姿を消すが、崇神・垂仁朝に関しては准神話的性格が強いことから、長文の「一書」が姿を見せるとした（榎村、二〇〇三）。

これらの指摘を踏まえて、神武紀以降の『日本書紀』の「一書」（分註）全体を再検討してみると、おおむね、四つの種類に分けられる。

①人名・地名のバリエーション、天皇の宮の場所の異伝
②歌謡のバリエーション
③書名を挙げての引用　魏志・晋起居注・百済三書（百済記・百済新撰・百済本記）・日本世記・伊吉博徳書《いきのはかとこのしょ》
④複数の長文の伝承（崇神・垂仁紀に集中）

系譜史料と対外関係史料

①は、複数の系譜史料が存在していたためだと思われる。欽明二年三月条には、天皇の后とその皇子たちの記事があるが、複数の「一書」を示した後に、「帝王本紀、多に古き字ども有り。撰集むる人、屢遷易《しばしばせんえき》を経たり。後人習ひ読むとき、意を以て刊《けづ》り改む。伝へ写すこと既に多にして、遂に舛雑《せんざつ》を致す。前後次を失ひて兄弟参差なり」として、系譜史料の混乱の存在について述べている。これは欽明紀だけに限った問題ではないだろう。そして皇族や宮の名前は、前述した「王名」「神名」の問題を通じて、そこに奉仕した氏族たちの権益とも結びつくため、並列して掲載する必要があったと推測される。

②については、歌謡の文字化の段階での表記のズレが存在していたことによるものであろう。

そして③については、いずれも中国・朝鮮由来、あるいは渡来僧である道顕、遣唐使である伊吉博徳による記録であることから、対外的な史料であるとまとめることができる。

（1）神功皇后紀　魏志・晋起居注（卑弥呼関係記事を引用）
（2）神功皇后紀から欽明紀までの朝鮮関係記事　百済三書

（3）斉明天皇紀の朝鮮関係記事　高麗僧の釈道顕による『日本世記』
（4）斉明天皇紀の遣唐使関係記事　遣唐使の伊吉連博徳による『伊吉連博徳書』
これは、『日本書紀』の記事を裏付ける内容、あるいは『日本書紀』の記述の原型となった記事を引用することで、その記事の確実性を高める役割を果たしていると思われる。

准・神話的記事

また、④については、多くは祭祀に関わる伝承であることが注目される。

（1）垂仁二年是歳条　任那人蘇那曷叱智《そなかしち》の渡来
一云、任那人都怒我阿羅斯等《つぬがあらしと》の渡来
一云、都怒我阿羅斯等と童女の話。難波・豊前の比売語曾社の由来
（2）垂仁三年三月条　新羅王子天日槍の渡来
一云、天日槍の神宝の異伝とその系譜
（3）垂仁二十五年三月条　伊勢神宮の創始
一云、伊勢神宮と大倭《おおやまと》神社の創始
（4）垂仁三十九年十月条　石上神宮神宝の由来
一云、石上神宮神宝の異伝、物部首の由来
（5）仲哀九年二月丁未条　仲哀天皇崩御の理由（神の言葉を信じなかったため）

一云、仲哀天皇崩御の異伝（熊襲の矢による戦死）

（6）神功皇后摂政前紀（仲哀九年十二月辛亥条）　応神天皇の誕生

一云、摂政前紀前半についての異伝　託宣の経緯や託宣を下す神の名が異なる

一云、新羅征討の経緯についての異伝

（7）応神即位前紀　応神天皇の名前の由来

一云、応神天皇が笥飯《けひ》（気比）大神と名を交換したという異伝

このうち、（1）・（3）・（4）については、難波と豊前の比売語曾社、そして伊勢神宮と石上神宮の由来についての記事であることが明確である。

特に、（3）垂仁二十五年三月条の一書は福山敏男以来、大倭氏の氏族伝承であるとされる（福山、一九七六）。しかしその中には「丁巳年冬十月甲子遷ル二于伊勢国渡遇宮一」と、干支が記された記事があることから、先行する紀年記事を含む文字史料が存在したことが推測され、単なる氏族伝承とは言いがたい。大倭氏が大陸との交通に関わり、後に律令学者である大倭小《やまとのこ》東人《あずまひと》（大和長岡）を出した氏族であることを考えると、いずれかの段階で、自らの氏族伝承を文明的なあり方で記録しようとした試みが行われたのかもしれない（古市、二〇一三）。

（2）は天日槍の八種の神宝が『古事記』では「伊豆志《いづし》之八前大神」とされていることから、出石《いずし》神社の創始伝承の一部ではないかと思われる。（7）も応神天皇と気比大神の交流を物語るもので、気比社の縁起譚の一部であろう。

（5）・（6）は神功皇后の新羅征討に関わる記事で、託宣を下し、仲哀天皇の崩御の原因となった神々に対する異伝である。あるいは住吉三神に関する伝承であろうか。

遠藤慶太は、これらの記事について、「〈伝承の場〉……としての神社」の性格を指摘し、広義の神話、「准・神話」として理解すべきとしている（遠藤、二〇一二）。即ち、『日本書紀』は神武天皇以降においても、神話的な要素については伝承の複数性を保証しているのである。

日本書紀の形式とその精神

このような④の祭祀関係の伝承の複数性は、③が対外関係記事において、中国・朝鮮由来の史料を積極的に引用することで、その内容を保証していることと表裏一体の関係を成すものである。即ち③は東アジア的な知識の流通の中で、大陸由来の書物を引用することで、『日本書紀』の内容の正確さを示す。その一方で④は、既に大陸の「怪力乱神を語らず」という姿勢の前には信ずるに足らないとみなされた神話やそれに准ずる祭祀伝承について、収録せざるを得ない複数の伝承を併記することで、それを信じているというより、語られているものを記録しているという姿勢を強調したのであろう。『日本書紀』が大陸に持ち出されたかという点については明確ではないが、少なくとも編纂者たちは、東アジアの知的水準からみておかしくないものをまとめようという姿勢を持っていたと思われる。

なお、『古事記』においては異伝はほぼ排除され、統一された神話と歴史が語られる。しかし、『古事記』が上・中・下に分かたれ、上巻が神代の物語、中巻が神武天皇から応神天皇、下巻が仁徳天皇から推古天皇となっている。これは上巻が神々の時代の物語、中巻が人間の物語に神々が介入してくる時代の物語、下巻は人間のみの物語と理解される（神野志、一九八六）。そして中巻の最後の応神朝で『論語』と『千字文』がもたらされたとされ、下巻冒頭では「聖帝」仁徳天皇が語られる（笠井、一九九七）。『古事記』でも神話は過去の出来事で、儒教による聖帝の統治がはじまれば必要のないものとされているのである。

おわりに

『日本書紀』の編纂については、東アジアの国際情勢の中での刺激を受けてのものという対外的契機を重視されてきた。それに対して本稿では、奉仕の根源たる氏族伝承の保証としての王権と氏族の「共犯関係」の中での史書の編纂という、近年提示されている視点を継承し、神話の部分を中心に、『日本書紀』編纂時点において存在した神話・伝承・史料の存在がいかに『日本書紀』のかたちに統合されていったかの追跡を試みた。

しかし、神話・伝承に距離を置くという姿勢は明らかに東アジアの知的水準を意識したものであり、その点では対外的契機を無視することも出来ないことは勿論である。それにもかかわらず、神話・伝承の記述を保持するという『日本書紀』のスタンスを、単なる大化前代以来の権益と結びついた氏族伝承の保持というレベルで理解してよいのであろうか。

それは理念的な支配の根拠ではあるが実効性は乏しいといわれ、しかし長く行われた神祇令祭祀と共通する問題である（久禮、二〇一三）。これらの諸課題は最終的には律令国家の祭祀と神話を統一的にどのように把握するか、そしてそれを整理し、保持した律令国家の支配をどうとらえるかという問題につながっていくものと考える。

参考文献

石田一良、一九七〇「解説　神道の思想」（同編『日本の思想14　神道の思想』筑摩書房）
石母田正、一九七一『日本の古代国家』（岩波書店）
上田正昭、一九八四「降臨伝承の再検討」（岸俊男教授退官記念会編『日本政治社会史研究　上』塙書房）
榎　英一、一九七五「推古朝の「国記」について」（『日本史論叢』五）
榎村寛之、二〇〇三「八世紀の王権と神話」（『宮城学院女子大学附属キリスト教文化研究所研究年報』三七）
遠藤慶太、二〇〇九「『日本書紀』の分註―伝承の複数性から―」（『日本書紀の形成と諸資料』塙書房、二〇一五年に所収）
二〇一〇「欽明紀の「建邦の神」「神宮」―『日本書紀』の百済史―」（『日本書紀の形成と諸資料』塙書房、二〇一五年に所収）
岡田精司、一九七五「記紀神話の成立」（『岩波講座　日本歴史2　古代2』岩波書店）
二〇〇一「古代神話における宮廷神話と民間神話」（『祭祀研究』二）
二〇一二『東アジアの日本書紀　歴史書の誕生』（吉川弘文館）
笠井昌昭、一九九七「古事記と日本書紀」（『日本の文化』ぺりかん社）
菊地照夫、一九九五「出雲国造神賀詞奏上儀礼の意義」（『古代王権の宗教的世界観と出雲』同成社、二〇一六年に所収）
北　康宏、二〇〇四「日本律令国家法意識の形成過程―君臣意識と習俗統制から―」（『日本古代君主制成立史の研究』塙書房、二〇一七年に所収）
二〇一四「大王とウヂ―「天皇と官人」の淵源―」（『日本古代君主制成立史の研究』塙書房、二〇一七年に

所収）
熊谷公男、一九八九「〝祖の名〟とウヂの構造」（関晃先生古稀記念会編『律令国家の構造』吉川弘文館）
久禮旦雄、二〇〇一『日本の歴史03 大王から天皇へ』（講談社）
二〇〇三「氏族伝承と王権神話」（『宮城学院女子大学附属キリスト教文化研究所研究年報』三七）
二〇一三「神祇令・神祇官の成立」（『ヒストリア』二四一）
二〇一六「日本古代の神と鬼」（祭祀史料研究会編『祭祀研究と日本文化』塙書房）
河内春人、二〇〇四「『新唐書』日本伝の成立」（『東アジア交流史のなかの遣唐使』汲古書院、二〇一三年に所収）
二〇〇七「『王年代紀』の史料論」（『東アジア交流史のなかの遣唐使』汲古書院、二〇一三年に所収）
神野志隆光、一九八六『古事記の世界観』（吉川弘文館）
一九九九『古事記と日本書紀「天皇神話」の歴史』（講談社〔現代新書〕）
佐伯有清、一九五六「ヤタガラス伝説と鴨氏」（『新撰姓氏録の研究 研究篇』吉川弘文館、一九六三年に所収）
坂江　渉、二〇一五「風土記の「荒ぶる神」の鎮祭伝承―王権と広域権力による地域編成の一断面―」（『出雲古代史研究』二五）
津田左右吉、一九四七『日本上代史の研究』（岩波書店）
一九四八『日本古典の研究』上（岩波書店）
所　功、一九九五「賀茂大社の葵祭」（『京都の三大祭』角川書店〔角川選書〕）
新田一郎、二〇〇六「中世における権威と権力―「王権」という道具立てをめぐるコメント」（大津透編『王権を考える 前近代日本の天皇と権力』山川出版社）
福山敏男、一九七六『伊勢神宮の建築と歴史』（日本資料刊行会）
古市　晃、二〇一三「倭直の始祖伝承に関する基礎的考察」（『続日本紀研究』四〇四）
益田勝実、一九八三「古代人の心情」（鈴木日出男・天野紀代子編『益田勝実の仕事4 秘儀の島』筑摩書房〔ちくま学芸文庫〕、二〇〇六年に所収）
一九八四『古典をよむ10 古事記』（岩波書店）

松前　健、一九七〇「日本神話における政治性と宗教性」（『松前健著作集第五巻　日本神話原論』おうふう、一九九八年に所収）
一九八〇「古典に登場しなかった神話」（『松前健著作集第十巻　日本神話論Ⅱ』おうふう、一九九八年に所収）
一九八三「埋もれた神話の復元」（『松前健著作集第十巻　日本神話論Ⅱ』おうふう、一九九八年に所収）
一九九一「『日本書紀』の神話」（『松前健著作集第一巻　古典総論篇』おうふう、一九九七年に所収）
三品彰英、一九七〇「記紀の神話体系」（『三品彰英論文集一　日本神話論』平凡社）
一九七一「出雲神話異伝考」（『三品彰英論文集二　建国神話の諸問題』平凡社）
森田喜久男、二〇一四「補完しあう「二つの出雲神話」」（『古代王権と出雲』同成社）
柳田國男・折口信夫（司会・石田英一郎）、一九四九「日本人の神と霊魂の観念そのほか」（宮田登編『柳田國男対談集』筑摩書房〔ちくま学芸文庫〕、一九九二年に所収）
義江明子、二〇一一「神話」（『古代王権論』岩波書店）
吉田　孝、一九八三「律令時代の氏族・家族・集落」（『律令国家と古代の社会』岩波書店）
若狭　徹、二〇一五『東国から読み解く古墳時代』（吉川弘文館）

付　記

本稿の趣旨については、祭祀史料研究会・東アジア恠異学会での報告・議論に大いにご教示・ご示唆をいただいた。なお、本研究はJSPS科研費ＪP12345678「古代東アジアの祭祀文化の伝播・受容から見た神祇令の法文化史的研究」の助成を受けたものである。

〔コラム〕仮名日本紀

仮名日本紀とは

承平度（九三六～四三年）の『日本書紀』の講書の記録である『日本書紀私記』丁本には、『日本書紀』を読むためにはどのような本を参考にするべきか、という問いが立てられている。該当する箇所を新訂増補国史大系本（吉川弘文館）から書き下しで引用してみよう。なお、「此書」は『日本書紀』を指すので、文意を分かりやすくするためそのように置き換える。

問ふ。日本書紀を考へ読むに、何れの書をもってその調度に備ふるべきか。

師、説く。先代旧事本紀、上宮記、古事記、大倭本紀、仮名日本紀などこれなり。

ここでの『仮名日本紀《かなにほんぎ》』（傍線部）は『先代旧事本紀』や『古事記』といったメジャーな史書（偽書）とならんで記されており、そのジャンルや価値を知ることができる。なお、これらの参考書をあげた「師」とは文章博士の矢田部公望《やたべのきんもち》（生没年不詳）である。また、『日本書紀私記』丁本の別な箇所では『仮名日本紀』の作者と『日本書紀』との前後関係が問題とされている。矢田部公望はこれに答えるために元慶度（八七八～八八一年）の講書の問答を引用しているのだが、そこでの元慶度の講書の参加者からの次の指摘が面白い。

仮名の本は元来あるべし。その仮名を改めて養老年中、更に日本書紀を撰す。しからば則ち、日本書紀を読むために私に記すところと謂ふべからず。

「仮名の本はもともとあったはずです。それを漢文に改めて養老年間に『日本書紀』を作ったのですから、これを読むために誰かが『仮名日本紀』を記述したとは言えないのではないですか」というのである。元慶度の議論では、それはそうだが作者は分からない、ということでお茶を濁している。矢田部公望はこの元慶講書のあいまいな結論を引きついで

『仮名日本紀』は『日本書紀』より前に存在していたと回答している。

しかし、この理解はどう考えてもあやしい。万葉仮名にもとづく『古事記』のような書物が『日本書紀』以前にあったことは良しとしよう。しかし、種々の原資料の痕跡が残る『日本書紀』のあり方をみると、右のような考え方はまず成り立たない。やはり『仮名日本紀』は、その名から推測されるように中世や近世における同名書と同様、『日本書紀』に訓読を施した仮名書きの〈史書〉であろう。

仮名日本紀の訓読

その『仮名日本紀』に記されていたとみられる語句が次の六つである。

1 久良介奈須太々与倍留（クラケナスタタヨヘル）
2 久良介奈須多々与比天（クラケナスタタヨヒテ）
3 太奈比支天（タナヒキテ）
4 志豆美止々母利天（シスミトトモリテ）
⑤ 高麗斐乃多知（コマイノタチ）
⑥ 任那之倭宰（ミマナノヤマトノミコトモチ）

1〜4は『日本書紀私記』丁本、⑤⑥は『釈日本紀』（鎌倉時代後期の卜部《うらべ》兼方《かねかた》による『日本書紀』の注釈書）述義九・秘訓三に収録されている。『仮名日本紀』の語句は後世の『日本書紀』の注釈書に引用され、それで現在に伝わっているのである。『日本書紀』の巻数でいうと1〜4が第一巻（神代上）、⑤が第九巻（神功紀）、⑥が第十九巻（欽明紀）である。

そのほか、『釈日本紀』述義十には第廿六巻（斉明紀）に関する記述もみられるので、『仮名日本紀』は『日本書紀』の全編にわたって訓読を施していたと考えられる。しかし、元慶度の講書の際の『仮名日本紀』の説明として、「日本書紀を読むために私に注して出だす」とある。この「注して出だす」という表現に注目すると、それは全文に対する逐語的な読みかえではなく、後世のほかの訓読本にみられるように、おそらく特に気になるところや重要な箇所の抄録であっただろう。

神代史と音読

さて、話は飛ぶが千年後の江戸時代。本居宣長（一七三〇～一八〇一）は国学を修めるにあたって「記紀」の重要性を説き、『宇比山踏《うひやまぶみ》』において次のように語っている。

初学の輩は、宣長の著したる、神代正語を、数十遍よみて、その古語のようを、口なれしり、又直日のみたま・玉鉾百首・玉くしげ・葛花などようの物を、入学のはじめより、かの二典と相まじえてよむべし。

初学者は、まず私の本『神代正語』を数十回読んで古語の感覚を身につけなさい、というのは何とも自信あふれるマジカルな指導法だが、当の宣長はおそらく大真面目である。近世の国学ではこのように音読を通じて神代史を理解する方法がとられていた。

『日本書紀私記』甲本・乙本・丙本などをみると『日本書紀』の訓読法がそのアクセント（声点）までふくめて書きとめられている。しかしこれは、ふるく関晃が説いたように漢文のままでは難解であったから和語に置換してその理解を試みた、というような性質のものではない。『日本書紀私記』甲本（弘仁度〔八一二～八一三年〕の講書の記録）によれば、神代史は「倭音」で訓読するべきであり、「訛謬」を犯しやすい「古語」であった。そこでは「音」「訛」、すなわち発音がとても重視されている。講書の目的は神代史を通じて自分たちの権力や秩序、世界観を確認することにあったのであり、古来の和語（古語）による音読法を記す『仮名日本紀』はその原動力となっていたのである。

仮名日本紀の成立

では、その『仮名日本紀』はいったいどのようにして成立したのであろうか。かつて坂本太郎は「仮名日本紀とは、普通の日本書紀に処々その読法を仮名もて記した本を基として転々書写せられ、或は送り仮名を本文に加へ、或は漢字を傍訓にかへた本」と推測した。問題はその「仮名」や「傍訓」がどこで、どのように付けられたのか、ということである。

これについては、神野志隆光が『仮名日本紀』は

「すべてを訓読するという講書と無縁ではありえなかった」と述べている。冒頭でみた『仮名日本紀』の講書における位置づけを考えると、同書がまったく個人的に作成されたとは思えない。おそらく、講書にかかわった人物がそこでの共同研究の成果をもとに一書を成したのではないか。

平安期以降の講書は約三〇年おきに継続的に実施されている。かりに『仮名日本紀』がそこで作成されていたとすれば、先学の成果を継承する講書の性格から言って同書の由来が正体不明になるとは思えない。そうであれば、『仮名日本紀』はそれ以前の講書を契機に作成されたと考えるのが妥当であり、それは『日本書紀』誕生直後の養老講書（七二一年）しかない。数ある「仮名本」「仮名書」のなかで『仮名日本紀』がとくにその書名をあげられているのは、同書が『日本書紀』訓読の起点となった養老講書をもとに作成されたいわば『日本書紀』の公式版「仮名本」であり、その内容と権威性において他書とは一線を画していたからである。

こうしてみると、『日本書紀』はその編纂よりも、むしろ受容の方が大変であったかもしれない。『仮名日本紀』はそれを象徴する苦心の〈史書〉であった。

（関根　淳）

参考文献

神野志隆光、一九九九『古代天皇神話論』（若草書房）

坂本太郎、一九三八「仮名日本紀及和銅日本紀について」（著作集六『大化改新』吉川弘文館、一九八八年に所収）

関　晃、一九四二「上代に於ける日本書紀講読の研究」（著作集五『日本古代の政治と文化』吉川弘文館、一九九七年に所収）

Ⅳ部　日本書紀の受容と展開

1　日本紀講書と受容 ―八世紀における日本書紀の普及について―

長谷部　将司

はじめに

文字情報とは、その作成者が自分以外の人物に必要とする情報を伝達するための道具と言える。この情報は古くは紙などの記録媒体に記録されることで、その記録媒体の特質にも左右されるとはいえ、空間や時間を超えて相手に伝えられる。ただし、その情報も作成段階ではただの情報の塊にすぎず、作成者側が伝達すべき対象を明確に定めて意識的に何らかの手段を講じない限り、当初の目的を達成することなどほぼ不可能である。また、情報が作成者の意図した相手に何とか伝えられたにせよ、たとえ権力者であっても他人の意識や行動を完全に制御することが不可能である以上、情報伝達においてはしばしば時間差や認識のずれが発生する。

養老四年（七二〇）五月、かねてより舎人《とねり》親王の下で編纂作業が進められていた『日本書紀』（以下、『書紀』と表記する）が完成し奏上された。本書が律令国家としての日本の成り立ち、およびその頂点に君臨する天皇の支配の正統性をうたいあげるための初の「正史」として編纂されたことは疑いなく、現在に至るまでそのように評価されてもいる。ただし、記載内容や編纂過程といった作者側の論理に基づく研究の膨大な蓄積に対して、『書紀』の主な読者、成立当初であれば律令官人およびその出身母体である諸氏族、特に律令貴族層や地方豪族層など受容者側の論理や具体的な受容方法については、史料的な制約もあり、個別的・断片的なものにとどまりがちであった。

そのような中、受容の状況が比較的見えやすい事例として、朝廷がしばしば挙行した『書紀』の講読会（以下、日本紀講書《にほんぎこうしょ》と表記する）の存在がこれまでも注目されてきた。以下では、未だその実否も明瞭でない初期の事例を中心に日本紀講書の実態を明らかにしつつ、実質的な受容層である諸氏族の『書紀』受容の実態とその背後にある意識について再確認していきたい。

一　日本紀講書の開催

日本紀講書についての記録

十三世紀末の鎌倉時代に書かれた『書紀』の一大註釈書である『釈日本紀』には、康保《こうほう》二年（九六五）の外記勘申《げきかんじん》に基づいて「日本紀講例」が立項されており、そこには約二五〇年間で合計七回にわたる日本紀講

表『釈日本紀』日本紀講例（康保二年外記勘申による）

	開催の年次（西暦）	博士	会場	竟宴実施の年次（西暦）
①	養老五年（七二一）	※1		
②	弘仁三年（八一二）※2	刑部少輔従五位下多朝臣人長	※3	
③	承和六年（八三九）六月一日※4	散位菅野朝臣高年	建春門南腋曹司※5	
④	元慶二年（八七八）二月廿五日※6	伊予介善淵朝臣愛成	敷政門外宜陽東廂	元慶六年秋八月
⑤	延喜四年（九〇四）八月廿一日※7	従五位下大学頭藤原朝臣春海	※8	延喜六年閏十二月十七日
⑥	承平六年（九三六）十二月八日※9	従五位下行紀伊権介矢田部宿禰公望	宜陽殿東廂	天慶六年（九四三）十二月廿四日
⑦	康保二年（九六五）八月十三日※10	摂津守橘朝臣仲遠	宜陽殿東廂	

※1『日本紀竟宴和歌』には「博士従四位下太朝臣安麻呂」と見える。

※2『日本後紀』でも弘仁三年六月に開始とされる。
　一方『日本書紀私記（甲本）』「弘仁私記序」では弘仁四年の開始で翌年の終了とされる。

※3『日本書紀私記（甲本）』「弘仁私記序」には「外記曹局」と見える。

※4『続日本後紀』では承和十年六月に開始とあり、同十一年六月に終了とされる。

※5『続日本後紀』では「内史局」と見える。

※6『日本三代実録』でも元慶二年二月に開始とあり、翌三年五月に再開、同五年二月に終了とされる。

※7『日本紀略』および『釈日本紀』所引の「新国史」逸文でも延喜四年八月に開始とあり、同六年十月に終了とされる。

※8『釈日本紀』所引の「新国史」逸文には「宜陽殿東廂」と見える。

※9『日本紀略』でも承平六年十二月に開始とあり、『日本紀竟宴和歌』天慶六年の序では天慶六年九月に終了とされる。

※10『日本紀略』でも康保二年八月に開始とあるも、終了時は不明。
『本朝書籍目録』に「康保四年私記〈橘朝臣仲遠撰〉」と見える点から、康保四年に終了の可能性も考え得るか。

書の実施の次第が記されている。本史料は全体を掲載するには大部となり、記載がない部分も含め検討の余地があるため、注も加えつつその記載内容を表形式で整理した。

本表からは、①のみが時期的に孤立していること、②以降はおおむね三〇年間隔で開催されており、九世紀以降に定例化したことがうかがえる。その上で、その実施状況の変化から三期に大別できる。

第一期は八世紀の①（以下、養老講書と表記する）で、『書紀』成立後まもなく実施されたとするも、他の情報は記されていない。他史料からも直接には確認できず、具体的な実施状況に関しては全く不明である。唯一言及する『日本書紀竟宴和歌《にほんしょききょうえんわか》』の「博士太安万侶《おおのやすまろ》」という記載についても疑問がある。

第二期は九世紀前半の②（以下、弘仁講書と表記する）・③（以下、承和講書と表記する）で、博士や会場などの情報が不十分ながらも加わるようになる。この二回については、六国史などの他史料から実施期間や関係者・実施場所などが確認できる。承和講書が実際には承和十年（八四三）開始であったことなど、『釈日本紀』の記載内容の詳細部分には問題点もあるが、実施されたこと自体は確実といえる。ただし、会場はまだ固定されず、講書終了後に催される竟宴と呼ばれる宴会の実施も確認できない。

第三期は九世紀後半以降の④（以下、元慶《がんぎょう》講書と表記する）・⑤（以下、延喜講書と表記する）・⑥（以下、承平《じょうへい》講書と表記する）・⑦（以下、康保講書と表記する）で、第二期と同様に六国史などの他史料でも実施が確認できるのみならず、会場が宜陽殿《ぎようでん》の東廂《ひさし》に固定化され、講書終了後の竟宴も常に挙行されている。なお、康保講書には竟宴の記載がないが、「日本紀講例」の基となった「康保二年外記勘申」が康保講書の開始に伴い作成されたと考えられることから、書かれないのは当然ともいえる。ただし、これ以前の三回の竟宴はいずれも『日本三代実録』『日本紀略』に記載されていることから、康保講書では実際には竟宴が行われなかったとすべきだろう。康保講書の実施中と考えられる康保四年五月に講書を命じた村上天皇が亡くなったことも影響しているのかもしれない。

日本紀講書の内容と背景

諸史料に記された「講書」とはそもそもいかなる行為か。十世紀成立の儀式書である『西宮記《さいきゅうき》』臨時二には「始講日本記（紀）事」の項目が立てられており、そこではまず大臣が宣旨《せんじ》を奉じて博士を定める、明経《みょうぎょう》道《どう》より尚復《しょうふく》や学生を選抜させる、吉日を選んで宜陽殿東廂の会場設営をする、当日は大臣以下の公卿も書巻を携えて参列し、聴衆として少納言以下の太政官職員らも見守る中、選ばれた博士・尚復・学生が『書紀』の講読を行う、それは二・三年かけて継続的に行われ、講読が終了すると日を定めて侍従所《じじゅうしょ》にて宴席を設けることなどが記されている。この記載は儀式としての講書の体制が確立した第三期の実施状況を示したものではあるが、（一）天皇の命で開催が決定される公式な会であること、（二）博士以下学生に至る講読の実行主体の外縁に監督者・見学者としての公卿層以下が配置される公開行事であること、（三）開催期間が複数年と長期間にわたることは、弘仁講書以降の各講書でもほぼ共通して確認できる。よって、この三要素を日本紀講書の基本構造と考える。

次に、講読の主な内容については、日本紀講書に際して作成された講義録と考えられる『日本書紀私記』（以下、『私記』と表記する）からその一端を知ることができる。現存の『私記』は四種の別巻からなり、それぞれ甲本・乙本・丙本・丁本と名付けられているが、そのうち甲本は弘仁講書の際、丁本は承平講書の際のものと推察される（乙本・丙本は不明）。その記載内容は、甲本・乙本・丙本はほぼ『書紀』記載の語句の訓読に終始しており、丁本では「問〜」・「師説〜」と語句の疑義に対する博士の解答の集積で構成される（北川、二〇〇一）。ここから、日本紀講書の場では『書紀』に記された漢語の読みが中心的な論題であり、それが学生・博士間の問答形式で提示され、聴衆にも伝達されたという状況がうかがえる。

では、なぜこのような日本紀講書が創出され、定期的に実施されるに至ったのか。弘仁講書の実施の経緯について記す『私記』甲本所載の「弘仁私記序」には、『書紀』成立後の系譜の混乱など氏姓の問題が噴出する状況を指摘しつつ、嵯峨天皇が旧説の散逸や本記の誤謬が頻出する現状を憂い、その問題を解決させるために講書実施を命じたとする。なお、この「弘仁私記序」に関しては、かつては記載内容の他史料との齟《そ》齬《ご》や訓点に対する疑問から後世の偽作説なども出された（和田、一九三六。築島、一九六三）。一方で、実際の講書より一〇年以上経過してから序が書かれたために誤謬が発生したと指摘して内容の大筋を認める意見（太田、一九三九）や、万葉仮名《まんようがな》の仮名遣いの区別から偽作を否定する意見もあり（粕谷、一九六八）、現在では少なくとも弘仁年間をあまり遡らない段階で書かれたものとされている。

また、ここからうかがえる弘仁講書（および以降の日本紀講書）実施の動機としては、古くから序文と本文との関係をふまえて主に二つの方向性から提起された。一方は序文・本文間の問題意識のずれを問題視し、本文の和訓を重視して講書という行為そのものが持つ学問的成果に意義を見出す立場であり（関、一九四二）、弘仁講書以降における約三〇年間隔での実施に学問の継承という意義を見出す視点にもつながる（坂本、一九七〇）。もう一方は本文における神名・人名の関心の高さから序文・本文間の意識の一致を指摘し、氏姓問題の解決という点で問題意識を共有する『新撰姓氏録《しんせんしょうじろく》』編纂の前段階に位置づける立場であり（田中、一九四九・一九五〇）、弘仁講書についての独自の指摘となっている。近年では、当該時期の政治的事件の対処にその背景を求め、それにより『書紀』が本来的に有していた「王朝」成立の記憶を官人層に再び想起・共有させたとの指摘（長谷部、二〇〇七）や、文章経国《もんじょうけいこく》思想の進展をその背景として強調し、大学寮における『書紀』の地位向上や後進の育成を図ると共に『古事記』を取り入れた新しい歴史を創出したとの指摘（水口、二〇一二）もなされている。

二　養老講書の史実性

養老講書と「養老私記」

最初の実施例とされる養老講書については、先述のように明確な実施が確認できないため、戦前より講書の実施そのものを疑う意見も出された（宇佐神、一九三六）。その一方で、『釈日本紀』や「弘仁私記」とされる『私記』甲本の本文中にある「養老私記」「養老説」「養老」と称する古訓が内容的にも奈良時代のものと見なしうる点をふまえ、部分的にも奈良時代段階で講書が行われていたとの指摘もなされた（大野、一九六七）。現在では養老講書は全くの虚構ではないが、弘仁以降の講書とは一線を画して捉えるべきとし、具体的には『書紀』完成の翌年であることも考慮して、『書紀』の「披露」という側面を強調する意見が大勢を占めている。

だが、この捉え方には少々問題がある。それは「講書」の定義の問題である。現在の一般的な理解としては、弘仁講書以降の事例を鑑み、講書を構成する先述の三要素については、養老講書においてもほぼ同様と考えられている。十三世紀末の鎌倉時代に成立したとされる『本朝書籍目録《ほんちょうしょじゃくもくろく》』帝紀の項目には、

養老五年私記　一巻
弘仁四年私記　三巻　多朝臣人長撰
承和六年私記　菅野朝臣高平撰
元慶二年私記　一巻　善淵朝臣愛成撰
延喜四年私記　藤原朝臣春海撰
承平六年私記　矢田部宿禰公望撰
康保四年私記　橘朝臣仲遠撰
日本紀私記　三巻

と、実施が確実な講書に関わる六編の「私記」に先立ち、作者不詳ではあるが「養老五年私記　一巻」が置かれている。ここから、講書に際しては常に時の講師・博士が「私記」を作成したことがうかがえる。しかも、先述のように「養老私記」の逸文とされる箇所の古訓より八世紀の奈良時代にさかのぼる文章の実在が認められることから、この「養老私記」も養老講書の実施に際して作成されたと捉えるのである。ただし、「養老私記」の存在を認めたとしても、これまでにも奈良時代という大枠かつ部分的と留保を付けたり（大野、

一九六七）、奈良時代を通じ書き継がれた訓注を平安時代初期に一括化したと捉える意見（増尾、一九九九）もあるように、行事としての「講書」と編纂物としての「私記」を直接的に結びつけることには慎重でなくてはならない。

養老講書と律令講書

それでも養老講書の実施を認める論拠としては、しばしば大宝律令の施行に伴って実施された律令講書との関連性が挙げられる（遠藤、二〇〇九。水口、二〇一一）。『書紀』成立のおよそ二〇年前、大宝律令の成立・施行に際しては、まず文武四年（七〇〇）三月に諸王臣に対して施行前の大宝令の読習が命じられ、翌大宝元年（七〇一）の施行に相前後して、四月には下毛野《しもつけの》朝臣《あそみ》古麻呂《こまろ》ら三名の律令撰者をそれぞれ親王・諸臣・百官らのもとに派遣して新令を講ぜしめ、六月には同じく撰者の道臣首名《みちのおみおびとな》を大安寺に派遣して僧尼令《そうにりょう》を講説させ、八月には明法博士《みょうぼうはかせ》（律令撰者か）を西海道《さいかいどう》を除く六道諸国に派遣して新令を講ぜしめた。さらに翌大宝二年七月には内外の文武官に新令（律か）の読習を命じ、同月に初めて律が講ぜられた。これらの実施に際しては律令撰者らによる「撰令所《せんりょうしょ》」が組織され、「令官《りょうかん》」「明法博士」として律令を講説し条文解釈の治定にあたった。なお、『延暦交替式《えんりゃくこうたいしき》』にみえる天平宝字元年（七五七）における「説令所《せつりょうしょ》」の存在などから、養老律令の施行に際しても同様の講書が行われたとされる。この点を踏まえ、共に国家の大事である法典編纂と国史編纂において、諸官人層への周知徹底および解釈の統一の必要性という共通点を見出し、律令講書とほぼ同レベルの日本紀講書が行われたものと推測するのである。

とはいえ、律令講書に関しては『続日本紀』（以下、『続紀』と表記する）中に詳細に記載されており、その実施を疑う必要はない。だが、『続紀』の同じ編纂段階に属する前半二〇巻中の出来事とされる養老講書の存在が一切確認できないということは、やはり不審である。このような史料の残存状況からは、むしろ『続紀』編纂段階での意識として、律令講書と『書紀』講書は同次元の出来事ではなかったことがうかがえる。つまり、律令講書を根拠とした養老講書の推察には無理があると考える。そもそも、官人らによる不十分な内容理解が行政運営に直接的な支障をきたしかねない法典としての律令と、むしろ中長期的な影響は大きいが、日々の行政運営には直接的な影響が少ないであろう国史とでは、成立直後に受容対象である律令官人層に求められる水準は異なって当然といえる。明らかに即効性が要求される律令の場合は成立直後からの講書が必須だが、国史については律令に比してその即効性は低く、講書の必然性もない。

以上の諸点を踏まえれば、弘仁講書以降と同様の、『書紀』撰上にともなう一大国家行事としての養老講書は実施されなかったと考える方が妥当であり、併せて大々的な『書紀』の「披露」もなかったとすべきであろう。ただし、それは律令講書のような実施の記録を後世に残すべきものではなかったという意味であり、当該時期において講書行為そのものが行われなかったことを意味するものではない。

養老講書開催の必然性

現存する『私記』本文の記載内容をふまえると、弘仁講書以降の講書では主に漢語で表現した事象に対する和語としての訓読が問題とされるように、ある意味強引に漢語化した『書紀』の伝承世界に対して、和語を提示することでそれまでの伝承の世界と接続させるという作業は必須であった。おそらくは『書紀』編纂の終了直後、あるいは編纂の最中から、最低限天皇の諮問に答えられる程度の訓読および解釈については、編者ないしその周辺でまとめられていただろう。「養老私記」の基調（のひとつ）はそのような状況下で作成されたと考えられるのであり、むしろ日常の活動の中で必要に応じて参照されるべきもの、ないしは大学などの学問空間での行為＝講書で用いられるものとして捉え直すべきである。「養老私記」とは、一部に『書紀』撰上直後の公的な解釈を含みつつ、その後の大学などでの定期的な講書行為を通じた、八世紀末もしくは九世紀初頭に至る中で蓄積された解釈で構成されたのではないか。養老講書のみが作者不詳の理由もここに起因すると考えられる。

また、『書紀』の成立過程や記載内容を鑑みると、さらなる別の事情も見えてくる。『書紀』は最初の構想から完成まで何十年も要し、政権や編纂担当者がしばしば変わったこと、神代巻における多数の「一書」の存在から明らかなように神話（物語）の統一が徹底されなかったこと、さらには壬申の乱などが典型だが、最終巻近くの天武・持統紀などはまだ当時の出来事を知る者が多く存命であったことなど、様々な課題を抱えた中で世に出された。それこそ律令を制定して表向きには天皇の絶対性を標榜し、そのことを国家の「正史」として補強・確定させようと企図するも、現実としては当時そこまでの絶対性・強制力はなく、その点で大いなる矛盾を抱えていたのが律令国家の内実である。そのような状況下で作者側である王権が異説を含む神代巻を解説させることは、利害関係がぶつかる諸氏族にかえって混乱と疑念を抱かせかねない。かつての乱や政治闘争での敵味方のように、その立場に複雑な事情を抱えている人物が政権中枢にもいる状況下で強引に王権の自説を振りかざすことは、微妙な均衡の上で成立している現体制に無用の亀裂を走らせかねない。八世紀初頭段階における王権と諸氏族との現実的な関係性からしても、諸官人への講書を行うことで得られる効果と、同時に発生しうる問題点を天秤にかけた時、講書を行うことで彼らの「記憶」を一元化させるという選択肢は取りにくかったのではないか。

三　書紀受容の諸相

唯一の「物語」・規範としての書紀―作成者側が望む書紀像―

では、作成者側が講書という形での「記憶」の統一を図らなかったとすれば、受容者側である諸官人（氏族）層はどのような形で『書紀』を受容していったのか。まずは八世紀段階（一部に九世紀初期も含む）における『書紀』の扱われ方から確認していきたい。

『書紀』とほぼ同時代の編纂になる諸国の風土記は、編纂の下命が和銅六年（七一三）と『書紀』の完成前であったこともあり、早い段階で成立したとされる『播磨国風土記』や『常陸国風土記』には『書紀』との直接的な影響関係を見出しにくい。ただし、やや遅れて天平年間以降に成立したとされる九州地方の現存する二種の風土記（甲本風土記）、すなわち『肥前国風土記』『豊後国風土記』には『書紀』景行紀との記載内容の著しい類似性が指摘されており、この両風土記は『書紀』の記載を参照して編纂された可能性が高い（坂本、一九四二）。このようなケースは散逸してしまった他地域の風土記でも考えられ、『書紀』の主張する

「物語」が後世の規範となっている事例といえる。

一方で、唯一の完本であり天平五年（七三三）成立の『出雲国風土記』からは、とりたてて『書紀』を参考にした、または内容をすりあわせようとした形跡が見られず、ほとんど独自の諸伝に彩られている。さらに初期の両風土記においても、『常陸国風土記』総記にて国名の名付け親として登場する「倭武天皇《やまとたけるのすめらみこと》」のように、『書紀』において即位していない「日本武尊《やまとたけるのみこと》」を天皇として扱い、それが『書紀』成立後も改変を加えられることなく維持されるという事例もある。これらの点からは、『書紀』の規範性というのが、少なくとも成立からしばらくの間はそれほど強力ではなかったのではないかという疑念を抱かせる。

次いで、八世紀後期の成立である『万葉集』には、歌の左注において「日本書紀を検ずるに」などと見え「日本紀」「紀」も合わせると計一七例の記載が確認できる。これらはいずれも作歌の背景などを説明する際の根拠として用いられており、先述の九州地方の風土記などと同様に、『書紀』の記載内容が後世の規範となっている一例と捉えられる（水口、二〇一二）。

さらに、『書紀』に続く正史として編纂された『続紀』の記載中においても、所々に『書紀』に基づいた「記憶」が定着していく様が見て取れる。例えば、八世紀中期における新羅《しらぎ》との関係悪化に際して、天平九年四月に唐突ともいえる形で香椎宮《かしいのみや》が登場する背景には、『書紀』における神功皇后伝承の確立とその定着といった事情が推察される。このように、『書紀』の記載はその後の現実社会を変化させる要因となりえている。ただし、神護景雲三年（七六九）に発生した宇佐八幡《うさはちまん》神託事件で道鏡の即位云々が取りざたされたように、『書紀』成立から半世紀以上経た段階でもその根本理念ともいえる天皇の「万世一系《ばんせいいっけい》」すら全官人層の共通認識たり得ず、さらに同様のことが『日本霊異記』の天皇観からもうかがえるなど、その受容レベルには時期や人物によってかなり差があった（長谷部、二〇〇四ａ）。

これらの事例より、『書紀』の受容者側たる諸官人、諸氏族層にとって、記載内容の柱となっている、作成者側たる王権が主張する「物語」をそのまま受容することが全てではなかったようである。

氏姓の根本台帳としての書紀―受容者側が望む書紀像―

諸氏族層にとって一番の関心事は自らの地位の確保および拡大であり、自立性の弱い日本の諸氏族層、中でも律令貴族層にとって、律令前代以来の関係性を引き継いだ王権との「仕奉」関係の維持・再構築は必須であった。一方の王権側にとっても、成立したばかりの膨大な律令機構を運営し続けていくために、彼らとの決定的な対立は考えられない。八世紀以降も継続したこのような王権・諸氏族間の相互依存関係は『書紀』にも反映されており、『書紀』は諸氏族層の「奉事根源《ほうじこんげん》」を「当年之労《とうねんのろう》」を組み込みつつ当代風に再解釈して確定させる場でもあった。そのため、『書紀』はその成立以降、必然的に氏姓の根本台帳としての機能も併せ持つようになる（長谷部、二〇〇四ｂ・二〇一三）。

『本朝月令《ほんちょうげつれい》』六月十一日神今食《かむいまけ》祭事は八世紀末に成立したとされる『高橋氏文《たかはしうじぶみ》』の逸文だが、そこでは神今食という宮廷儀式の運営に際して発生した、共に食膳奉仕を奉事根源とする高橋氏と安曇《あずみ》氏による主導権争いを受けて、朝廷が延暦八年（七八九）に『書紀』の記載を根拠として高橋氏の主張を認める判断を下したと記す。また、ほぼ同時期に中臣《なかとみ》氏と忌部《いんべ》氏が祭祀の職務分担を争った際にも、大同元年（八〇六）八月に朝廷は『書紀』神代巻に依拠した両氏の始祖の奉事根源を持ち出し、両者の関与を確認するなど事態の収拾を図った。さらに、当該時期における氏姓の混乱をただすために編纂され、氏族秩序の再構築に一定の役割を果たした『新撰姓氏録』においても、各氏族の記載に対してしばしば「日本紀に合う」「日本紀に漏る」と付すなど、記載内容の正当性を判断する根拠として『書紀』（『続紀』や太政官符なども同様）が用いられている。

なお、『高橋氏文』にみえる安曇氏の「私記」は高橋氏のそれに比して『書紀』との乖離の度合いが高かったと考えられるが、ここからはそのような「私記」が現実に存在し、かつ朝廷に提出されたという事実が示される。また、大同元年の中臣・忌部両氏の争論が元となり、まもなく斎部広成《いんべのひろなり》によって『古語拾遺《こごしゅうい》』が編纂されるが、その序文で広成は、国史の記載内容も詳細には遺漏があるのでそれを自分が伝えなければ完全に消滅してしまうと訴えており、自らの権益確保のために『書紀』と異なる伝承を提示することを厭わない。このような広成の『書紀』に対する意識は決して特別なものではなく、当該時期の律令貴族層に共通の認識であった。

さらに、大同四年二月には「和漢惣歴帝譜図《わかんそうれきていふず》」という民間に流布する系譜を集積した書物の回収が平城《へいぜい》天皇により命じられたが、その理由は外蕃《げばん》の王・皇帝らが天御中主尊《あめのみなかぬしのみこと》の子孫として記載され、日本と中国・朝鮮の氏族系譜とが混雑しているためとされる。ほぼ同様の事例として、「弘仁私記序」では延暦年間に桓武天皇が焚書したとされる「帝王系図」の存在が明示されるように、『書紀』を換骨奪胎した言説は当時かなり広範囲に拡散していたものと考えられる。

四　書紀受容の実相

書紀への接続方法

一応の規範意識は持つものの、不十分な内容理解で良しとしがちな諸氏族層の『書紀』受容実態を理解すると、次にはそのような態度を促した彼らの受容手段を確認する必要が発生する。実際のところ、諸官人層はどのようにして『書紀』の情報に触れていたのであろうか。印刷された刊本が登場する以前の古典籍の場合、基本的にはまず作者・編者によって最初に作成された唯一の原本があり、その後、原本に直接触れた人物がそれに基づいて書写した写本が複数作られていくのであり、その繰り返しで情報発信源が拡散し、その拡大の状況に応じて少人数から多数へ、そして特定の人物から不特定多数の人物へと接続可能な人々も変化していく。これを『書紀』に当てはめるとどうなるか。

十世紀中期に成立した『新儀式』修国史事には、天皇三・四代を経過した段階で編纂が開始され、まず責任者としての大臣以下、編纂・執筆活動に従事する担当者を定め、編纂が終了したら奏上し、その後に諸司に頒布するといった官撰史書編纂の一連の流れの一端が示されている。この規定そのものは『日本三代実録』後に編纂が開始されるも完成せず逸文のみ現存する『新国史』段階のものであり、編纂の場も「撰国史《せんこくし》所《しょ》」と呼ばれる臨時の役所で、図書寮《ずしょりょう》が国史の修撰を行うとする職員令の規定とは異なっている。ただ、現実には『書紀』段階より既に臨時の「撰国史所」が設置されて編纂に当たったことも事実である。この点からも、『新儀式』の記載内容は、国史の載録範囲は時期によってかなり差はあるとしても、おおむね『書紀』段階から共通すると考えてよいだろう。また、「弘仁私記序」にみえる、『書紀』と併せて撰上された現存しない系図一巻のことと考えられる「帝王系図」については、その割注にて現在図書寮及び民間に所蔵されているとあり、九世紀初頭における『書紀』の伝播状況の一端をうかがい知ることができる。

ここから、編纂が完了し奏上された『書紀』は、その奏上された原本が図書寮に保管されると同時に、奏上と平行して「撰国史所」で作成された写本が諸司に分配され、しばらく後には「民間」すなわち諸官人・諸氏族の宅にも広まったものと考えられる。とすると、大学寮などに所属し学者や学生としての講書活動から深く『書紀』に接する一部の官人を除き、諸官人が実際に現物を目にして書写する『書紀』は図書寮の原本ではなく所属する諸官司の写本であり、彼らはその写本を出勤中もしくは仕事の合間に、多少の強制力は働いたかもしれないが自らの意志で実見して内容を確認し、中には時間をかけて書写して自分のものとするといった状況がうかがえる。

書紀の伝播過程

これまで見てきたように、『書紀』成立直後の正式な講書は実施されなかったこともあり、律令官人層は所属官司などで個別的に『書紀』に接することとなった。その官人らにとっての最大の関心事は自らが属する氏族の王権への奉仕伝承であり、それによる地位の保証であった。そのような意識を持った彼らの多くが、第三者の指導が入らない状態かつ限られた時間で『書紀』を読んだであろうことを考えれば、その受容は自らの奉仕伝承を探し出して関係性を確認するという断片的なものにとどまったであろう。そのことは同時に、自らの利害に直接関わらない記載にはあまり注意が払われなかったであろうことを意味し、結果として『書紀』全体像の把握、すなわち王権側が作り上げようとした「万世一系」などの大きな「物語」に対する認識不足となって表出するに至ったのではないか。

ただし、このような状況は時間の経過による『書紀』の浸透によって次第に解消されていく。『書紀』成立時には既に成人して体制に関わっていた人々にとって、一度身につけた常識（歴史観）などを変えることは、いくら上位権力が押しつけたところでたやすく受け入れられるものではない。だが、それこそ『書紀』が一定の権威を持った段階以降に自己形成を行うようになる人々からすれば、それが全てではないにせよ、『書紀』の記載が自らの思想形成の出発点の一つとなる訳で、そのような世代の積み重ねによって王権が主張した「物語」は徐々に実体化していった。このことは、時代こそ違えど、明治～昭和初期における絶対的天皇像の形成過程や、その定着に果たした教育の役割などを鑑みれば明らかであろう。

空間的・階層的な浸透の格差、ずれについてもまた同様である。奉仕伝承が載録されているため確認・参照する動機もその利便性も高い律令貴族層と、自らに関わる記述が乏しく確認・参照の動機や利便性も低い下級官人・地方豪族層とでは、『書紀』受容に対する積極性と結果としての理解度にかなりの差が出る。少なくとも八世紀段階においてこの乖離状況が解消されることはなく、さらにはそこに氏族側の思惑もからみ、様々な異説が生み出されることとなったのではないか。律令貴族層にとっては明確に否定すべき道鏡の即位が地方や下級官人層から提起されたり、桓武天皇や平城天皇にとっては焚書とすべき、『書紀』の構造を壊しかねない系譜類が「民間」で流布していたことは、そのような状況を如実に示すものといえよう。

おわりにかえて

様々な課題を抱えつつも八世紀を通じ唯一の正史として影響力を行使してきた『書紀』だが、延暦十六年に『続紀』が完成すると最新の正史としての地位を明け渡した。だが、『続紀』が全く新しい歴史を提示するのではなく「日本紀」を「続」いだことで、以後の『書紀』は新たな国史が触れない国家の原点を示し続けることで正典化する。また、この時期は『書紀』に対する認識差の主要因の一つだった地方が次第に切り離されていくようになると同時に、『続紀』以降の国史などが諸氏族の新たな奉仕伝承を吸収するようにもなっていく。そのため、一部の伝統的氏族を除き、次第に『書紀』に対する諸氏族の影響関係は薄くなり、天皇支配の正統性という物語の骨子のみが現在形の論理として残される。

八世紀には実施されなかった宮廷行事としての日本紀講書は、このような状況下で開始され、『書紀』の受容は新たな段階に入る。弘仁講書の直接的な契機についての諸説は先述したが、『書紀』の存在意義が変化している以上、その変化に合わせた受容形態が必要とされ、そこで選択されたのが講書という方式であった。なお、講書の主目的は国家の基調という大きな物語としての「記憶」、諸官人・諸氏族層が普段は意識していない「記憶」を呼び起こすことであるから、究極的には『書紀』の存在を全官人に想起させられれば事足りる。『私記』本文の存在感もあり実際の講義内容が注視されがちだが、儀式としての講書における想起の対象はむしろ多数の見学者の官人であり、学者集団による学問的な意義とは分けて考える必要があろう。
だが、数回の試行錯誤を重ね宮廷儀式として定着した日本紀講書も、十世紀半ばの康保講書を最後として以後は開催されなくなる。この時期は『新国史』の編纂が頓挫するように、『書紀』以来引き継いできた官撰史書による秩序形成が終焉を迎えるが、ここからも『続紀』以降の継続的な官撰史書編纂と日本紀講書が実は一体であったことがうかがえる。『書紀』と『続紀』以降の国史は常に補完関係にあり、その両者を結びつけていたのが日本紀講書であった。

参考文献

宇佐神正康、一九三六「日本書紀研究史雑考」上・下（『国語・国文』六―一一・一二）
遠藤慶太、二〇〇九「『日本書紀』の写本と注釈―読書史をたどる―」（『日本書紀の形成と諸資料』塙書房、二〇一五年に所収）
太田晶二郎、一九三九「上代に於ける日本書紀講究」（『太田晶二郎著作集』第三冊、吉川弘文館、一九九二年に所収）
大野　晋、一九六七「解説、三、訓読」（日本古典文学大系『日本書紀』上、岩波書店）
粕谷興紀、一九六八「日本書紀私記甲本の研究」（『芸林』一九―二）
北川和秀、二〇〇一「日本書紀私記」（『国史大系書目解題』下、吉川弘文館）
坂本太郎、一九四二「風土記と日本書紀」（『風土記と万葉集』吉川弘文館、一九八八年に所収）
一九七〇『六国史』（吉川弘文館）
関　晃、一九四二「上代に於ける日本書紀講読の研究」（『日本古代の政治と文化』吉川弘文館、一九九七年に所収）
田中　卓、一九四九「弘仁私記の研究」（『古典籍と史料』国書刊行会、一九九三年に所収）
一九五〇「日本紀弘仁講書と新撰姓氏録の撰述」（『新撰姓氏録の研究』国書刊行会、一九九六年に所収）
築島　裕、一九六三「日本書紀古訓の特性」（『平安時代の漢文訓読語につきての研究』東京大学出版会）

長谷部将司、二〇〇四ａ「私撰史書としての『霊異記』―官撰史書の論理との差異について―」（『奈良仏教と在地社会』岩田書院）
二〇〇四ｂ「律令体制下の氏族秩序」（『日本古代の地方出身氏族』岩田書院）
二〇〇七「『続日本紀』成立以降の『日本書紀』」（『歴史学研究』八二六）
二〇一三「日本古代の氏族秩序と天皇観」（『歴史学研究』九一一）
細井浩志、二〇一五「国史の編纂―『日本書紀』と五国史の比較―」（『岩波講座　日本歴史』第二一巻史料論、岩波書店）
増尾伸一郎、一九九九「奈良・平安初期の〈日本紀〉とその周辺」（『国文学　解釈と鑑賞』六四―三）
水口幹記、二〇一一「奈良時代の『日本書紀』読書―養老講書をめぐって―」（『古代日本と中国文化　受容と選択』塙書房、二〇一四年に所収）
和田英松、一九三六『本朝書籍目録考證』（明治書院）

2　日本書紀古訓論

是澤範三

はじめに

日本書紀の訓読

現存する『日本書紀』の写本は多くの訓点を記載し、写本によってはほぼ全文の訓読が可能である。訓点のついた資料を訓点本、加点本、訓点資料などと呼ぶが、これらは仏典や漢籍の受容のありようを知る資料であるとともに、日本語史の資料としても魅力がある。『日本書紀』の訓点本で現存最古の写本は平安中期以降の訓点を確認できる岩崎《いわさき》本二巻（巻第二二、二四）であり、加点年代が三期（平安中期、院政期、室町期）に区分される。一方、神代巻（巻第一、二）の現存最古の完本は弘安《こうあん》本で鎌倉時代の写本である。中世は『日本書紀』の価値が、史書から神書へ質的に転換した時代で、特に神代巻が多く書写された。注目すべきは異伝としての「一書」（小書双行）の書式が「本書（正文）」と同じ体裁（但し一字下げ）に改竄された卜部《うらべ》家の写本が主流となって現在に至っていることである。この改竄は、訓点の記入という目的を優先したことが要因の一つであろうが、結果として読みやすさの提供という点では画期的な編集であった。

本稿は、訓点資料としての『日本書紀』写本を訓点語学の立場から紹介し、古訓論に及ぶ。

一　訓読の歴史

訓読のシステム

本邦における漢文の「訓読」のはじまり、それに遅れてのちに書記されるようになる補助符号としての「訓点」の歴史は、日本語および日本文化の歴史と密接な関係がある。仏教経典類（音義書も含む）や『論語』などの漢籍をテキストとする学問において、訓読は古来一貫して続いてきたものである。訓読は外国語であった漢文を日本語で理解するためのいわば翻訳に近い行為であるが、訓点は元の漢字・漢語を生かして読むための補助符号である。一方、国書である『日本書紀』に訓点があるのは、それが漢文で書記されていることによる。漢字は日本語を書記する手段としてもその用途が広がったことから、『古事記』や『万葉集』に代表される和化漢文（変体漢文とも）が普及していった。それらの写本にも返り点などの訓点が存し、訓読というシステムの慣用性を確認することができる。

まずは訓読という日本語読みのシステムがどのように発達していったのか、『日本書紀』から辿ってみよう。次にあげるのは巻第一（神代上）の冒頭（本書口絵4「弘安本」による）である。

古天地未剖陰陽不分渾沌如鶏子溟涬而含牙及其清陽者薄靡而為天重濁者淹滞而為地精妙之合摶易重濁之凝場難故天先成而地後定

このような訓点のついていない漢文を白文《はくぶん》と呼ぶ。現存最古で平安時代書写の佐佐木本と口絵8の断簡（いずれも巻第二）などが白文で「一書」の原初形態を伝える。訓点は注記の対象となる漢字の内や外に標示される。そのうちのヲコト点の配置を図示したものを点図という。漢字を枡形に見立てた壺に納め、そこに座標を定めた各種の点を標示する。実際の点は字形に沿って付されることから、点図の配置とはズレがあり、その訓点の読み取りには解釈を要する。点図は一種類だけではなく、現在、八系統の点図に分類されているが、『日本書紀』はその中でも第五群点で訓読されている。第五群点は、漢籍を学問とする博士家が主として使用した点図であるが、菅原、大江（以上、紀伝道《きでんどう》）、中原、清原（以上、明経道《みょうぎょうどう》）など、諸家の学説によっても相違がある。

二　訓点の種類

ここに訓点の種類を紹介する。吉田金彦他編（二〇〇一）、是澤（二〇一五）参照。

①ヲコト点　星点《せいてん》「・」、鈎点《かぎてん》「¬」

②傍訓《ぼうくん》　片仮名《かたかな》傍訓、万葉仮名《まんようがな》傍訓

③合符《あいふ》　音合《おんごう》「─」、訓合《くんごう》「╰」
④切点《せってん》　句点《くてん》「・」、読点《とうてん》「・」、返点《かえりてん》「・」
⑤返点　レ点、上中下点、一二三点
⑥声点《しょうてん》　星点「・」、圏点《けんてん》「○」、線点《せんてん》「ニ」ほか
⑦合点《がってん》「⟍」、「⟋」

ほかに、音注、義注、不読注、異同注、異本注などの注記を含めて考えることもできる。

訓点は墨だけでなく（白点《はくてん》の例もあるが）、朱が使用されることも多い。現在多くの写本で、続々とカラーによる影印版が出版される一番の理由である。

三　卜部兼夏筆乾元本

ヲコト点図と仮名字体表

訓点資料研究の手続きについて、乾元本《けんげん》（乾元二年〔一三〇三〕、卜部兼夏《かねなつ》書写）を例に紹介する。乾元本は巻第一、二（神代巻上下）のみの写本であり、弘安本（弘安九年〔一二八六〕、卜部兼方《かねかた》書写）と並んで卜部家本神代巻の双璧をなす。

訓点資料の研究法として、まずは訓点を解読した結果を帰納して、ヲコト点等の点図集と「仮名字体表」を作成する。それには、返点や声点を含む。

これをもとに、現在の漢字、片仮名の書記体系に基づき釈文を作成してみよう。この釈文（翻字翻刻）という作業は解釈を伴うものであり、凡例で示される指針づくりが重要となる。例えば、手書きされている漢字や彫られた版本の漢字の字形を、どこまで現在のワープロに搭載されている漢字で反映させるかという制限の問題があり、片仮名にしても、古くは一音に複数あった片仮名を現代の片仮名一字に統合するわけである。それは、活字による現代版のテキストを提供するための便宜的措置ではあるが、その写本の情報を捨象、あるいは改竄する可能性をはらむ作業でもあり、細心の注意を要する。ヲコト点も、その点がどういう日本語の代替符号であり、そこから帰納される点図がどの系統の点図に該当するかを検討する必要がある。

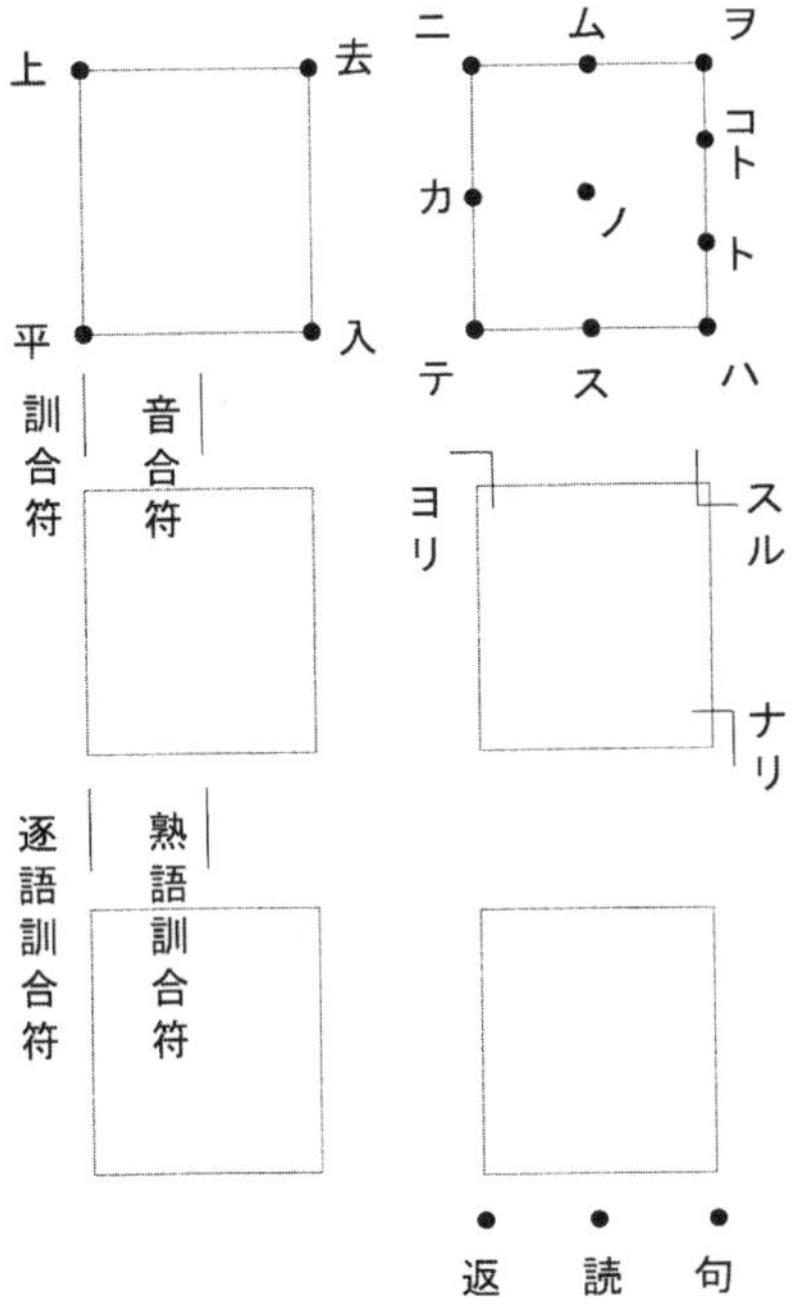

図1　ヲコト点図

字の周縁の概念図である□を「壺」と呼び、点の種類により使い分ける。

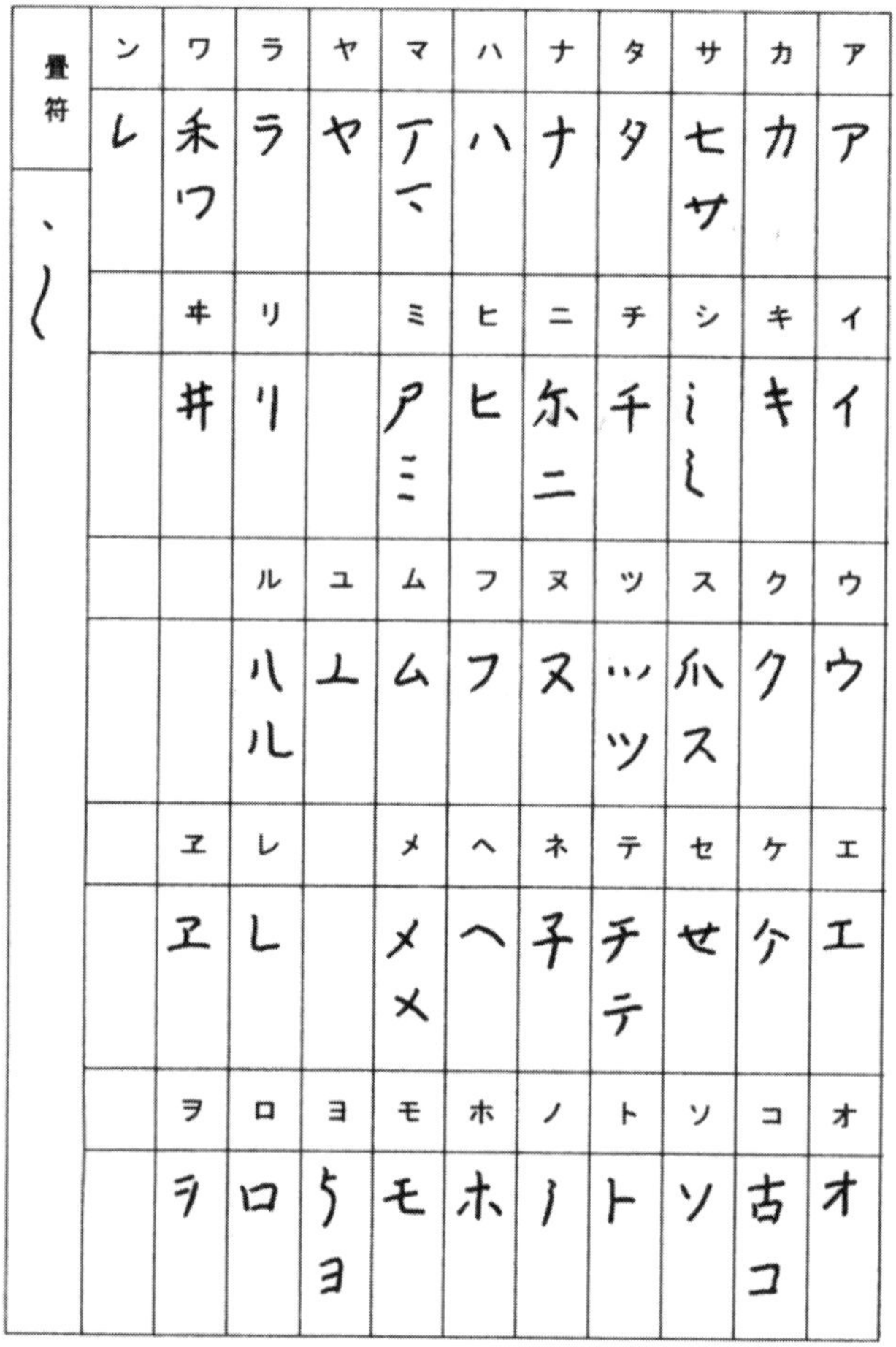
疊符
ン ワ ラ ヤ マ ハ ナ タ サ カ ア
ヰ リ ミ ヒ ニ チ シ キ イ
ル ユ ム フ ヌ ツ ス ク ウ
ヱ レ メ ヘ ネ テ セ ケ エ
ヲ ロ ヨ モ ホ ノ ト ソ コ オ

図2　仮名字体表

【凡例】※本稿における釈文の指針の例として簡易的に示す。

一、一行の字詰めは乾元本に従い、行頭に巻首からの行数を付す。

二、訓点は、声点と欄外注を除き、すべて翻字する。朱墨の区別はしない。

三、漢字、片仮名は現行の字体に対応させて統一する。但し、歴史的仮名遣（ヰ、ヱ）は残す。判読の困難な箇所は□で囲む。

四、ヲコト点は平仮名で標示し、当該漢字の右下に示す。

五、区切れ点は、中点を「、」、右点を「。」として、現行の句読点で代替する。

六、合点は「＼」、「／」で示す。

【釈文】

3 古《イニシヘ》に、天《アメ》‐地《ツチ》未《イマタ》《ス》レ割《ワカレ》、陰《メ》‐陽《ヲ》不《ワカレスアルトキ》《サル時》レ分《ワカレ》《ワカレサシトキ》、渾‐沌《マロカレタルコト》《ムラカレタルコト》如《コトクシテ》《コトク》二鶏‐子《トリノコノ》、

4 溟‐涬《久々毛利弖》《ク、モリテ》《ホノカニシテ》て而含《フ、メリ》牙《キサシヲ》《アシカヒ》《支左志乎不々女利》《キサシフクメリ》を及《ムテ》三其《ソレ》清‐陽《スミアキラカナルモノハ》《アキラカナル》《イサキヨクアキラカナルモノハ》者は薄‐靡《タナヒキテ》《カスミ》《ナヒキテ》て而為《ナリ》レ

5 天《アメト》と、重‐濁《カサナリニコレルカ》《ヲモク》《ニコレルモノハ》者は淹‐滞《ツ、ヰテ》《又ト、コホリテ》《都々為弖》《シツミトモリテ》て而為《ナルニ》に二地《ツチト》と一精‐妙《クハシクタヘナルカ》《久波之久陁弊奈留》之合《アヘル［カ］ハ》は摶《アフキ》《阿布支》

6 易《ヤスク》《也須久》、重‐濁《カサナリニコレルカ》《ヲモクニコレルカ》之凝《コリタルハ》《コリタルハ》竭《カタマリ》‐難《カタシ》。故《カレ》、天《アメ》、先《マツ》成《ナリテ》て而地《ツチ》、後《ノチ》に

7 定。

冒頭でとくに力が注がれたということもあろうが、ここだけを見ても補読の必要がないほどに、全文にわたってよく訓まれていることが知られよう。ほぼ全文にわたっての訓読は、『日本書紀』の訓点の特色の一つであり、ひとつの語句に複数の訓みが併記されるのは、日本紀講書《にほんぎこうしょ》を含む『日本書紀』訓読の歴史を伝えるものである。それをひもといていかなければならない。

四　訓点解説

①ヲコト点

冒頭「イニシへに」は、「古」の傍訓とヲコト点「に」の訓み添えがうまくつながっている。これが本来の両者の関係であるが、二行目「ク、モリテ」はヲコト点「て」の訓み添えと重複する。このような例は多く、ヲコト点と傍訓が異なる底本からそのまま移点された可能性を示唆する。そもそもヲコト点は、主に助詞・助動詞などの付属語の代替符号として使用されていたので、漢字の省画から生まれた片仮名の発達と共にその役割をおえることになる。移点というかたちで形骸化しながらも伝統的に残るものもあるが、基本的にはその過渡期の例といえる。

②傍訓

傍訓は片仮名が一般的であるが、「溟-涬」の右傍訓「久々毛利弖」のように、万葉仮名による傍訓がまれにある。乾元本には日本紀講書の記録である「私記」から移点したと見られる万葉仮名傍訓が二〇五例（欄外注記、裏書も含む）あり、その資料的価値を高めている。というのも万葉仮名とは、漢字の音や訓を利用して日本語を写す表記法で、その呼称は『万葉集』に由来する。『古事記』『日本書紀』『万葉集』などに使用されている万葉仮名の音仮名の調査から、音韻の差異によると考えられる使い分けの実態が判明した。すなわち、イ段、エ段、オ段に属する十三種の仮名（キ、ヒ、ミ、ケ、ヘ、メ、コ、ソ、ト、ノ、ヨ、ロ、モ〔『古事記』のみ〕）であり、これを上代特殊仮名遣《じょうだいとくしゅかなづかい》と呼んでいる。日本語に古くは八つの母音（表記法としてはａｉïｕｅëｏö又はイ段エ段オ段の「甲類」、「乙類」など）があったという八母音説の論拠にもなっている。この使い分けは、平安時代になると消失することから、上代特殊仮名遣に誤りがなければ、その仮名は奈良時代のものである可能性が高いということになる。釈文で該当する「支《キ甲》左《サ》志《シ》乎《ヲ》不《フ》々《、》女《メ甲》利《リ》」、「阿《ア》布《フ》支《キ甲》」は、いずれもその使い分けに適っている。

調査項目としては、傍訓の朱墨の相違の意味（注記の先後関係、訓点の新旧等）、左右訓の違い、二つ以上の傍訓がある場合の異同の内容等の分析がある。

③合符

合符は一般に□-□・□_□の対で、上が音読みを指示する「音合《おんごう》」、下が訓読みを指示する「訓合《くんごう》」となる。『日本書紀』の場合、訓注（例「少《セウ》-男《ナム》此云烏等孤」）に見られる。一方、『日本書紀』の本文は、一部の例外を除いて音読みを排除し、訓で読むことを志向している点、仏典や漢籍の訓読とは異なる。すなわち、本

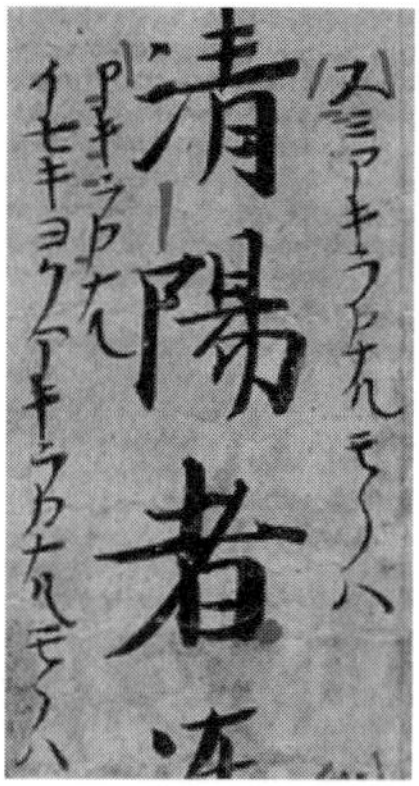

図3　合符
（天理大学附属天理図書館所蔵　日本書紀　乾元本巻第1、『新天理図書館善本叢書』2、八木書店、2015年に所収。図4・5も同じ）

文部ではいずれも訓読みを原則とし、合符の意味は、「天《アメ》-地《ツチ》」のように一字一訓式（逐語《ちくご》訓合符）と、「溟-涬《クヽモリテ》」のように二字一訓式（熟語訓合符）にわかれる。但し、この区別は岩崎本や乾元本など一部の訓点本に見られるもので、時代が下るにつれて、合符の位置も不明瞭になっている（乾元本内部でも徹底しているわけではない）。さらに留意すべきは「引合」「連読」と注記される三字以上におよぶ合符の例が多々あり、意訳的な訓読をする。

また、「精-（朱）妙之合-摶-（朱）易、重-（朱）濁之凝-堨-（墨）難」は対句で、中国の語法では「合摶」と「凝堨」の連結で解釈すべきところである。しかし、諸写本すべて乾元本と同じ傍線の連結で捉えており、『日本書紀』の訓点が文法的正しさを保証するものではない一例となる。

合符に絡めて合点に言及すると、「清-陽」（図3参照）は右傍訓「スミアキラカナル」と左傍訓「アキラカナル」のいずれにも合点を付す。合符は逐語訓合符で右傍訓「スミ（清）アキラカナル（陽）」を指示している。合点は字の右上を始点として右斜め下に伸ばすのが一般的であるが、ここにはその逆もある。校合の結果として、三つの合点がついていることになり、検討を要する。

④切点

現在の句読点にあたるが、「故、天-先成而地-後定。」のように、必ずしも現在の句読法と一致するわけではない。また、歌謡には五七五七七の句切り点も存する。

乾元本には傍訓のうち、万葉仮名で書かれた字の右下に点のある例がある（図4の「阿女都知比良久留・波志女尓」を参照）。カラーによる影印の出版で、鮮明に確認することができるようになった一例である。本書の万葉仮名訓は日本紀講書時の記録である「私記」からの移点と見られ、講書の場で博士の補佐役として声に出して訓み上げていた尚復《しょうふく》の声の切れ目を標示したものかもしれない。

また、漢字左下テ点の位置よりも離れたところに星点がある場合、それは返り点を兼ねたテと解することができる例もある。

⑤返点

レ点、一二三点が確認できるが、「及三（中略）為二に地一と」は現在の訓法であれば「及二（中略）為レ地」となるところである。返点にかぎらず、昔の訓読は一点があっても二点が省略または無点の場合もあったりと厳密性を欠く。レ点も釈文三、四行目に三箇所確認できるが、四行目の「含牙」の間は無点である。「未レ割」はその施訓から「イマダワカレズ」と訓み、いわゆる再読の例となる。再読の訓法は平安中期頃から見られることから、第四行の「及《（およ）ムテ》三」（この語法の場合、古くは不読）とと

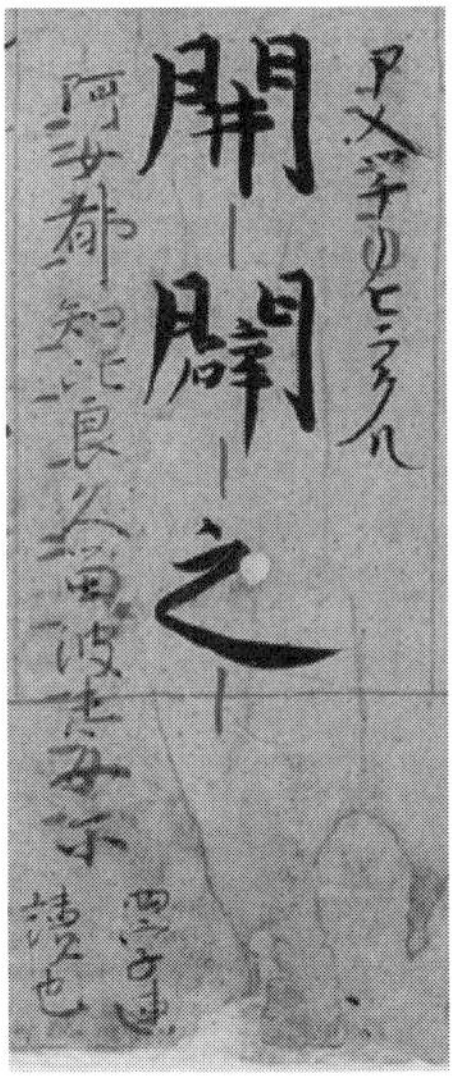

図4　切点

（天理大学附属天理図書館所蔵　日本書紀　乾元本巻第1）

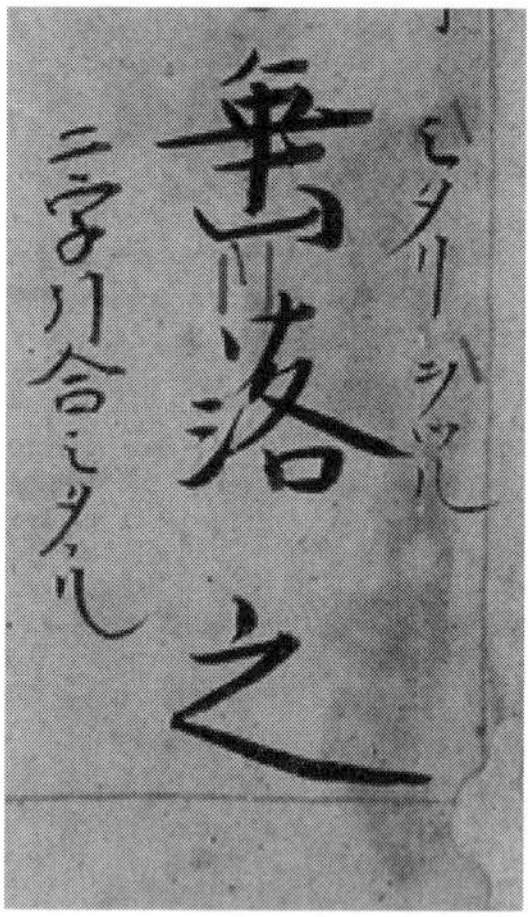

図5　合点
（天理大学附属天理図書館所蔵　日本書紀　乾元本　巻第1）

もに、この訓点は新しい訓法を伝えているということになる。ただし、「未」の全例が再読で統一されているわけではなく、その理由も検討すべきである。

⑥声点

声点には、漢字の声調と日本語のアクセントをあらわす二種がある。星点、圏点、線点、また朱筆と墨筆の相違もあり、その違いも調査する必要がある。『日本書紀』の場合、万葉仮名で書かれた歌謡には全体にわたってほぼ声点が見られる。『日本書紀』研究の画期をなした森博達のα群中国人述作説（当初は「α群歌謡原音依拠説」）は、この歌謡の万葉仮名の研究からはじまった（森、一九八八・一九九一）。これをうけ高山倫明は歌謡に使用されている万葉仮名の中国漢字音の声調と、その漢字に加点されている声点の日本語アクセントとの一致率を割り出し、α群の一部の歌謡にその一致率の高さを見いだした。これにより、その万葉仮名が奈良時代のアクセントを反映していること、さらには、それが平安時代のアクセントとあまり大差のないことを導き出した（高山、二〇一二）。これらのことから『日本書紀』歌謡の万葉仮名が、古代日本語の再構《さいこう》（音価《おんか》推定《すいてい》等）に重要な資料となることがわかった。つまり、中国人が、日本人の発音を聞いて、それに近い漢字の発音を、声調を含め選択し、音写したと考えられるのである。

一方、傍訓の万葉仮名訓と片仮名訓にも声点があり、この声点の由来を調査しなければならない。なかでも岩崎本の声点は、承平講書由来の声点が正確に移点されたもので、六声体系の古い声調を伝える貴重な資料である。声点の研究は鈴木（二〇一六）を参照されたい。

⑦合点

合点は複数訓が併記される場合、どの訓をもって正訓とするかを標示したものと考えられる。図5の例を見ると、「垂落」に「シタリ　ヲツル」と「シタ、ル」の訓があり、前者に合点が付されている。一方、合符は朱で熟語訓合符と逐語訓合符の二種が併記されているが、墨の合点は左の逐語訓合符に付されており、合点はいずれも「シタリ　ヲツル」の逐語訓を指示している。合符の合点が墨で付されているので、合符の併記は誤写の可能性を含め考えなければならないが、左傍訓の「二字引合」という注記は、『日本書紀』古訓の熟字訓の特徴とあわせて考えると、むしろ「シタ、ル」（近世まで三音節目のタは濁音）の方が古い訓みである可能性が高い。したがって、正訓の判断基準や合点が複数ある場合の理由、加点時期の調査が必要となる。

五　日本古典文学大系と新編日本古典文学全集の訓み下しの指針

訓み下しの指針

以上を踏まえると、ここに、いわゆる訓み下し文の提示が望まれるであろう。とはいえ、かりにこの乾元本の訓み下し文を作成する場合、複数訓の存在を含め、一つに固定した訓み下し文を作成することに対する疑問が生じるであろう。実際、訓点資料研究において、全文の訓み下し文が作成されることもあるが、一つの訓点資料に全文にわたって統一的かつ厳密に訓点が施されることは少ないので、多く補読を必要とする。乾元本にしても「累家之秘本」を書写したとはありながら、近似の関係にある弘安本とは明らかな相違もあり、また巻第二後半からは兼夏による意図的な改変の可能性が、石崎正雄により指摘されている（石崎、一九七二）。それでは現在、我々が目にする訓み下し文はいかなるものかといえば、凡例に記されているごとくである。代表的な二書をあげてみよう。（傍線は是澤加筆）

日本古典文学大系（大野晋ほか校注、岩波書店、一九六七年）

訓み下し文は、各巻の、訓点を付した現存最古の写本（筆者注—巻第一、二は弘安本）の傍訓、ヲコト点を基礎として、いわゆる日本書紀の古訓をなるべく忠実に再現しようと努め、かつ、おおむね平安時代の中頃の漢文訓読の文体によって統一することをはかったが、いわゆる古訓が、今日の古代史研究による歴史的事実と相違する場合には、訓読を改めた。なお、固有名詞の訓みは、すべて奈良時代風に統一した。

新編日本古典文学全集（小島憲之ほか校注・訳、小学館、一九九四年）

訓下し文は、平安時代以来訓まれてきた、いわゆる「古訓《こくん》」には必ずしもよらず、上代語による訓みに努めた。

隣愛《めぐしとおもほすみこころ》　→　憐愛《うつくしび》　　臨《みそなは》す　→　臨《みそこなは》す　　臨《お》睨《せ》る　→　臨《の》睨《ぞ》む

大小之魚《とほしろくちひさきいをども》　↓　大小之魚《はたのひろものはたのさもの》　御服之物《みそづもの》　↓　御服之物《めしもの》

などはその一例である。また漢籍からの典拠が明確な文章中の漢語や、適当な和訓のない語は音読した場合もある。いずれの場合も、本文の語義を示すのに必要と思われる古訓は、頭注に掲げて説明した。

実際の訓み下し文は二書に直接確認していただきたい。訓み下し文は、編纂者の方針に基づく研究の成果である。それをとくに訓に注目して利用する場合は、逐一、写本にあたって本文のよみの異同を検証する必要がある。国史大系の本文には諸本の別訓が収載され、依拠した写本名とともに注記して便利であるが、訓の位置が右か左か、合点がついているかなどについては当該写本での確認を要する。その意味でも、現今の『日本書紀』主要諸写本の影印出版が重要なのであり、①〜⑦にあげた訓点を含む総合的な分析と諸本間の異同調査を通して、その訓の評価が決まるのである。

六　古訓論

本稿のテーマであり、前節二書の凡例にもあがる「古訓」なる用語について説明する。基本的には『日本書紀』の訓点を記載する古写本から江戸時代の流布本である寛文《かんぶん》九年版本を含め、そこに見られる訓の総称であった。とはいえ、資料として利用する場合、訓の系統や年代性に無自覚なままでの利用は注意を要する。その実態は石塚晴通（一九八三）が指摘するごとくである。

訓点資料としての『日本書紀』古訓は、鎌倉中期より前と以降とでは、其の性格を異にする。平安時代加点諸本の訓み方は概して師資相承に基づく均質的なものであるが、鎌倉時代創始の卜部系加点本の訓み方は年代的にも位相的にも異質なものを含んでゐる。

各訓点本の系統と加点時期を検証し、それぞれの古訓を定位していかなければならない。例えば、平安時代の書写にかかる古本系と呼ばれる岩崎本、図書寮本、前田本の平安時代加点訓を「古訓」として扱う立場もある。そもそも『日本書紀』は奈良時代の成立で、訓注（三一五例）や歌謡（六十五首）に代表されるように、当時の日本語が多く残されており、『日本書紀』奏上翌年の養老講書の可能性を含め、上代語が訓点にも反映されているのではないかという先入観がある。源　順《みなもとのしたごう》『和名類聚抄《わみょうるいじゅしょう》』（平安中期）にも引かれる日本紀、日本紀私記の和訓も同様である。しかし、古訓はその資料たる現存訓点本を中心にとりあげられるので、実際は、その中に奈良時代に遡りうる訓も含まれる可能性があるということである。一部の古訓の古さと訓詁に基づく訓みとしての確かさを二十九の用例について考証したのが神田喜一郎『日本書紀古訓攷証―漢土の訓詁学上よりみたる―』（全集二）である。

築島裕（一九六三）は仏典、漢籍の訓点と和文を比較し、院政期以前の『日本書紀』訓読の特徴をあげた。①字音語が極めて少ないこと　②漢字の字面から離れた意訳的な訓法をすること　③訓読に見えず、和文のみに見える語彙を用いること　④当時の一般の訓読に用いない上代語を用いること　⑤『日本書紀』古訓だけに存する特異な表現が見えること

石塚晴通（二〇一四）は、卜部系加点本神代巻の現存最古写本である弘安本の訓点（鎌倉中期加点）の特徴をあげる（石塚があげる「　」の特徴の前中後に説明を補足）。

①「古語・古語法志向」がある　②訓点資料には和文語彙とは位相が異なる訓点語彙があり、禁止表現の訓点語…コトナカレを和文語ナ…ソで訓むなど「和文化傾向」がある　③時代の異なる「漢文訓読系の（語法が）混在」する　④不浄の語彙を貴人の前では不読にしたり、諱を訓み換える「神道観・諱等に基く新訓法」を創出する　⑤弘安本の「合点訓」が、江戸時代の寛文版本に受け継がれている。

特に鎌倉以降の卜部家は、神祇《じんぎ》の家から日本紀の家へと展開していく足跡とともに考える必要がある。中世はとりわけて神代巻が多く書写された時代であるが、研究の便宜を図る書として、神代巻の本文と訓点を集成した中村啓信編『校本日本書紀』（一～四）、杉浦克己『六種対照日本書紀神代巻和訓　研究　索引』があげられる。弘安本と乾元本との関係を含め、その実態解明のために残された問題は多い。神代巻以降の訓点については石塚晴通により岩崎本、図書寮本、前田本の釈文、訓点、和訓索引等の作成・公刊が進み研究の基礎が築かれ、北野本を含めて各写本の訓点の推定加点・移点期と特徴についてまとめられている。現在のカラーによる影印版の出版を期に、石塚晴通が示した方法による基盤研究の継承が強く望まれる。

七　諸古写本の古訓

先述のとおり、『日本書紀』は音読箇所が少なく、全文を和語で訓読することを志向しているが、出典論から考えると、仏典や漢籍の表現を利用している箇所では、果たしてどのように訓読されているのであろうか。この点を追究したのが中村宗彦（一九八五）である。そこで挙例された疑問訓「ホルモカ」を例に考えてみたい。

巻第十四雄略九年七月条の埴輪馬の奇伝では『文選』赭白馬賦《しゃはくばのふ》（第十四巻）から、馬の速さの描写「超攄《てうちょ》して夫《か》の塵轍《ぢんてつ》を絶《た》ち、驅驁《くぶ》して滅没《めつぼつ》より迅《と》し。（本文：超攄絶㆓夫塵轍㆒、驅驁迅㆓於滅没㆒。」（新釈漢文大系による）をほぼそのまま利用している。全集本の本文は以下のとおり。「赤駿超攄絶㆓於埃塵㆒、驅驁迅㆓於滅没㆒。（訳：赤馬は跳び上がるや塵埃を残さず、駆け巡るさまは消え去るよりも迅速でした。）」（傍点は異同箇所）。該当箇所の三本の画像をあげる。対句につき、両句対照して考察すべきであるが、紙数の関係上省略する。

翻字して対照してみよう（『釈日本紀』秘訓にもあるが、異同が大きく割愛する）。

図書寮本（右傍訓）　コエハシル光ノ章　　ナルコト・流母可尓シテウセヌ
前田本（右傍訓）　ハシル□ノ章　　ナルコトホ流母可尓□ウセヌ
図書寮本（左傍訓）　ハシリサイタツトキカタチ・保ルモカニシテウセヌ
前田本（左傍訓）　ハシリサイタツトキカタチ・保ルモカニシテウセヌ
熱田本（右傍訓）　ハシリサイタツ　　コトホノ・カニシテウセヌ

図書寮本は「於」を欠く。合符は「驅‐驁‐迅於‐滅‐没」であったろう。ただし、典拠の返点のとおり、文法的には誤り。「驅驁迅」の右訓は、おそらく「（越え）走る光の章《あきらか》なること（事・如？）」と訓まれ、「於滅没」は「滅《ほるも》かにして没《うせ》ぬ（「於」は比較を意味するが不読）」と訓まれたのであろう。サイタツはサキタツのイ音便。「光」は「先」と字形が近く、そのための誤読。タツトキは「章」の部位「立・日十（时）」の類似の字形からの類推か。中村は逆に「光章」が「先立ウマ」の誤読から生じたと推測する。トキカタチは「疾《と》

図６〜図８　日本書紀 巻第14雄略９年７月条

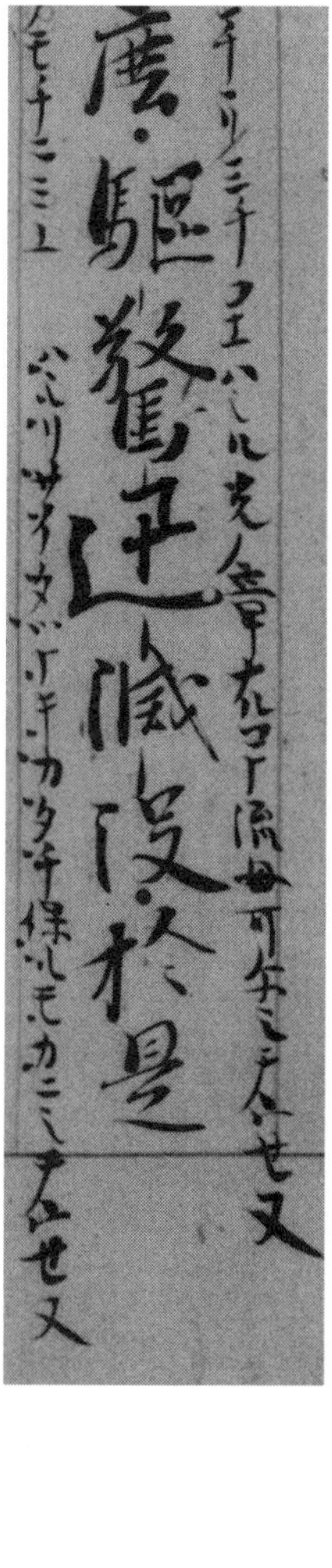

図６　図書寮本「ホルモカニシテ」宮内庁書陵部所蔵
（『宮内庁書陵部本影印集成２　日本書紀』二、八木書店、二〇〇六年に所収）

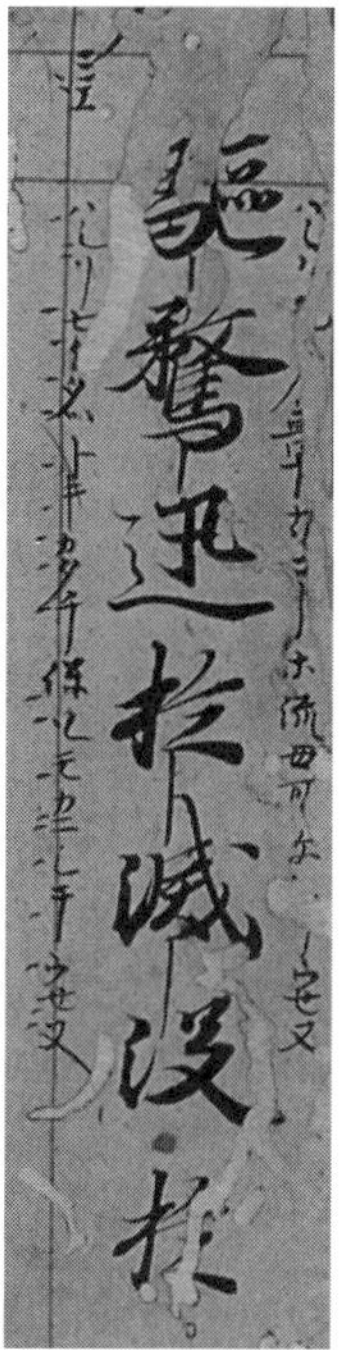

図７　前田本「ホルモカニシテ」前田育徳会所蔵
（『尊経閣善本影印集成26　日本書紀』八木書店、二〇〇二年に所収）

図８　熱田本「ホノカニシテ」熱田神宮所蔵
（『熱田本　日本書紀』三、八木書店、二〇一七年に所収）

き姿《かたち》」で補読。ここで重要なのは左右訓の新旧である。右訓の「呆流母可《ほるもか》」（図書寮本は呆をコトに誤読したか）について阪倉篤義（一九六六）は、①万葉仮名で書かれていること②上代特殊仮名遣の区別が消失後、「毛」の仮名が優勢になる中で乙類の「母」が使用されていることから、奈良時代の訓みを伝える可能性を示唆する。左訓の声点は共有部において二本合致し、声点がホルモカにもあることを考えると資料としては貴重であるが、声点の例は弘仁以降を想定すべきで、右の万葉仮名訓の存在は注目してよい。

熱田本は両本の左訓「ハシリサイタツ」を載せ、朱で「コト（事）」を片仮名で補読している。ホルモカはおそらく解釈不能になったであろう後代に再解読されたと考えられる訓「ホノカニシテ」をのせる。二本の左訓が熱田本の訓みになっている理由はなんであろうか。この訓読の経緯を知る上で三本をつなぐ可能性のあった北野本巻第十四の欠巻が惜しまれる。

おわりに

多層的な要素をはらむ『日本書紀』の古訓は、その訓読史の中でも興味深いありようを示す。『日本書紀』の訓点を規定する場合、個別的には奥書の書写者と書写年時等の情報を基本として写本の系統と加点または移点時期を推測する。日本語学の知見により、時代的には奈良時代の訓を原訓、平安時代の訓を古訓、鎌倉中期以降のものを新訓として分類し、系統的には家学と師資相承の観点から、卜部系と非卜部系を大分類としてさらに可能な限り細分して分類できれば理想である。なお、本文の系統と訓点の系統は必ずしも合致せず、区別して考えなければならない。『日本書紀』の訓点本は、訓読の歴史を伝える古語の宝庫である。

参考文献（論文は初出ではなく、再掲・著書として出版された新しいものをあげる）

石塚晴通、一九八三「日本書紀古訓について 其の一」（『天理図書館善本叢書 月報』五五、八木書店）
二〇一四「吉田本日本書紀 解説」（京都国立博物館編『京都国立博物館所蔵 国宝 吉田本 日本書紀 神代巻下』勉誠出版）
石崎正雄、一九七二「乾元本日本書紀解題」（天理大学附属天理図書館編『天理図書館善本叢書和書之部1 古代史籍集』八木書店）
是澤範三、二〇一五「日本書紀乾元本 訓点解説」（『新天理図書館善本叢書3 日本書紀乾元本』二、八木書店）
阪倉篤義、一九六六『語構成の研究』（角川書店）
鈴木　豊、二〇一六「乾元本『日本書紀』万葉仮名訓の声点」（『論集』一二）
高山倫明、二〇一二『日本語音韻史の研究』（ひつじ研究叢書（言語編）第九七巻、ひつじ書房）
築島　裕、一九六三『平安時代の漢文訓読語につきての研究』（東京大学出版会）
中村宗彦、一九八五『古代説話の解釈―風土記・霊異記を中心に』（明治書院）
森　博達、一九八八「日本語と中国語の交流」（岸俊男編『日本の古代14 ことばと文字』中央公論社）
一九九一『古代の音韻と日本書紀の成立』（大修館書店）
吉田金彦・築島裕・石塚晴通・月本雅幸編、二〇〇一『訓点語辞典』（東京堂出版）

3　中世日本紀

原　克昭

はじめに

「中世日本紀」の視座と方法

中世は、『日本書紀』を基調とする神話の変容と再生が横溢・隆盛した時代であった。『日本書紀』原典の神話叙述から逸脱し多岐にわたる解釈が施される過程で、モチーフに改編が加えられ神々の意匠も変貌を遂げてゆく。しかも、その範疇は中世神道文献や神話注釈にかぎられず、寺社縁起・本地物・歌学書・説話文学・唱導文芸など、さまざまな場面に見受けられる。『日本書紀』を基調として、この「中世」という時代に集中的に現れた神話言説群を総体化し再評価する研究概念が「中世日本紀」である。「中世日本紀」の提唱者である伊藤正義は、『古今和歌集』注釈をはじめ諸書に散見する「日本紀（記）云」という記号化された所説に着目した上で、以下のように指摘する（伊藤正義、一九七二）。

つまり、これらにいう「日本紀」とは、日本書紀原典の謂ではなく、日本紀にも見える神代上代の物語という位の曖昧な用法だともいえるのであるが、しかし、それを「日本紀」と記し、それが誤りであるにもせよ、「日本紀」だと考えた当時の理解があったのである。……かかる神道論と関連して、神代の理解は、新たなる要素を包含してゆくのである。歌学と日本紀注と神道説の融合した中世神代紀のすがたは、決して単一ではありえない。と共に、いつしか日本書紀原典とは大きく隔たった、いわば中世日本紀が形成されているのである。

この「中世日本紀」という研究概念が次第に学界へと滲透し、中世文学・思想史研究の新視角として定着をみるところとなった。「中世日本紀」論の提起によって、それまで一部の特殊領域とみなされてきた中世神道にまつわる言説群を一気にたぐりよせ、ひろく中世研究の俎上で相対化させる画期となったのである。

その本領は、桜井好朗による次の発言に表徴されるとおりである（桜井、一九九三）。

「古代」なくして存在しえず、しかもけっして「古代」ではありえない『日本書紀』への解釈なるものを、「中世」が注釈のかたちで表現する。それが「中世日本紀」の「荒唐無稽」な世界であった。それを「荒唐無稽」としてひややかに見やるのではなく、そこに「荒唐無稽」と評し去るだけでは見落とされてしまう「中世」の大きな力を見る。

中世にあって、『日本書紀』は決して神道家の利用にとどまるものではなく、多彩な言説群もまた「荒唐無稽」の一言で捨象しうるものではなかったはずである。このような「荒唐無稽」なるものへの射程は、

「注釈のかたちで表現」された言説のみならず、『日本書紀』そのものにも仕向けられる。

もっとも、「中世日本紀」という学術用語には必ずしも厳密な定義や概念規定がともなうわけではない。むしろ、ひろくゆるやかに中世の神話言説や物語世界に分け入るための学術的視座として理解しておきたい。「中世日本紀」とは、中世の知的体系の核として神話注釈の営為とその過程で形成された言説の本質を思想運動として捉え返し、中世という時代層の中で問い質していくための有効的な視座と方法である（阿部、一九九九）。

一　「中世日本紀」の展開相

日本書紀注釈の磁場

『日本書紀』成立の翌年より平安前期にかけて「日本紀講筵《こうえん》」（講書・私記・竟宴《きょうえん》和歌）という公的行事の一環としてあった『日本書紀』の注釈的営為は、院政期あたりから「中世日本紀」として立ち現れてくる。本節では、『日本書紀』本文に依拠した注釈の磁場と文献資料に着目してみることにしよう。

ひとまず中世における『日本書紀』注釈の位相を考えるとき、指標として大きく二つの場面が想定される。ひとつは一対一対応による〈伝授〉という場面、もうひとつは複数者を対象とした〈講釈〉という場面である。『日本書紀』が秘すべき神書としての性質を帯びていた中世にあって、前者の〈伝授〉が『日本書紀』にまつわる秘説を醸成し「日本紀の家」としての家学の形成をうながす土壌となったとみるならば、後者の

〈講釈〉は秘説の披露および家学の確立と公認の場であったといえる（原、二〇一二）。そして、この〈伝授〉と〈講釈〉という表裏的な営為を通して、『日本書紀』は書写され注釈的営為がいとなまれ、多彩なまでの神話言説の展開を促進してゆく。

訓詁注釈の系譜

「日本紀講書」の基盤を成した訓詁注釈の系譜は、「日本紀の家」と称された卜部《うらべ》氏（平野家・吉田家）へと継承される。鎌倉期、文永十一年から翌建治元年（一二七四〜七五）にかけて前関白・一条実経ら公卿に対して伝授・講釈された卜部兼文《かねふみ》の説は、兼方《かねかた》の手を経て『釈日本紀』全二十八巻として集成される。『日本書紀』全巻を「開題・注音・乱脱・帝皇系図・述義・秘訓・和歌」の七部に分けて編纂した『釈日本紀』は、『風土記』『日本書紀私記』など古代の佚文を収載した資料的意義をもつ一方で、室町期以降における『日本書紀』注釈の情報源や「大日本国」説・「国号」説・「百王」説などの本説の典拠として活用され、室町後期には吉田兼右《かねみぎ》による注釈書『釈日本紀神代要略鈔』（いわば註疏の営為）も著された。前代の言説を引き継ぎ、後代の言説をはぐくむ類書的な役割を果たした『釈日本紀』は、まさに古代と中世をきりむすぶ架橋的な注釈と位置づけることができる。

このような『日本書紀』本文に即した注釈的営為は訓詁注釈にとどまらず、各時代の「今上天皇」につらなる皇統譜として理解され、慈円『愚管抄』、北畠親房『神皇正統記』および一連の年代記へと派生してゆく（神野志、二〇一六）。かたや、中世神道の思想形成にあっては『日本書紀』神代巻が焦点化され、北畠親房『東家秘伝』の陰陽五行説、一条兼良《かねよし》『日本書紀纂疏』における神道・儒教・仏教の三教一致説にもとづく解釈など思想的再構築がはかられ、吉田家・清原家による『日本書紀』講釈や『日本書紀抄』へと発展継承される（次章平沢卓也「吉田家と日本書紀」参照）。

その一方で、学僧たちも積極的に『日本書紀』神代巻の書写・伝授に携わり、注釈の主たる担い手として仏教思想と連環した新たな秘説・秘儀を醸成していく。鎌倉期には、金沢称名寺第二世・釼阿《けんな》が『日本書紀』から諸事象にまつわる関連記事を抜書・抄録し事書化した『日本紀私鈔』を著す。釼阿は『日本書紀』神代巻の書写・伝授歴（嘉元三年〔一三〇五〕長井貞秀書状・嘉元四年〔一三〇六〕丹鶴本奥書・嘉暦三年〔一三二八〕彰考館本識語など）を有するとおり、まさに注釈的営為と書写・伝授は不可分な関係にあったことが諒解できる。南北朝期に成立した『日本書紀私見聞』は、巻末に『麗気記抄《れいききしょう》』を附載する点に特徴があり、『日本書紀』が両部神道の代表的典籍『麗気記《れいきき》』と連動して書写・伝授・注釈されていた軌跡が窺える。『日本書紀私見聞』は内宮荒木田家の学統周縁（道祥《どうしょう》本・春瑜《しゅんゆ》本）で伝授されたほか、日光天海蔵本・願教寺本が伝わるように東国の寺院圏でも伝領された注釈文献であり、常陸の浄土僧・了誉聖冏《りょうよしょうげい》は同書を参照しつつ『日本書紀私鈔（弁人王百代具名記）』『麗気記私鈔』『麗気記拾遺抄』『麗気記神図画私鈔』の諸注釈を手懸けている。このように学僧による注釈的営為は、中世の宗教文化圏と書写・伝授のネットワークを動態的に透視させてくれる。

また、室町期に活動していた比叡山の学僧・良遍による『日本書紀聞書』『神代巻私見聞』『麗気聞書』は、いずれも講述―聞書―伝授という形態をとっており、密教儀礼に倣った神道灌頂《かんじょう》・日本紀灌頂の秘儀と併せて、仏と神を重畳させた仏神論、古《いにしえ》と当時《いま》をつなぐ年代論が展開されている。灌頂という営為を通して、授者と受者の双方が神話世界を感得し追体験する儀礼は宗教的実践であり、言説空間と儀礼空間が相互作用した注釈的営為でもある。伝授・講釈の現場から言説が喚起され、注釈言説が信仰空間を形成する。こうした『日本書紀』をとりまく中世特有の宗教思想環境の裡に、注釈的営為のリアルなまでの叡知と動態が再現されている。

和文化注釈の系譜

「日本紀講筵」に淵源するもうひとつの展開相として、和文化注釈の系譜がある。信西（藤原通憲）『日本紀鈔』や顕昭『日本紀歌注』の仮名書き逐語訓釈が歌学・歌論書で共有されるかたわら、院政期には神話注釈が「日本紀に云はく」という形で散見するようになる（『俊頼髄脳《としよりずいのう》』『奥義抄《おうぎしょう》』『和歌童蒙抄《わかどうもうしょう》』『袖中抄《しゅうちゅうしょう》』など）。その多くは『日本書紀』本文とは懸け離れた新たな神話言説であり、『古今和歌集』や『源氏物語』の注釈と連環して中世の学芸注釈の世界を織りなす。そのような和文化注釈の派生型として、『秋津島物語《あきつしまものがたり》』『彦《ひこ》火《ほ》火《ほ》出《で》見尊絵巻《みのみことえまき》』など、まとまった形で和文化・絵巻化された神話文献が登場し、さらに寺社縁起・御伽草子・謡曲として発展してゆく。

『秋津島物語』は、聞き手（問者）である隠者と語り手（答者）の塩土老翁《しおつちのおじ》との対話様式により『日本書紀』神代巻ゆかりの〈物語〉を和文化し再構成した歴史物語の体裁をとる。序文につづく各問答の内容は、神代の年代論、秋津島の国名由来、国土創成の神名、田作・蚕飼の起源、三種宝物の由来、天孫降臨の顚末、そして海幸山幸《うみさちやまさち》神話にみる満珠・干珠の由来に説き及ぶ。なお、物語の舞台は建保六年（一二一八）に設定されており、当該年が順徳天皇の中宮立子《りっし》（九条良経女）に皇子懐成《かねなり》親王（仲恭天皇）が誕生した年にあたることから、将来の帝王にむけた庭訓学を期して進献された可能性も指摘されている（阿部、一九九五・一九九七）。かたや、後白河院をとりまく文化圏のもとに成立した『彦火火出見尊絵巻』は、海幸山幸神話を絵画化し再編成させた中世神話の嚆矢として位置づけられる。往々にして研究の視座は、『日本書紀』原典や後白河院成立圏への遡及意識から、記紀神話との本文対照をはじめ兄弟神話の擬制や皇室と平家一門の結合を物語る王権神話論へと収斂される傾向にある。おなじく海幸山幸神話のモチーフをとる御伽草子『かみよ物語』や謡曲『玉の井』などとともに、中世における神話享受のありかたから改めて絵巻という新たなメディアを獲得し文芸的展開を遂げた意義を読みとる視点がもとめられる（小峯、二〇一一）。さらにいえば、若狭・明通寺という地域における伝来と享受、寺社縁起としての継承と受容という側面も見逃せない。とりわけ『彦火火出見尊絵巻』は在地縁起『若狭彦若狭姫大明神秘密縁起』との関係性が色濃く、「中世日本紀」の地域性を見定める上で恰好の資料ともなりうる。

寺社縁起の系譜

もとより神話モチーフを併せ持つ寺社縁起は、各社ごと全国津々浦々に点在する。『日本書紀』原典に還元しえない言説の展開と諸相に関心が寄せられるが、なかでも「中世日本紀」の地域性という観点から特筆すべきは出雲神話であろう。

ヤマタノヲロチ神話を中心とする記紀神話と日本海へ仕向けられた『風土記』所載の出雲国引き神話が、すでに古代神話の段階で異次元にあったことはよく知られている。中世には、前者が天皇神話を支えるレガリア（宝剣神話）として機能し増幅をみせたのに対して、国引き神話はインド霊鷲山《りょうじゅせん》からの漂着という新たな中世出雲神話へと変容を遂げてゆく（斎藤、二〇一二）。そうした本来は相容れなかった神話言説が、室町後期の大永三年（一五二三）成立とされる在地縁起『雲州樋河上天淵記《うんしゅうひのかわかみあめがふちのき》』（異本『天淵八叉大蛇記《あめがふちやまたのおろちのき》』）に至って、両者の融合したもうひとつの「中世日本紀」の形で再構築される（岡、二〇一一）。本書はヤマタノヲロチ神話ゆかりの伝承地で旅僧が聞書した体裁をとり、大きく前半の天叢雲剣《あめのむらくものつるぎ》の出現神話（スサノヲ来臨～ヤマタノヲロチ退治）、および後半の宝剣神話（ヤマトタケル東征～新羅沙門道行譚～源平合戦による宝剣喪失）で構成されている。ところが、本文内容を読み進めてゆくと、主要モチーフであるヤマタノヲロチ退治に関する神話叙述に潤色が施されることで在地の地名伝承は饒舌となり、さらにその中に国引き神話が織り込まれていることがわかる。王権神話としての宝剣伝承を基層に据えつつも、したたかに在地の神話伝承が息づき継承されているのである。

このように『日本書紀』は、中央の王権神話として、はたまた各処寺社を磁場として書写・伝授・注釈されてきた場面と併せて、同時発生的あるいは異時同図的に諸地域ごとの言説的展開をみせる。中世における『日本書紀』が不可視性を帯びたテキストであるがゆえに、カノン指向を越えてたえず流動化する運動体となりえた「中世日本紀」の多様性が見え隠れする。換言すれば、神話が一元化することなく諸説が存立したゆえんも、ひとえに異伝・異説の形成が諸家学や各流派、諸地域ごとの独自な展開を可能にさせたからにほかならない。それぞれの場や環境によって注釈され、開かれた秘説・本説の拠り所として「日本紀」が多発的かつ流動的に浸透した時代、それが「中世」であった。

二　「中世日本紀」にみる神々の意匠

ついで本節では、少し視点を換えて神話に登場する主要な神々を焦点化し、「中世日本紀」の言説空間の中でどのように変貌を遂げたか、具体的な神々の意匠を見届けてみることにしたい。

イザナギ・イザナミ（諾冉二神）

高天原より天降り国土を創成した最初の夫婦神イザナギ・イザナミ（諾冉二神）。日本誕生の軌跡を語る神話叙述での二神には、神聖な始原イメージが印象ぶかい。しかし、神話が拡大再解釈された中世にあって、諾冉二神は必ずしも神聖性から顕彰されるものではなかった。とりわけて意匠の変貌を刺戟したのは、国土創成（国生み）としての神格、および二神の婚合（神生み）という神話モチーフである。

国土創成の神格は、まず仏教の創成神との習合を喚起する。鎌倉期の『通海参詣記《つうかいさんけいき》』には、伊勢神宮の祠官の発言として「第六天の魔王とは、伊舎那《いしゃな》天の事なり。伊舎那とは即ち伊佐奈岐《いざなぎ》の尊の御事なり。その読み同じきなり」という所説を載せる。イザナギが仏教で説く伊舎那天（色界第四禅摩醯首羅天《しきかいだいしぜんまけいしゅらてん》の異称）と同体視されているわけだが、その論拠はたんに読みが似通う音通にとどまらない。伊舎那天を東北の支配者とする密教説に、天竺からみた日本国土の位相（東北の角）という地理的連想が重なり、さらに一連の中世神道書に書承される過程で、神名の由縁を梵語にもとめる説へと展開する（『神皇正統記』など）。インド・中国・日本にわたる三国仏法史観や梵語・漢語・和語の三国言語観を通じて、諾冉二神は対外的根拠に堪えうる、かけがえなき日本の始原神としての神格を装うこととなる。

一方、神生み神話では三貴子ならぬ「一女三男」の出生が「中世日本紀」の主要話素となり、アマテラス・スサノヲ・ヒルコら諸神をめぐる秘説の形成をうながす。そして、二尊による夫婦婚合の神話モチーフは、「婚嫁の因縁あさからず」（『古今著聞集《ここんちょもんじゅう》』）と神聖視されつつも、性愛の本説としての意義を帯びはじめる。南北朝期の『神道集』には「世間の人の常の諺に、昔祖父祖母と有りて人種を放つと云ふは実なり」との俗諺を伝えるように、「祖父祖母」に諾冉二神が投影され、人種の起源と男女和合のモデルとして適用される。中世後期には、神道説の通俗化にともなって性愛に対する関心ぶりがより露骨となり、「昔から今に至るまで、男女和合・子孫繁昌、全くこれ人と神と一体不二」（『神道箱隠大事《しんとうはこがくしのたいじ》』）のごとく、中世びとの営為に直結して理解されるようになっていく。

アマテラス（天照大神）

スサノヲの暴挙に対してかたくなに拮抗し、皇孫ニニギに天壌無窮の神勅を授ける。その端麗で凛としたアマテラス（天照大神）の女神イメージはゆるぎない。だが、このアマテラス像は近世期の図像化を経て国家神道のもとに統合された近現代の典型的な女神の姿であり、白衣に垂髪の女神像で一元化されて描かれたことでアマテラスの特質はかえって後景化したとさえいえる。

現在ではアマテラス＝女神という認識は常識化した理解にあるが、中世には一概に女神として定着化したわけではなかった。むしろ図像面からみたとき、「三十番神絵」に描かれたアマテラス、密教儀礼に倣った神道灌頂で掲げられたアマテラス、その多くは男神しかも衣冠束帯の姿で形象化される場面が際立つ。また、慈円『毘逝別《びぜいべつ》』には次のような夢記が綴られている。伊勢大神宮（アマテラス）は女身といい「日本記文」も女を本体とするが、毎年神宮より送られる神服は男服である。そこで、親経卿のよこした「日本記本文」に鑑みたところ、天照は男神としても現れる旨を知り、慈円は「一仏の身は、男にもあらず、女にもあらず。ただ両根無き身」との認識に至ったという。夢中に顕現するアマテラスでいえば、『源平盛衰記』には、源雅頼に仕える侍の夢に衣冠束帯をまとった貴人のアマテラスが登場する話を載せる。その一方で、中世神道書『日諱貴本紀《じちいきほんぎ》』では男女二根を有する「今の両娍《ふたなり》の始め」と明示するなど、アマテラスは女神とも男神とも、あるいは性差を超越もしくは両性具有の神として屹立していた（佐藤、二〇〇〇）。

また、アマテラスは男神か女神かというイメージの位相差は、諾冉二神の出生神として「中世日本紀」の主要話素に定着化した「一女三男」説とも連関する。あえて神話叙述に還元すれば、「一女」＝日神（アマテラス）、「三男」＝月神（ツクヨミ）・スサノヲ・ヒルコとなるだろう。しかし、中世には必ずしもアマテラス＝女神が常識の枠に収まらないのであれば、「一女三男」とりわけて「一女」の該当にもゆれを生じることとなる。「一女」＝ヒルコ説やツクヨミ説、スサノヲ以外の三神を「女神」とみなす諸説が錯綜し、ひいては出生の次第から「長男」＝スサノヲ、「次男」＝アマテラスとする説も紡ぎだす。中世末期には「私に云く、これ不審なり。一女は天照太神なり」（袋中《たいちゅう》『神道集略抄』）などの疑義も提示されたように、ゆりもどしと均衡がはかられつつ、アマテラス＝男神・女神説と「一女三男」説が相互にゆるぎあい、さらなる秘説を誘発する「中世日本紀」の象徴的な言説醸成の一端がかいまみえる。

さらに中世のアマテラス像を見渡したとき、第六天魔王との冥約譚を抜きにして考えることはできない。諾冉二神が矛を掻きさぐる神話モチーフは、「大日の印文《いんもん》」というシンボルをめぐるアマテラスと第六天魔王の冥約譚にとってかわる。その梗概は、日本領掌の妨害をたくらむ仏法障碍の第六天魔王に対して、アマテラスは仏法忌避という虚偽の誓約を交わす。神宮において仏法を忌むのはこの冥約による方便であり、その際に証文として交わされた「大日の印文」こそ、三種の神器のひとつ「神璽」にほかならないと伝えるものである。同軌の所説は、鎌倉期の説話集『沙石集』劈頭話「太神宮の御事」をはじめ、『日本書紀私見聞』、『太平記』「日本朝敵の事」、室町期の教理問答書『塵滴問答《じんてきもんどう》』など諸書に採録されており、広く流布・浸透した形跡が認められる。

かくして、日本国主として再構築された中世のアマテラス神話は、第六天魔王がイザナギやオホナムチと同体視されることによって、さらに国土創世神話や国譲り神話の文脈とも絡みあい、仏法流布・密教相応の地としての日本神話として再布置される。第六天魔王との冥約譚は、いわばアマテラスの日本国主即位前紀として統治権の譲渡を物語る中世版・国譲り神話であり、仏法擁護を担保する神話的意義を併せ持つものである。こうした構想は大日如来と習合したアマテラスとともに、「大海の上に大日と云ふ文字浮かべり。彼の文字の上に鉾のしづく落ち留めて島となる。故に大日本国と名付く」（百二十句本『平家物語』「鏡の沙汰」）、「大日のほし（梵字）のその上に出来はじめし国なれば、大日本国とは申すなり」（幸若舞曲『日本記』）などの

「大日本国」説、独鈷《とっこ》や鑁字《ばんじ》（大日如来の種子）に見立てられた「日本図」構想とも連環し、あらゆる話素を通じて奥行きと拡がりをみせるところとなる（伊藤聡、二〇一一）。

三 「中世日本紀」からみた「古代」幻視

「神書三大部」の位相

ところで、中世における『日本書紀』の位相を見定めるとき、ひとつの指標としておさえておきたいのが、中世神道説の拠り所となるべき神典として『先代旧事本紀』『古事記』『日本書紀』が「神書三大部」として尊重されていた点である（慈遍『天地神祇審鎮要記《てんちじんぎしんちんようき》』、吉田兼倶《かねとも》『唯一神道名法要集《ゆいいつしんとうみょうぼうようしゅう》』ほか、一連の『日本書紀』注釈書に所見）。たとえば、室町期の良遍『神代巻私見聞』巻上には以下のようにある。

一、神書三大部の事。

示して云く、一、『旧事本紀』十巻。これは推古天王の御時、聖徳太子の御製なり。蘇我馬子これを書す。次に、『古事記』三巻。元明天皇御宇和銅年中、稗田阿乱〔礼〕大臣と云う人の言なり。安部安丸が執筆なり。仮名也。『日本紀』。此の巻は人王四十四代元正天王、養老奏覧、作者は舎人親王、安部安丸と二人作るなり。筆執は即ち安部安丸なり。されば、この『日本紀』、初めは仮名にて有りけるを、人王五十二代嵯峨天王の御時、菅家三人・江家三人、都合儒者六人を召して真名に書かせらると云々。

「神書三大部」のうち、『先代旧事本紀』に関しては中世を通じて聖徳太子に仮託された最初の正紀と認知されつづけていた。和銅年中に稗田阿礼の読誦を太安万侶が筆録したとする『古事記』の認識にさしたる問題はない。そして、『日本書紀』もまた元正天皇の養老年間における舎人親王撰進という理解の範疇にある。ところが、傍線部の一節では現在認知するところとはまったく懸け離れた異様な言説が開陳されている。つまり、『日本書紀』は当初は仮名で書かれていたが、それを嵯峨天皇の勅命により菅原・大江両家の儒者六人を召して真名に再治させた、それが現行の『日本書紀』だという説（嵯峨天皇日本紀再治説）である。同様の所説は、貞舜『天台名目類聚鈔（七帖見聞）』など中世の仏典類にも見出せるほか、室町後期の雑纂的類書『榻鴫暁筆《とうでんぎょうひつ》』では嵯峨天皇日本紀再治説を筆録した上で、「これら神書に異説多し。尽すべからず」とある。「神書三大部」の成立をめぐって諸説が混在していたもようである。なかでも、この所説が諸書で取り沙汰されていることは、それがいかに流布し共有された所説であったかを示唆している。以下では、いわば『日本書紀』の成立擬史とも称すべき嵯峨天皇日本紀再治説を端緒として、「中世日本紀」からみた「古代」幻視の様相をあぶりだしてみることにしよう。

嵯峨天皇日本紀再治説―日本書紀成立擬史

嵯峨天皇日本紀再治説では、もともと『日本書紀』は仮名で書かれていたと説示するとおり、「仮名日本紀」の存在が前提となっている（Ⅲ部関根コラム「仮名日本紀」参照）。「仮名日本紀」の名は、はやく『日本書紀私記』丁本に『日本書紀』講読の具書として列記される例をはじめ、『源氏物語』の古注釈『河海抄《かかいしょう》』所引『江談《ごうだん》』佚文には、仮名の起源をめぐる言談の一節で「いろは」の創始に擬せられた弘法大師空海以前にみる仮名書き先蹤例として「仮名日本紀」に言及する。ほぼ同文が『簾中抄《れんちゅうしょう》』に確認されることより、院政期にはある程度「仮名日本紀」説が滲透していたとみられる。げんに、前節で見届けたとおり、院政～鎌倉期には『秋津島物語』など仮名物語化された『日本書紀』が指向された動向とも関わる。ただし、嵯峨天皇日本紀再治説において「仮名日本紀」説は前提的な一話素にすぎず、もっぱら主眼は「嵯峨天皇」による「再治」を経て真名に改められた、いまの『日本書紀』にある。なぜ真名に「再治」した時代設定が「嵯峨天皇」なのか。「嵯峨天皇」と「再治」という成立擬史の背景には、どのような文脈が介在しているのか。その創説背景をさぐりあてる上で、次の一条が重要な示唆を与えてくれる。

> 一、三部神書の傍証の事。示して云く、嵯峨天皇の私記とて三巻の書これ在り。彼の書に云く、太子書は草案、阿礼大臣の書くる中、『日本紀』は再治定なり。（良遍『神代巻私見聞』巻上）

同様に「三部神書」と「再治定」にふれるが、ここで着目すべきは傍証として掲げられた「嵯峨天皇の私記」なる「三巻の書」である。ここからただちに想起されるのは、平安初期に数度にわたって催された『日本書紀』講書である。その嚆矢こそ、ほかならぬ「嵯峨天皇」弘仁四年（八一三）のことであり、その記録が『日本書紀私記』甲本三巻に相当する（とみなされていた）からである。ここに、「嵯峨天皇」と「日本紀」の結節点として『日本書紀私記』甲本の存在が浮上してくる。

はたして、「再治」という着想もまた『日本書紀私記』甲本の序文に見出すことができる。『日本書紀私記』編纂の企図を明示した叙述中には、「第一・第二の両巻」すなわち『日本書紀』神代巻には神代の語に古質が多く、それを授受する者たちはややもすると「訛謬」を犯しやすい。そこで「倭音」によって弁別し、

『日本書紀』三十巻を『日本書紀私記』三巻として抄録したとある。同様の認識は、『日本書紀私見聞』に記された「訛セン事ヲイタンデ」「三巻ノ書」を撰録したという「再治」事由ともども、甲本序文の「訛謬」とたしかに呼応する。嵯峨天皇日本紀再治説は、仮名から真名へという倒錯した『日本書紀』成立擬史として「古代」を幻視した残影を物語る。さらにいえば、『日本書紀私記』甲本の巻末識語に「およそこの書は、日本第一の秘書なり」とあるとおり、『日本書紀私記』甲本もまた『日本書紀』神代巻ともども尊重すべき「古代」の神典と再認識されていたことが知られる。

もとより「荒唐無稽」な成立擬史を指向したわけではないことは、中世を通じて『日本書紀』の養老成立事情が認知されていたことからも明らかである。むしろ、成立過程が定位されていたからこそ、「神書三大部」の成立擬史をはぐくみ、さらなる始原をもとめて「仮名日本紀」説や嵯峨天皇日本紀再治説が再定位されたのである。確固とした本説の存在が言説の再解釈をうながし、さらなる拡大と増幅が繰りひろげられたわけで、平安期の「日本紀講筵」もまた中世の『日本書紀』注釈にとっては欠かせない存在なのであった。前代に成立した古層の注釈的営為を摂りこみ、中世からみた「古代」として読み換え更新させてゆく「中世日本紀」の柔軟性と重層性がここにある。

始原への探求志向―第二・第三の『本朝事始』

中世にあって『日本書紀』は不可視性をまとった神典であった。だからこそ、講釈・伝授が必要とされる一方で、多彩な読み換え・書き換えを可能にさせてきた。その神話注釈のまなざしは、ひとえに始原に対する探究志向にある。始原をもとめて神話が喚起され、新たな神話が再生されることで始原が語られる。この循環が「中世日本紀」の特質であり本領でもある。

そのような始原への探求志向に根ざした資料に、文字どおり『本朝事始《ほんちょうことはじめ》』というテキストがある。本書は、『通憲入道蔵書目録』（群書類従二八・雑部）に「一合第百十六櫃　本朝事始〔略抄二巻〕」とあるが現存しない佚書として、十巻本『伊呂波字類抄』所載佚文（全四十一条、うち二条分は『河海抄』に所引）が蒐集されている（和田・森編、一九四〇）。それらは有職故実に関する記事を『古事記』『日本書紀』以下六国史および『政事要略』から項目ごとに摘記・抄出したものである。この佚書『本朝事始』が信西（藤原通憲）による撰述書か一蔵書かは判然としないが、いずれにしろ抄出・再編が注釈的営為の一環としてあったことは確かであろう。

ところが、中世には信西に仮託された第二・第三の『本朝事始』が出来・流布するようになる。第二の『本朝事始』は、やはり有職故実にまつわる全四十条で編成された『本朝事始』である（国立公文書館内閣文庫ほか諸機関に伝存）。先の佚文と条文は一致しないが、その内題下に「（散位）萍給事法官信西撰」と銘打つ上に、次の本奥書を諸本ともに共有する。

　右之本朝事始二巻、信西入道之家記也。専其書法倣江平之二家、尤袖珍之秘記（也）。
　建武二年乙亥（一三三五）正月下浣日　橘中散大夫季茂写之
　本朝事始二巻、自梶井御門主伝之拝写畢。尤有職之一助也。
　天正三年（一五七五）十月廿五日　従四位上中原師富

中原家は代々局務を世襲した有職家であり、師冨《もろとみ》は後崇光院・後土御門天皇の代に穀倉院別当や大外記《だいげき》を務めた履歴が確認されている。系図を遡れば、『日本書紀』を参考に『師光年中行事』を著した中原師光《もろみつ》がいる。また、第三の『本朝事始』はさらに内容を異にした全三十条から成る一本（肥前島原松平文庫本）ながら、同様に内題下に「散官給事中信西撰之」とあり、以下の奥書をもつ（錦・小川、二〇〇三）。

右一部二巻之書記、少納言信西入道庫裏之記也。雖然、満脱虫食多而纔余其千百于十一。惜哉、惜哉。尤告朔之羊、可愛之者也。于時文明二年（一四七〇）霜月下旬　大外記師吉写之畢。

これら第二・第三の『本朝事始』成立の背景に、むしろ佚書であるからこそ有職家にとっては格好の神話像に包まれたテキストとして『本朝事始』が再布置された可能性が指摘されている。失われた知の領袖として神話化された信西像と信西家蔵書への「古代」幻視の結果がもたらした偽書との見解である（小川、二〇一四）。ただし、第二の本奥書に名を載せる中原師冨の経歴と書写年記の時代齟齬、ならびに第二・第三の『本朝事始』諸本がいずれも近世諸家の書写歴を有する点に留意される。あるいは、「中世日本紀」を偽装した近世偽書の可能性も否めないところであり、場合によっては「古代」を幻視した「中世日本紀」の始原探求指向が「近世」へと揺曳した、いわば二重の「古代」幻視フィルターのかかったテキストとして再評価されうるかもしれない。ともあれ、始原への探求志向が新たな神話テキストを発現させる原動力となっていた様相を見て取ることはできるだろう。

四　「中世日本紀」研究の可能性

「中世日本紀」研究の可能性

「中世日本紀」の言説世界にみる神話の変容と再生の軌跡は、神格の置換・モチーフの改編・仏教的理解による再解釈で彩られている。それゆえに、『日本書紀』の神話や歴史叙述を正統視する立場からみれば、連想・喚起・連環といったアナロジー性に富んだ「中世日本紀」の言説群は「荒唐無稽」と映りかねない。たしかに、このようなアナロジー思考に実証的合理主義を持ち込むことには限界があろう。しかしながら、「中世」という時代層にあって、そのような注釈が指向され、動態的かつ実践的に伝授・講釈され、多彩な言説の展開を促進させてきた経緯は、まぎれもなく『日本書紀』のたどってきた歴史である。中世に簇出した浩瀚なまでの文献資料群に対峙し、その言説の内実をありのままの実態相として読み解く。その過程で、アナロジー的思考と実証学のあわいに思想史的磁場を見据え、非合理性の裡にひそむ「中世の論理」が再発見されたとき、にわかに「中世日本紀」研究の展望が拓かれてくる。「中世日本紀」は文学・思想史・歴史学といった近代以降に確立されたジャンルの壁を乗り越え、古代・近代表裏観を反転させ相対化させる意義を有する。中世の叡知を投影させた「中世日本紀」研究に寄せられる期待と可能性は、「古代神話」もしくは「近世神話」との断続性とも相俟って、さらに問い続けられてゆくにちがいない。

参考文献

阿部泰郎、一九九五「『日本紀』は中世に如何に読まれたか―『秋津嶋物語』を読む―」（別冊国文学『古事記日本書紀必携』）
一九九七「中世における〝日本紀〟の再創造―『春秋暦』から『秋津嶋物語』へ―」（『中世文学』四二）
一九九九「〝日本紀〟という運動」（『国文学解釈と鑑賞』六四―三）
伊藤　聡、二〇一一『中世天照大神信仰の研究』（法藏館）
二〇一六『神道の形成と中世神話』（吉川弘文館）
伊藤正義、一九七二「中世日本紀の輪郭―太平記におけるト部兼員説をめぐって―」（『文学』四〇―一〇）
岡　宏三、二〇一一「内神社所蔵「天淵八叉大蛇記」について―中世出雲の八岐大蛇退治神話―」（『神々のすがた・かたちをめぐる多面的研究』島根県古代文化センター）
小川豊生、二〇一四『中世日本の神話・文字・身体』（森話社）
神野志隆光、二〇一六「その後の日本書紀―「年代記」の展開―」（『京都語文』二四、佛教大学国語国文学会）
小峯和明、二〇一一「中世日本紀の物語世界―〈海〉の中世神話―」（新川登亀男・早川万年編『史料としての『日本書紀』―津田左右吉を読みなおす―』勉誠出版）
斎藤英喜、二〇〇六『読み替えられた日本神話』（講談社現代新書）
二〇一二『荒ぶるスサノヲ、七変化―〈中世神話〉の世界―』（吉川弘文館）
桜井好朗、一九九三『祭儀と注釈―中世における古代神話―』（吉川弘文館）
佐藤弘夫、二〇〇〇『アマテラスの変貌―中世神仏交渉史の視座―』（法藏館）
錦仁・小川豊生、二〇〇三「松平文庫蔵『本朝事始』―解題と翻刻―」（錦仁・小川豊生・伊藤聡編『「偽書」の生成―中世的思考と表現―』森話社）
原　克昭、二〇一二『中世日本紀論考―註釈の思想史―』（法藏館）
和田英松・森克己編、一九四〇『国書逸文』（国書刊行会、新訂増補版一九九五）

4　吉田家と日本書紀
―吉田兼倶の神代巻講釈を中心に―

平沢卓也

はじめに

洛東神楽岡《かぐらおか》に鎮座する吉田社（吉田神社）は、大和の春日社（春日大社）を勧請した藤原氏ゆかりの古社である。この神社の社家を代々務めた一族を吉田家という。神祇官の次官である神祇大副《たいふ》を世職とする家柄であったが、室町時代中期に吉田兼倶《かねとも》が出るに及んで、独自の神道説である吉田神道（宗源《そうげん》神道、唯一神道）を提唱し、神祇道宗家の地歩を確立した。

一方で、吉田家は古典の考究を家学とし、『日本書紀』「神代」（以下、神代巻と表記）の書写や注釈の作成、あるいは貴顕への講義などを積極的に行っている。とりわけ兼倶による神代巻の講釈は、聴講者による聞書《ききがき》が少なからず遺されており、中世における『日本書紀』の受容を考える上で興味深い事例であるといえよう。

また聞書には、体系的にまとめられる以前の兼倶の神観念や思索の跡が看取され、吉田神道成立の解明に資するところ多大である。

そこで本稿では、はじめに吉田家と『日本書紀』の関わりを概観し、次いで兼倶の神代巻講釈、特にその神道思想の形成に重要な役割を果したと思われる文明九年（一四七七）～十三年（一四八一）の講釈を取り上げて、検討してみたい。

一　吉田家と日本書紀

吉田家の祖先は、神祇官の伴部として亀卜《きぼく》を掌っていた卜部《うらべ》である（吉田家については、岡田〔一九九四・一九九九〕参照）。九世紀の平麻呂《ひらまろ》の時、洛北平野社の預《あずかり》になったとされ、平麻呂の曾孫兼延《かねのぶ》の代に円融天皇による平野社行幸が実現、兼延は神祇大副に任じられている。この兼延の孫に当たる兼国、兼親《かねちか》から二流に分かれた。前者を平野流、後者を吉田流と称するが、これは各々平野社、吉田社の預を務めたことに由来する（但し、吉田流が同社と関わるのは鎌倉時代初期とみられ、それまでは両流ともに平野社預であった）。吉田社は、朝廷の祭祀を担った有力氏族中臣氏から出た藤原氏の氏社だが、鎌倉時代の初期、卜部氏によって偽系図が作成され、中臣氏と卜部氏を同族とする認識が広まったことにより、卜部氏出身者が預職に就いたと考えられる。

中世になると、神祇祭祀に対する人々の関心が高まり、平野・吉田両流の卜部氏は公家から祭式や故実についての諮問を受けるようになる。こうした中、五摂家の一つである一条家で、平野流の兼文を招いて『日本書紀』の講読が行われた。兼文の曾孫兼員《かねかず》が「日本記ノ家」と呼ばれたように（『太平記』）、平野流は公家の間で『日本書紀』研究の権威として重んじられていたのである。

『日本書紀』注釈書の嚆矢として名高い『釈日本紀』は、この時の講釈や質疑の内容を兼文の子兼方がまとめたもので、卜部氏の家学に基づいた種々の解釈が提示されている。更に、今日では散逸してしまった『風土記』や『日本書紀私記』などの文が諸所に引用されており、古代神話の研究に裨益するところが少なくない。

また、講義の際のテキストに使用されたとみられているのが、現在国宝の指定を受けている、兼方自筆の神代巻（弘安本〔兼方本・吉田本〕）である。古本系の諸本と比較すると、様々な違いが存するのだが、中でも、古本系が「一書」を二行に小書きする分注の形で記しているのに対して、弘安本が一字下げて「本書」と同

卜部氏系図

兼延―兼忠
├（平野流）兼国…（五代略）…兼頼―兼文―兼方―兼彦―兼員―兼前―兼遠―兼内―兼右―兼尚―兼種―兼緒―兼永―兼隆
└（吉田流）兼親…（五代略）…兼直―兼藤―兼益―兼夏―兼豊―兼熙―兼敦―兼富―兼名―兼倶
　├兼致―兼満―兼右
　├兼永（平野家養子）
　└宣賢（清原家養子）―兼右（吉田家養子）

じ大きさの字で表記するよう改めている点は注目される。これは、吉田流の兼夏の書写にかかる神代巻（乾元本〔兼夏本〕）も同様の体裁になっており、卜部氏に伝わる神代巻の特徴といえよう（なお、次節で取り上げる吉田兼倶は、「一書」を重視する立場から、この形式の意義を高く評価した）。

鎌倉時代までの卜部氏は、平野流が優勢であった。平野流は、伊勢神宮の祭主家大中臣氏と姻戚関係を結び、中央とも強い繋がりをもっていたのである。しかし、兼夏の孫兼熙《かねひろ》（一三四八〜一四〇二）の頃から、次第に吉田流の勢力が平野流を上回っていく。摂政二条良基へ接近した兼熙は、その庇護を受けて宿禰より朝臣への改姓に成功し、また卜部氏で始めて従三位（のち正三位）に任じられている（この時、吉田を家名としたので、本稿では兼熙から後は吉田家と表記する）。

更に兼熙は、二条良基の三男で一条家の養嗣子となった経嗣《つねつぐ》に秘説を伝授し、一条家とも結びつきを深めていった。この経嗣の次男が、『日本書紀纂疏《さんそ》』（以下、『纂疏』と略称）の著者一条兼良《かねよし》（一四〇二〜一四八一）である。『纂疏』は、兼良の仏典や漢籍に関する該博な知識によって編まれた本格的な『日本書紀』の注釈書であり、吉田家の人々にも大きな影響を与えている（金沢、二〇一六）。

なお、兼熙の息兼敦《かねあつ》にも、『日本紀神代巻秘抄』（天理大学附属天理図書館〔以下、天理図書館と表記〕蔵）という簡便な注釈書があり、家学の更なる発展が期待されたが、その死により中断を余儀なくされる。ゆくりなくも当主となった弟の兼富は、秘説の継承が不充分だったので、経嗣が受けた吉田家の秘伝を改めて授けるよう兼良に懇請し、一条家から吉田家への〈返伝授《かえしでんじゅ》〉が行われたという（但し、これについては疑問視する見解もある）。この兼富の孫が、吉田神道を創出した兼倶である。

二　吉田兼倶の思想形成と神代巻講釈

吉田兼倶（一四三五～一五一一）は、吉田家の当主兼名の子として生まれた。初名を兼敏という。若年時は、神祇官人として朝廷に仕えるなど、順調に栄達の途を進んでいたが、応仁の乱により事態は急転する。応仁元年（一四六七）六月八日、放火によって自邸が焼失、翌年七月四日には兵火で吉田社も焼けてしまう。こうした中、兼倶は「昨日吉田神主逐電。今度の儀余面目を失ふの由候とて」（『山科家礼記』応仁二年七月七日条）と、一時行方をくらましたらしい。

祖先から継承した神社や自邸を（おそらく累代の書籍も）失うという状況は、兼倶に計り知れない衝撃をもたらしたようだ。これ以降の兼倶は、伝統的な神祇官人の枠組みから逸脱し、公的文書や系図を偽造して吉田家の地位向上を図ると共に、仏教や道教、陰陽道などの文献を渉猟して、偽書・偽経を作成、独自の神道説を提唱するに至るのである（兼倶の思想については、久保田〔一九五九〕、出村〔一九九七〕、伊藤〔二〇一七〕等参照）。

兼倶は、文明二年（一四七〇）以前に、天神地祇八百万神を祀る場であり、かつ自ら考案した儀礼を行うための施設である斎場所を自邸に設けている（伊藤、一九九一）。ここは、吉田神道の拠点ともいうべき場所だが、その構造については不明な点が多い。ただ、聞書をみると「神道之道場ヲハ八角ニ作ソ。斎場所モ此義ヲ表スルソ」（文明十二年『神代関鍵鈔』）とあるので、おそらく八角形の道場（あるいは祭壇）を有していたことが推測される。後年（文明十六年）、八角形の神殿大元宮を中心とした、より大規模な斎場所が吉田山に造られたが、このような、八角形を聖なる形とみなし、そうした構造をもつ施設を創建するという構想は、最初の斎場所の時から存在していたといっていいだろう。

また、文明二年には「宗源神道誓紙」を作って、「宗源神道は卜部正統の伝授なり」と宣言している（岡田、二〇一〇）。その要点は、中世に広まった顕密仏教による神道説を「両部習合神道」と位置づけて、日本開闢以来伝わる宗源神道（吉田神道）とは明確に区別し、卜部氏だけがこの宗源神道を継承していると主張するところにあった。

文明五年（一四七三）以前成立の『神明三元五大伝神妙経』や、同時期の作と思しい『三元神道三妙加持経』『三元五大伝神録』も初期の著作だが、いずれも短い文章で、中世神道説や密教、陰陽五行説によって、神々を体系的に把握しようと試みたものである（出村、一九九七）。このように、文明年間の初めには、既に独自の神道思想が形成されていたといっていいだろう。

この文明初年から、吉田神道の大綱を示した主著『唯一神道名法要集《ゆいいつしんとうみょうぼうようしゅう》』（以下『名法要集』と略称）が成立したとみられる文明十六年（一四八四）頃までの活動の中心をなすのが、神代巻（および中臣祓《なかとみのはらえ》）の講釈である。中世前期における『日本書紀』の伝授・講釈は、主に卜部氏によって担われていたが、当初は家学の伝授という性格が強く、具体的な記録はさほど残っていない。日記などによって事情が明らかになってくるのは、室町中期頃の兼熙の息男兼敦、あるいは一条兼良あたりからのようだ（原、二〇一二）。とりわけ兼良の講釈は、公卿の発起で開催されるなど、後の講釈の先駆ともいえる形でなされていることは注目される。兼倶による神代巻講釈はそのすぐ後に始まるのだが、この時の聞書をみると、繰り返し『纂疏』に言及しており、兼良の強い影響が窺える。

兼倶が生涯に行った神代巻講釈の回数は詳らかでないが、現在判明しているのは十三回（神代巻和歌の講義を除く）で、最初は文明九年（四十三歳）、最後は文亀年間（六十代の終わり）である（兼倶の神代巻講釈全般については、岡田〔一九八一・一九八四〕参照）。このうち年時分明のものは、文明九年四月、文明十二年四月、同年八月、同年十月、文明十三年四月、同年五月、文明十八年十月、文亀元年暮れの八回のみ（年月はいずれも講釈開始時のもの）、また十三回のうち七回は、聴講者のノートである聞書が遺っており――本人の著作ではなく書き取る側の能力に左右される面があることは注意を要するが――講釈の内容が記録されているという点で貴重である。この他に講釈年時不明のものがいくつかあり、更に文亀年間の講釈に出席した五山僧月舟寿桂《げっしゅうじゅけい》の聞書を、兼倶自ら書写・校訂した自筆の聞書も現存する。

こうしてみると、文明十二年（一四八〇）から翌十三年にかけて、集中的に講釈が行われたことが分かる。これは主著『名法要集』成立の三年前であり、この一連の講釈が、独自の神道思想を醸成するための基礎になっていることが推測される。兼倶の神代巻解釈においても、吉田神道の形成においても、極めて重要な時期であることは間違いないだろう。

そこで、次にこの文明九年から十三年までの六回の講釈についてみてみよう。〔A〕現在知られている最初の講釈は、文明九年（一四七七）四月二十八日から九月二十三日の間に、計十五回にわたって行われた。場所は不明。五山僧景徐周麟《けいじょしゅうりん》の聞書（『神代聞書』）が遺る。同じく五山僧の横川景三《おうせんけいさん》の聞書もあったようだが、現存しない（逸文あり）。〔B〕次の講釈は、文明十二年（一四八〇）四月五日から北野社の塔頭宝成院で開催された。回数は不明。官務家小槻氏の当主壬生雅久による聞書（『神代関鍵鈔《かんけんしょう》』）がある。雅久は夜にも個人的に教えを受けており、そちらの聞書（『［壬生雅久聞書］』）も在する。〔C〕同年八月に、十六歳の将軍義尚に講義をしたことが分っているが、詳しい内容は不明である。聞書も存在しない。〔D〕同年十月二十一日から十二月十四日までの計十六回にわたり、内裏の黒戸御所で後土御門天皇への進講が行われた。この時の聞書も存在しないが、進講の様子は参加した公家の日記などに記されており、全体の概要を知ることができる（原、二〇一二）。〔E〕文明十三年（一四八一）四月下旬（具体的な日時や回数は不明）の講釈は、天台宗の総本山比叡山延暦寺で催行された。会場は東塔南谷の栄光坊。草稿を桐林房証宣が作成し、西塔北尾谷の花王坊円信が清書した聞書（『日本紀聞書』）が伝わる。〔F〕同年五月二十七日から六月二十三日まで、計十二回にわたって講釈が開催された。場所は不明だが、兼倶の自邸ではないかという指摘がある（小林、一九九二）。景徐周麟の聞書（『神書聞塵《もんじん》』）や兼倶の長男兼致《かねむね》の聞書（天理図書館蔵『日本紀聞書』）などが存する。

これらのうち最も完成度が高いのは、最後の〔F〕で、それ以前に行われた講釈の集大成とでもいうべき趣がある。本稿では、次節以降、聞書が遺っている文明年間の講釈（A・B・E・F）に限定し、各々の内容について具体的に考察していくが、その際、この〔F〕の聞書『神書聞塵』を中心に据えて、兼倶の思想の展開をたどってみたい（兼倶講の聞書については、久保田〔一九五九〕、宮井〔一九八一・一九九三〕、小林〔一九九二・一九九四〕、徳盛〔二〇〇一〕、ストイロヴァ〔二〇〇五〕等参照）。なお、聞書は、〔A〕文明九年四月『神代聞書』（天理図書館蔵『日本書紀神代聞書』）、〔B〕文明十二年四月（昼）『神代関鍵鈔』（天理図書館蔵、以下『関鍵鈔』と略称）、同（夜）『〔壬生雅久聞書〕』（両足院蔵、以下『雅久聞書』と略称、影印あり）、〔E〕文明十三年四月『日本紀聞書』（慶應義塾図書館蔵）、〔F〕文明十三年五月『神書聞塵』（天理図書館蔵、翻刻あり）を使用する。

三　兼倶の神道観

根本枝葉花実説

兼倶の講釈では、本文に入る前に必ず題号（『日本書紀』）の「日本」に関する説明がある。〔F〕文明十三年『神書聞塵』をみると、このことを植物の譬喩によって解説しているが、これは通常〈根本枝葉花実説〉と呼ばれる、兼倶の思想の中でも最も有名な教説の一つである。そこでは、

> 天竺ヲハ、月ノ神カツカサトルホトニ、月邦《文歟》ト云ソ。唐ハ星ノ神ノツカサトルホトニ、震旦ト云ソ。吾邦ハ日神ノ主《つかさどり》テ、ヲリアルホトニ、日本ト云ソ。太陽ニスクル、物ハ、先ニナイソ。（中略）太子ノ釈スルニ、種子ノキサシノ如ト、吾国ヲハ釈ソ。唐ハ枝葉ソ。文章ニアラハル、ハ、万物ノ枝葉ニタトユルソ。梵ハ花実ノ如ト、タトヘラル、ソ。又春ノ草木不レ成カ如シ。サレトモ、花落テ根ニ帰テ、仏法東漸シテ、吾国ニアルト釈サシムソ。

と、天竺、唐、日本の三国は、各々月神、星神、日神（天照太神）が主《つかさど》るので、月邦、震旦、日本といい、太陽である日本が最も優れているとする。更に、聖徳太子の釈（実際には当時流通していた聖徳太子仮託の文）として、日本は種子、唐は枝葉、梵（天竺）は花実であり、仏教が日本に伝来したのは、花実が落ちて根に帰

るのと同じであるという。

三国の関係を植物の譬喩で説明することは、三年後に書かれた『名法要集』にもみえるが、こちらはそれに続けて「故に仏教は万法の花実たり。儒教は万法の枝葉たり。神道は万法の根本たり。彼の二教は皆是神道の末葉《分化》なり。枝葉・花実を以て其の根源を顕し、花落ちて根に帰するが故に、今此に仏法東漸す。吾が国の、三国の根本たることを明さんが為なり。爾《しか》りしより以来《このかた》、仏法此に流布す」と、神道が三教の根本であることをより強調する内容となっている（ここでいう神道とは、あくまで兼倶が考える神道〔吉田神道〕を指す。以下同じ）。但し、三国を月星日に配当する三光説は見当たらない。

この説を、遡って〔A〕文明九年『神代聞書』で確かめると、『名法要集』とは逆に、三国を三光に擬《なぞら》える説はみえるが、植物の譬喩は説かれていない。また、三教については、別の箇所で「儒仏トモニ神道ソ。外国モ神ノ国ソ。外国テヲコル儒・仏カコチヘクルハ本ニ帰チヤソ」と、儒教・仏教は共に神道であり、外国で起こった両教が日本へ伝来するのは本へ帰ることである、と述べている。

儒教も仏教も神道であるという説は、神道一元論とでも呼ぶべきものであり、聴講者を驚かせたらしい（『晴富宿禰記』文明十年二月二十五日条）。もっとも、ここではまだ三国説と三教説は別々に説かれ、植物の譬喩もないことからすると、両者が関連して論じられてはいなかったと考えられる。なお、三国を三光に配当することは、既に先行する中世神道書にみえており（伊藤、二〇一一）、そうした説を摂取したのであろう。これは、〔B〕文明十二年『関鍵抄』や『雅久聞書』も同様である。

それに対して、〔B〕の翌年の〔E〕文明十三年『日本紀聞書』では、「況日本国、三光中ニハ日ノ国也。

国ノ本、国ノ初也。此故ニ上宮太子、吾国ハ如二種子一、月氏ハ菓実、又影ノ如シ。漢朝震ハ光ノチ、ト如二余輝一、又如二枝葉一ト云々」というように、三国関係が三光説と植物の譬えによって説かれていることが確認できる。但し、やはり三教についてはここで言及せず、他の箇所で「外国事、元自二此国一出タリ。彼教、本自二此国一出タリ。今初此国ニ到事ヲ流布ト□〔云〕ヘカラス。覆《くつがえる》レ本ニ義也ト太子被レ仰タリ」と語っている。

これを要するに、当初三国関係は月星日の三光説で説明し、神儒仏の三教については、別に論じられていたが（〔A・B〕）、のちそこに植物の譬喩が加わり（〔E〕）、更にその後三国説と三教説が重ね合わされて一体の教説になった（〔F〕）のではないか、ということが推測される。これが主著『名法要集』になると、三光説が消え、植物の譬喩が中心となって、三教との繋がりがより明確になってくるのである。

この植物の譬喩は、兼倶以前に、両部神道書である『鼻帰書《びきしょ》』（一三二四）や南北朝期の天台僧慈遍の『旧事本紀玄義』巻五（一三三二）、あるいは時宗の相阿撰『国阿上人絵伝』巻一（一四〇五年以降成立）などにみえている（森、二〇一一）。いずれを典拠とするかは議論の分かれるところだが、兼倶がこれらを講釈に取り込んだのは、文明十二年から十三年頃であると考えていいのではないだろうか。

植物の譬喩を用いることで、三国観と三教説を繋げ、更に、儒仏の二教が神道であるという発想と、それにも拘らず日本に仏教が伝来したことの理由を、具体的、有機的なイメージで説明できるようになったのである。『名法要集』で三光説を省いたのは、おそらく、この書の目的が神道（唯一神道）を明かすことにあり、三国説はその中に包摂される形をとっているため、三光説を使う必要がなかったのかもしれない。

神仏論

神仏の関係に言及することは、中世において神代巻を論じる際に不可避の問題である。兼倶も例外ではないが、彼の議論は、三国説と神仏論が密接に結びついている点に特徴がある。〔F〕文明十三年『神書聞塵』をみると、講釈の最終日、「本地垂迹ノ沙汰アリ。仏ヲ本トシ、神ヲ垂トスルハ誤ソ。我国ハ三光ノ時ハ、日神ノ国ソ。月ト星トハ、日ノ耦精散気ソ。サルホトニ、器界・生界、吾国ヨリヲコルソ。サルホトニ、神ヲ本トシテタテウソ」と、神仏について説明している。

最初の部分で本地垂迹説に触れているが、仏が本地で神が垂迹という通常の仏本神迹説ではなく、それを逆にした神を本地とする神本仏迹説を主張し、その根拠として、月星日の三光説を挙げ、日本から他国が起こったので日本の神が本であると述べている。このことからも、兼倶においては、本来三光説が植物の譬喩に先行して、三国―三教の関係を説明する原理であったことが分かる。

従来から指摘されてきたことだが、神本仏迹説自体は兼倶が考え出したものではない（西田、一九七八）。例えば鎌倉期から南北朝期の天台宗では、しばしば本迹を逆転させた神仏観が説かれてきた。その背景には、天台宗内部で発達した、いわゆる本覚思想の影響があるとみられている。もともと天台教学では、教えが優れていれば修行の階梯の低い段階で悟りを得ることが出来るとされ、他宗派に比べてより低い位を重視する傾向が強かった。それが進展した結果、下位の凡夫を本来成仏した存在と見なすようになったと考えられる。このような高下の逆転は、神と仏の関係にも敷衍され、神を本、仏を迹とする発想が生じたのである。

兼倶の神仏論は、基本的にこうした仏教内部で発展した思想の延長上に位置づけられる。決して反仏教的ではなく、またそのように認識されることもなかった。比叡山で講釈を行った時、見聞の大衆はこれを祝したというが（〔E〕『日本紀聞書』）、このことは兼倶の説が受け入れられた証左であろう。あるいは、当時の五山は諸教一致説が広く行われており、兼倶の師でもあった横川景三などはその代表的な思想家といっていい。兼倶もそうした認識を共有していたからこそ、天台僧や五山僧が兼倶の講釈に集まったと思われる。

但し、兼倶は単なる諸宗融和的な諸教一致論者ではない。彼の思想は「三教の一滴を嘗めず」（『名法要集』）というように、神道が他教（ここでいう三教は儒教・仏教・道教を指す）から独立していることを強調する点にその眼目がある。おそらく、諸教一致を唱える為には、神道が神仏習合的な世界から脱却し、独立した存在として認知されなければならない、という意識が強くあったのではないか。その独立の跳躍板として、当時最も論理的に神仏関係を説明することができた本覚思想に基づく、根本枝葉花実説や神本仏迹説を用いたのであろう。このことは、習合説で習合説を批判するという、ある種の自己矛盾を抱えることになったが、一方で、それにより吉田神道説は僧侶や貴族の賛同を得、広く世に受け入れられていったのである。

四　再見を忌む神道

〈見るな〉の禁忌と仏法忌避

兼倶は〔F〕文明十三年『神書聞塵』で、火神に焼かれて黄泉に赴いた伊弉冉尊が「吾寝息《いねやす》まむ。請ふ、な視《み》たまひそ」（神代巻）と自分の姿を見ないよう頼んだにも拘らず、追ってきた伊弉諾尊が覗いてしまうという、いわゆる〈見るな〉の禁忌に対する注釈として、「ナミソト云ヘハ、再見シテミラレタソ。心ニ再見カアルホトニソ」と、伊弉諾尊が禁忌を破って妻神を見たことを再見（同じものを二度見ること）という言葉で説明する。

また、神代巻の本書（正文）において最初に出現する神である国常立尊を説明する件《くだ》りでは、

国常立ハ、一徳ヲ不レ挙ソ。サルホトニ、神道ハ再見ヲ忌ソ。易ハ再三則汚ト云ソ。出家ヲ忌ハ、第六天魔王ト云ハ、スチナイ事ソ。頭ヲ改テ、再見スルヲ忌ソ。

と、「神道は再見を忌む」と述べ、再見を神道の定義として用いている。これは、他の人々の神代巻注釈にみられない兼倶独自の見解といっていい。再見という表現は、この聞書全体で都合二十九回も使われており、極めて重要な概念であったことが分かる。

兼倶は、再見を忌むことと同じ意味を表すものとして、「再三則汚」という文言を挙げているが、これは『易経』蒙卦《もうか》の文で、原文には「初筮《しょぜい》は告ぐ。再三すれば瀆《けが》し、瀆せば則ち告げず」とみえる。初めに行う筮《ぜい》（占い）は、至誠を尽くして結果を求めるので、よく吉凶を告げるが、同じ事を二度、三度筮すると、神聖性を汚してしまい結果を告げない、という意味である。

但しこの部分は、一条兼良の『纂疏』巻六にも引かれており、兼倶はこちらに拠った可能性が高い。兼良は、神代巻の「天児屋命《あめのこやねのみこと》は神事を主《つかさど》る宗源者《もと》なり。故、太占《ふとまに》の卜事《うらこと》を以て仕《つか》へ奉らしむ」という一文にある占卜の説明として『易経』を引用している。天児屋命は一条家（藤原氏）の遠祖であり、中臣氏―藤原氏と同族であることを主張する卜部氏にとっても祖神ということになる。兼倶は、自らの神道説が天児屋命から

伝わったことを強調するなど、この神を非常に重んじており、神道の定義を確定するに際して、天児屋命が行う占卜を『易経』の「再三則瀆」という概念で説明する兼良の発想に大きな示唆を受けたと思われる。

なお、先に引いた聞書の文には、もう一つ、第六天魔王についての記載がある。第六天魔王譚は、伊勢神宮など神を祀る場で仏法を忌むことについての理由として中世に流布した説で、その内容は仏法に障礙をなす第六天魔王が、天照太神（あるいは伊弉諾尊・伊弉冉尊）と契約を交わし、国土の発展を邪魔しないかわりに、神々は仏法を忌む、というものである（伊藤、二〇一一）。しかし兼倶はこうした説を否定し、神道が出家（仏法）を忌むのは、第六天魔王との契約ではなく、再見を忌むからだと解説している。

これについて、最初の講釈である〔A〕文明九年『神代聞書』を見ると、やはり吉田家では第六天魔王説はとらないとした上で、その理由を「神道ハ二見ヲイムソ。二法ニウツルヲイムソ。死人ヲ一度ミルハ不㆑苦。二度ミレハ、ケカル、ソ」と、仏法を忌むのは神道が二見を忌むからであり、二見とは「二法ニウツル」こと、および死人を二度見ることであると説明している。再見ではなく二見とするが、主張する内容は同じである。

二法とは、仏教でいう一対の対立する概念のことで、ここでは生と死を指すと思われる。すなわち、真理、真如の観点からすれば本来別のものではない生と死を分けて認識し、そうした概念を実体としてとらえ執着する状態を二見と規定して、そこに死人（伊弉冉尊）を二度見ることを重ねて解釈しているのである。この二見が、生死に執する意であることは、〔B〕文明十二年『関鍵鈔』の「ナミソト云タ契約ヲ背テ見タ、生死之二見ニ渉タソ」という記述からも確かめられる。

こうしてみると、兼倶は、神祇祭祀の場で重視されてきた死穢を忌むという禁忌の淵源を、伊弉諾尊の黄泉訪問にまで遡及させ、更に禁忌を破ってもう一度（二《ふた》〔再〕たび）見たことを、仏教でいう二見と重ね合わせた上で、二見ないし再見を忌むことが神道であるとする、独自の定義を作ろうとしたことが分かる。但し、なぜ二見（再見）を忌むことが、そのまま出家（仏法）を忌むことになるのかについては、明確に説いてはいない。実は、兼倶以前にこのことを述べている者がいる。先に触れた天台僧慈遍である。

兼倶と慈遍

慈遍（生没年未詳）は、山王神道や伊勢神道に通じた南北朝期の学僧で、『旧事本紀玄義』『天地神祇審鎮要記』『豊葦原神風和記』などの著作を遺している（林、二〇一二）。このうち『旧事本紀玄義』巻五には〈根本枝葉花実（菓実）説〉が説かれており、これが兼倶説の原拠の一つとみられていることは前述した通りである。

同書の巻三には、黄泉から戻った伊弉諾尊が穢れを滌《すす》ぐことに関して、「応に知るべし。異を見るは、但だ己心に由る。若し冥顕に達せば誰か生死を恐れむ。（中略）是の故に、伊弉諾尊、乃ち追悔の時、急ぎ身の穢を滌《すす》ぎ、速に二見の異を洗ひ、頓に一神の本に帰す」とみえる。生死の異なりはただ心によって作られるものであり、冥顕（冥界〔あの世〕と顕界〔この世〕）の理法に通達すれば生死に対する恐れがなくなるので、伊弉諾尊は急いで穢れを滌ぎ、生死に執する二見の異を洗い流す、というのである。

生死への執着を止めることを、伊弉諾尊の禊ぎに重ねて二見の異を洗うと説明することは、先にふれた兼倶が語る二見の意味と相通じ、更に〔F〕『神書聞塵』には、「二見ノ異ヲス、イテ、一神ノ源ニ至ソ」と近似した表現がみえることから、兼倶の議論が慈遍の説を下敷きにしていることは明らかであろう（ちなみに、慈遍の説と関連して、中世の神道論などで、二元対立にとらわれることを穢とする認識があったことが指摘されている。船田、二〇一二参照）。

慈遍はまた、『豊葦原神風和記』で、黄泉訪問譚について「一念起テ二法ヲワカツヨリ万ノケカレハ出来ル物也。ソノケカレ多トイヘ共、源生死ノ二法ノワカレヲ忌タル神ワサ也」と、二法に分かれたあと万の穢れが出来したとする。更に、別の箇所では「所謂神道ハ一法未タ起ラサル所ヲ守テ、起ル心ノ万ノ物ヲハ、皆穢悪也ト是ヲイメリ。仏法ハ二途既ニ別レテ後、諸ノ迷ヒアリ。此迷ヲ、サヘテ実相也ト是ヲ、シフ。（中略）唯一ヲ守テ二ニムカハサレハ、元ヲ本トシ本ヲ元トス。則是清浄也」と記している。すなわち、神代を、一法が起る前の清浄な世界と規定し、のち人代になって二途（二法）に分かれた後に仏法が起こったという時間の流れを想定した上で、この清浄な神代を体現するのが神道であり、迷いの世界で人々に道を示すのが仏法であると述べるのである（森、二〇一一。船田、二〇一二）。

兼倶が主張する、神道が出家（仏法）を忌む理由は、こうした慈遍の認識を踏まえてはじめて理解できるのではないだろうか。神道は死の穢れを忌むが、その穢れとは生死にとらわれることを意味し、だからこそ生死（二法）の分かれた後に現れた出家（仏法）を忌むのである、ということになる。

ところで、右の引用にあるように、慈遍は二法に分かれる以前の状態を「唯一」と表現しているが、これを兼倶が用いる「唯一神道」という名称の原拠とする見解がある（宮井、一九九三）。兼倶が神道の定義として説く「再見を忌む」状態が、まさにこの「唯一」であることを考えるならば、あながち的外れな推論ともいえない。主著『名法要集』では、「唯一」の意味を「唯一法有りて二法無し」と述べているが、この「二法」と〔A〕『神代聞書』でいう二法は同じものを指していると解していいのではないか。もとより、「唯一」にはいくつもの意味が重ね合わされていると思われるが、その重要な典拠として、慈遍の著作を想定することも可能であろう。

慈遍はかつて卜部氏の出身であるとみられていた。それは、世に流布している卜部氏の系図に、兼直の弟兼名の孫として、『徒然草』の著者兼好と共に慈遍の名が記載されていたからである。しかし近年、この部分は室町時代中期頃、兼倶によって書き加えられたことが指摘されている（小川、二〇一七）。〔B〕文明十二年『雅久聞書』の中には、「慈遍トテ当家ノ人アリ。後醍醐院ノ御宇ノ人ソ」というように、二箇所に名がみえ、兼倶が慈遍を意識していたことは間違いない（宮井、一九四二）。おそらく、兼倶が慈遍を系図に編入した理由の一つは、慈遍の著作を卜部氏の成果と位置づけ、その思想を自説に取り込むためではなかったかと思われる。

そもそも兼倶は、「宗源神道誓紙」や『名法要集』において、寺院内部で発展した「両部習合神道」（仏家神道）を吉田神道とは別物として区別しているが、「両部習合神道」自体を否定しているわけではない。『名法要集』所収の「唯受一流血脈」では、「両部習合神道」の祖とされる最澄や空海が、兼倶の祖先である智治麿から神道の伝授を受けたことになっており、「両部習合神道」もまた吉田神道から派生した教説であるととらえていたようだ（伊藤、一九九二）。こうした観点からすれば、慈遍を卜部氏の出身とした上で、その神道説を換骨奪胎し、自家のものにすることも、別段異とするには当たらないのである。

なお、慈遍は再見という言葉を使っていないので、これは兼倶独自の表現であるといっていい。兼倶は最初、慈遍が用いた二見を使用していたが、これが仏教語であることから、途中で再見に変えたのではないだろうか。〔A〕文明九年『神代聞書』では二見しか使っていないが、〔B〕文明十二年『関鍵鈔』や『雅久聞書』には再見の語がみえるようになり、両者が混在している。〔F〕文明十三年『神書聞塵』も同様である。もっとも、二見は状態を表すのに対して、再見は行為を指すという違いがあり、神道者のあり方として再見せずという行動が次第に強調されていくように見受けられる。その為か、晩年の自筆本聞書（『日本書紀神代巻抄』）に至ると、使われるのは再見のみで、二見という語は一つも用いられていない。

付け加えるならば、〔B〕『雅久聞書』に「再三スル時ハ、ケカルルソ」とあるように、再見と同じ意味で再三という語も使用されている。これは、兼良経由で取り込んだ『易経』の「再三則瀆」に基づくと考えられる。こうして兼倶は、諸概念を重層化しながら、独自の神道の定義を編み出していったのである。

五　兼倶の神観念

一神―国常立尊

次に兼倶の神観念を取り上げてみよう。兼倶が講釈で最も重んじたのは、神代巻の本書（正文）で最初に現れる神国常立尊《くにのとこたちのみこと》である。〔A〕文明九年『神代聞書』では、国常立尊について「大元尊神トモ云ソ。（中略）此神ハ無始無終ノ神ト云ソ。無相ノ相、無名ノ名ト心得ルソ」とするが、大元尊神という表現は、既に文明五年以前成立の『神明三元五大伝神妙経』にみえている。この名称の淵源は、初期の両部神道書や伊勢神道書に由来する。兼倶が依拠したのは、『名法要集』で引用している『麗気記』や、晩年の自筆本聞書に名が出る『神皇実録』などであろう。

大元尊神は、文字通り世界の根源に位置する神の意であり、吉田神道の教義と密接な関連をもった名称だが、講釈ではしばしば「一神」と表現している。例えば、〔F〕『神書聞塵』には、火神に焼かれて死んだ伊弉冉尊が「六道ニ輪廻スルトミヘタハ、畢竟シテ、一神ノ源ニ帰ソ。是ハ国常立尊ト帰ソ」とあり、黄泉に身罷《みまか》ったと見えて、本当は一神である国常立尊の源に帰したのであるとする。また、天地開闢の初めに出現する天神七代について「七代即一神、々々即七代トトルソ」と、天神七代の神々がそのまま一神・国常立尊であるという説もみえる。

兼倶に先行して、国常立尊を一神とするのは、南北朝時代の公卿北畠親房（一二九三～一三五四）の『神皇正統記』である。『日本書紀』を重視した親房は、その初発の神である国常立尊を「天祖」と称して諸神に優る超越的な存在とし、〈正しい皇統〉の始原に位置づけようとした。兼倶は講釈で、『神皇正統記』中の一文（「心ニ一物ヲタクハエサル」）を、書名を挙げずに「神道ノ要文」として用いるなど（久保田、一九五九）、この書物を参照していたことは確実で、その影響を受けている可能性はあるだろう。

更に、この国常立尊は「其上此邦ハ、日神ソ。（中略）サレトモ、日月ハ陰陽ノ精ソ。コノ源ヲ尋ハ、国常立ノ尊ソ。サルホトニ、法身法性ノ上ニ置カウト、当流ニハトルソ」（〔F〕『神書聞塵』）と、法身の上にあることが強調されている。法身とは仏教における至高の尊格で、具体的には大日如来を指し、その垂迹神は天照太神である。したがって、吉田家で重んじる国常立尊は、大日如来や天照太神をも超える神ということになる。兼倶は、両部神道書や伊勢神道書、そして慈遍や親房の教説を取り込みながら、究極的な理念としての神を創造したといえよう。

善悪不二の神―素戔嗚尊

こうした一方で、兼倶には現実的、二元論的世界に対する強い関心も窺える。兼倶は、万物は相克によって生成されるが、相克の中で最も重要なのが善と悪であり、その悪を体現する神が素盞嗚尊であると論じている。

〔F〕文明十三年『神書聞塵』では、「三界ノ衆生ヲ、アカラサマニ夭死《ようし》サセテ、短命ニナスモ、此神ソ。悪神ノ出タモ面白事ソ。善悪不二ノ処ヲ後代ニ示サン為ソ」と、素盞嗚尊を悪神と規定した上で、その悪行は「善悪不二」という真理を後代に示すための行為であると述べる。

また、神代巻にみえる、天照太神の田作りを素戔嗚尊が妨害する場面については、

> 悪事重畳スルソ。万代マテ、日神ノ徳ヲ及ホサウトテ、素戔ノ悪ハアルソ。物ハ相克セイテハナラヌソ。変化ハ相克ソ。相克ハ善悪ソ。善悪ハナウテハ、物ハナラヌソ。ツイニ善悪ハナイ物ソ。サルホトニ、素戔ノ悪ハ、深イ慈悲ソ。荒神経ニ、慈悲忿怒、循如二車輪一ト説ル、ソ。

と、素戔嗚尊の悪事は、天照太神の徳を万代まで及ぼそうとするものであり、したがってここでいう悪は深

い慈悲なのであると説明する。

この少し後にでてくる、素戔嗚尊が天照太神に身の潔白を証明する場面でも、素戔嗚尊は元来悪神ではないとして、「善悪邪正ヲ分別スルハ、人ト云処ヲ知ラセントテ、カウセラル、ソ。（中略）報恩経ニ、提婆達多悪不可思議、不㆓修行㆒同㆓於如来㆒ト説ト。日神ト素戔ト同事ソ」と、善悪邪正を分けて考えるのは、あくまで人間であり、実には天照太神と素戔嗚尊は同一である、と釈している。

こうした認識は、夙《はや》く平野流卜部氏の兼方が編纂した『釈日本紀』にも、素戔嗚尊の悪について「善悪不二、邪正一如」という解釈がみえ、兼倶はこうした素戔嗚尊観を継承しているといえよう（斎藤、二〇一二）。

なお、右に挙げた聞書の文中には、「荒神経」と「報恩経」という二つの経典の文言が引かれている。前者は『仏説大荒神施与福徳円満陀羅尼経《ぶっせつだいこうじんせよふくとくえんまんだらにきょう》』などの荒神関係の文献、後者は、中国天台の第六祖荊渓湛然《けいけいたんねん》の『法華文句記』巻八之四を原拠とする一文である（但し後述するように、正しくは「大雲経」の文である）。

荒神は仏法に障礙をなす荒々しい存在だが、祀ることによって利益をもたらす神であり、また、仏弟子である提婆達多《だいばだった》は、のち仏陀に背きその殺害を企てたとされる人物であるが、『法華経』「提婆達多品」では、提婆達多も成仏できることが説かれている。兼倶が「荒神経」「報恩経」（「大雲経」）の文を引くのは、一般に正反対と認識されている概念（慈悲と忿怒、悪人と如来）が、本当は一であることを証する為であると思われる。

ところで、この二つの文は、ともに慈遍の『天地神祇審鎮要記』にみえており、ここも慈遍に拠っていると考えられる。特に、「報恩経」の文として引かれるものは、もとの『法華文句記』では「報恩経」に続いて引用される「大雲経」の文なのだが、慈遍はこれを誤って「報恩経」としており、兼倶も同様に記載していることから、慈遍の記述に基づいていることは間違いない。慈遍は、日吉社の祭神悪王子社の名の意味について論じる件《くだ》りでこれらの経典を引用し、「悪を為すと雖も其の性に善有り。亦た善を為すと雖も其の性に悪有り。善悪互ひに兼ぬること猶ほ車輪の如し」と、善と悪が相互に含まれることを説いている。

また、同書にはこれより前に、善である天照太神と悪である素戔嗚尊を対比しながら、「如来の善念は日神の蜜意、達多が悪逆は素戔烏の行なり。其の性悪を論ぜば邪正一如、其の修用を謂へば善悪互ひに転ず」と、善と悪は互いに交換可能であるとする説を載せる。兼倶の天照太神と素戔嗚尊の議論が、これらの教説を下敷きにしていることは明らかであろう。もっとも、兼倶は善よりも悪に強い関心をもっており、あくまでも悪の側から議論を展開している点で、慈遍とは異なる。

こうした、死や悪に対する関心は、単なる教義における問題にとどまらず、その発想の背後に、戦乱によってもたらされた死や悪を、どのように認識すればいいのかという、兼倶にとっての切実な事情があったのではないか。それまでの通念が大きく揺らぎ、伝統が断絶していく中で、様々な宗教思想から諸概念を拾い集め、再構成して新たな世界観を構築しようとした所に、兼倶の面目躍如たるものがあるといえよう。

従来、兼倶の思想については、文明十六年頃に成立した主著『名法要集』によって論じられることが多かった。この書は、自ら唱える神道説の要綱を提示することを目的として、所説を整理したものであり、吉田神道について考える上で第一に参照すべき書物であるのは言うまでもない。但し、他教との違いを強調することに急な余り、講釈において多くの聴講者を魅了したとされる思考の柔軟さが影を潜め、更に、内容も整序され過ぎていて、思索の跡や揺れが見えにくくなっているように思われる。

また、『名法要集』では、吉田神道の教理を顕露教と隠幽教に分け、前者を浅略、後者を深秘の教えとするが、『日本書紀』は『旧事本紀』『古事記』と共に顕露教の典籍とされ、そのためか、充分な説明が与えられていない憾みがある。しかしながら、兼倶の神道観は、若年時から探求してきた神代巻に関する知識が根底にあることは言うまでもなく、その思想の展開を考えるに際して、文明年間における神代巻解釈を検討することは必要不可欠な作業といっていいだろう。

そうした意味で、講釈の聞書は、筆録者の知識や能力に左右されやすく、恣意性という問題もあり、内容を慎重に見極める必要はあるが、それを考慮した上でもなお、吉田神道の形成過程をたどる上で逸することができない、貴重な文献なのである（なお、本稿ではほとんど触れられなかったが、自筆の聞書も、自ら校訂したという点で極めて価値が高い。但し、晩年のものということもあり、文明年間の聞書とは少なからず相違が見られる。自筆聞書については、稿を改めて考えたい）。

おわりにかえて　―宣賢の神代巻講釈―

最後に、兼倶以後の神代巻講釈について一言触れておくと、吉田家を嗣ぐはずだった長男兼致は四十二歳の若さで歿し、その子兼満も様々な葛藤の末に自邸に火を放って逐電した。そのため、清原家の養子となっていた兼倶の三男宣賢《のぶかた》（一四七五～一五五〇）が後見となり、宣賢の次子兼右《かねみぎ》（一五一六～一五七三）が吉田家を担うことになったのである。神代巻の講釈も、この宣賢と兼右によって継承されていく。

但し、宣賢は三十歳を過ぎるまで兼倶と会ったことがなく、直接学問的指導を受ける機会がなかったらしい。そこで、兼良の『纂疏』や兼倶講の聞書を書写することから始め、永正年間の後半に、講義の手控えである『日本書紀神代巻抄』を作成した。更に大永七年には増補改訂版の『日本書紀抄』を完成させ、これらによって講釈を行ったのである（岡田、一九八四。小林、二〇〇三。新井、二〇一〇）。

兼倶講の聞書は、難解な箇所が少なくないが、宣賢はこれを出来る限り論理的、合理的に説明しようと試みている。その意味で、『日本書紀神代巻抄』と『日本書紀抄』は、宣賢による解釈のみならず、兼倶説を理解する上でも必須の文献といっていいだろう。

兼右は、この手控えを用いて神代巻を講じ、天文十四年（一五四五）には後奈良天皇への進講という栄誉に浴している。こうして、兼倶亡き後の神代巻講釈と『日本書紀』研究は、宣賢、兼右によって更なる発展を遂げ、明治になるまで永く吉田家の家学として重んじられたのである。

参考文献

新井大祐、二〇一〇「中世の『日本書紀』講釈にみる古典教授の知恵と実践」（『國學院大學教育開発推進機構紀要』一）
伊藤　聡、一九九一「文明五年以前の吉田兼倶の斎場所―特にその創建時期を巡って―」（『早稲田大学大学院文学研究科紀要別冊』一七）
一九九二「吉田斎場所の由緒の偽作について」（『東洋哲学論叢』創刊号）
二〇一一『中世天照大神信仰の研究』（法藏館）
二〇一七「吉田兼倶の「神道」論」（『現代思想』二〇一七年二月臨時増刊号）

岡田荘司、一九八一「吉田兼倶の日本書紀研究―兼倶書写『日本書紀纂疏』改訂本―」（『國學院雑誌』八二―一一）
一九八四「日本書紀神代巻抄 解題」（『兼倶本 宣賢本 日本書紀神代巻抄』続群書類従完成会）
一九九四『平安時代の国家と祭祀』（続群書類従完成会）
一九九九「卜部氏の日本紀研究―兼文から兼倶まで―」（『国文学 解釈と鑑賞』六四―三）
二〇一〇「吉田兼倶と吉田神道・斎場所」（『国立歴史民俗博物館研究報告』一五七）
小川剛生、二〇一四「卜部兼好伝批判―「兼好法師」から「吉田兼好」へ―」（『国語国文学研究』四九）
二〇一七『兼好法師―徒然草に記されなかった真実―』（中公新書）
金沢英之、二〇一六「吉田兼倶による『日本書紀』研究の基礎的考察（一）―兼倶書写系『日本書紀纂疏』の性格―」
（『北海道大学文学研究科紀要』一四八）
久保田収、一九五九「吉田神道の成立」（『中世神道の研究』神道史学会）
神野志隆光、二〇〇九「『日本書紀』「神代」の章段区分諸説をめぐって―『纂疏』、兼倶、宣賢―」（『変奏される日本
書紀』東京大学出版会）
小林千草、一九九二『日本書紀抄の国語学的研究』（清文堂出版）
一九九四「『神書聞塵』と「氏澄写本」―文明一三年吉田兼倶講の実態と用語―」（『中世のことばと資料』
武蔵野書院）
二〇〇三『清原宣賢講「日本書紀抄」本文と研究』（勉誠出版）
斎藤英喜、二〇一二『荒ぶるスサノヲ、七変化』（吉川弘文館）
桜井好朗、一九八一「中世国家神話の形成―『神皇正統記』の表現構造のなかで―」（『中世日本文化の形成―神話と歴
史叙述―』東京大学出版会）
出村勝明、一九九七『吉田神道の基礎的研究』（神道史学会）
徳盛　誠、二〇〇一「吉田兼倶における日本書紀解釈の態度」（『上代文学』八七）
西田長男、一九七七「解題」（『中臣祓・中臣祓抄』吉田叢書四、叢文社）
一九七八「本地垂迹説の成立とその展開」（『日本神道史研究』四、講談社）

原　克昭、二〇一二『中世日本紀論考―註釈の思想史―』（法藏館）
林　東洋、二〇一一「慈遍における神道理論」（伊藤聡編『中世神話と神祇・神道世界』竹林舎）
船田淳一、二〇一二「中世神道論における冥と顕―慈遍の著作を中心に―」（池見澄隆編『冥顕論―日本人の精神史―』法藏館）
宮井義雄、一九四二『建武中興と国民精神』（教育科学社）
　一九八一『日本の中世思想』（成甲書房）
　一九九三『日本宗教史の中の中世的世界』（春秋社）
森　瑞枝、二〇一一「吉田神道の根本枝葉花実説再考」（伊藤聡編『中世神話と神祇・神道世界』竹林舎）
ヴィクトリア・ストイロヴァ、二〇〇五「吉田兼倶『日本書紀神代巻抄』論序説」（『国語と国文学』八二―四）

使用テキスト

『日本書紀』（新編日本古典文学全集二～四、小学館）／『唯一神道名法要集』（神道大系 論説編八、神道大系編纂会）／『太平記』（日本古典文学大系、岩波書店）／『釈日本紀』（神道大系 古典註釈編五、神道大系編纂会／尊経閣善本影印集成二七～二九、八木書店）／弘安本『日本書紀』（『京都国立博物館所蔵 国宝吉田本日本書紀 神代巻』上下、勉誠出版）／乾元本『日本書紀』（新天理図書館善本叢書二・三、八木書店）／『日本書紀纂疏』（天理図書館善本叢書 和書之部二七、八木書店）／『山科家礼記』（史料纂集、続群書類従完成会）／「宗源神道誓紙」（岡田、二〇一〇）／「神明三元五大伝神妙経」「三元神道三妙加持経」「三元五大伝神録」（出村、一九九七）／『雅久聞書』（『両足院蔵 日本書紀抄』臨川書店）／『神書聞塵』（神道大系 古典註釈編四、神道大系編纂会）／『日本書紀神代巻抄（兼倶）』『日本書紀神代巻抄（宣賢）』（『兼倶本 宣賢本 日本書紀神代巻抄』続群書類従完成会）／『晴富宿禰記』（図書寮叢刊、明治書院）／『旧事本紀玄義』『天地神祇審鎮要記』『豊葦原神風和記』（神道大系 論説編三、神道大系編纂会）／『鼻帰書』（神道大系 論説編二、神道大系編纂会）／『国阿上人絵伝』（国文東方仏教叢書二―五、名著普及会）／『神皇正統記』（神道大系 論説編一九、神道大系編纂会）／『易経』（新釈漢文大系二三、明治書院）／『日本書紀抄』（天理図書館善本叢書 和書之部二七、八木書店）

※未翻刻のものは本文中に所蔵先を明記した。なお『日本紀聞書』（慶應義塾図書館蔵）は未翻刻だが、本稿で使用した部分は、西田、一九七七に翻刻されている。

付　記

原文の引用に際して、私に訓点を施した箇所がある。また漢文は書き下し文にした（但し漢字片仮名交じり文はそのまま）。

慶應義塾図書館、天理大学附属天理図書館には、貴重書の閲覧および掲載について御許可を頂きました。記して感謝申し上げます。

〔コラム〕慶長勅版の神宮献納

慶長勅版における『日本書紀神代巻』の特殊性

後陽成天皇の命によって刊行された、いわゆる慶長勅版としては、慶長二年（一五九七）の『勧学文』、『錦繡段』、同四年の『日本書紀神代巻』、『古文孝経』、『大学』、『中庸』、『論語』、『孟子』、さらに『職原鈔』、『長恨歌・琵琶行』、『五妃曲』等がしられているが、全体として漢籍、特に儒書が多くを占める。これは、日本の前近代においては長い間、学問といえばまずは儒学であったことが大きく影響しているのであろう。また、『勧学文』や『錦繡段』の跋文などから、この勅版事業は、文禄・慶長の役すなわち豊臣秀吉の朝鮮出兵を契機としてもたらされた活字印刷術に支えられたものであったことがわかる。

このように中国・朝鮮からの影響が色濃い慶長勅版ではあるが、『日本書紀神代巻』の清原国賢《くにかた》による跋文には、

けだし神道は万法の根抵たり。儒教は枝葉たりて、仏教は花実たり。かの二教は皆これ神道の末葉なり。もとより枝葉をもってその本原を顕わさんや。然れば則ち異曲同工なるものか。このごろ儒・仏を学ぶ者夥しきも、而して神書を知る者は鮮《すくな》し。物に本末ありて、事に終始あり。何ぞ本を棄てて末を取らん。神国において争《いか》でか神書を疎《うと》んぜんか。

とあり、儒・仏二教の方が優勢である現状を歎きつつも、この勅版本の刊行により「神書」＝『日本書紀』神代巻（巻第一・巻第二）を大切に伝えていこうとする強い意欲を読みとることができる。

もっとも、慶長勅版の各書が何部ずつ刊行されたのかは明らかではなく、かなり限定されたものであったと推定される。そのような中で、現存する伝本をみた場合、『日本書紀神代巻』が「諸勅版中、特に多数である」といい、さらに慶長勅版の中で『日本書紀神代巻』が最も多く伝存しているのは、

図１　慶長勅版『日本書紀神代巻』
（国立国会図書館デジタルコレクション）

「諸社へ奉献せられた関係等もあるので、或は他の諸本より多く摺刷せられたものではあるまいかとも思はれる」とも推測されている（川瀬、一九三七）。これが的を射ているとすれば、諸社に対する献納は、慶長勅版の中でも『日本書紀神代巻』に限られたことであったことになろう。

また、慶長勅版『日本書紀神代巻』は基本的に『日本書紀』の巻第一と巻第二とを合わせて一冊としたと推定されるのに対し、伊勢の神宮、つまり皇大神宮（＝内宮）・豊受大神宮（＝外宮）のそれぞれに献納されたものは、巻第一・巻第二をそれぞれ巻毎に独立させた二冊本であった可能性が高い（岡田、一九三四）。あるいはこれは、神宮に献納する二部のみは、特別に『日本書紀』本来の巻次と体裁をそろえようとしたためではないだろうか。

もともと慶長勅版の伝本はそれほど多くはなく、関連する史料も少ないため断定するのは難しいが、要するに、慶長勅版の中でも『日本書紀神代巻』だけが特に諸社に献納されており、その中でも神宮に献納された二部のみは、可能な限り本来の『日本書紀』に近い体裁が採用された可能性がある、ということである。このような慶長勅版『日本書紀神代巻』の特殊性については、当時の神道、特に吉田神道をめぐる情勢や、諸書の奥書にしばしば「神武より百数代の末孫和仁」・「神武より百数代の孫周仁」といった署名を加えている後陽成天皇（初名が和仁で、後に周仁と改める）の皇統意識等との関連をさらに深く追究する必要があろう（なお、慶長勅版を含めた『日本書紀』の古活字本・版本については、小倉、二〇一一等参照)。

神宮献上の過程を語る史料

ところで、慶長勅版『日本書紀神代巻』が神宮に献納される過程に関する重要な史料として壬生本『日本書紀神代巻神宮献上一件文書』がある。しかし、これまでその存在こそ指摘されていた(遠藤、二〇〇九)ものの、内容については論及されたことがないようであるから、ここで紙幅の許す範囲でその簡単な紹介を行い、慶長勅版『日本書紀神代巻』の神宮献納の過程を再確認しておきたい。

さて、壬生本『日本書紀神代巻神宮献上一件書類』は宮内庁書陵部の所蔵(函架番号は壬―四一四)で、全四紙からなる。うち一紙は、内宮の禰宜が連署した請文(請け取り)と外宮のそれとを表裏にわたって連写したものだが、これらは『司家日記』等すでに紹介されている神宮側の史料にもその写しが見出せる。

残る三紙のうち、端に「今度禁中において一字判を開かれ、諸社に遣わさる。唯今両宮へかくの如きなり。」とある折紙には、

日本書紀神代巻上下両宮に禁裏依(自)り寄符(マヽ)成らせられ、并せて外題をおのおのに副ふ。宜しく神宮に下知せしめ給ふ(べく)候なり。／時に慶長四年閏三月九日　朝芳／祭主新蔵人殿

とある(図2)。「依」字は「自」、「符」字は「付」あるいは「附」とすべきところを、それぞれこの字を宛てたものであろう。また、原文で「宜令下知」とある部分は、「宜」と「令」との間に「可」字を補って読むべきものと考えられる。「外題」を副える、とあるのは、慶長勅版『日本書紀神代巻』の外題は後陽成天皇の宸筆とされているから、そのことを指す可能性が高い。また、「朝芳」とは官務家の壬生朝芳、「祭主新蔵人殿」とは祭主の藤波種忠のこと。なお祭主は、基本的に伊勢ではなく京の在住であった。

次に、端裏に「神宮／奉行へノ一通ノ案慶長」(「奉行」の右に「日野資光朝臣」との傍書あり)とある一

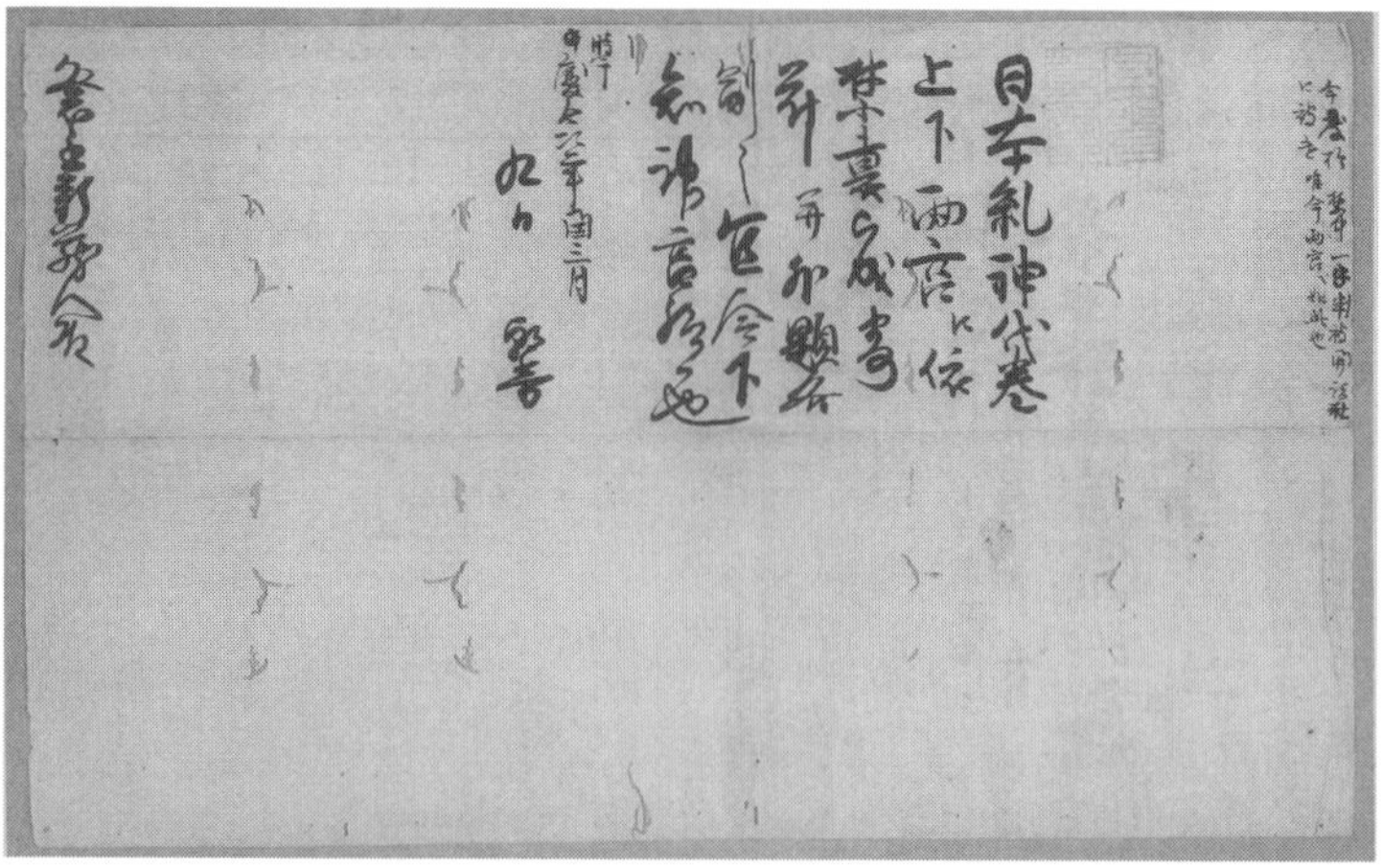

図２　壬生本『日本書紀神代巻神宮献上一件書類』(宮内庁書陵部所蔵)

紙には、

> 進上／祭主種忠書状一通／日本紀の事宮司并びに二宮禰宜の請文を副ふ。／右進上すること件の如し。／慶長四年閏三月廿六日　大史小槻朝芳／進上／頭左中弁殿

とある。端裏にみえる「奉行」＝「日野資光」は、本文書宛所の「頭左中弁殿」と同一人物とみられ、実際には日野資勝のことと考えられる。

最後の、端裏に「慶長四　日本紀神代巻御寄符(マヽ)神宮請文之一通」と記された一紙は、右の日野資勝宛壬生朝芳書状を写したもの。ただ、それだけではなく、その端にもう一通、次のような文書が写されている。

> 日本書紀神代巻上下両宮へ禁裏依(自)り寄符(マヽ)成らせれ候と、神宮に下知し候処、宮司并びに二宮禰宜等の請文到来す。この旨を申上せらるべきの状、件の如し。／閏三月廿六日　神祇種忠／四位史殿

前文書および本文書にみえる「宮司」すなわち神宮の大宮司の請文は、神宮側の史料により全文を把握することができる。「四位史殿」とあるのは、朝芳

のことであろう。

以上が壬生本『日本書紀神代巻神宮献上一件書類』の概要であるが、従来『御湯殿上日記』の記事から、慶長四年閏三月三日に完成した慶長勅版『日本書紀神代巻』は、同日朝廷内で下賜され（「ミな〳〵へ下さる、」）、さらに同月五日、伝奏の手を経て内宮・外宮に献納されたと考えられてきた。しかし、本史料によれば、実際に神宮側に何等かの働きかけがあったのは、早くても九日のことなのではないか。

また、これまで『四巻之日記』慶長四年閏三月二十六日条により、この日に「二宮禰宜等」の請文が進上されたとされてきたが、具体的には大宮司と両宮の請文であり、さらにこの日のうちに祭主種忠から官務の手を経て神宮奉行日野資勝のもとにまで届けられたことが、本史料により判明する。なお『四巻之日記』とは、壬生季連が編んだ、後柏原天皇践祚から後陽成天皇譲位までの四代にわたる史書であり、壬生官務家所蔵の史料をもとにした部分が多いから、実は当該記事の典拠は壬生本『日本書紀神代巻神宮献上一件書類』そのものである可能性も高い。

（石田実洋）

参考文献

遠藤慶太、二〇〇九「『日本書紀』の写本と注釈—読書史をたどる—」（同『日本書紀の形成と諸資料』塙書房、二〇一五に所収）

小倉慈司、二〇一一「古活字本・版本『日本書紀』をめぐって」（新川登亀男・早川万年編『史料としての『日本書紀』—津田左右吉を読みなおす—』勉誠出版）

岡田米夫、一九三四「伊勢神宮御献納の勅版日本書紀神代巻について」（『書誌学』三—二）

川瀬一馬、一九六七『〈増補〉古活字版の研究』全三冊（日本古書籍商協会。初版刊行は一九三七年）

鈴鹿三七編、一九八六『勅板集影』（補訂版）（臨川書店。初版刊行は一九三〇年）

〔コラム〕垂加神道における日本書紀研究

はじめに

垂加神道は、江戸時代の前・中期において主流となった神道説である。その思想は、山崎闇斎《あんさい》によって伊勢・吉田の両神道を中心とする諸説が集大成されたものであり、闇斎は朱子学者でもあったから、儒学の影響が強い。その根本となる典籍は、『日本書紀』神代巻・『中臣祓《なかとみはらえ》』、および鎌倉期以来の伊勢神道で重んぜられてきた『神道五部書』である。そのうちでは神代巻が大きな比重を占めており、数多くの註釈書・講義録が編まれた。以下にその主要のものを掲げてみよう。

垂加派諸家の註釈書・講義筆記

まず註釈書としては、山崎闇斎の『風葉集』がある。これは闇斎生前には未完で、門流によって完成された。その内容は、神代巻の各条ごとに、それに関する神道書や諸註釈を列挙し、適宜闇斎自らの意見が加えてある。当時までの神代巻研究が網羅されているが、仏教色が排されている点が特色の一つといえよう。本書中の闇斎の語は、その後の垂加派神道説の重要な典拠とされた。

次に、闇斎直門のものとして、大山為起『味酒《まさけ》講記』がある。これは、『釈日本紀』以後において、『日本書紀』全巻に註釈の範囲を及ぼした最初のものとして注目される。同じく谷秦山《じんざん》の『神代巻塩土伝《しおつたえ》』は、垂加派の正脈とはやや距離をとった立場からの註釈であるが、その倫理的解釈は後の垂加派にも大いに参考とされている。

『神代巻藻塩草』は、闇斎の孫弟子で、垂加神道説の体系化に努めた玉木葦斎《いさい》の編に係り、垂加派解釈の定本ともいうべきもので、元文四年（一七三九）に刊行されて広く世に行われた。

玉木葦斎に学んだ谷川士清《ことすが》の『日本書紀通証』（宝暦元年〔一七五一〕成、同十二年刊）は、垂加派正統の解釈を堅持しつつ、国語学・文献学的な実証研究を加味しており、垂加派の神代紀研究の一つの到達点である。

講義筆記では、山崎闇斎による神代巻の講義録として、門人・浅見絅斎《けいさい》の筆記に係る『神代記（ママ）垂加翁講義』（『神代巻記録』）がある。これは、闇斎の講義として伝わる唯一のもので、垂加派解釈の一つの基準となった。

玉木葦斎による講義も多く伝わり、『神代紀復講』（吉見幸和筆記）、『神代巻八重柴籬』（谷川士清筆記）などがある。

山崎闇斎の思想をよく発揮した若林強斎の講説としては、『日本書紀弁』『神代巻講義』『守中潮翁神代巻講義』が伝わっているが、特に『守中潮翁神代巻講義』は、神道に沈潜した強斎最晩年の思想が反映され、垂加派の神代巻講義のうちにて最も精彩あるものといってよい。

宝暦事件で知られる竹内式部にも、『日本書紀第一講義』や、『神代巻講義』等があり、彼に学んだ徳大寺公城が、桃園天皇に進講した『進講筆記』も伝わっていて、事件の原因となった彼等の思想の一端を窺うことができる。

こうした数多くの垂加派註釈書・講義録の内容は、闇斎の説いた所を基本とし、門流によって順次深化を見たのであったが、門流諸家は単なる師説の継承に止まらず、それぞれの個性が表されている。また、各説の間には様々な影響関係もあり、その研究姿勢は諸説を積極的に参照する活発なものであった。

垂加神道の神代巻解釈

垂加神道には、「渾沌之伝」「高天原之伝」「天石窟之伝」といった、総計百を超える秘伝があり、初重・二重・三重・四重（極秘）の四つの段階が設定され、学業の進度に従って伝授されるのである。これら秘伝の大部分は、神代巻の行文に神道的な意味を盛り込んで解釈するというもので、のちの国学者から附会の説として批判を受けるのであるが、その内容が註釈や講義にも反映されている。ここでは、垂加神道に特徴的な解釈のいくつかを見てみよう。

まず、垂加神道では天地開闢から一貫する皇統を主として他を混えぬ「帝王ノ実録」たる点に、『日本書紀』の価値があるとする。そして、我が国の始原が語られている神代巻の内容を読み取るためには「天人唯一」の認識が必要であるという。神代巻の記述は天人、つまり神と人とを一つに語っているのであるが、これは神代理解の前提であるとともに、現今の我々の問題でもあって、私欲によって隔てられてしまっている天人の間を学問によって一致させねばならないとする。つまり「天人唯一」は、学問・修養の目的としての意味も持ったのであった。

神代巻には、「道」が存するのであるが、それは「道」を説かんとして書かれているのではなく、神々の事蹟におのずから示されているという。山崎闇斎は「儒書ニドフ云テアラフト、ナント云コトハナイ。日本ノ神代ノ道ゾ。今目ノ前ニキツカリトミヘテアルコトゾ」と、儒書との附会を排し、眼前の「道」を把握せよと説く。さらに闇斎が「神道至極大事ノコトドモ」は「素戔嗚ト大己貴ノコトデ皆スムゾ」とか、「事代主ガ大聖人ナリ」と述べる（『神代記垂加翁講義』）通り、神々が神道を具現する存在とされ、とくに皇統守護の至誠がその根底に据えられた。つまり、垂加神道においては、神代の神々は道の師表としてあり、我が国には漢土の聖人は必要ないとするのである。

また、「祓」も修養の一つとして重視され、それを体現した神として注目されたのが素戔嗚尊《すさのおのみこと》であった。当初は暴戻な神であった素戔嗚尊は、高天原を追われて「辛苦《たしなみ》」つつ出雲に降って、そこで八岐大蛇《やまたのおろち》を退治し、遂に「吾が心、清々《すがすが》し」という境地に達する。垂加神道では、このように神格が一変したのは祓の功によるものとされ、我々人間も素戔嗚尊を規範として辛苦しつつ修養に励み、心身の穢れを祓って清浄の状態に至ることが学問の要諦であると説かれている。

以上のように、垂加神道の『日本書紀』研究は、近世の合理的・倫理的傾向を徹底した姿勢をもって行われ、それは神代巻に示される「日本の道」を見出し、神々を規範としての修養を求めるものであった。

こうした神道思想の倫理化は、儒学の影響を受けた近世始めに広く見られる傾向であるが、垂加神道の立場は、単に神儒の一致を説くのではなく、神道は日本の道として自己完結したものであり、儒道との間には「妙契」（巧まざる霊妙な合致）があるとする。つまり、垂加神道は、儒道に対置し得る我が国固有の「神道」を明確に打ち立てたのであったが、『日本書紀』もその道の根拠として、「神道古典」の位置をより強固にしたのである。

また、垂加神道には実証的研究の一面があることにも注意すべきであろう。神代巻を始めとする神書理解には、古語の研究が不可欠であるとの認識は、既に山崎闇斎にも見られ、門流の註釈や講義の中でも、訓義への言及がかなり多い。そして、若林強斎は、契沖の学問に関心を示し、「中興和訓ニ達セル者、此契沖ニ及ブモノハナキト見ユルナリ」（『雑話続録』）と述べている。こうした方向は、やがて谷川士清の本格的な研究へと進み、その成果は『日本書紀通証』に反映されることとなる。

おわりに

これまで、垂加神道の『日本書紀』研究は、神道教義に立脚した牽強附会の説を並べたものとして、顧みられることが少なかった。しかし、垂加神道の諸家は、徒らに空理空論を翫んでいたのではなく、古代以来の諸説を広く参考し、国学派に先んずる形で、古語を通した実証的研究への道を拓きつつあった。その意味では、『日本書紀』の研究史上に、垂加神道も相応の地位を与えられて然るべきであろう。

（松本　丘）

〔コラム〕源氏物語と日本書紀

日本紀の御局

『源氏物語』の作者は、一条天皇の治世時、天皇の后である彰子に仕えていた女房・紫式部だと考えられている。その理由は、『紫式部日記』に『源氏物語』の豪華清書本作りの記事があり、式部がその作業における中心人物となっていること、また「日本紀の御局」と渾名《あだな》されるエピソードを記した次の記事があるためである。

左衛門の内侍といふ人はべり。あやしうすずろによからず思ひけるも、え知り侍らぬ心憂きしりうごとの、おほう聞こえはべりし。内裏の上の、源氏の物語、人に読ませたまひつつ聞こしめしけるに、「この人は、日本紀をこそ読みたまふべけれ。まことに才あるべし」とのたまはせけるを、ふと推しはかりに、「いみじうなん才がる」と、殿上人などにいひちらして、日本紀の御局とぞつけたりける、いとをかしくぞはべる。このふるさとの女の前にてだにつつみはべるものを、さる所にて、才さかし出ではべらんよ。

（新日本古典文学大系『紫式部日記』三一四頁、本文及び表記は一部改めた）

一条天皇が『源氏物語』を読み、その作者について「この人は日本紀を講義なさったらよい。本当に学問に通じているようだ」（改訂本文「日本紀をこそ読みたまふべけれ」の解釈については、工藤、二〇一四参照）との感想を述べたところ、左衛門の内侍という女房が、作者である紫式部のことを「日本紀の御局」と呼ぶようになったという。紫式部はこの後、「一」という漢字すら書いてみせず、己の能力を包み隠しており、「才能をひけらかしている」というような陰口は当たらない、と憤慨する。

一条天皇のいう「日本紀」とは、六国史の総称と見る説もあるが、現在では『日本書紀』、及び『日本書紀』をめぐって生み出された言説空間を含む意という説が有力である（神野志、一九九九）。またたとえ前者の説が正しいとしても、『日本書紀』が当時の史書を代表する権威的な書として認識されていたことは間違いない。つまり『源氏物語』には、作者が『日本書紀』のような史書によく通じていると感じさせるものがあったことになる。たとえば物語の蛍巻には、光源氏が「日本紀などはただかたそばぞかし。これら（物語）にこそ道々しくくはしきことはあらめ」（「日本紀」などの史書は、ほんの一部を記しているに過ぎない。物語にこそ道理にかなった真実が記されている）と述べる場面がある。作者自身、物語に対して「日本紀」（史書）を意識していたことが窺えよう。

実際、『源氏物語』には、歴史を意識して描かれたと思われる記述が多くある。物語に登場する三代の天皇（桐壺—朱雀—冷泉）の治世が、史上の「醍醐・朱雀・村上」の治世になずらえて描かれていると、中世の古注釈書が指摘するのをはじめ、具体例としては、光源氏の母である桐壺更衣への輦《てぐるま》の宣旨と死後に贈られた三位《みつ》の位が、『続日本後紀』（承和六年六月三十日条）に記される仁明朝の女御・藤原沢子の記事と重なるなど、枚挙に暇が無い。

しかし、ここでは特に『日本書紀』からの影響を考える、ということで、事例を絞って見ていくことにする。ただし一条天皇の発した「日本紀」という言葉の捉える範囲が「言説空間」の意を含むとされるように、『源氏物語』が『日本書紀』そのものの記述を元にしている、とは断定しにくい部分もある。その点、留意した上で、具体例を挙げてみたい。

海竜王の后

若紫巻、瘧病《わらはやみ》の治療のため、北山の聖《ひじり》のもとを訪れた光源氏は、従者の良清から、前の播磨守である明石入道の娘・明石の君の話を聞く。明石の君は、父である入道から、父の思い定めた宿運（高貴な人との結婚）に違うようであれば、海に入るよう言われているという。そのことを聞いた人々は、「海竜王の后になるべきいつきむすめなり」（海竜王の后になろうという秘蔵娘のようだ）、「心高さ苦しや」

と笑った。

　この「海竜王」については、須磨巻で描かれる暴風雨の正体としても言及されるが、かつて石川徹は、このように明石の君が「海竜王」の語とともに登場することから、光源氏の流離、及び明石の君との結婚を、いわゆる「海幸山幸神話」と結びつけて解釈した（石川、一九七九）。海幸山幸の話は兄弟神話であり、兄の釣鉤をなくした弟・彦火々出見尊（山幸）が海に流離し、「塩土の老翁」の助けなどを経て、最終的に「海神の宮」に到着する。そこで山幸は海神の娘である豊玉姫と結婚し、地上に戻る際には、海神から「潮満つ玉」と「潮干る玉」の二つの玉を得て、それらにより兄をたしなめる。その後、二人の間に生まれた子は、豊玉姫の妹・玉依姫が育てるのだが、これら一連の流れは、弟・光源氏と兄・朱雀帝の関係（兄より「返せ」と言われる釣鉤は朧月夜になずらえる）、海辺への流離、途中助けてくれる翁・明石入道の存在、明石の君との結婚、その姫君が「夜光りけむ玉」と呼ばれ、後に紫の上に育てられるなど、この一連の物語の構想の源泉として、書紀神話を想定する。またそれがなぜ『日本書紀』に限定されるかと言えば、『古事記』及び『日本書紀』の一書では、海神の娘・豊玉姫は「鰐」であり、書紀の本文では「竜」であるからだという。

　以上、大変面白い指摘であるが、このような具体的な神話を作者がどれほど意識的に物語の構造として用いたかは定かでなく、表現上の根拠も弱い。しかしながら、光源氏の流離（死）と都への帰還（再生）、というコンセプト自体、神々の流離をなぞる古物語の典型であり、暴風雨が神威として描かれるところをみても、そのような「神話」の要素を強く意識できる部分であることは確かだろう。

光源氏の流離・再生の物語

　これら物語のありようから、直接「日本紀」の語が一条天皇の脳裏に萌したかはさておき、光源氏の流離・再生の物語は、書紀をはじめとした神話を意識させる部分として認めることができる。

　たとえば、次のような記述が明石巻に見られる。

（源氏）わたつ海にしなえうらぶれ蛭《ひる》の子の脚《あし》立
　たざりし年はへにけり
と聞こえたまへば、いとあはれに心恥づかしう思
されて
（帝）宮柱《みやばしら》めぐりあひける時しあれば別れし春の
　うらみのこすな
いとなまめかしき御ありさまなり。
（新編日本古典文学全集『源氏物語』「明石」二七四
頁）

右記は、三年ほど須磨・明石に流離していた光源氏が都へ戻り、兄である朱雀帝と交わした贈答である。光源氏は、自身が流離していた三年という月日を、同じく三年ほど脚が立たないために流された伊弉諾《いざなぎ》・伊弉冉《いざなみ》の子である蛭子の月日と重ねて歌を詠む。蛭子の話自体は『古事記』にも見られるが、やはりこの和歌については、『日本書紀』を踏まえて詠まれた大江朝綱歌「かぞいろは（父母のこと）あはれと見ずや蛭の子は三年になりぬ足立たずして」（日本紀竟宴歌）を直接の典拠と見るべきだろう。源氏の歌は、肉親の間柄である兄・朱雀帝に対し、須磨の浦への流離を恨む内容となっている。このように、ここでは『日本書紀』そのものというよりは、書紀をめぐる言説の物語への影響として捉えられる。一方、朱雀帝の返歌は、自分たちの再会を蛭子の親である二神が宮柱を巡る国生みのくだりと重ね、源氏の訴えた恨みの解消を促す。これらの記述については、『日本書紀』をめぐる言説（和歌）を発端として、神話世界が踏まえられた贈答と見ることができる。

また松風巻においては、明石姫君の年齢が三歳となったことを「蛭の子が齢《よはひ》」と言った上で、光源氏が姫君の引き取りを紫の上に相談するくだりがある。これらも朝綱歌同様、自分が父として、姫君に「あはれ」をかける—今後は流離させずに手元で世話をすることを、姫君の年齢にかけて言ったものであろう。このような蛭子神話を踏まえた源氏の発言は、朝綱歌を拠り所としながらも、一方で、万世一系の神話を語る『日本書紀』の系譜の中に、自身やその

娘を位置づける行為のようにも見え、興味深いところである。なぜなら、源氏の流離は、作り物語の上とはいえ、朝綱歌が求めた「王の慈悲」とは格段にその悲壮感も、実態も異なるものだからである。須磨・明石巻では、神威としての暴風雨、夢枕に立つ死者・桐壺院など、超常現象的な要素が多く描かれることにも注意したい。ここに、源氏の「王の子」としての自負まで読み取るのは難しいかもしれないが、物語に書紀神話を透かし見せることで、光源氏の流離と都への帰還を自然と読者に了解させる、また源氏自身、神の子のような威光をもって政界へ復帰し、その後の「帝王相」(光源氏が子供の時分に「高麗の相人」に予言された相)の行方を、読者に期待させる仕掛けとなっているのかもしれない。

(湯淺幸代)

参考文献

石川　徹、一九七九「光源氏須磨流謫の構想の源泉—日本紀の御局新考—」(『平安時代物語文学論』笠間書院)
工藤重矩、二〇一四「紫式部日記の「日本紀をこそ読みたまへけれ」について—本文改訂と日本紀を読むの解釈」(『平安朝文学と儒教の文学観—源氏物語を読む意義を求めて—』笠間書院)
神野志隆光、一九九九「平安期における「日本紀」」(『古代天皇神話論』若草書房)

付録

1　日本書紀訓点本諸本一覧

是澤範三

一、本表は伊藤雅光、一九七四「『日本書紀』における和語・漢語死亡動詞語彙体系の構造比較―古本系諸本の訓を中心に―」（『国語学会（現、日本語学会）平成六年度春季大会要旨』）の「表3　使用諸本の付訓年代別分類表」をもとに作成した蜂矢真郷、一九九四「日本書紀訓点本一覧」（私家版）を是澤が再編集し、一部補訂、追加したものである。

一、省略記号がゴチック体の巻は、訓点がないことを示す。

18	19	20	21	22	23	24	25	26	27	28	29	30	系統	書写、加点、移点時期	
安閑・宣化	欽明	敏達	用明・崇峻	推古	舒明	皇極	孝徳	斉明	天智	天武上	天武下	持統	古	古本系	非卜部系
													他	その他	
													卜	卜部系	卜部系
													伊	卜部系伊勢本系	
				岩 ab		岩 ab							古 古	a 平安中期末 b 院政期	
		前											古	院政期	
			図 a	図 a	図 a	図 a							古	永治二年頃(1142)	
				北 a1	北 a1	北 a1	北 a1	北 a1	北 a1	北 a2	北 a2	北 a2	古	鎌倉初期	
													古 古	a 嘉禎二年(1236) b (年代不明)	
													卜	弘安九年(1286)卜部兼方(平野流)	
													卜	乾元二年(1303)卜部兼夏(吉田流)	
													古	嘉元四年(1306)	
						嘉							卜	嘉暦元年(1326)頃	
													卜	嘉暦三年(1328)	
													古	南北朝期	
													卜	興国七年(1346)	
北 b3	北 b3	北 b3	北 b3	北 b	北 b	北 b	北 b	北 b	北 b	北 b	北 b	北 b	他	巻 5 ：貞和五年(1349) 巻 30：文和元年(1352) 巻 19：延文元年(1356)	資継王加点
													他 卜	a 応安六年(1373)頃 b (年代不明)	
														明徳二年(1391)	
													(古)	室町初期	
													(古)	室町初期	
													他	応永二十三年(1416) 〜永享五年(1433)	
													他	応永三十年(1423)	
													伊	応永三十年(1423)　道祥	
													伊 伊	a 応永三十四年(1427)　春瑜 b 長禄四年(1460)	
													他	a 嘉吉二年(1442)　圓威 b (年代不明)	

No.	巻	1	2	3	4	5	6	7	8	9	10	11	12	13	14	15	16	17
	収録篇目 / 写本（加点年代別）	神代上	神代下	神武	綏靖〜開化	崇神	垂仁	景行・成務	仲哀	神功皇后	応神	仁徳	履中・反正	允恭・安徳	雄略	清寧〜仁賢	武烈	継体
1	岩崎本 ab																	
2	前田本											前			前			前
3	図書寮本 a										**図**		図 a	図 a	図 a	図 a	図 a	図 a
4	北野本 a12																	
5	鴨脚本 ab		鴨 ab															
6	弘安本	方	方															
7	乾元本	夏	夏															
8	丹鶴本	丹	丹															
9	嘉暦本											嘉						
10	水戸本	水	水															
11	一峯本	一	一	一														
3	図書寮本 b		図 b															
4	北野本 b3	北 b3			北 b3	北 b3		北 b3	北 b3	北 b3	北 b3		北 b3	北 b3		北 b3		北 b3
12	熱田本 ab	熱 a	熱 b	熱 a	熱 a	熱 a	熱 a	熱 a	熱 a	熱 a	熱 a		熱 a	熱 a	熱 a	熱 a		
13	明徳本	明	明															
14	宥日本	宥																
15	向神社本		向															
16	玉屋本	玉	玉	玉	玉	玉	玉	玉	玉	玉	玉							
17	三嶋本	三	三	三														
18	穂久邇文庫本 a																	穂 a
19	春瑜本 ab			春 ab														
20	圓威本 ab		圓 ab															

18	19	20	21	22	23	24	25	26	27	28	29	30	系統	書写、加点、移点時期	
安閑・宣化	欽明	敏達	用明・崇峻	推古	舒明	皇極	孝徳	斉明	天智	天武上	天武下	持統	古 他 卜 伊	古本系 その他 卜部系 卜部系伊勢本系	非卜部系 卜部系
				岩 c12		岩 c12							卜 卜	c1 宝徳三年(1451)　一条兼良 c2 文明六年(1474)　一条兼良	
													伊	明応四年(1495)　荒木田守晨	
穂 b		穂 b	穂 b	穂 b	穂 b	穂 b	穂 b	穂 b	穂 b	穂 b	穂 b		伊	明応五年(1496)　荒木田守晨	
														室町末期	
													伊	永正七年(1510)　荒木田守晨	
													卜	永正七年(1510)　大中臣国忠	
													卜	天文五年(1536)以前　卜部兼永	
													他	室町期　伝大中臣為縄	
静				静	静	静	静						伊		
内 1			内 1	内 1	内 1	内 1	内 1	内 1	内 1	内 1	内 1		伊		
無			無	無	無	無	無	無	無	無	無		伊		
右	右	右	右	右	右	右	右	右	右	右	右	右	(卜)	天文九年(1540)　吉田兼右	
内 2	内 2	内 2	内 2	内 2	内 2	内 2	内 2	内 2	内 2	内 2	内 2	内 2	卜	慶長頃(三条西実隆転写本)	
													卜	江戸期補写部分 (巻首 84 行)	
寛	寛	寛	寛	寛	寛	寛	寛	寛	寛	寛	寛	寛	卜	寛文九年(1669)	

中村啓信、1995「古事記日本書紀諸本・注釈書解説」(神野志隆光編、別冊国文学『古事記日本書紀必携』學燈社)
石塚晴通、1995「北野本日本書紀の訓点」(『築島裕博士古稀記念国語学論集』汲古書院)
吉田金彦、築島裕、石塚晴通、月本雅幸編、2001『訓点語辞典』(東京堂出版)
月本雅幸、2002「訓点解説」(前田育徳会尊経閣文庫編『尊経閣善本影印集成26 日本書紀』八木書店)
石塚晴通、2006「訓点解説」(『宮内庁書陵部本影印集成 日本書紀 4』八木書店)
石塚晴通、2014「岩崎本日本書紀の訓点」(京都国立博物館編『京都国立博物館所蔵 国宝 岩崎本日本書紀』勉誠出版)
遠藤慶太、2015「『日本書紀』の写本と注釈―読書史をたどる―」『日本書紀の形成と諸資料』塙書房)
木田章義・大槻信、2017「熱田本『日本書紀』の訓点」(熱田神宮編『熱田本 日本書紀　三』八木書店)

1　日本書紀訓点本諸本一覧（是澤）

No.	巻 / 収録篇目 / 写本（加点年代別）	1 神代上	2 神代下	3 神武	4 綏靖〜開化	5 崇神	6 垂仁	7 景行・成務	8 仲哀	9 神功皇后	10 応神	11 仁徳	12 履中・反正	13 允恭・安徳	14 雄略	15 清寧〜仁賢	16 武烈	17 継体
1	岩崎本 c12																	
21	薗田本	薗	薗															
18	穂久邇文庫本 b（c 略）				穂b	穂b	穂b	穂b	穂b	穂b	穂b	穂b	穂b	穂b	穂b	穂b		穂b
22	早川本	早																
23	東山本	東	東															
24	国忠本	国																
4	北野本 c4（5 略）			北c4			北c4					北c4						
25	為縄本	為																
26	静嘉堂本					静	静	静	静	静	静	静	静	静	静	静	静	
27	内閣文庫本 1			内1	内1	内1	内1	内1	内1	内1	内1	内1	内1	内1	内1	内1	内1	
28	無窮会本			無	無	無	無	無	無		無	無	無	無	無	無	無	
29	兼右本			右	右	右	右	右	右	右	右	右	右	右	右	右	右	右
30	内閣文庫本 2	内2	内2	内2	内2	内2	内2	内2	内2	内2	内2	内2	内2	内2	内2	内2	内2	内2
3	図書寮本 c		図c															
31	寛文版本	寛	寛	寛	寛	寛	寛	寛	寛	寛	寛	寛	寛	寛	寛	寛	寛	寛

〈参考文献〉

築島裕、1963『平安時代の漢文訓讀語につきての研究』（東京大学出版会）

大野晋、1967「解説　二　諸本、三　訓読」（日本古典文学大系『日本書紀 上』岩波書店）

石塚晴通、1978「前田本日本書紀院政期点（研究篇）」（『北海道大学文学部紀要』26-2）

築島裕、石塚晴通、1978「解説」（『岩崎本 日本書紀 本文と索引』日本古典文学会）

林勉、1983「解題」（天理大学附属天理図書館編『天理図書館善本叢書和書之部 56 日本書紀 兼右本 三』八木書店）

石塚晴通、1984『図書寮本 日本書紀 研究篇』（汲古書院）

山本信吉、1990「日本書紀」（図版解説、『国史大辞典』吉川弘文館）

鈴木豊、1992「『日本書紀』声点における濁音標示」辻村敏樹教授古稀記念『日本語史の諸問題』（明治書院）

毛利正守、1994「解説　古写本と版本」（新編日本古典文学全集『日本書紀』一、小学館）

杉浦克己、1995「二　日本書紀の諸本について—訓読上の特色から見た神代巻諸本—」（『六種対照日本書紀神代巻和訓研究索引』武蔵野書院）

2　日本書紀関係記事史料集

一　日本書紀の前史

1『日本書紀』顕宗即位前紀（新編日本古典文学全集本）

弘計天皇、更名来目稚子。大兄去来穂別天皇孫也、市辺押磐皇子子也。母曰荑媛。荑、此云波曳。**譜第**曰、市辺押磐皇子、娶蟻臣女荑媛、遂生三男二女。其一曰居夏姫。其二曰億計王、更名嶋稚子、更名大石尊。其三曰弘計王、更名来目稚子。其四曰飯豊女王、亦名忍海部女王。其五曰橘王。一本以飯豊女王、列叙於億計王之上。蟻臣者葦田宿禰子也。

（弘計天皇は、更の名は来目稚子。大兄去来穂別天皇の孫、市辺押磐皇子の子なり。母は荑媛と曰す。荑、此には波曳と云ふ。**譜第**《ふだい》に曰く、「市辺押磐皇子、蟻臣が女荑媛を娶り、遂に三男二女を生む。其の一を居夏姫と曰す。其の二を億計王と曰し、更の名は嶋稚子、更の名は大石尊。其の三を弘計王と曰し、更の名は来目稚子。其の四を飯豊女王と曰し、亦の名は忍海部女王。其の五を橘王と曰す」といふ。一本に、飯豊女王を以ちて億計王の上に列叙て、蟻臣は葦田宿禰の子なりといふ）。

2『日本書紀』欽明二年三月条（新編日本古典文学全集本）

其五曰泊瀬部皇子。一書云、其一曰茨城皇子、其二曰埿部穴穂部皇女、其三曰埿部穴穂部皇子、更名住迹皇子。其四曰葛城皇子、其五曰泊瀬部皇子。一書云、其一曰茨城皇子、其二曰住迹皇子、其三曰埿部穴穂部皇女、其四曰埿部穴穂部皇子、更名天香子。其五曰泊瀬部皇子。**帝王本紀**、多有古字、撰集之人、屢経遷易。後人習読、以意刊改、伝写既多、遂致舛雑、前後失次、兄弟参差。今則考覈古今、帰其真正。一往難識者、且依一撰、而注詳其異。他皆効此。

（其の五を泊瀬部皇子と曰す。一書に云はく「其の一を茨城皇子と曰し、其の二を埿部穴穂部皇女と曰し、其の三を埿部穴穂部皇子と曰し、更の名は住迹皇子。其の四を葛城皇子と曰し、其の五を泊瀬部皇子と曰す」といふ。一書に云はく「其の一を茨城皇子と曰し、其の二を住迹皇子と曰し、其の三を埿部穴穂部皇女と曰し、其の四を埿部穴穂部皇子と曰し、更の名は天香子。其の五を泊瀬部皇子と曰す」といふ。**帝王本紀**《ていおうほんぎ》に、多く古字有りて、撰集の人、屢ば遷易を経たり。後人習読のとき、意を以て刊改し、伝写既に多にして、遂に舛雑を致し、前後次を失ひて、兄弟参差なり。今しすなはち古今を考覈して、其の真正に帰す。一往に識り難きは、且く一に依りて撰ひて、其の異を注詳す。他も皆此に効へ）。

3『日本書紀』推古二十八年（六二〇）**是歳条**（新編日本古典文学全集本）

是歳、皇太子・嶋大臣共議之、録**天皇記**及**国記**、**臣連伴造国造百八十部幷公民等本記**。

（是の歳、皇太子・嶋大臣共に議りて、**天皇記**及び**国記**、**臣連伴造国造百八十部幷せて公民等の本記**を録す）。

4『日本書紀』皇極四年（六四五）**六月己酉条**（新編日本古典文学全集本）

己酉、蘇我臣蝦夷等臨誅、悉焼**天皇記**・**国記**・珍宝。船史恵尺、即疾取所焼**国記**、而奉中大兄。

（己酉、蘇我臣蝦夷ら誅せらるるに臨み、悉く**天皇記**・**国記**・珍宝を焼く。船史恵尺、すなはち疾く焼かるる**国記**を取り、中大兄に奉る)。

5『正倉院文書』天平十八年（七四六）**閏九月二十五日穂積三立手実**

東京大学史料編纂所蔵（大日本古文書二四巻三七八頁、正倉院文書拾遺22）

穂積三立解　申所写疏用紙事

合用紙弐陌伍拾肆〔弐〕枚之中注十九枚

解深密経疏巻第二用六十三　花厳経疏巻第十用卅七

喩伽抄巻第廿四用六十枚　喩伽抄巻第十九用七十三

日本帝記一巻十九十〔枚〕注

天平十八年潤九月廿五日穂積三立手実

6『正倉院文書』続修後集十七　更可請章疏等目録（大日本古文書三巻八四〜九一頁）

更可請章疏等〔目〕□

雑集論一帙十六巻　世親摂論二部二帙卅巻

……

経典釈文廿一巻一帙　新修本草二帙廿巻

大宗文皇帝集卌巻　群英集廿一巻

許敬宗集十巻　　天文要集十巻
職官要録卅巻　　庚（ママ）信集廿巻
政論六巻　　明皇論一巻
帝暦并史記目録一巻　　**帝紀二巻日本書**
君臣機要抄七巻　　瑞表録一巻
慶瑞表一巻　　帝徳録一巻
帝徳頌一巻　　譲官表一巻
聖賢六巻　　鈞天之楽一巻
……
傅讃星経一巻　　薄讃一巻
九宮二巻（一推九宮法／一遁甲要）
天平廿年六月十日自平摂師手而転撰写取
十九年十月一日佐官僧臨照／大僧都僧行信　此二柱僧岡〔綱〕共知検定

二　日本書紀・古事記の成立

1『日本書紀』天武十年（六八一）**三月丙戌条**（新編日本古典文学全集本）

丙戌、天皇御于大極殿、以詔川嶋皇子・忍壁皇子・広瀬王・竹田王・桑田王・三野王・大錦下上毛野君三千・小錦中忌部連首・小錦下阿曇連稲敷・難波連大形・大山上中臣連大嶋・大山下平群臣子首、令記定**帝紀**及**上古諸事**。大嶋・子首、親執筆以録焉。

（丙戌、天皇、大極殿に御しまして、川嶋皇子・忍壁皇子・広瀬王・竹田王・桑田王・三野王・大錦下上毛野君三千・小錦中忌部連首・小錦下阿曇連稲敷・難波連大形・大山上中臣連大嶋・大山下平群臣子首に詔して、**帝紀**《ていき》と**上古**《じょうこ》の**諸事**《しょじ》を記定めしめたまふ。大嶋・子首、親ら筆を執りて録す）。

2『日本書紀』持統五年（六九一）**八月辛亥条**（新編日本古典文学全集本）

八月己亥朔辛亥、詔十八氏、大三輪・雀部・石上・藤原・石川・巨勢・膳部・春日・上毛野・大伴・紀伊・平群・羽田・阿倍・佐伯・采女・穂積・阿曇。上進其祖等**墓記**。

（八月己亥朔辛亥、十八氏に詔して、大三輪・雀部・石上・藤原・石川・巨勢・膳部・春日・上毛野・大伴・紀伊・平群・羽田・阿倍・佐伯・采女・穂積・阿曇。其の祖等の**墓記**《ぼき》を上進らしむ）。

3『古事記』序　和銅五年（七一二）**正月二十八日**（西宮一民編『古事記　修訂版』おうふう）

臣安萬侶言、夫、混元既凝、気象未効。無名無為。誰知其形。然、乾坤初分、参神作造化之首、陰陽斯開、二霊為群品之祖。所以、出入幽顕、日月彰於洗目、浮沈海水、神祇呈於滌身。故、太素杳冥、因本教而識孕土産嶋之時、元始綿邈、頼先聖而察生神立人之世。寔知、懸鏡吐珠、而百王相続、喫剣切蛇、以万神蕃息与。

議安河而平天下、論小浜而清国土。是以、番仁岐命、初降于高千嶺、神倭天皇、経歴于秋津嶋。化熊出川、天剣獲於高倉、生尾遮径、大烏導於吉野。列儛攘賊、聞歌伏仇。即、覚夢而敬神祇。所以称賢后。望烟而撫黎元。於今伝聖帝。定境開邦、制于近淡海、正姓撰氏、勒于遠飛鳥。雖歩驟各異、文質不同、莫不稽古以縄風猷於既頽、照今以補典教於欲絶。

曁飛鳥清原大宮御大八州天皇御世、潜龍体元、洊雷応期。開夢歌而相纂業、投夜水而知承基。然、天時未臻、蝉蛻於南山、人事共給、虎歩於東国。皇輿忽駕、淩度山川、六師雷震、三軍電逝。杖矛挙威、猛士烟起、絳旗耀兵、凶徒瓦解。未移浹辰、気沴自清。乃、放牛息馬、愷悌帰於華夏、巻旌戢戈、儛詠停於都邑。歳次大梁、月踵夾鐘、清原大宮、昇即天位。道軼軒后、徳跨周王、握乾符而摠六合、得天統而包八荒。乗二気之正、斉五行之序、設神理以奨俗、敷英風以弘国。重加、智海浩汗、潭探上古、心鏡煒煌、明覩先代。

於是天皇詔之、朕聞、諸家之所賷**帝紀**及**本辞**、既違正実、多加虚偽。当今之時、不改其失、未経幾年其旨欲滅。斯乃、邦家之経緯、王化之鴻基焉。故惟、撰録**帝紀**、討覈**旧辞**、削偽定実、欲流後葉。時有舎人。姓稗田、名阿礼、年是廿八、為人聡明、度目誦口、払耳勒心。即、勅語阿礼、令誦習**帝皇日継**及**先代旧辞**。然、運移世異、未行其事矣。

伏惟、皇帝陛下、得一光宅、通三亭育、御紫宸而徳被馬蹄之所極、坐玄扈而化照船頭之所逮。日浮重暉、雲散非烟。連柯幷穂之瑞、史不絶書、列烽重訳之貢、府無空月。可謂名高文命、徳冠天乙矣。

於焉、惜**旧辞**之誤忤、正**先紀**之謬錯、以和銅四年九月十八日、詔臣安萬侶、撰録稗田阿礼所誦之勅語**旧辞**以献上者、謹随詔旨、子細採摭。然、上古之時、言意並朴、敷文構句、於字即難。

已因訓述者、詞不逮心。全以音連者、事趣更長。是以今、或一句之中、交用音訓、或一事之内、全以訓録。即、辞理叵見、以注明、意況易解、更非注。亦、於姓日下、謂玖沙訶、於名帯字、謂多羅斯、如此之類、随本不改。大抵所記者、自天地開闢始、以訖于小治田御世。故、天御中主神以下、日子波限建鵜草葺不合命以前、為上巻、神倭伊波礼毗古天皇以下、品陁御世以前、為中巻、大雀皇帝以下、小治田大宮以前、為下巻、幷録三巻、謹以献上。臣安萬侶、誠惶誠恐、頓々首々。

和銅五年正月廿八日　正五位上勲五等太朝臣安萬侶

（臣安萬侶が言さく、それ、混元すでに凝りて、気象いまだ効れず。名もなく、為もなし。誰かその形を知らむ。しかあれども、乾坤初めて分れて、参神造化の首と作り、陰陽ここに開けて、二霊群品の祖となりき。このゆゑに、幽顕に出入して、日月目を洗ふに彰はれ、海水に浮沈して、神祇身を滌くに呈れき。かれ、太素は杳冥にあれども、本教によりて土を孕み嶋を産みし時を識り、元始は綿邈にあれども、先聖によりて神を生み人を立てし世を察りぬ。まことに知る、鏡を懸け珠を吐きて、百王相続し、剣を喫み蛇を切りて、万神蕃息せしことを。安の河に議りて、天の下を平げ、小浜に論らひて国土を清めき。ここをもちて、番仁岐の命、初めて高千の嶺に降り、神倭の天皇、秋津嶋を経歴したまひき。化熊川を出でて、天剣を高倉に獲、生尾経を遮りて、大烏吉野に導きき。儛を列ね賊を攘ひ、歌を聞きて仇を伏へたまひき。すなはち、夢に覚りて神祇を敬ひたまひき。このゆゑに賢后と称す。烟を望みて黎元を撫でたまひき。今に聖帝と伝ふ。境を定め邦を開きて近つ淡海に制め、姓を正し氏を撰ひて遠つ飛鳥に勒めたまひき。歩驟おのもおのも異に、文質同じくあらずといへども、古を稽へて風猷をすでに頽れたるに縄し、今を照らして典教を絶えむとするに補はずといふことなし。

飛鳥の清原の大宮に、大八州御しめしし天皇の御世に曁りて、潜龍、元を体し、洊雷、期に応じき。夢の歌を開きて、業を纂がむことを相ひ、夜の水に投りて、基を承けむことを知りたまひき。しかれども、天の時いまだ臻らずして南山に蝉蛻し、人事共給りて東国に虎歩したまひき。皇輿たちまちに駕して、山川を淩え度り、六師雷のごとく震ひ、三軍電のごとく逝きき。杖矛威を挙げて、猛士烟のごとく起り、絳旗兵を耀やかして、凶徒瓦のごとく解けき。いまだ浹辰を移さずして、気沴おのづからに清し。すなはち、牛を放ち馬を息へ、愷悌して華夏に帰り、旌を巻き戈を戢め、儛詠して都邑に停まりたまひき。歳大梁に次り、月俠鐘に踵り、清原の大宮にして、昇りて天つ位に即きたまひき。道は軒后に軼ぎ、徳は周王に跨えたまひき。乾符を握りて六合を摠べ、天統を得て八荒を包ねたまひき。二気の正しきに乗り、五行の序を斉へ、神理を設けて、俗を奨め、英風を敷きて、国を弘めたまひき。しかのみにあらず、智海は浩汗として、潭く上古を探り、心鏡は煒煌として、明らかに先代を覩たまひき。

ここに、天皇の詔りたまひしく、「朕が聞けらく、『諸家の賷てる**帝紀**《ていき》と**本辞**《ほんじ》、すでに正実に違ひ、多く虚偽を加ふ』ときけり。今の時に当たりて、その失を改めずは、いまだ幾年をも経ずして、その旨滅びなむとす。これすなはち、邦家の経緯、王化の鴻基ぞ。かれこれ、**帝紀**を撰録し、**旧辞**を討覈して、偽を削り、実を定めて、後の葉に流へむと欲ふ」とのりたまひき。時に、舎人あり。姓は稗田、名は阿礼、年はこれ二十八。人となり聡明にして、目に度れば口に誦み、耳に払れば心に勒す。すなはち、阿礼に勅語して、**帝皇**《ていおう》**の日継**《ひつぎ》と**先代**《せんだい》**の旧辞**《きゅうじ》を誦み習はしめたまひき。しかれども、運移り世異りて、いまだその事を行ひたまはざりき。

伏して惟ふに、皇帝陛下、一を得て光宅し、三に通じて亭育したまふ。紫宸に御して、徳は馬の蹄の極まるところを被ひ、玄扈に坐して、化は船の頭の逮ぶところを照らしたまふ。日浮かびて暉を重ね、雲散りて烟にあらず。柯を連ね穂を幷す瑞、史書すことを絶たず、烽を列ね訳を重ぬる貢、府空しき月なし。名は文命よりも高く、徳は天乙にも冠りますといひつべし。

ここに、**旧辞**の誤り忤へるを惜しみ、**先紀**の謬り錯れると正したまはむとして、和銅四年九月十八日をもちて、臣安萬侶に詔して、「稗田の阿礼が誦める勅語の**旧辞**を撰録して献上らしむ」とのらししかば、謹みて、詔旨のまにまに子細に採り摭ひつ。

しかれども、上古の時は、言と意とみな朴にして、文を敷き句を構ふること、字におきてはすなはち難し。すでに訓によりて述べたるは、詞、心におよばず。またく音をもちて連ねたるは、事の趣、さらに長し。ここをもちて、今、あるは一句の中に、音・訓を交へ用ゐ、あるは一事の内に、またく訓をもちて録しつ。すなはち、辞理の見えがたきは注をもちて明らかにし、意況の解りやすきはさらに注せず。また、姓におきて日下を玖沙訶といひ、名におきて帯の字を多羅斯といふ。かくのごとき類は、本のままに改めず。おおよそに記すところは、天地の開闢より始めて、小治田の御世に訖る。かれ、天の御中主の神より下、日子波限建鵜草葺不合の命より前を、上つ巻となし、神倭伊波礼毗古の天皇より下、品陁の御世より前を、中つ巻となし、大雀の皇帝より下、小治田の大宮より前を、下つ巻となし、幷せて三巻を録して、謹みて献上ると、臣安萬侶、誠惶誠恐みも、頓首頓首す。

和銅五年正月二十八日。　正五位上勲五等太朝臣安萬侶)。

4『続日本紀』和銅七年(七一四)**二月戊戌条**(新日本古典文学大系本)

戊戌、詔従六位上紀朝臣清人・正八位下三宅臣藤麻呂、令撰**国史**。

(戊戌、従六位上紀朝臣清人・正八位下三宅臣藤麻呂に詔して、**国史**《こくし》を撰せしめたまふ)。

5『続日本紀』養老四年(七二〇)**五月癸酉条**(新日本古典文学大系本)

先是、一品舎人親王奉勅、修**日本紀**。至是功成奏上。紀卅巻・系図一巻。

(是より先、一品舎人親王、勅を奉りて**日本紀**《にほんぎ》を修む。是に至りて功成りて奏上ぐ。紀三十巻・系図一巻なり)。

三　日本書紀の受容と展開

1『令集解』公式令1詔書式条(新訂増補国史大系本)

明神御大八洲天皇詔旨

……古記云、御宇、御大八洲者。並宣大事之辞也。於一事者任用耳。問、「大八洲。未知若為」。答、「**日本**

書紀巻第一云、『因問陰神曰、汝身有何成耶。対曰、吾身有一雌元之処。陽神曰、吾身有雄元之処。思欲以吾身元処合汝身之元処。於是陰陽始遘合為夫婦。及至産時、先以淡路洲為胞。意所不快。故名之曰淡路洲。廼生大日本日本。此云耶麻騰。下皆放此。豊秋津洲。次生伊予二名洲。次生筑紫洲。次双生億岐洲与佐度洲。世人或有双生者、象此也。次生越洲。次生大洲。次生吉備子洲。由是始起大八洲国之号焉。即対馬嶋・壱岐嶋及処々小嶋、皆是潮沫凝而成也』」。

（明神御大八洲天皇詔旨

……古記云ふ、御宇は、大八洲を御めたまふなり。並びに大事を宣ぶるの辞なり。一事に於ては任用するのみ。問ふ、「大八洲。いまだ知らざるはいかん」。答ふ、「**日本書紀《にほんしょき》巻第一**に云く、『因りて陰神に問ひて曰く、汝が身に何の成れるところか有るやとのたまふ。対へて曰く、吾が身に一の雌元の処有りとのたまふ。陽神の曰く、吾が身にも雄元の処有り。吾が身の元の処を以ちて、汝が身の元の処に合せむと思欲ふとのたまふ。是に陰陽始めて遘合し夫婦と為りたまふ。産む時に及至り、先ず淡路洲を以て胞と為す。意に快びざる所なり。故、名けて淡路洲と曰ふ。廼ち大日本日本、此を耶麻騰と云ふ。下皆此れにならへ。豊秋津洲を生む。次に伊予二名洲を生む。次に筑紫洲を生む。次に億岐洲と佐度洲とを双生む。世人或いは双生むこと有るは、此に象れるなり。次に越洲を生む。次に大洲を生む。次に吉備子洲を生む。是に由りて、始めて大八洲国の号起れり。すなはち対馬嶋・壱岐嶋と処々の小嶋とは、皆是潮沫の凝りて成れる者なり』」）。

2『萬葉集』巻第一・5・6番歌（新編日本古典文学全集本）

幸讃岐国安益郡之時軍王見山作歌

霞立　長春日乃　晩家流　和豆肝之良受　村肝乃　心乎痛見　奴要子鳥　卜歎居者　珠手次　県乃宜久　遠神　吾大王乃　行幸能　山越風乃　独座　吾衣手尓　朝夕尓　還比奴礼婆　大夫登　念有我母　草枕　客尓之有者　思遣　鶴寸乎白土　網能浦之　海処女等之　焼塩乃　念曾所焼　吾下情　(5)

反　歌

山越乃　風乎時自見　寝夜不落　家在妹乎　懸而小竹櫃　(6)

右、検**日本書紀**、無幸於讃岐国。亦軍王未詳也。但山上憶良大夫類聚歌林曰、「**記**曰、『天皇十一年己亥冬十二月、己巳朔壬午、幸于伊与温湯宮』云々。一書『是時、宮前在二樹木。此之二樹、斑鳩比米二鳥大集。時勅、多挂稲穂而養之。仍作歌』云々。若疑従此、便幸之歟。

（讃岐国安益郡に幸せる時に、軍王、山を見て作る歌

霞立つ　長き春日の　暮れにける　わづきも知らず　むら肝の　心を痛み　ぬえこ鳥　うらなけ居れば　玉だすき　かけの宜しく　遠つ神　我が大君の　行幸の　山越す風の　ひとり居る　我が衣手に　朝夕に　かへらひぬれば　ますらをと　思へる我も　草枕　旅にしあれば　思ひ遣る　たづきを知らに　綱の浦の　海人娘子らが　焼く塩の　思ひそ燃ゆる　我が下心

反　歌

山越しの　風を時じみ　寝ぬる夜落ちず　家なる妹を　かけて偲ひつ

右、**日本書紀**《にほんしょき》を検すに、讃岐国に幸ししことなし。また軍王も未詳なり。ただし、山上憶良大夫の類

聚歌林に曰く、「記《き》に曰く、『天皇の十一年己亥の冬十二月、己巳の朔の壬午に、伊与の温湯の宮に幸す』と云々。一書に『この時に、宮の前に二つの樹木あり。この二つの樹に、斑鳩と比米との二つの鳥大く集けり。時に勅して、多く稲穂を挂けてこれに養はしめたまふ。仍りて作る歌』と云々。けだし、ここより便ち幸せるか)。

3『日本書紀私記』甲本　弘仁私記序（新訂増補国史大系本）

日本書紀私記巻上并序

夫**日本書紀**者、日本国、自大唐東去万余里、日出東方昇于扶桑。故云日本。古者、謂之倭国。但倭義未詳。或曰、取称我之音、漢人所名之字也。通云山跡。山謂之耶麻跡。謂之止。音登戸反。下同。夫天地剖判、泥湿未燥。是以栖山往来、固自多蹤跡。故曰耶麻止。又古語謂、居住為止言止住於山也。音同上。武玄之曰、東海女国也。一品舎人親王浄御原天皇第五皇子也。・従四位下勲五等太朝臣安麻呂等、王子神八井耳命之後也。奉勅所撰也。先是浄御原天皇御宇之日、気長帯日天皇之皇子、近江天皇同母弟也。有舎人、姓稗田、名阿礼、年廿八、天鈿女命之後也。為人謹恪、聞見聡慧。天皇勅阿礼、使習**帝王本記**及**先代旧事**。豊御食炊屋姫天皇廿八年、上宮太子・嶋大臣、共議録**天皇記**及**国記臣連伴造国造百八十部并公民等本記**。又自天地開闢、至豊御食炊屋姫天皇、謂之旧事。未令撰録、世運遷代。豊国成姫天皇臨軒之年。天命開別天皇第四皇女也。軒者檻上板也。謂御宇、馬〔為カ〕臨軒。詔正五位上安麻呂、俾撰阿礼所誦之言。和銅五年正月廿八日。豊国城姫天皇年号也。初上彼書。所謂**古事記**三巻者也。清足姫天皇負扆之時。浄御原天皇之孫、日下太子之子也。世号飯高天皇。扆、戸牖之間也。負扆者。言以其所処〔拠カ〕名之。今案、天子座之後也。親王及安麻呂等、更撰此**日本書紀**三十巻并**帝王系図**一巻。今見在図書寮及民間也。養老四年五月廿一日、浄足姫天皇年号也。功夫甫就、献於有司。今図書寮是也。上起天地混淪之先、混大波也。淪小沈小波也。下終品彙甄成之後。品衆也。彙類也。甄成也。神胤・皇裔、中臣朝臣・忌部宿禰等、為神胤也。息長真人・三国真人等、為皇裔也。指掌灼然。慕化古〔占カ〕風、挙目明白。東漢・西漢史及百済氏等為慕化。高麗・新羅及東部・後部氏等、為古〔占カ〕風也。異端小説・恠力乱神、一書及或説為異端。反語及諺曰、為小説也。恠、々異也。大鷦鷯天王御宇之時、白鳥陵人化為白鹿。又蝦夷叛之、堀上毛野田道墓。則大蛇瞋目出自墓、以咋蝦夷也。力、多力也。天国排開天皇御宇之時、膳臣巴提、至新羅有虎噬児去。巴提尋至巖岫、左手摯虎舌、右手抜剣刺殺。又蜾蠃捕山雷之類也。乱、々逆也。蘇我入鹿、失君臣之礼、有覬覦之心也。神、鬼神也。大泊瀬天皇猟於葛城山。急見長人面貌、容儀相似天皇。天皇問名。答云僕是一言主神也。為備多聞、莫不該博。該、備該也。世有神別記十巻、天神・天孫之事、具在此書。発明神事、最為証拠。然年紀夐遠、作者不詳。夐遠視也。隳正反。自此之外、更有**帝王系図**。天孫之後、悉為帝王。而此書云、或到新羅・高麗為国王。或在民間、為帝王者。因茲延暦年中、下符諸国、令焚之。而今猶在民間也。諸民雑姓記。或以甲後為乙胤、或以乙胤為甲後。如此之誤、往々而在。苟以曲見、或無識之人也。諸蕃雑姓記。田辺史・上毛野公・池原朝臣・住吉朝臣等祖、思須美・和徳両人、大鷦鷯天皇御宇之時。自百済国化来而言、己等祖是貴国将軍上野公竹合也者。天皇矜憐混彼族訖。而此書云諸蕃人也。如此事、触類而也〔多カ〕也。新撰姓氏目録者。柏原天皇御宇之時、若狭国人中〔申カ〕新本系事、因茲今諸国献本系撰此書。而彼主当人等、未弁真偽。抄集誤書、施之民間。加以引神胤為上、推皇裔為方。尊卑雑乱、無由取信。但正書目録、今在太政官。今此書者所謂書之外、恣申新意歟。故雖迎禁駟、不及耳也。如此之書、触類而夥。夥、多也。踳駮旧説、眩曜人看。踳駮、差雑貌。或以馬為牛、或以羊為犬。輙仮有識之号、以為述者之名。謂借古人及当代人之名。即知官書之外、多穿鑿之人。是以、官禁而令焚、人悪而不愛。今猶遺漏、遍在民間、多偽少真、無由刊謬。是則不読旧記、日本書紀・古事記・諸民等之類。無置師資之所致也。博士為師。弟子為資。凡厥天平勝宝之前。感神天皇年号也。世号法師天皇。毎一代使天下諸氏各献本系、謂譜講〔牒カ〕為本系也。永蔵秘府、不得輙出。今存図書寮者是也。雄朝妻稚子宿禰天皇御宇之時、姓氏紛謬、尊卑難決。因坐月欄〔甘橿カ〕丘、令探熱湯定真偽。今大和国高市郡有釜有是也。後世帝王、見彼覆車。毎世令献本系、蔵図書寮也。冷然聖主弘仁四年在祚之日。天智天皇之後、柏原天王之王子也。愍旧説将滅、本記合訛。詔刑部少輔従五位下多朝臣人長、祖禰見上。使**講日本紀**。即課大外記正六位上大春日朝臣頴雄王子大帯彦国押人命之後、従五位下魚成第一男。・民部少丞正六位上藤原朝臣菊池麻呂天孫天児命之後、従五位下是人第四男也。・兵部少丞正六位上安倍朝臣蔵継正二大彦命之後、従四位下弟老第二男也。・文章生従八位上滋野朝臣貞主天孫魂命之後、従五位上家訳第一男。・無位嶋田臣清田王子神八井耳命之後、正六位上村田第一男。・無位美努連清庭等受業、天神角凝命之後、正六位上友依第三男也。就外記曹局、而開講席。一周之後、巻帙既竟。一年為周。其第一・第二両巻。義縁神代、語多古質。世質民淳、言詞異今。授受之人、動易訛謬。訛化也。故以倭音弁詞語、以丹点明軽重。凡抄三十巻、勒為三巻。夫自天常立命、倭語云、阿麻乃止己太知乃美己止。至畏根命、倭語曰、加之古禰乃美己止。八千万億歳。日本一書有此句。但無史官渉疑。是雖古記、尚不緊切。緊切也。自伊諾命、天神、是即陽神也。倭語云、伊左奈支乃美己止。至彦瀲尊。天孫彦火々出見命第一男。倭語云、比古那支左乃美己止。史官不備、歳次無記。但自神倭天皇庚申年、彦瀲尊第四男、諱狭野尊也。庚申、天皇生年。至冷然聖主弘仁十年、一千五百五十七歳、御宇五十二帝。庶後賢君子、留情々察之。云尓。

4 『釈日本紀』巻第一・開題（新訂増補国史大系本）

問。本朝之史、以何書為始哉。

答。師説、以古事記為始。而今案、上宮太子所撰先代旧事本紀十巻、是可謂史書之始。何者、古事記者、誠雖載古語、文例不似史書。即其序云、上古之時、言意並朴、敷文構句、於字即難。已因訓述者、詞不逮心。全以音連者、事趣更長。是以、今或一句之中交用音訓、或一事之内全以訓録。即辞理難見、以注明意云々。如此則所修之旨、非全史意。至于上宮太子撰、繫於年繫於月、全得史伝之例。然則先代旧事本紀十巻。可謂史書之始。

本朝史書

先代旧事本紀十巻。在序。

序曰。聖徳太子且所撰也。于時小治田豊浦宮御宇豊御食炊屋姫天皇在位廿八年歳次庚辰春三月甲午朔戊戌、摂政上宮厩戸豊聡耳聖徳太子尊命大臣蘇我馬子宿禰等、奉勅撰定。云々。十巻。号曰先代旧事本紀。所謂先代旧事本紀者、蓋謂開闢以来当代以往者也。云々。于時卅年歳次壬午春二月朔己丑是也。在神皇系図一巻。

古事記三巻。在序。

自神代、迄推古天皇御宇。

序曰、臣安萬侶言。云々。清原大宮昇即天位。云々。於是天皇詔之。云々。時有舎人。姓稗田、名阿礼。年是廿八。為人聡明、度目誦口、払耳勒心。即勅語阿礼。令誦習帝皇日継及先代旧辞。然運移世異、未行其事。云々。以和銅四年九月十八日、詔臣安萬侶。撰録稗田阿礼所誦之勅語旧辞、以献上者。云々。和銅五年正月廿八日正五位上勲五等太朝臣安萬侶。

日本書紀三十巻。無序。但師説。初文。天先成而地後定。然後神聖生其中焉（已上者序文）。
自神代、迄持統天皇十一年。

続日本紀四十巻。無序。
自文武天皇元年丁酉、迄延暦十年十二月癸卯。
従四位下行民部大輔兼左兵衛督皇太子学士菅野朝臣真道奉勅撰。

日本後紀四十巻。在序。
自延暦十一年正月丙辰、迄天長十年二月乙亥。上下四十二年。勒以成四十巻。
承和七年十二月九日左大臣正二位臣藤原朝臣冬嗣以下七人連署。

続日本後紀廿巻。在序。
起自天長十年二月乙酉、訖于嘉祥三年三月己亥。惣十八年。為廿巻。
貞観十一年八月十四日太政大臣従一位臣藤原朝臣良房以下二人連署。

日本文徳天皇実録十巻。在序。
起自嘉祥三年三月己亥、訖于天安二年八月乙卯。九年。成十巻。

元慶三年十一月十三日右大臣正二位臣藤原朝臣基経。

日本三代実録五十巻。在序。

起於天安二年八月乙卯、訖于仁和三年八月丁卯。三十年。為五十巻。

延喜元年八月二日左大臣従二位兼行左近衛大将臣藤原朝臣時平。

(問ふ。本朝の史、何の書を以て始と為すや。

答ふ。師説。古事記を以て始と為す。而るに今案ずるに、上宮太子撰するところの先代旧事本紀十巻、是を史書の始めと謂ふべし。何となれば、古事記は誠に古語を載すと雖も、文例は史書に似ず。すなはち其の序に云く、「上古の時は、言と意とみな朴にして、文を敷き句を構ふること、字におきてはすなはち難し。すでに訓によりて述べたるは、詞、心におよばず。またく音をもちて連ねたるは、事の趣、さらに長し。ここをもちて、今、あるは一句の中に、音・訓を交え用ひ、あるは一事の内にまたく訓を以ちて録しつ。すなはち、辞理の見えがたきは注をもちて意を明かにす」と云々。此くの如ければすなはち修するところ旨、全く史の意に非ず。上宮太子撰に至りて、年を繋け月に繋け、史伝の例を全するを得たり。然らばすなはち先代旧事本紀十巻、史書の始と謂ふべし。

本朝の史書
先代旧事本紀十巻。序在り。

序に曰く、「聖徳太子且つ撰するところなり。時に小治田豊浦宮御宇豊御食炊屋姫天皇在位二十八年歳次庚辰春三月甲午朔戊戌、摂政上宮厩戸豊聡耳聖徳太子尊、大臣蘇我馬子宿禰等に命じて、勅を奉りて撰定す」と云々。「十巻。号けて先代旧事本紀と曰ふ。所謂先代旧事本紀は、蓋し開闢以来、当代以往を謂ふものなり」と云々。「時に三十年歳次壬午春二月朔己丑、是なり。神皇系図一巻在り」。

古事記三巻。序在り。

神代より推古天皇御宇まで。

序に曰く、「臣安萬侶が言さく」と云々。「清原の大宮にして、昇りて天位に即きたまひき」と云々。「ここに天皇詔りたまひしく」と云々。「時に、舎人有り。姓は稗田、名は阿礼。年はこれ二十八。人となり聡明にして、目に度れば口に誦み、耳に払るれば心に勒す。すなはち、阿礼に勅語して、帝皇の日継および、先代の旧辞を誦習しめたまひき。しかれども、運移り世異りて、いまだその事を行ひたまはざりき」と云々。「和銅四年九月十八日をもちて、臣安萬侶に詔して、稗田阿礼が誦める勅語の旧辞を撰録して献上らしむ」と云々。和銅五年正月二十八日正五位上勲五等太朝臣安萬侶。

日本書紀《にほんしょき》三十巻。序無し。但し師説、初文。「天は先に成り地は後に定まる。然る後に神聖其の中に生れます」（已上は序文なり）。

神代より持統天皇十一年まで。

続日本紀四十巻。序無し。

文武天皇元年丁酉、より延暦十年十二月癸卯。まで。

従四位下行民部大輔兼左兵衛督皇太子学士菅野朝臣真道勅を奉りて撰す。

日本後紀四十巻。序在り。

延暦十一年正月丙辰より天長十年二月乙亥まで。上下四十二年。勅して以て四十巻と成す。

承和七年十二月九日左大臣正二位臣藤原朝臣冬嗣以下七人連署す。
続日本後紀廿巻。序在り。
天長十年二月乙酉より起し嘉祥三年三月己亥に訖る。惣て十八年、二十巻と為す。
貞観十一年八月十四日太政大臣従一位臣藤原朝臣良房以下二人連署す。
日本文徳天皇実録十巻。序在り。
嘉祥三年三月己亥より起し、天安二年八月乙卯に訖る。九年、十巻と成す。
元慶三年十一月十三日右大臣正二位臣藤原朝臣基経。
日本三代実録五十巻。序在り。
天安二年八月乙卯に起し、仁和三年八月丁卯に訖る。三十年、五十巻と為す。
延喜元年八月二日左大臣従二位兼行左近衛大将臣藤原朝臣時平）

……

5 『通憲入道蔵書目録』（群書類従28 雑部）

……

一合。第七十七櫃。
一結。七巻 **日本紀上帙**。欠一二三。 一結。**同中帙**十巻
一結。**同下帙**。**九巻**。欠第廿九。 一結。文徳実録一部。

……

6『拾芥抄』巻上（改訂増補故実叢書本）

日本紀以下目録部第二十八
日本紀三十巻 一品舎人親王、従四位下勲五等太朝臣安麻呂奉勅撰。神武以後文武天皇以前。或云、養老四年五月廿一日奏。

（日本紀以下目録部第二十八
日本紀《にほんぎ》三十巻 一品舎人親王、従四位下勲五等太朝臣安麻呂、勅を奉りて撰す。神武以後文武天皇以前。或ひは云く、養老四年五月二十一日奏す）。

7『江談抄』第五（新日本古典文学大系本）

日本紀撰者事
被談云、**日本紀**被見哉。答云、少々見之未及広。抑日本紀誰人所撰哉。被答云、日本紀者舎人親王撰也。又続日本紀者左大弁菅野真道撰也。依其功給免田卅町。三代実録者昭宣公被撰也。文徳実録者都良香所撰也。序者菅丞相也。云々。

（日本紀の撰者の事
談られて云はく、「**日本紀《にほんぎ》**は見らるや」と。答へて云はく、「少々は見たるも、いまだ広きに及ばず。そもそも日本紀は誰人の撰するところなりや」と。答へられて云はく、「日本紀は舎人親王の撰なり。また続日本紀は左大弁菅野真道の撰なり。その功に依り、免田三十町を給はる。三代実録は昭宣公の撰ばせらるなり。文徳実録は都良香の撰するところなり。序は菅丞相なり」と云々）。

8『本朝書籍目録』（群書類従28 雑部）

帝紀。
旧事本紀。 十巻。 開闢以来推古天皇以往。聖徳太子・蘇我馬子大臣撰。
古事記。 三巻。 自神代迄推古天皇。太朝臣安萬侶撰。
初天地本記。 見神鏡勘文。
日本史記略。
官史紀。 見本朝月令。
日本書紀。 三十巻。 舎人親王撰。従神代至持統。凡四十一代。
続日本紀。 四十巻。 菅野真道等撰。従文武至桓武九代。
日本後紀。 四十巻。 春澄善縄撰。従桓武延暦十一年至淳和天長十年凡四代。
続日本後紀。 二十巻。 忠仁公撰。仁明一代。天長十以後嘉祥三以前。
文徳実録。 十巻。 都良香撰。或昭宣公撰。従嘉祥三年三月至天安二年八月。
三代実録。 五十巻。 大蔵善行撰。或本院左大臣撰。従清和至光孝三代。
類聚国史。 二百巻。 菅家御撰。
新国史。 四十巻。 朝綱撰。或清慎公撰。自仁和至延喜。

養老五年私記。一巻。

弘仁四年私記。三巻。多朝臣人長撰。

承和六年私記。菅野朝臣高平撰。

元慶二年私記。一巻。善淵朝臣愛成撰。

延喜四年私記。藤原朝臣春海撰。

承平六年私記。矢田部宿禰公望撰。

康保四年私記。橘朝臣仲遠撰。

日本紀私記。三巻。

帝王本紀。

雑氏本記。

庶民本記。

本朝帝紀。敦光撰。

本朝世紀。二十巻。藤原通憲撰。

扶桑略記。三十巻。阿闍梨皇円抄。

帝王系図。二巻。神武以降至白川院。記代々君臣事。中原□撰。

新抄。自後白川院至順徳院。中原師重撰。

春秋暦。三巻。記和漢年々吉凶事。親経卿撰。

和漢春秋。大外記師弘撰。
続新抄。大外記師光抄。
国後抄。自仁和至堀川院。敦基抄。
邦典秘抄。六十一巻。
国後要抄。二巻。中御門右府抄。
国史以後臨事公事鈔。
暦録。四巻。
日本略雑記。一巻。
日本紀問答。一巻。
神別記。十巻。
肥人書。五巻。
薩人書。
月旧記。一巻。
平京雑記。七巻。

3　日本書紀研究文献目録（抄）

関根　淳

一、本目録はこれから『日本書紀』を研究しようとする学生、および古代史ファンを対象とする。

一、現在の研究水準を踏まえることを目的としたため、原則として二〇〇〇年以降の文献を収録し、それ以前のものは最小限にとどめた。一九九九年以前の文献に当たりたい場合は、本目録、または本書収録の諸論文の注などから遡及してもらいたい。

一、掲載した文献にはこれを読むための手引きとして担当者（関根）の短いコメントを付した。その内容の是非については読者諸賢の判断にゆだねたい。

一　六国史全般

1　坂本太郎『六国史』（吉川弘文館〈日本歴史叢書新装版〉、一九九四年）

『日本書紀』を研究する前に六国史の全体像をみておくべきである。「六国史で、歴史を研究する前に、六国史を研究しなければならない」という金言にはぜひ直接ふれてほしい。

2　遠藤慶太『六国史―日本書紀に始まる古代の「正史」―』（中公新書、二〇一六年）

1以来の研究を踏まえた現時点での最良の六国史入門書。坂本1書と比較して写本系統と読書史の記述が特筆され、研究史の進展と著者の史料への愛着がうかがえる。

3　関根　淳「戦後六国史研究の潮流」（『日本歴史』七二六、二〇〇八年）

六国史のうちでもっとも早く研究が進んだのが『日本書紀』。まずは六国史研究のおおまかな流れをつかみ、書紀研究の現況がどのようにしてなったのかを知っておきたい。

二　基本となる注釈書

4　日本古典文学大系『日本書紀』上・下（岩波書店〈新装版〉、一九九三年）

関東の歴史学者・国文学者によって作成された注釈書。旧版の発刊（一九六五・七年）によって書紀研究の裾野は大きく広がった。注などに省略を施した文庫版全五巻（一九九五年）が出ており、こちらは通勤・通学や旅行の際の携行に便利である。

5　新編日本古典文学全集『日本書紀』①～③（小学館、一九九四～八年）

関西の研究者を中心に作成された注釈書。図版が豊富で現代語訳が付されており、4よりも親しみやすい。

6　河村秀根『書紀集解』（愛知県図書館　貴重和本デジタルライブラリー https://websv.aichi-pref-library.jp/wahon/detail/57.html）

7　谷川士清『日本書紀通証』（臨川書店、一九八七年）

8　飯田武郷『日本書紀通釈』（冬至書房新社、一九八五年）

江戸時代から明治初期にかけての『日本書紀』の注釈書三つ。語句の出典や条文の解釈について様々に解説されており、4・5の注釈書とあわせてゼミ発表での基本資料にしたい。なお、書紀の条文を基本史料として研究発表をする際は、できれば現存する各写本（もちろん影印本・複製本でもよい。後出「4　日本書紀写本の複製一覧」参照）でその原文に逐一あたるべきである。そうすると発表を聴いている側の安心感がちがう。

三　日本書紀全般

9　新川登亀男・早川万年編『史料としての『日本書紀』―津田左右吉を読みなおす―』（勉誠出版、二〇一一年）

個別のテーマに関する考察（第一部）や出典・表現の研究（第二部）、受容と展開（第三部）など、その編目構成と内容は現在の書紀研究のあり方と水準を示している。執筆陣が豪華で質量ともに読みごたえのある専門書。

10　遠藤慶太『日本書紀の形成と諸資料』（塙書房、二〇一五年）

11　遠藤慶太『東アジアの日本書紀』（吉川弘文館、二〇一二年）

10は現在の『日本書紀』研究の基準となる研究書で、読書史という観点の設定が重要。「『日本書紀』の分註」（初出〇九年）と「古代国家と史書の成立」（初出一〇年）はとくに必読である。笹川尚紀（『日本史研究』六四〇、二〇一五年）、渡辺滋（『日本歴史』八一五、二〇一六年）による書評も参照。11は先の二つの論文をもとにした一般書。

12　笹川尚紀『日本書紀成立史攷』（塙書房、二〇一六年）

書紀の編纂過程について「『日本書紀』編修論序説」（初出一二年）を中心に通説への再考を迫る。また、書紀以前の史書や個別条文に関する論考もあり、遠藤10書とあわせて文献史学による現在の書紀研究の双璧。水谷千秋（『日本史研究』六五七、二〇一七年）、鈴木正信（『日本歴史』八二九、二〇一七年）による書評も参照。

13　細井浩志「国史の編纂―『日本書紀』と五国史の比較―」（『岩波講座　日本歴史』二一、岩波書店、二〇一五年）

現時点での『日本書紀』に関する最良の概説。『続日本紀』以降の五国史との比較や資・史料論など多方面から書紀を論じている。本書とあわせて読んでもらいたい一番の論文。

14　山田英雄『日本書紀の世界』（講談社学術文庫、二〇一四年）

初出は一九七九年だが、今なお色あせないバランスのよい入門書。「5　研究史」は誕生以降、古代・中世・近世・近代の書紀の位置づけ知るのに便利な概説である。

15　笠井倭人『古代の日朝関係と日本書紀』（吉川弘文館、二〇〇〇年）

書紀の成立を系譜論と朝鮮史から照射する論文を収録。内的な分析は基礎研究として大切だが、逆に対象から距離をおく研究も必要。遠藤11書とあわせて読みたい。

16　神野志隆光『複数の「古代」』（講談社現代新書、二〇〇七年）

記・紀を切り分ける著者が古代の歴史の多様性を描き出して『日本書紀』を相対化する。同『古事記と日本書紀』（講談社現代新書、一九九九年）とあわせて必読の新書二冊。

17　遠山美都男編『日本書紀の読み方』（講談社現代新書、二〇〇四年）

18　洋泉社編集部編『古代史研究の最前線　日本書紀』（洋泉社、二〇一六年）

両書ともに平易な文章でテーマ・項目ごとに章節が短く区切られている。とても読みやすく、初心者にはありがたい入門書になっている。

四　編纂に関するもの

19　森　博達『日本書紀の謎を解く―述作者は誰か―』（中公新書、一九九九年）

20　森　博達『日本書紀成立の真実―書き換えの主導者は誰か―』（中央公論新社、二〇一一年）

19は音韻学を駆使した実証性の高い考察でこれにより書紀研究は大きく前進した。α群・β群の執筆者に関する著者の結論をどのように受け止めるかが現在の書紀研究の一つの関門である。20はその続編で、後述する井上亘との論争は熾烈を極めている。書紀研究における国語学の重要性は渡辺滋も再三説いており（「遠藤報告を聞いて」『日本史研究』五七二、二〇一〇年など）、後掲の池田の諸論考もふくめて必読である。

21　池田昌広「『日本書紀』と六朝の類書」（『日本中国学会報』五九、二〇〇七年）

22　池田昌広「『日本書紀』は正史か」（『鷹陵史学』三三、二〇〇七年）

23　池田昌広「范曄『後漢書』の伝来と『日本書紀』」（『日本漢文学研究』三、二〇〇八年）

24　池田昌広「『日本書紀』の潤色に利用された類書」（『日本歴史』七二三、二〇〇八年）

25　池田昌広「『日本書紀』と唐の文章」（『萬葉』三五、二〇一四年）

現在の書紀研究の牽引者の一人である著者が精緻な漢籍の知識をもとに書紀の文章と編纂作業に迫る。論戦を惹起する直截的な文章は著者の真摯な研究姿勢の表れであろう。

26　大山誠一編『聖徳太子の真実』（平凡社、二〇〇三年）

27　大山誠一編『日本書紀の謎と聖徳太子』（平凡社、二〇一一年）

大山を中心とする研究グループによる一連の「聖徳太子」研究だが、その史料批判として『日本書紀』が非常に密接にかかわっている。そのなかでも、井上亘「『日本書紀』の謎は解けたか」（27書）は文献史学からの森博達に対するほとんど唯一の批判。

28　井上　亘「『日本書紀』の謎は解けたか・再論」（『偽りの日本古代史』同成社、二〇一四年）

前掲論文の続編でふたたび森説を批判している。所収本の「あとがき」によれば、某研究者が森説を「徹底的にぶっつぶせ」と井上を励ました結果、執筆された論文である。

29　谷川清隆「『日本書紀』成立に関する一試案」（『日本書紀研究』三〇、二〇一四年）

『日本書紀』の編纂に関しては天文学からのアプローチもある。谷川は文献史学の細井浩志（『古代の天文異変と史書』吉川弘文館、二〇〇七年）との論争でも注目されるが、この論文では森19書に異論をとなえている。

30　加藤謙吉「『日本書紀』とその原資料―七世紀の編纂事業を中心として―」（『日本史研究』四九八、二〇〇四年）

七世紀における書紀の編纂事業が「帝紀及び上古諸事」の記定にはじまり、「墓記」上進、撰善言司の設置、百済三書などを中心に継続的に進められたことを論じる。

31　仁藤敦史「『日本書紀』編纂史料としての百済三書」（『国立歴史民俗博物館研究報告』一九四、二〇一五年）

書紀編纂の重要資料となった「百済記」「百済新撰」「百済本記」に対するていねいな研究整理とこれに対する基礎的な考察。遠藤11書との併読がおすすめ。

32　吉田一彦『仏教伝来の研究』（吉川弘文館、二〇一二年）

第一部「『日本書紀』仏教伝来記事の研究」において仏典・仏書と書紀の文章の関係をあぶり出し、そのキーマンとして道慈という僧侶をあげる。

33　北條勝貴「崇・病・仏神」（あたらしい古代史の会編『王権と信仰の古代史』吉川弘文館、二〇〇五年）

書紀の崇仏論争の出典を『法苑珠林』に求め、同書を書紀編纂における仏典・古小説のインデックスと位置づける。吉田32書とあわせて読みたい。

34　瀬間正之「記紀に利用された典籍」（河野貴美子・王勇編『東アジアの漢籍遺産』勉誠出版、二〇一二年）

従来おこなわれてきた書紀の出典研究を簡潔に整理し、その問題点や今後の見通しを述べる。とくに仏典の利用に関する指摘は有益である。

35　倉本一宏「『日本書紀』壬申紀の再構築」（前掲33書）

表題の条文についてその原資料となる日記を考察。昨今は漢籍・仏典を対象とする出典研究が主流であるが、それとは一味違った書紀の資料論である。

五　書名・暦日・系図・「一書」に関するもの

36　細井浩志「官撰史書の書名と性格」（『歴史学研究』八二六、二〇〇七年）

37　池田昌広「『日本書紀』書名論序説」（佛教大学大学院『紀要』三五、二〇〇七年）

38　塚口義信「『日本書紀』と『日本紀』の関係について」（『続日本紀研究』三九二、二〇一一年）

「日本書紀」という書名をどのように理解するかは書紀研究にとっては非常に重要な問題。この難問に三者三様の視点で迫っているのでぜひ読みくらべてほしい。

39　小島荘一「『日本書紀』の暦日」（広島大学『日本研究』一六、二〇〇三年）

40　小島荘一「『日本書紀』の編纂における暦日の設定」（広島大学『日本研究』一九、二〇〇六年）

暦日の研究に関しては専門的な知識を必要とするが、右の二つの論文はそこから具体的な編纂作業にまで考察がおよんでおり、書紀研究の全般に有益である。

41　荊木美行「帝王系図と古代王権―『日本書紀』の「系図一巻」をめぐって―」（『龍谷日本史研究』三八、二〇一五年）

書紀「系図一巻」の内容や散逸の事情について、先行研究を参照しながらていねいに論じる。はたして「系図」は文章か図か。本書所収の河内論文と読みくらべてほしい。

42　松本直樹『神話で読みとく古代日本―古事記・日本書紀・風土記―』（ちくま新書、二〇一六年）

43　榎村寛之「八世紀の王権と神話」（宮城学院女子大学・キリスト教文化研究所『研究年報』三七、二〇〇七年）

書紀の最大の特徴は他の国史にはない神話をあつかっていることである。神代巻の「一書」に対する理解は書紀理解の肝であり、これについて右の二つの論考は非常に柔軟な回答を示している。遠藤10書「日本書紀の分註」と読みくらべてほしい。

六　受容と展開（その1）　抄録・講書に関するもの

44　神野志隆光『変奏される日本書紀』（東京大学出版会、二〇〇九年）

16に紹介した内容を専門的に考察した著者の『日本書紀』論。書紀というテキストの変容や講書の内実に関する考察は「変奏」というタイトルが実にふさわしい。国文学と歴史学における学問上の観点や研究手法には大きなへだたりがあるが、人文科学の危機に際しての協業は必須の課題。

45　津田博幸『生成する古代文学』（森話社、二〇一四年）

第一部「日本紀講と生成する書物・祭式」が必読。講書の世界において『日本書紀』が他のどのような史書に囲まれて存在し、またそれらのなかでどう読まれていたのかが分かる。

46　北川和秀「日本書紀私記」（皆川完一・山本信吉編『国史大系書目解題』下、吉川弘文館、二〇〇一年）

講書の概要を知るのにはもっとも適した論文。北川には「『日本書紀私記』丁本について」（『群馬県立女子大学国文学研究』二〇、二〇〇〇年）もあり、こちらも要読。

47　長谷部将司「『続日本紀』成立以降の『日本書紀』」（前掲36誌）

書紀の講書を政変などの政治不安と関連づけて考察。浅尾広良「〈紫式部〉と『日本紀』」（高橋亨編『〈紫式部〉と王朝文芸の表現史』森話社、二〇一二年）も同様の視点をもつ。

48　水口幹記「弘仁の日本書紀講書と文章経国思想」（『古代日本と中国文化　受容と選択』塙書房、二〇一四年）

弘仁度の講書をそのころ勃興した文章経国思想との関連で読みといた論考。所収書に収録されている「奈良時代の『日本書紀』読書」（初出は9書）も必読。長谷部47論文とあわせて、これらは文献史学からの講書研究の到達点と言える。

49　鈴木　豊「『弘仁私記』序の「以丹点明軽重」―『日本書紀』声点の源流を求めて―」（早稲田大学アクセント史資料研究会『論集』Ⅰ、二〇〇五年）

『日本書紀私記』の諸本には「声点」と呼ばれるアクセント記号が付されており、これを起点にして講書全般を考察している。講書の具体相については国文学分野の研究のほうが進んでおり、鈴木の関連諸論文（同『論集』Ⅲ・Ⅵ所収）もふくめて必読。

50　**福田武史「天慶六年日本紀竟宴和歌序の「終二於壬寅之歳一」「四十二帝」について」（『上代文学』一〇八、二〇一二年）**

講書における神代史や音読の重要性を指摘し、種々作成される書紀抄録本の意味を説く。なお、音読の「作法」については『西宮記』の記述を参考にこれを復元した梅村玲美「『日本書紀』講書と竟宴」（『日本紀竟宴和歌の研究』風間書房、二〇一〇年）がある。

七　受容と展開（その２）　中世以降の読書史

51　**磯前順一『記紀神話と考古学—歴史的始原へのノスタルジア—』（角川学芸出版、二〇〇九年）**

「記紀解釈史の方法」「記紀解釈史の展開」の二論文において、『古事記』とともに書紀がなぜ、どのように読まれてきたかということを考察する。読書史・受容史という視点で『日本書紀』を相対化するのに有益な論考。

52　**小峯和明「中世日本紀をめぐって—言説としての日本紀から未来記まで—」（『民衆史研究』五九、二〇〇〇年）**

国文学分野からの「中世日本紀」の研究は古代史における『日本書紀』の研究を相対化する貴重な視野を提供してくれる。斎藤英喜「日本紀講から中世日本紀へ」（伊藤聡編『中世神話と神祇・神道世界』竹林舎、二〇一一年）もあわせて読んでほしい。

53　**渡邉　卓『『日本書紀』受容史研究—国学における方法—』（笠間書院、二〇一二年）**

古代から近代にいたるまでの書紀研究を紹介しつつ、これを一貫した「国学」の素材として考察する。思想史からみた書紀研究として古代史の立場からも有益。

54　斉藤英喜『読み替えられた日本神話』（講談社現代新書、二〇〇六年）

55　吉田一彦『『日本書紀』の呪縛』（集英社新書、二〇一六年）

両書とも誕生以来の『日本書紀』の読書史を非常に幅広い視野と多彩な論点で描いている。『日本書紀』の奥深さと後世における多方面への広がりを知るにはもってこいの新書二冊。

4　日本書紀写本の複製一覧 ―影印本・ウェブ画像―

一、本稿は、『日本書紀』写本のうち、写真複製にて影印出版されている書籍や、ウェブサイトで閲覧できる画像を、おおむね書写年代順に列記したものである。書写年代は、日本古典文学全集本解説に拠った。

一、ウェブサイトのURLは、煩雑となるため掲げなかった。適宜、サイト名・史料名等で検索されたい。

一、八木書店ウェブサイトに掲載のコラム「日本書紀の写本一覧と複製出版・Web公開をまとめてみた」(https://company.books-yagi.co.jp/archives/4212)では、本稿に掲示した各写本画像サイトへのハイパーリンクを付しており、情報も更新予定である。適宜参照されたい。

一、「撰進千三百年紀念　日本書紀古本集影」(ウェブサイト「国立国会図書館デジタルオンライン」で閲覧可)には、本コラム掲載写本の一部写真と解説があるが、本アクセスガイドでは一部省略した。

一、本書のカラー口絵として、田中本、岩崎本、前田家本、弘安本、乾元本、図書寮本、熱田本の一部、および大垣本を掲載した。

一、本稿は、恋塚嘉(八木書店古書出版部)が作成した。

一、影印本・ウェブサイトの情報は、二〇一八年二月末日現在のものである。

一　平安・鎌倉時代

佐佐木本　巻一・佐佐木氏蔵・国宝・平安時代前期写。佐佐木本・四天王寺本・猪熊本・大垣本・田中本は紙背に『遍照発揮性霊集』の書写された僚巻。【影印】①『撰進千二百年紀念 日本書紀古本集影』（日本書紀撰進千二百年紀念会、一九二〇年）②『秘籍大観 第一輯 帖之部』日本書紀（大阪毎日新聞社、一九二六年）③黒板勝美「秘籍大観 第一集 日本書紀解説」（『秘籍大観 第一輯 帖之部』日本書紀、大阪毎日新聞社、一九二七年）④丸山林平編『定本日本書紀』上（講談社、一九六六年）⑤文化庁監修『国宝・重要文化財大全』7 書籍上巻（毎日新聞社、一九九八年）／【ウェブ】国立国会図書館デジタルコレクション（影印②を底本にデジタル化）

四天王寺本　巻一・四天王寺蔵・重要文化財・平安時代前期写。【影印】①『新訂増補 国史大系 日本書紀』一上 前篇（吉川弘文館、一九五一年）②文化庁監修『国宝・重要文化財大全』7 書籍上巻（毎日新聞社、一九九八年）

猪熊本　巻一・猪熊家蔵・平安時代前期写。【影印】①『日本書紀第二』（古典保存会、一九四一年、山田孝雄解説）②丸山林平編『定本日本書紀』上（講談社、一九六六年）／【ウェブ】国立国会図書館デジタルコレクション（影印①を底本にデジタル化）

大垣本　巻一・大垣博氏所蔵・平安時代前期写。【影印】①カラー 国文学研究資料館編『古筆への誘い』

（三弥井書店、二〇〇五年）②カラー 遠藤慶太・河内春人・関根淳・細井浩志編『日本書紀の誕生―編纂と受容の歴史―』（八木書店、二〇一八年、本書）

田中本 巻一〇残巻・国立文化財機構所蔵・奈良国立博物館保管・国宝・平安前期写。【影印】①『日本書紀 巻第一〇 応神紀』（一九二〇年、田中教忠解説）②『秘籍大観 第一輯 巻之部』日本書紀（大阪毎日新聞社、一九二六年、黒板勝美解説）／【ウェブ】①カラー 奈良国立博物館収蔵品データベース ②カラー（部分）e国宝

岩崎本 二巻（巻二二・二四）・国立文化財機構所蔵・京都国立博物館保管・国宝・一〇〜一一世紀写。【影印】①『秘籍大観 第一輯 巻之部』（大阪毎日新聞社、一九二六年、黒板勝美解説）②『日本書紀 巻第二二（推古）』・『日本書紀 巻第二四（皇極）』（日本古典文学刊行会、一九七二年、山岸徳平解題）③カラー 京都国立博物館編『京都国立博物館所蔵 国宝 岩崎本 日本書紀』（勉誠出版、二〇一四年、石塚晴通・赤尾栄慶解題）／【ウェブ】カラー（部分）e国宝

前田家本 尊経閣本とも。四巻（巻一一・一四・一七・二〇）・前田育徳会所蔵・国宝・一一世紀頃写。【影印】①『秘籍大観 第一輯 巻之部』日本書紀（大阪毎日新聞社、一九二六年、黒板勝美解説）②朱墨二色刷 前田育徳会尊経閣文庫編『尊経閣善本影印集成二六 日本書紀』（八木書店、二〇〇二年、石上英一解説、月本雅幸訓点解説）

図書寮本 宮内庁本・書陵部本・禁中本・北畠本・興国本とも。一二巻（巻二・一〇・一二〜一七・二一〜二

四）・宮内庁書陵部所蔵・院政期（巻二三は永治二年・一一四二写）〜鎌倉時代写、巻二は南北朝（興国七年・一三四六）写。【影印】①『秘籍大観 第一輯 帖之部』日本書紀（大阪毎日新聞社、一九二六年、黒板勝美解説）②朱墨二色刷『宮内庁書陵部本影印集成 一〜四 日本書紀』（八木書店、二〇〇五〜二〇〇六年、石上英一書誌解説、石塚晴通訓点解説・訓点総索引）／【ウェブ】①国立国会図書館デジタルコレクション（影印①を底本にデジタル化）②カラー 書陵部所蔵資料目録・画像公開システム

鴨脚本《いちょう》 嘉禎本とも。巻二・国学院大学所蔵・嘉禎二年（一二三六）写。【影印】①『日本書紀 第二』（古典保存会、一九四一年、山田孝雄解説）②カラー 岡田莊司責任編集『國學院大學貴重書影印叢書 四 日本書紀・古語拾遺・神祇典籍集』（朝倉書店、二〇一六年、小林宣彦解題）／【ウェブ】国立国会図書館デジタルコレクション（影印①を底本にデジタル化）

弘安本 卜部兼方本・懐賢本・吉田本とも。二巻（巻一・二）・国立文化財機構所蔵・京都国立博物館保管・国宝・弘安九年（一二八六）卜部兼方写。【影印】①赤松俊秀編『国宝 卜部兼方自筆 日本書紀神代巻』（法蔵館、一九七一年、赤松俊秀翻刻・研究）②カラー 京都国立博物館編『京都国立博物館所蔵 国宝 吉田本 日本書紀』（勉誠出版、二〇一四年、石塚晴通・羽田聡解題）／【ウェブ】①カラー（部分）e国宝 ②カラー（部分）京都国立博物館館蔵品データベース

乾元本 卜部兼夏本・吉田本とも。二巻（巻一・二）・天理大学所蔵・天理大学附属天理図書館保管・国宝・乾元二年（一三〇三）卜部兼夏写。【影印】①天理大学附属天理図書館編『天理図書館善本叢書和書之部一 古代史籍集』（八木書店、一九七二年、石崎正雄解題）②カラー 天理大学附属天理図書館編『新天理図書館善本叢

書二・三　日本書紀　乾元本一・二　神代上下』（八木書店、二〇一五年、遠藤慶太解題、是澤範三訓点解説）

丹鶴本　二巻（巻一・二）・嘉元四年（一三〇六）写のものを模刻し丹鶴叢書に所収。【影印】①『丹鶴叢書　日本書紀（神代巻）・春記』（国書刊行会、一九一二年）②『日本書紀　巻第一・第二』（民友社、一九一四年）／【ウェブ】①国立国会図書館デジタルコレクション（影印①を底本にデジタル化）②カラー　佛教大学図書館デジタルコレクション

水戸本　彰考館本・剣阿本・嘉暦本・曇春本・鎌倉本とも。二巻（巻一・二）・徳川ミュージアム所蔵・国宝・嘉暦三年（一三二八）曇春写。【影印】日本文献学会編『日本文献学会叢刊之一　日本書紀　巻一・二』（有朋堂、一九四四年、田山信郎解説）／【ウェブ】国立国会図書館デジタルコレクション（影印を底本にデジタル化）

二　南北朝・室町・江戸時代

熱田本　永和本・金蓮寺四世本とも。一四巻（巻一〜一〇・一二〜一五）・熱田神宮所蔵・重要文化財・永和元年（一三七五）〜同三年熱田社へ奉納。【影印】カラー　熱田神宮編『熱田本　日本書紀一〜三』（八木書店、二〇一七年、荊木美行・遠藤慶太書誌解説、野村辰美・福井款彦熱田社史、木田章義・大槻信訓点解説、渡辺滋料紙解説）

北野本　兼永本とも。二八巻（巻一・三〜一三・一五〜三〇）・北野天満宮所蔵・重要文化財・第一類（巻二二〜二七）院政時代写、第二類（巻二八〜三〇）鎌倉時代写、第三類（巻一・四・五・七〜一〇・一二・一三・一五・一七〜二一）南北朝時代写、第四類（巻三・六・一一）室町時代写、第五類（巻一六）江戸時代写。【影印】『國宝

北野本　日本書紀』（貴重図書複製会、一九四一年）／【ウェブ】国立国会図書館デジタルコレクション（影印を底本にデジタル化）

向日神社本　延喜本とも。巻二・向日神社所蔵・重要文化財・南北朝期写。文化庁監修『国宝・重要文化財大全』7書籍上巻（毎日新聞社、一九九八年）に一部図版あり。

為縄本　巻一・神宮文庫所蔵・南北朝期中臣為縄写。【影印】神宮古典籍影印叢刊編集委員会編『神宮古典籍影印叢刊二　古事記・日本書紀（下）』（八木書店、一九八二年、西川順土解説）

阪本龍門文庫本　安倍文殊院本・法眼定俊本とも。二巻（巻一・二）・阪本龍門文庫所蔵・明徳二年（一三九一）写。【ウェブ】カラー　阪本龍門文庫善本電子画像集

玉屋本　良海本・永享本とも。一〇巻（巻一～一〇）・国立文化財機構所蔵・東京国立博物館所蔵・応永二三（一四一六）～永享五年（一四三三）写。【ウェブ】カラー　東京国立博物館画像検索

春瑜本　巻三・神宮文庫所蔵・応永三四年（一四二七）春瑜写。【影印】神宮古典籍影印叢刊編集委員会編『神宮古典籍影印叢刊二　古事記・日本書紀（下）』（八木書店、一九八二年、西川順土解説）

三嶋本　応永本とも。三巻（巻一～三）・三嶋大社・国学院大学所蔵・応永三五年（一四二八）良海ら写。【影印】①『三嶋本日本書紀』（三嶋本日本書紀影印刊行委員会、一九八二年、中村啓信解題、巻一～三）②岡田莊司責任編集『國學院大學貴重書影印叢書　四　日本書紀・古語拾遺・神祇典籍集』（朝倉書店、二〇一六年、小林宣彦解題、巻一・三）

円威本　嘉吉本とも。巻二・台湾大学所蔵・嘉吉二年（一四四二）写。【影印】カラー　是澤範三・山口真輝

主編、洪淑芬訳『國立台灣大學圖書館典藏　日本書紀影印校勘本（一）圓威本』（國立臺湾大学圖書館、二〇一二年、是澤範三翻刻・解説）

雅久本　二巻（巻一・二）・神宮文庫所蔵・明応八年（一四九九）小月雅久写の転写。【影印】神宮古典籍影印叢刊編集委員会編『神宮古典籍影印叢刊一　古事記・日本書紀（上）』（八木書店、一九八二年、西宮一民解説）

穂久邇《ほのくに》文庫本　二四巻（巻三～一五・一七・一八・二〇～二九）・穂久邇文庫所蔵・一五世紀写。【影印】『神道大系古典篇　日本書紀　上・中・下』（神道大系編纂会、一九八三年、中村啓信解題）

内閣文庫本　釈道祥奥書本とも。二四巻（巻三～一六・一八・二一～二九）・国立公文書館所蔵・室町時代写。【ウェブ】カラー　国立公文書館デジタルアーカイブ

東山御文庫本　東山本・御文庫本とも。二巻（巻一・二）・永正七年（一五一〇）写。【影印】『神道大系古典篇　日本書紀　上・中・下』（神道大系編纂会、一九八三年、中村啓信解題）

国忠本　巻一・神宮文庫所蔵・永正七年（一五一〇）大中臣国忠写。【影印】神宮古典籍影印叢刊編集委員会編『神宮古典籍影印叢刊一　古事記・日本書紀（上）』（八木書店、一九八二年、西川順土解説）

卜部兼右本　吉田家本とも。二八巻（巻三～三〇）・天理大学所蔵・天理大学附属天理図書館保管・重要文化財・天文九年（一五四〇）卜部兼右写。【影印】天理大学附属天理図書館編『天理図書館善本叢書和書之部五四～五六　日本書紀　兼右本一～三』（八木書店、一九八三年、林勉解題）

内閣文庫本　内閣本・文明本・永正本・楓山本・秘閣官本とも。三〇巻（巻一～三〇）・国立公文書館所蔵・慶長頃写。【ウェブ】カラー　国立公文書館デジタルアーカイブ

勅版本　慶長勅版とも。二巻（巻一・二）・国立国会図書館ほか所蔵・慶長四年（一五九九）刊。【ウェブ】
①カラー　国立国会図書館デジタルコレクション　②カラー　国学院大学図書館デジタルライブラリー

参考文献

石上英一、二〇〇二「尊経閣文庫所蔵『日本書紀』の書誌」（前田育徳会尊経閣文庫編『尊経閣善本影印集成二六　日本書紀』八木書店）
遠藤慶太、二〇一五『日本書紀の形成と諸資料』（塙書房）
大野　晋、一九六七「諸本」（坂本太郎ほか校注『日本古典文学大系六七　日本書紀 上』岩波書店）
中村啓信、一九九五「古事記 日本書紀 諸本・注釈書解説」（神野志隆光編『別冊国文学』四九　古事記日本書紀必携）
西宮一民、一九八二「日本書紀　巻第三　応永三十四年　春瑜写」（神宮古典籍影印叢刊編集委員会編『神宮古典籍影印叢刊二　古事記・日本書紀（下）』八木書店）
日本書紀撰進千二百年紀念会「撰進千二百年紀念　日本書紀古本集影」（一九二〇年、国立国会図書館デジタルオンライン http://dl.ndl.go.jp/info:ndljp/pid/1185489 で閲覧可）
文化庁監修、一九九八『国宝・重要文化財大全』7　書籍上巻（毎日新聞社）
毛利正守、一九九四「古写本と版本」（小島憲之ほか校注・訳『新編日本古典文学全集　日本書紀一』小学館）

おわりに

本書『日本書紀の誕生―編纂と受容の歴史―』は、養老四年（七二〇）五月二十一日に完成した『日本書紀』がいかにして編まれ、いかにして読み継がれてきたのかを考究した論集である。全体を構成するのは論考・コラムあわせて二十三篇に付録を添え、執筆者は二十一名にのぼる。いずれもどこかに新見を備え、今後の議論をリードする見識を宿している。

以下は本書が成るまでの経緯を述べ、編者一同がめざしたものをお伝えしておこう。

河内春人、関根淳、細井浩志と遠藤慶太の四人がそろって顔を合わせたのは、十二年前に東京・明治大学で開催された歴史学研究会日本古代史部会のミニ・シンポジウム「国史編纂」（二〇〇六年六月二十四日）がはじめてである。

これは河内春人氏のリーダーシップが発揮された企画で、そのころ古代史書について論文を公表していた研究者が集まり、議論を共有する場となった。このときの経験は報告者それぞれにとって刺激になり、その後の研究に恩恵をもたらしたと思っている（シンポジウムの成果は、二〇〇七年四月刊行の『歴史学研究』八二六号に小特集「古代国家と史書の編纂」として掲載）。

それから九年を経て、三重・皇學館大学佐川記念神道博物館を会場としてシンポジウム「国史編纂」

（二〇一五年八月二十三日）を開催した。ただし、このたびの報告者は編者四人だけではなく、『日本書紀』に関する着実な論考を公表されてきた笹川尚紀氏を加えて合計五人、二度目となる「国史編纂」の企画は関根淳氏が熱心に働きかけてくださり、科学研究費助成事業（続日本紀を中心とした八世紀紀年史料の総合的研究　課題番号二六三七〇七七七）の一環として実現した。

前回のシンポジウムに比べると、私の宣伝下手もあって少人数であったが、参加者はみなが発言し、日本文学や東洋思想など、分野を越えて隔意のない議論が交わされた。実質のある研究会であったと思う。

それが証拠に伊勢河崎で設けた竟宴の席上で論文集を刊行する企画が立ちあがり、八木書店古書出版部の編集者・恋塚嘉氏が相談に乗っていただいたことで、企画は実現の運びとなった。

当初、編者たちの専門から、全体の構成はどうしても日本古代史に偏りがちであった。けれども、「編纂と受容の歴史」と銘打つ以上、たとえ見解に犬牙があってもよい、むしろ時代や専門を問わず『日本書紀』に関する最新の研究成果を盛込みたい、と考えた。

そこで編者各自の希望や八木書店古書出版部と懇意な文学研究者から助言を得て、分野的にも広がりのある方々に執筆依頼をさしあげた。なかにはご論文のみ拝読していて面識のないあこがれの先達もおられたが、当方の意図と熱意をお汲みくださり、ご多繁ななかこれだけの玉稿を寄せてくださった。そのおかげで『日本書紀』をめぐって、歴史・文学・言語・思想——広く人文科学と称される学問領域を基盤に、近年の研究状況を反映することができたと自負する。編者一同、執筆者のみなさまに心からの感謝を捧げたい。

さらに本書の特色として、『日本書紀』写本の写真図版を掲載したことが挙げられるだろう。八木書店古書出版部が高精細カラー版で刊行した乾元本（天理大学附属天理図書館蔵）・熱田本（熱田神宮蔵）の影印（写真複製）のように、近年の『日本書紀』研究は写本の検討で大きな進展を迎えている。その成果を取り入れて『日本書紀』写本の豊かな世界を一般読者にも紹介することは、それを世に示し続けた八木書店からの発案であった。貴重な写本の写真掲載をお許しいただいた所蔵機関各位、わけても大垣博様からは、現存最古の『日本書紀』断簡の調査・撮影について格別のご配慮を賜った。これも編者一同、感謝に堪えないところである。ご所蔵者のみなさまに厚くお礼を申しあげたい。

それにしても人文科学とは、結句、人間の学問だと思う。所蔵者・執筆者・編集者と、人の縁に支えられて本書は成り、読者に届けられる。本書が『日本書紀』について関心を抱く多くの方々に読まれることを願ってやまない。

刊行までの実務万端は恋塚嘉氏が整え、熱のこもった提言と適切な編集で導いてくださった。記して感謝する。

平成三十年三月

遠藤慶太

執筆者紹介（五〇音順）

【編者】＊略歴は奥付に記載

遠藤慶太（えんどう けいた）

河内春人（こうち はるひと）

関根 淳（せきね あつし）

細井浩志（ほそい ひろし）

赤羽目匡由（あかばめ まさよし） 首都大学東京人文社会学部准教授。朝鮮古代史。〔主な著作〕『渤海王国の政治と社会』（吉川弘文館、二〇一一年）・「『類聚国史』所載の所謂「渤海沿革記事」の史料的性格について」（『東洋史研究』七六―二、二〇一七年）

石上英一（いしがみ えいいち） 東京大学名誉教授。日本古代史。〔主な著作〕『日本古代史料学』（東京大学出版会、一九九七年）・『古代荘園史料の基礎的研究』（塙書房、一九九七年）・『奄美諸島編年史料 古琉球期編上』（吉川弘文館、二〇一四年）

石田実洋（いしだ さねひろ） 宮内庁書陵部編修課主任研究官。日本古代史。〔主な著作〕「東大寺道別当任牒の基礎的考察」（『正倉院文書研究』七、二〇〇一年）・「九条本『官奏抄』の基礎的考察」（田島公編『禁裏・公家文庫研究 第二輯』思文閣出版、二〇〇六年）・「宮内庁書陵部所蔵『節度使将軍補任例』の基礎的考察」（『続日本紀研究』三八一、二〇〇九年）

市 大樹（いち ひろき） 大阪大学大学院文学研究科准教授。日本古代史。〔主な著作〕『飛鳥藤原木簡の研究』（塙書房、二〇一〇年）・『すべての道は平城京へ―古代国家の〈支配の道〉―』（吉川弘文館、二〇一一年）・『飛鳥の木簡―古代史の新たな解明―』（中央公論新社、二〇一二年）・『日本古代都鄙間交通の研究』（塙書房、二〇一七年）

荊木美行（いばらき よしゆき） 皇學館大学研究開発推進センター副センター長・教授。日本古代史。〔主な著作〕『風土記逸文の文献学的研究』（学校法人皇學館、二〇〇二年）・『風土記研究の諸問題』（国書刊行会、二〇〇九年）・『金石文

と古代史料の研究』（燃焼社、二〇一四年）

榎村寛之（えむら ひろゆき）　三重県立斎宮歴史博物館学芸普及課長。日本古代史。〔主な著作〕『律令天皇制祭祀の研究』（塙書房、一九九六年）・『伊勢神宮と古代王権―神宮・斎宮・天皇がおりなした六百年―』（筑摩書房、二〇一二年）・『斎宮―伊勢斎王たちの生きた古代史―』（中公新書、二〇一七年）

沖森卓也（おきもり たくや）　立教大学名誉教授。日本語史。〔主な著作〕『日本古代の表記と文体』（吉川弘文館、二〇〇〇年）・『日本語の誕生―古代の文字と表記―』（吉川弘文館、二〇〇三年）・『日本古代の文字と表記』（吉川弘文館、二〇〇九年）

久禮旦雄（くれ あさお）　京都産業大学法学部准教授。日本法制史・日本文化史。〔主な著作〕『日本年号史大事典』（〔共著〕雄山閣出版、二〇一四年）・『元号―年号から読み解く日本史―』（〔共著〕文藝春秋社、二〇一八年）・「「年中行事」の淵源―伊勢神宮における節日儀礼をめぐって―」（『藝林』六〇―二、二〇一一年）・「神祇令・神祇官の成立―古代王権と祭祀の論理―」（『ヒストリア』二四一、二〇一三年）

是澤範三（これさわ のりみつ）　京都精華大学人文学部准教授。日本語史。〔主な著作〕臺灣大學典藏全文刊本2『國立臺灣大學圖書館典藏日本書紀影印・校勘本一 圓威本』（〔共編〕国立台湾大学図書館、二〇一二年）・「日本書紀乾元本 訓点解説」（『新天理図書館善本叢書』第三巻、八木書店、二〇一五年）・「『日本書紀』の分注―〈倭義注〉とその偏在から考える―」（蜂矢真郷編『論集古代語の研究』清文堂出版、二〇一七年）

笹川尚紀（ささかわ なおき）　京都大学文化財総合研究センター助教。日本古代史。〔主な著作〕『日本書紀成立史攷』（塙書房、二〇一六年）・「中山吉田寺にかんする初歩的考察」（『京都大学構内遺跡調査研究年報 二〇一五年度』京都大学文化財総合研究センター、二〇一七年）

髙田宗平（たかだ そうへい）　大阪府立大学人間社会システム科学研究科客員研究員、中央大学人文科学研究所客員研究員、立命館大学衣笠総合研究機構白川静記念東洋文字文化研究所客員研究員。日本古代中世漢籍受容史・漢学史、漢籍書誌学・文献学。〔主な著作〕『日本古代『論語義

疏』受容史の研究』（塙書房、二〇一五年）・「『令集解』所引漢籍の性格に関する一断面―『論語義疏』を中心に―」（福島金治編『学芸と文芸』〈生活と文化の歴史学9〉竹林舎、二〇一六年）・「浅論日本古籍中所引《論語義疏》―以《令集解》和《政事要略》為中心―」（張伯偉編『域外漢籍研究集刊』第十五輯、中華書局、二〇一七年）〔中文〕

長谷部将司（はせべ　まさし）　茨城高等学校・中学校教諭。日本古代史。〔主な著作〕『日本古代の地方出身氏族』（岩田書院、二〇〇四年）・「日本古代の氏族秩序と天皇観」（『歴史学研究』九一一、二〇一三年）・「『崇道天皇』の成立とその展開―九世紀における『天皇』の位相―」（根本誠二・秋吉正博・長谷部将司・黒須利夫編『奈良平安時代の〈知〉の相関』岩田書院、二〇一五年）

原　克昭（はら　かつあき）　立教大学文学部助教。日本中世文学・思想史。〔主な著作〕『中世日本紀論考―註釈の思想史―』（法藏館、二〇一二年）・『続神道大系・習合神道』（共編）神道大系編纂会、二〇〇六年）・「神龍院梵舜・小伝―もうひとりの『日本書紀』侍読―」（小峯和明監修・原克昭編『宗教文芸の言説と環境』笠間書院、二〇一七年）

平沢卓也（ひらさわ　たくや）　学習院大学非常勤講師。神道思想史。〔主な著作〕・「〈和光同塵灌頂〉考」（伊藤聡編『中世神話と神祇・神道世界』竹林舎、二〇一一年）・「変容する神仏関係―寛文・延宝期の伊勢神宮―」（『説話文学研究』四九、二〇一四年）・「『倭姫命世記』と仏法―諄辞・清浄偈を中心に―」（小峯和明監修・原克昭編『日本文学の展望を拓く3　宗教文芸の言説と環境』笠間書院、二〇一七年）

廣瀬憲雄（ひろせ　のりお）　愛知大学文学部准教授。日本古代史。〔主な著作〕『東アジアの国際秩序と古代日本』（吉川弘文館、二〇一一年）・『古代日本外交史―東部ユーラシアの視点から読み直す―』（講談社選書メチエ、二〇一四年）

松本　丘（まつもと　たかし）　皇學館大学文学部教授。神道史、神道思想史。〔主な著作〕『尚仁親王と栗山潜鋒』（神道史学会、二〇〇四年）・『垂加神道の人々と日本書紀』（弘文堂、二〇〇八年）・『神話のおへそ―日本書紀編―』（扶桑社、二〇一七年）

湯淺幸代（ゆあさ　ゆきよ）　明治大学文学部准教授。日本文学（平安文学）。〔主な著作〕『源氏物語の史的意識と方法』（新典社、二〇一八年）・「『うつほ物語』国譲巻に見る氏族の論理―「かぐや姫」の見定める「心ざし」と『九条右丞相遺誡』の「一心同志」から―」（『日本文学』六六―二、二〇一七年）

【編　者】

遠藤 慶太（えんどう けいた）

皇學館大学文学部教授。日本古代史。〔主な著作〕『平安勅撰史書研究』（皇學館大学出版部，2006年）・『東アジアの日本書紀 歴史書の誕生』（吉川弘文館・歴史文化ライブラリー，2012年）・『日本書紀の形成と諸資料』（塙書房，2015年）・『六国史 日本書紀に始まる古代の「正史」』（中公新書，2016年），他多数。

河内 春人（こうち はるひと）

関東学院大学経済学部准教授。日本古代史，国際交流史。〔主な著作〕『東アジア交流史のなかの遣唐使』（汲古書院，2013年）・『日本古代君主号の研究 倭国王・天子・天皇』（八木書店，2015年）・『倭の五王 王位継承と五世紀の東アジア』（中公新書，2018年），他多数。

関根　淳（せきね あつし）

富士見丘中学高等学校教諭。日本古代史。〔主な著作〕「長屋王の「誣告」記事と桓武朝の歴史認識」（『日本歴史』667，2003年）・「国史編纂の資料と作業」（『歴史学研究』826，2007年）・「天皇記・国記考」（『日本史研究』605，2013年）・「古代国家の形成と史書」（『歴史評論』809，2017年），他多数。

細井 浩志（ほそい ひろし）

活水女子大学国際文化学部教授。日本古代史。〔主な著作〕『古代の天文異変と史書』（吉川弘文館，2007年）・『日本史を学ぶための〈古代の暦〉入門』（吉川弘文館，2014年）・『古代壱岐島の世界』（編著，高志書院，2012年），他多数。

日本書紀《にほんしょき》の誕生《たんじょう》 ―編纂《へんさん》と受容《じゅよう》の歴史《れきし》―

2018年4月30日　初版第一刷発行　　定価（本体4,800円＋税）

編　者　遠　藤　慶　太
　　　　河　内　春　人
　　　　関　根　　　淳
　　　　細　井　浩　志

発行所　株式会社　八 木 書 店 古書出版部
　　　　代表 八　木　乾　二

〒101-0052 東京都千代田区神田小川町3-8
電話 03-3291-2969（編集） -6300（FAX）

発売元　株式会社　八　木　書　店

〒101-0052 東京都千代田区神田小川町3-8
電話 03-3291-2961（営業） -6300（FAX）
http://www.books-yagi.co.jp/pub/
E-mail pub@books-yagi.co.jp

本文印刷　上毛印刷
口絵・カバー印刷　天理時報社
製　　本　牧製本印刷
用　　紙　中性紙使用

ISBN978-4-8406-2225-7